王龙的美元债投资课

投资实战与复盘笔记

王龙 / 著

中信出版集团 | 北京

图书在版编目（CIP）数据

王龙的美元债投资课：投资实战与复盘笔记 / 王龙著 . -- 北京：中信出版社，2021.8
ISBN 978-7-5217-3328-0

I.①王… II.①王… III.①美元—债券投资—国际投资—研究 IV.① F831.6

中国版本图书馆 CIP 数据核字（2021）第 131703 号

王龙的美元债投资课——投资实战与复盘笔记

著者：　　王龙
出版发行：中信出版集团股份有限公司
（北京市朝阳区惠新东街甲 4 号富盛大厦 2 座　邮编　100029）
承印者：　北京启航东方印刷有限公司

开本：787mm×1092mm　1/16　　　印张：30　　　字数：398 千字
版次：2021 年 8 月第 1 版　　　　印次：2021 年 8 月第 1 次印刷
书号：ISBN 978-7-5217-3328-0
定价：108.00 元

版权所有·侵权必究
如有印刷、装订问题，本公司负责调换。
服务热线：400-600-8099
投稿邮箱：author@citicpub.com

目 录

推荐序一　叶海生　/ 7
推荐序二　马　骏　/ 9
推荐序三　盛松成　/ 11
推荐序四　李迅雷　/ 13
前　言　/ 15

上篇　市场概述篇　/ 001

> ### 第 1 章　欧洲美元债市场揭秘　/ 003

1.1　全球美元债市场总览　/ 003
1.2　从欧洲美元债到中资美元债　/ 007
1.3　一览亚洲美元债概况　/ 011

> ### 第 2 章　中资美元债市场基础　/ 030

2.1　中资美元债的前世今生　/ 031
2.2　中资美元债的核心特征　/ 033
2.3　为什么要投资中资美元债　/ 040
2.4　浅析两大重要投资风险　/ 054
2.5　跨境发行结构全总结及实例分析　/ 058

2.6　如何参与中资美元债（适用机构及散户）　/ 068

> **第 3 章　中资美元债核心品种进阶**　/ 072

3.1　地产美元债之三分天下　/ 073
3.2　城投美元债新贵的崛起　/ 082
3.3　中资 AT1 与欧洲 Cocos 债的比较　/ 087
3.4　境外票据及杠杆玩法　/ 106
3.5　美元货币市场及流动性传导链条　/ 120

> **第 4 章　中资美元债三大国际评级**　/ 125

4.1　国际评级市场发展及演变　/ 126
4.2　标普评级模型方法论　/ 130
4.3　穆迪评级模型方法论　/ 136
4.4　惠誉评级模型方法论　/ 142
4.5　三大国际评级方法论之异同　/ 145
4.6　境内外评级方法论之异同　/ 147

中篇　投资实战篇　/ 149

> **第 5 章　基金经理视角的复盘日记**　/ 151

5.1　魔鬼暴跌：90 策略　/ 153
5.2　刀口嗜血：恐慌还是贪婪　/ 167
5.3　山雨欲来风满楼：谣言满天飞　/ 179
5.4　除却巫山不是云：违约重组　/ 187

第 6 章　投资实战必备技能　/ 189

6.1　跨墙制度　/ 189
6.2　一级市场投标的玩法　/ 193
6.3　估值模型的选择及二级实战案例　/ 205
6.4　发行说明书"猫腻"及投资者保护条款　/ 210
6.5　交易工具百宝箱　/ 214

第 7 章　中资美元债十年实战复盘　/ 223

7.1　收益回顾及国际大比拼　/ 223
7.2　十年波动性特征及演变　/ 228
7.3　重大事件冲击及月度实战复盘　/ 229

第 8 章　美元债三周期价值投资实战　/ 241

8.1　经济周期：美林时钟　/ 243
8.2　行业周期：行业轮动和更替　/ 250
8.3　信贷周期：扩张与收缩　/ 253

第 9 章　美元债技术投资实战　/ 255

9.1　大类资产回归分析　/ 255
9.2　均值回归：28 法则和偏离度　/ 264
9.3　趋势动能：均线与脉冲　/ 276
9.4　趋势与均值的博弈　/ 282
9.5　市场监控之量化指标　/ 290

> 第 10 章　十大经典交易实战策略　/ 305

10.1　打新策略及实战　/ 308
10.2　事件驱动策略及实战　/ 316
10.3　曲线下滑策略及实战　/ 321
10.4　钓鱼策略及实战　/ 322
10.5　波段策略及实战　/ 324
10.6　相对价值策略及实战　/ 325
10.7　多空策略及实战　/ 332
10.8　抄底买入策略及实战　/ 334
10.9　套息策略及实战　/ 335
10.10　免疫策略及实战　/ 337

> 第 11 章　经典违约案例及处置全回顾　/ 341

11.1　历史违约概况及趋势　/ 342
11.2　破产重组案例：北大方正违约全复盘　/ 349
11.3　要约收购案例：青海省投违约全复盘　/ 356
11.4　债务重组案例：佳兆业违约全复盘　/ 363

下篇　宏观政策篇　/ 373

> 第 12 章　美联储货币政策　/ 375

12.1　百年美联储的货币政策史　/ 375
12.2　美联储货币政策目标：就业及通胀　/ 380
12.3　美联储的独立运转机制　/ 388

12.4　货币政策会议及点阵图 / 390

> **第 13 章　美国财政政策** / 394

　　13.1　美国财政政策历史全回顾 / 395
　　13.2　美国财政政策审批流程及多党博弈 / 397
　　13.3　美国国债之常见品种及供需规律 / 403
　　13.4　美债收益率曲线利差及交易策略 / 410

> **第 14 章　美元债监管政策** / 413

　　14.1　美国证交会 1933 法案 / 414
　　14.2　144A 和 Reg S 豁免条例 / 414
　　14.3　中资美元债国际监管体系及发展 / 420
　　14.4　国家发改委从审批到备案 / 425
　　14.5　外管局的外债额度登记制度 / 429
　　14.6　中国人民银行的宏观审慎框架 / 431
　　14.7　中资美元债的监管案例 / 433

> **附　录** / 439

后　记　投资的百年孤独 / 457

推荐序一

中资美元债市场的兴起得益于境内监管对外债管理的放松。2014年以前，发展改革委、人民银行、外汇局等对中资机构境外发行债券实行严格的审批管理，一般中资企业境外发债很难得到批准。2015年，发展改革委将中资机构境外发债由审批改为备案管理；2016年，人民银行、外汇局对境内机构跨境融资（外债）实施宏观审慎管理，取消借用外债（含境外发债）的事前审批，并对中、外资企业一视同仁，这为中资企业境外发债开启了方便之门。

在市场方面，2015—2017年，中国境内机构更为关注国际配置机会进行资产多元化配置。中资美元债的信用基本面与人民币债券相似，境内机构相对熟悉。同时，由于中美货币周期并非完全一致，中资美元债对人民币债有较好的风险对冲效果，因此成为境内金融机构多元化资产配置的首选品种。而且，自2008年金融危机之后，全球低利率甚至负利率也吸引了不少中资企业跨境发行低利率美元债。整体来看，2015—2017年，中资美元债迎来了供需两旺的发展格局，平均每年发行量超过2 000亿美元。2018—2020年，中资美元债存量规模保持平稳发展。截至2020年年末，中资美元债存量规模约1万亿美元，成为欧洲美元债最大的细分品种。中资美元债已成为全球大类资产配置中不可忽视的一类资产品种。

在监管政策方面，由于中资美元债发行主体多是境外注册的中资机构（包括壳公司和实体企业），境内监管鞭长莫及，而发债筹集的资金最终大部分会通过各种渠道回流境内，这在一定程度上对监管形成了挑战。一谈到监管，大家可能比较敏感，其实监管者和企业、市场的目标是一致的，让市场良性、健康发展是监管的职责之一。从宏观层面来看，在当前国际国内形势大背景下，中资美元债市场是"国际国内双循环"一分子，符合国家发展战略；从微观层面来看，充分了解中资美元债市场，把握市场发展规律，熟悉境外监管规则等，对中资美元债发行人、投资人都具有很强的现实意义。中资美元债有助于海外金融机构了解中国企业基本面，为中国企业走出去提供了重要的平台，中资美元债也是中国金融体系的一个补充。未来，中资美元债的市场参与者（发行人、投资人）有望与监管层共同打造透明的市场机制，推动该市场的平稳健康发展。

  我有幸与王龙先生相识，了解了很多中资美元债市场情况。王龙先生总结他的工作经验，再次向读者呈现了一部深层次的美元债投资著作。这本书是市场中为数不多的投资实战类图书，应该可以为广大投资者、发行人了解和熟悉中资美元债市场提供丰富的经验借鉴。这本书不仅提出投资实战框架，还从投资哲学角度，首次提出了王龙先生自己的投资理念，包括美元债价值投资理念、美元债技术投资框架。这是作者多年在投资一线的经验总结和升华提炼，希望读者能从各自的需要出发，从这本书中学到自己所需要的知识和经验。

叶海生
国家外汇管理局资本项目管理司司长
2021 年于北京

推荐序二

多年前，我在欧美同学会的一个金融论坛上与王龙相识。近年来，我们保持着联系和交流，讨论了美元债券、国际资产配置、绿色债券、香港金融市场发展等许多话题。王龙多年来一直从事国际债券投资，对美元债的投资有着许多宝贵的实践经验。之前我曾为他的第一本著作作序，现在他再添新作，再次邀请我为他的新作作序，我欣然同意。

我不是美元债的投资者，但长期研究宏观经济、货币政策、金融市场、宏观资产配置、绿色债券等问题，自然理解债券投资者需要对全球宏观经济、宏观政策的理论和实践形成深刻的认识，同时也需要丰富债券理论基础知识，了解市场结构并积累实战经验。

全球宏观经济问题可从全球经济周期、全球产业链和角色分工等角度来研究与分析。对宏观经济运行的判断，可使得投资者站在一定的高度进行全球化大类资产配置。这本书提出美元债三周期价值投资，建议从经济周期、产业周期和信贷周期的角度出发进行价值投资，也提出美元债技术实战投资框架，这些理论和实战框架都是很有意义和创意的成果。

国际宏观政策研究往往关注的是货币政策和财政政策。货币政策是主要经济体管理经济周期、平滑短期经济波动的核心政策。从横向比较来看，全球不同国家或地区的货币政策的目标和施政方式差异较大，例如：主要发达国家基本形成了以就业和通胀为双目标、以政策利率为主要工具的货币政策框架，而规模较小的新兴市场国家除了考虑本国经济情况之外，较多地采取了跟随性的货币政策。中国的货币政策目标比其他国家要多，在政策框架上还处于从数量型向价格型逐步过渡的时期，并兼顾不少结构性的目标。

财政政策是各国政府积极调节经济周期的重要手段，同时承担着提供公共产品和服务、支持结构调整、改善收入分配等方面的功能。在经济下行期间，合理有效的财政刺激能够帮助平衡总需求，恢复经济增长，但投资者也要注意政府财政政策无序扩张所带来的债务风险。

欧洲美元债诞生于20世纪60年代，经过蓬勃发展，其存量规模现约为7万亿美元。欧洲美元债市场规模成熟，参与机构类型丰富，有统一的行业标准，这些特点使得其备受国际投资者青睐。中资美元债是欧洲美元债最重要的分支，截至2020年，中资美元债存量规模已超万亿美元，占据了亚洲美元债市场的半壁江山。

王龙长期坚守在国际债券市场一线工作，积累了许多宝贵的实战经验。这本书从国际债券投资者的视角，以香港国际市场为起点，勾勒出一个完整的全球美元债市场结构，并重点围绕中资美元债这个核心资产进行实战讲解。书中提出的美元债三周期价值投资和技术投资实战框架、十大经典交易实战策略都是不错的市场和投资心得总结。这本书是王龙多年全球投资实战经验的总结和提炼升华，弥补了中资美元债研究的不足，可以为境内外投资者提供有用的参考和操作指南。

马骏

中国财富50人论坛学术委员会成员

央行货币政策委员会原委员

推荐序三

随着资本市场的逐步开放，我国近年来的外债规模持续上升，跨境投融资成为企业国际化业务重要的资产负债调节窗口。截至目前，中资企业海外发行的美元债的存量已超过万亿美元，在亚洲市场中排名第一，规模占比过半。

1986 年，中国银行在国际市场上首次试水中资美元债。诞生至今，中资美元债经历了几个重要的阶段。第一阶段是 1986—2009 年，该阶段发展较为缓慢。在该阶段，中资企业受到政策监管，严控外债风险，尤其是 1997 年亚洲金融危机使得我国对于外债风险控制较为严格，中资企业跨境发行中资美元债的难度较大。第二阶段是 2010—2013 年。全球金融危机之后，美联储率先降低联邦基准利率到零附近，其他欧洲国家和日本也出现了经济衰退，国债收益率接近零甚至为负利率。低利率甚至负利率吸引较多中资企业开始跨境美元融资。在此阶段，地产红筹架构公司开始于海外发行美元债。市场以银行、能源公司的投资级及高收益地产海外美元债为主。第三阶段是 2014—2019 年，中资美元债呈供需两旺的发展格局。2015 年，政府为稳定境内经济汇率较为鼓励海外发债，以国家发改委发布"2044 号文"为标志，中资美元债的海外融资政策逐步放松，美元债额度审批从注册审批制转为备案制。自此五年是中资企业海外融资高峰，平均每年发债超过 2 000 亿美元。同时，境内机构和个人开始逐步增配多元化货币资产，形成对中资美元债的强大配置需求。经过上述三个发展阶段，目前中资美元债存量已过万亿美元，在全球仅次于美国美元债，成为全球美元债的第二大品种，亚洲市场排名第一。中资美元债已然成为全球大类资产中的重要核心资产。

作为一类重要的核心资产，中资美元债的定价受到中美宏观经济政策的共同影响。首先，中资美元债的发行人均是中资企业，企业经营效益往往取决于中国宏观经济周期的大背景。我国的货币政策、信贷政策、人民币汇率和资本管制与中资美元债走势都密切相关。其次，中资美元债也受到美联储货币政策影响，受到全球美元流动性的影响。

中资美元债对我国金融体系是一个重要的补充，它为中资企业走出去、在国际舞台被全球投资者认识和熟知提供了一个很好的窗口，同时也丰富了我国企业的直接融资渠道，增强了直接融资能力，客观上提升了我国企业在多币种融资和国际业务风险方面的管理能力。另外，中资美元债成熟的海外市场体系和定价机制，也为境内人民币信用提供了较好的信用定价发现机制。中资美元债成为境内投资者关注的重要资产板块，对境内信用价格发现提供了部分借鉴。当然，1997年亚洲金融危机对于新兴市场的冲击，时刻提醒我们外债规模过大可能带来的风险。但是，由于当前贸易顺差盈余，我国具有丰富的外汇储备，随着中国经济总量和国力提升，中资美元债的发展也逐步趋于平稳成熟，对于我国企业跨境投融资业务都是重要的补充。

尽管如此，当前市场并没有很多专业类著作对中资美元债进行详细介绍。2020年王龙出版了首本美元债投资实战类图书；2021年，结合丰富的国际市场工作经验，他再次出版一本美元债投资著作。本书融合了王龙多年的从业经验，首次提炼出"美元债三周期价值投资"和"美元债技术投资"两大理论，并结合中资美元债进行实战解读，这些都是卓有成效的实战总结。

随着中资美元债成为全球大类资产中的核心资产，这个市场引起了境内监管、国际监管和境内投资人士的广泛关注，王龙的这本书也为进入这个市场提供了很好的国际经验借鉴与参考。

盛松成

中欧国际工商学院教授

中国人民银行调查统计司原司长

推荐序四

受新冠肺炎疫情突发影响，2020年3月出现美元流动性危机，导致全球美元债指数大跌——美国美元债和中资美元债指数月跌幅达到15%以上，中资美元债的大幅波动也对境内人民币债券造成较大的冲击和影响。越来越多的境内机构开始关注海外中资美元债市场的投资机遇及波动风险，以及对境内债市的联动影响。随着中国金融资本市场的国际化程度提高，在宏观和微观层面，跨境的海外资产配置和联动性也必然加强。

中资美元债始于1986年，兴于2015年。截至2020年年底，中资美元债的市场规模超过万亿美元，占据了亚洲美元债的半壁江山。可以说，中资美元债在国际美元债市场的地位凸显，中资美元债市场是存量规模仅次于美国美元债市场的第二大美元债市场。从企业融资端角度来看，中资美元债已成为境内企业机构的重要融资补充。

那么，中资美元债是否值得关注和投资？数据显示，2010—2020年，中资投资级美元债和高收益美元债的平均投资回报分别为5.7%和9.0%，算上人民币兑美元的外汇对冲收益，中资美元债相对于境内人民币债具有极大的超额收益空间。另外，中资美元债的违约率平均为1.2%，大幅低于国际平均违约水平，也优于亚洲其他国家的违约率。最后，中资美元债与其他大类资产的相关性较低，例如：中资高收益美元债与境内人民币国债指数的相关性为0.12，与沪深300指数的相关性为0.19，与原油、黄金、美国国债指数的相关性为负。整体来看，中资美元债的收益回报高、违约风险较低（和发行人资质普遍较高有关），同时与其他大类资产的相关性低，具有显著的风险分散功能。从这个角度来看，中资美元债确实是值得境内投资者关注和配置的一个品种。

2015—2020年是中资美元债发展的关键5年，2017—2020年中资美元债平均每年发行量超过 2 000 亿美元，中资美元债经历了蓬勃发展的鼎盛时期。之前中资美元债违约率几乎为零，随着 2018 年中国境内信贷周期见顶回落，海外中资美元债的违约率有所上升；2019—2020 年，受到新冠肺炎疫情的影响，中美大国放水让违约进程稍有缓解；2021 年，中国债券市场的违约率又有所上升。随着中国打破刚兑步伐的推进，中资美元债违约率也必将有所上升，逐步接近国际平均违约率，这更加需要机构和个人在享受这个资产品种的收益红利时，提高信用风险甄别能力和市场波动控制能力。2021 年之后，中资美元债市场进入相对成熟阶段，机构和个人都需要对其主动管理，在最大限度风险控制下获得超额收益。

中国资本市场双向开放是大势所趋，机构或者个人将增加对海外资产的配置比例，这就需要了解全球的资产种类和估值方法。王龙先生身处国际金融一线，长期专注于全球债券市场的研究和投资工作，笔耕不辍，成就斐然。其中，中资美元债是他研究最为深入的品种。本书为客户获得长期稳定的回报提供具有实操性的建议，同时本书也是美元债行业标杆性专著，为境内投资者的海外美元债配置提供详尽的收益及多维度风险介绍，有助于境内投资者打开投资海外美元债的门户，成为资产全球化配置的操作指南。

李迅雷

中泰证券首席经济学家

中国首席经济学家论坛副理事长

前　言

数年前，我养成记录投研日记的习惯，也在《清华金融评论》《中国外汇》《中国货币市场》《金融博览》《经济观察报》《华厦时报》等金融期刊发表了数十篇文章。近些年，在清华五道口、彭博、瑞穗银行等全球金融峰会上的演讲，央视国际频道、第一财经电视等的采访稿，在国际市场上也引起了较为广泛影响。

在这些已发表的研究报告中，很大一部分内容是关于全球美元债市场研究、投资实战的。我把这些经验进行总结，2020年出版了第一本美元债实战图书，这本书刚出版便获得市场热烈反响，上市短短两个月便重印了。有读者反馈说，该书应该成为人手一本的美元债入门读本。

随着这些年投资全球美元债的工作积累，我越来越希望把我的投资经验进行阶段性总结。利用业余时间，我重新梳理和总结了我的投资心得。本书和第一本书最大不同在于：本书是我多年的投资经验和心得提炼总结，首次提出了美元债三周期价值投资和技术投资实战框架。

截至2020年年底，欧洲美元债存量约7万亿美元。由于高度国际化和自由的市场特征，欧洲美元债受到国际投资者的热烈追捧。中资美元债属于欧洲美元债占比最大的品种。1986年发展至今，中资美元债已有35年历史，研究和投资中资美元债显得十分必要。

第一，中资美元债市场存量已超过万亿美元，占据亚洲美元债半壁江山。中资美元债是除了美国境内美元债之外的全球第二大美元债市场，其任何异动都可能会波及全球其他债券市场。

第二，中资美元债具有稳定、优秀的收益回报。2010—2020年，中资投资级美元债和高收益美元债的平均回报分别为5.7%和9.0%，大幅跑赢美国投资级美元债和高收益美元债的3.2%和7.8%，同时大幅高于境内人民币债券市场的投资回报。

第三，境内散户和机构都可参与。一般境内人民币债券的参与者是机构，散户只能购买固收基金参与其中，但中资美元债则不同，不仅机构可以直接参与，散户也可以通过私人银行来直接参与该市场。在控制杠杆风险的前提下，散户可获得便宜的杠杆资金，提高投资回报。

第四，中资美元债信用决定于内，波动决定于外，是境内人民币债券投资者入门全球美元债市场的首选。中资美元债参与机构类型丰富，包括中外资、对冲基金、家族办公室和私人投资者，债券估值更加合理，对境内人民币债券的定价具有引导作用。

本书分为三篇，上篇主要对市场进行概述，中篇讲投资实战，下篇讲宏观政策。

上篇：市场概述篇（第1~4章）

本篇从欧洲美元债的历史渊源讲起，详细梳理亚洲美元债主要特征，之后层层深入中资美元债。本篇讲述中资美元债过去34年（1986—2020年）的发展史，中资美元债的投资优劣势，以及如何参与中资美元债市场，并介绍了中资美元债三大国际评级体系（标普、穆迪和惠誉）与境内人民币债券评级框架的异同。本篇在于全方位让读者掌握欧洲美元债和中资美元债市场特征。

中篇：投资实战篇（第5~11章）

第5章：以一名海外基金经理的视角对一家公司从正常到违约的全过程进行复盘，通过复盘日记来全面再现"活生生"的海外市场游戏规则和丛林法则。

第6章：详细介绍一级市场、二级市场等实战必备技能，包括如何使用彭博工具进行询价、中资美元债估值的实战分析等。

第7章：历史不能代表未来，但未来往往会和历史押韵，本章给读者系统全面复盘了过去10年（2010—2020年）中资美元债的重大行情。

第8~9章：这两章是本篇的核心章节，从我自身投资经验出发，首次提出

"美元债三周期价值投资和技术投资"，这是我多年的投资经验和心得体会。

第 10 章：提出了美元债十大经典投资策略，这些策略包括打新策略、事件驱动策略、曲线下滑策略等，部分策略除应用于美元债市场以外，还可以应用于其他债券市场中，包括境内人民币债券市场。

第 11 章：随着中国宏观经济去杠杆，2018—2021 年中资美元债信用违约大幅上升。本章复盘了海外经典违约案例，通过违约案例的复盘来了解违约前兆、违约后的常见债务处置方式等。

下篇：宏观政策篇（第 12~14 章）

宏观政策篇分为美联储货币政策、美国财政政策和美元债监管政策，其中包括中资美元债的国际监管政策、境内三大监管机构的监管政策，以及人民银行、发改委和外管局对中资美元债的监管政策，并且对这些"冗长"的政策文件进行梳理总结。另外，本篇尝试把政策拐点和中资美元债市场发展相结合，以形成一个政策周期和市场周期的交织脉络。

综合看来，本书适合对固定收益感兴趣的销售人员、研究员、投资经理、基金经理等市场从业人士，也适合对债券研究感兴趣的学术研究人员。读过我第一本图书的读者了解其偏重于基础实战入门，而本书更多的是实战进阶和投资理念的升华总结。

在此书撰写的过程中，部分内容在我的公众号"王龙全球频道"以专题形式连载，很多读者通过公众号留言与我交流，让我获益匪浅。书中不可避免地存在纰漏与不足，欢迎广大读者通过公众号留言指正和交流。

王 龙
2021 年于香港中环

特别感谢以下人士对本书的帮助（按意见建议的时间先后排序）：

曲天石	郑雯	蔡金强（Oscar Cai）
胡从立（Charlie hu）	陈俊松	马程俊译（John Ma）
尚宁（Oliver Shang）	朱启	钱楠
姚煜	张旭嘉	储芸
叶英聪	Jackie Cai	陈孟智
吴艳	林源	

上 篇
市场概述篇

第 1 章　欧洲美元债市场揭秘

债券市场诞生至今，已有数百年历史。但欧洲美元债始于 20 世纪 60 年代，至今已有五六十年的历史。虽然欧洲美元债发展史并不长，但伴随着美元国际化地位的提升，欧洲美元债市场存量约 7 万亿美元，在直接融资市场中发挥着举足轻重的作用。

本书重点剖析的中资美元债属于欧洲美元债的一种，首笔中资美元债诞生于 1986 年——中国银行在新加坡发行了一笔浮息美元债。中资美元债市场在 2010 年之后开始越来越火，截至 2020 年年末，中资美元债市场存量超 1 万亿美元，占整个欧洲美元债市场份额约 15%。中资美元债已是全球美元债市场上仅次于美国境内美元债的第二大美元债品种。

本章首先对全球债券市场加以分类，以便理解欧洲美元债、中资美元债在全球债券市场中的地标位置；其次，讲述欧洲美元债起源，以及欧洲美元债的发展情况；最后，聚焦到亚洲美元债的市场全貌，深入解析亚洲美元债市场结构。

1.1　全球美元债市场总览

全球债券市场规模超过数百万亿美元，无论是金融市场还是实体经济市场，债券市场都是不可忽视的直接融资资本市场。全球债券市场分类方法有很多种，有从国家属地来进行分类的，也有从发行人信用属性来进行分类的。常见分类方法有以下几种：根据发行人基本属性，分为政府债券、企业债券、政府支持债券、金融债券等；根据发行方式和受众范围，分为公募债券、私募债券等。但这些分类方式没法对欧洲美元债、中资美元债进行划分和归类。

因此，为更好地给读者呈现全球债券市场、全球美元债和中资美元债的全貌，我们从发行所在地和发行货币两个维度来对全球债券市场进行种类划分（见表1-1），把全球债券大致分为两大类别：本国债券和国际债券。这种划分方式和其他债券分类方式不太一样，主要是为了更好地理解欧洲美元债和中资美元债在全球债券分类地图中的精确位置。

表1-1 全球债券分类

分类	子分类	发行人	发行所在地	发行货币
本国债券	本国本币债券	A	A	A
	本国外币债券	A	A	B
国际债券	离岸债券	A	B	A
	外国债券	A	B	B
	欧洲债券	A	B	C

注：A、B和C分别代表三个不同国家或区域。

本国债券是在本国国内发行的债券。如果从A国的视角出发，那么A国企业在A国国内发行的债券统称为本国债券，例如美国企业在美国境内发行的债券、中国企业在中国国内发行的债券。

本国债券又分为本国本币债券和本国外币债券。本国本币债券是A国企业在A国发行的以A国货币计价的债券，本国外币债券是A国企业在A国发行的以B国货币计价的债券。一般来讲，本国本币债券占据了本国债券的极大部分，本国外币债券几乎很少发行。例如，中国企业在中国国内发行的人民币债券属于本国本币债券，中国企业在中国国内发行的美元债券属于本国外币债券。

国际债券是在本国境外发行的债券。如果从A国的视角出发，那么A国企业在A国境外发行的债券统称为国际债券。例如，中资企业在新加坡、欧洲和美国等国际市场发行的债券属于国际债券。

国际债券又分为离岸债券、外国债券和欧洲债券。离岸债券是A国企业在境外发行的以 A 国货币计价的债券，例如：点心债是中资企业在香港离岸市场发行的人民币债券，属于离岸债券。**外国债券**是 A 国企业在 B 国发行的以 B 国货币计价的债券，例如：熊猫债是非中资企业在中国境内发行的人民币债券，属于外国债券。**欧洲债券**是 A 国企业在 B 国发行的以 C 国货币计价的债券，例如：欧洲美元债的狭义定义为外国企业在欧洲债券市场上发行的美元债。

图 1-1 和表 1-2 所示为本书重点研究的欧洲美元债和中资美元债所属行业分类，并对分类的定义做出详细的解释。

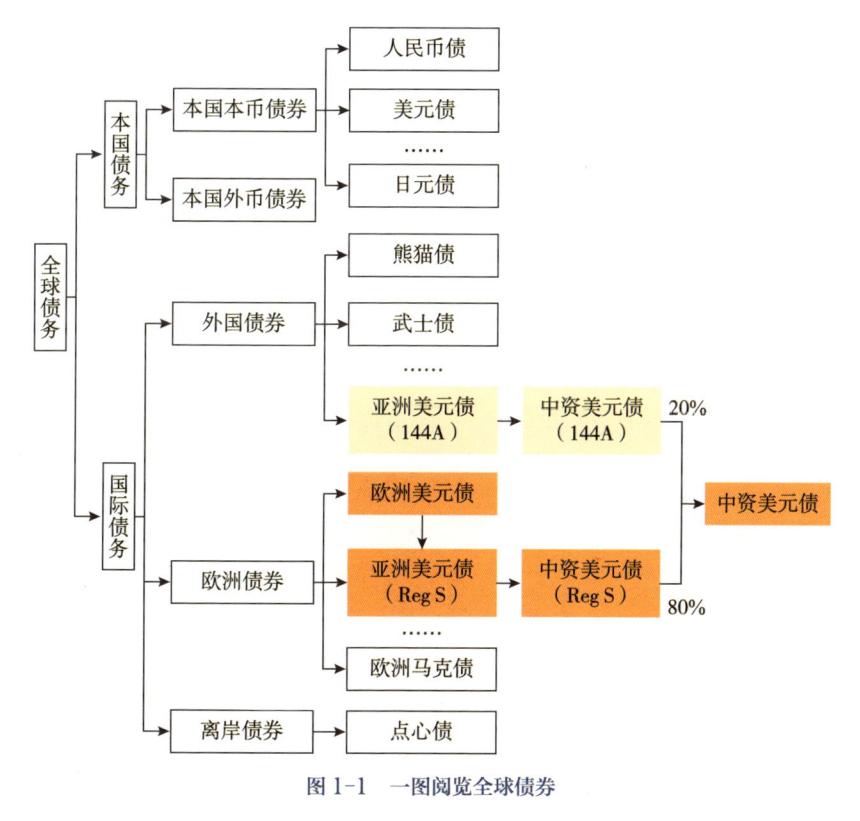

图 1-1　一图阅览全球债券

注：144A 监管条例适用于在美国境内发行的美元债，Reg S 监管条例适用于在美国境外发行的美元债。

表1-2 全球债券分类

一级分类	二级分类	实际案例	详细定义
本国债券	本国本币债券	人民币债	中国企业在中国境内市场发行的人民币债券
		美元债	美国企业在美国境内市场发行的美元债券
		日元债	日本企业在日本境内发行的美元债券
	本国外币债券	较少	A国企业在A国发行的以B国货币计价的债券
国际债券	外国债券	熊猫债	非中国企业在中国境内市场发行的人民币债券
		武士债	非日本企业在日本境内市场发行的日元债券
		中资美元债（144A）	中国企业在美国境内市场发行的美元债券
	欧洲债券	欧洲美元债	所有在美国境外市场发行的美元债券
		欧洲马克债	所有在美国境外市场发行的德国马克债券
		亚洲美元债（Reg S）	亚洲企业在美国境外市场发行的美元债券
		中资美元债（Reg S）	中国企业在美国境外市场发行的美元债券
	离岸债券	点心债	中资企业在离岸市场发行的人民币债券

资料来源：根据公开材料分类整理。

上述分类标准存在一个例外情况：美国企业在欧洲地区发行的美元债，按照上述分类标准属于离岸债券，但欧洲美元债从起源到现在已发展成为一种成熟的债券品种，因此目前市场上投资者广泛认可的定义是"欧洲美元债是外国筹款人在欧洲债券市场上发行的以美元计值并还本付息的债券"。为了遵从市场行业规范，美国企业在欧洲市场发行的以美元计价的债券从上述定义来看属于离岸债券，但从行业规范来看，它还是属于欧洲美元债。除此之外，全球债券品种的分类可以按照上述分类进行全集的划分。

从全球债券的市场存量来看，本国债券是全球债券存量最大的品种。在本国债券中，本国本币债券是全球存量最大的品种，存量约100万亿美元。在国际债券中，欧洲债券是存量最大的品种，而欧洲债券中存量最大的是欧洲美元债，其存量高达约7万亿美元。

从欧洲美元债的存量来看（见图1-2），截至2020年10月，美国、开曼、中国[①]、加拿大、新西兰、德国和法国发行的欧洲美元债存量排名靠前，分别约为

---

① 由于美元债市场的地域性特征，除非有特别说明，否则本书所指的中国均指中国境内，不包括中国台湾及香港、澳门特别行政区。——编者注

20 205 亿美元、11 493 亿美元、9 757 亿美元、1 564 亿美元、1 560 亿美元、1 510 亿美元、1 289 亿美元，占比分别为 29.1%、16.5%、14.0%、2.2%、2.2%、2.2%、1.9%。中国境内企业发行的美元债（本书简称为中资美元债）在全球欧洲美元债存量中排名第三。如果排除很多国家的企业因为享受低税率而到开曼注册企业发行债券等，**中资美元债应该是除美国美元债的全球第二大美元债品种**。

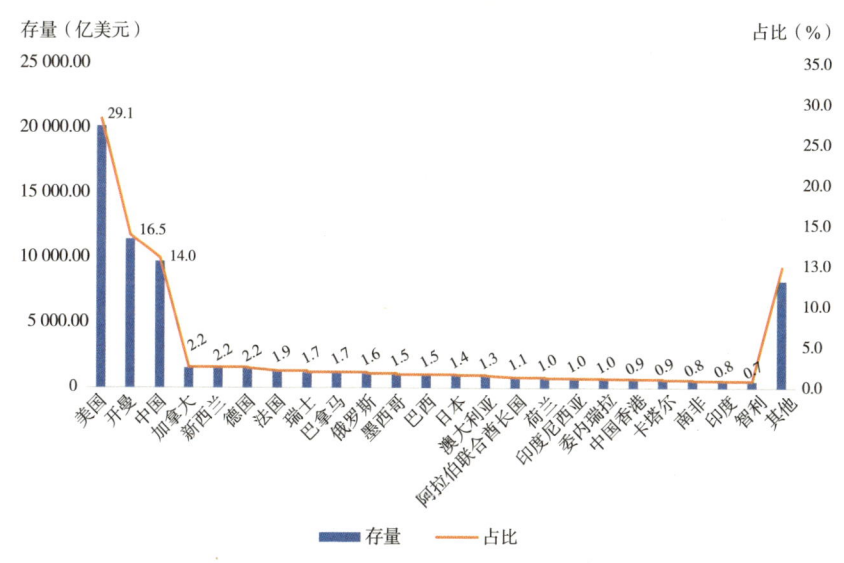

图 1-2　全球欧洲美元债存量排名（按国家或地区）

资料来源：彭博，2020 年 10 月。

1.2　从欧洲美元债到中资美元债

欧洲债券始于 20 世纪 60 年代（见图 1-3），最先出现的欧洲债券是欧洲美元债，欧洲美元债兴起的背景主要有：

- 20 世纪 60 年代，美元不断从美国境内外流到全球各地，美国境外存在大量美元盈余资金，这一部分资金被称为欧洲美元。这便增加了在美国境外市场投资美元债的需求。

- 20 世纪 70 年代，美国征收"利息平衡税"，对美国居民购买非美企业在美国境内发行的美元债征收利息税，并且限制非美企业在美国境内发行债券和获得贷款。这便增加了非美企业在美国境外的美元债供给。

20世纪60年代萌芽
以美元计价，发行地以欧洲为主

20世纪70年代后
随着美元汇率波幅加大，以德国马克、瑞士法郎和日元为计值货币的欧洲债券开始发行，同时发行地也开始向拉丁美洲、亚太地区蔓延

图 1-3　欧洲美元债的起源和发展

资料来源：根据公开资料整理。

受到上述原因影响，针对美元债的需求和供给的双向增加，非美企业开始尝试在欧洲市场上发行美元债并获得成功。随着美国境外美元债市场的成熟，后来大家称呼在欧洲市场上发行的美元债为欧洲美元债。

20 世纪 70 年代后期，随着美元汇率波幅加大，与欧洲美元类似的欧洲马克、欧洲日元和欧洲英镑也相继问世，市场上开始发行欧洲马克债券、欧洲日元债券和欧洲英镑债券。同时，欧洲美元债的发行地不再局限于欧洲地区，而是开始向亚洲、拉丁美洲扩展。亚洲国家发行的美元债统称为亚洲美元债，中国企业发行的美元债统称为中资美元债。

欧洲美元债是欧洲债券系列中发展最为成熟、规模最大的分支，包括欧洲美元市场、亚洲美元市场和拉美美元市场发行的欧洲美元债等。欧洲美元债市场是一个高度国际化和完全自由的市场，不受到美国政府的监管和控制，市场波动幅度主要受到汇率和利率等因素的影响。

随着欧洲美元债的定义和含义更加广泛，不同国家或者区域风险所在地的企业都开始发行欧洲美元债。**亚太地区的企业在非本国境内发行的欧洲美元债市场通常被称为亚洲美元债**。为后面更好地了解欧洲美元债市场，本书会做出一些惯用名词定义。澳大利亚和新西兰等发行的美元债也被亚洲投资者广泛参与，因此本书把亚太地区发行的美元债统称为亚洲美元债，以便于市场的全局分析和统计。

从上述定义来看，亚洲美元债属于欧洲美元债的一个分支，又分为亚太地区企业在美国境内发行的亚洲美元债（144A）和在美国境外发行的亚洲美元债（Reg S）。

在上述定义中，亚洲美元债的企业发行人的风险所在地为亚太地区相关国家。那么，究竟如何识别发行企业的国别？以中国国别风险识别为例，不同监管机构和投资者对于中国信用背景的定义并不相同。随着中国资本市场的国际化，很多中国企业的主营业务并不在中国境内，而很多非中资企业的主营业务却位于中国境内，因此，如何界定中国信用背景的企业相对困难。

首先，如果从信用角度来界定中国信用背景，那么我们可以尝试把满足下面两项及以上要求的企业酌情定义为中国信用背景的企业。

- 该企业控股股东或者实际控制人是中国企业或中国人；
- 该企业的主营业务在中国；
- 该企业的主要经营性风险在中国，例如资产投资和负债融资主要在中国；
- 该企业注册地在中国；
- 虽然该企业注册地不在中国，但实际控股股东或者担保人属于中国信用背景企业，例如很多中国企业在境外发行中资美元债的方式是，在开曼注册BVI（英属维京群岛）公司并发行美元债，且由境内母公司提供担保。

其次，彭博提供了标准的识别上市公司国别风险的方式，主要用三种方式来进行识别：红筹股公司、控股公司或10分制。

以下摘自彭博的中国国别风险识别方法。在适用的情况下，这些方法将以下列顺序来识别发行人的国别风险。

- 红筹股公司："H"股及红筹股发行人的涉险国家应显示为"中国"，这些公司的名单由香港证券交易所来维护。
- 控股公司：没有直接实质性资产或营运的控股公司应采用进行最大部分公司营运的涉险国家，按包含相符国家层级条件的子公司的最大数量来定义，如无法获得此信息，则使用公司获得最高收入额的国家。

- 10分制：管理层所在地根据公司所在国来定义，即公司主要经营者如首席执行官（CEO）、首席财务官（CFO）、首席运营官（COO）或总顾问所在的地点。10分制方法涉及的四个因素与Excel相关调用函数代码如下：

4分：管理层地点或公司所在国（DX113，CNTRY_OF_DOMICILE）。

3分：上市国家或主要证券综合交易所代码（DS555，EQY_PRIM_SECURITY_COMP_EXCH）。

2分：销售额、收入、最大收入国家（DZ657，COUNTRY_OF_LARGEST_REVENUE）。

1分：报告货币或货币改写（DS215，EQY_FUND_CRNCY）。

得分最高的国家定义为风险涉及国家，评分相等时采用公司所在国。私人公司所用的涉险国家方法根据债务发行情况来选择：如果私人公司已发行债务，则涉险国家应采用债务人的涉险国家（DY372）；如果私人公司尚未发行债务，则涉险国家应采用其母公司的涉险国家值；在没有母公司也没有发行债务的情况下，采用10分制方法。

需要注意的是，风险涉及国家不单独识别政治、地区或经济风险。识别国别风险方法最初设立于1999年，并在2008年被改进，其中报告货币的重要性从最重要因素变为最不重要因素，该变动以持续的方式实施。

中资美元债从2010年开始变得炙手可热，目前市场上还未有学术或者权威监管机构对其进行定义。笔者在多份公开发表的研究报告中较早地正式提出"中资美元债"这个名词。

本书给出"中资美元债"的定义为：

中资美元债是归类为中国国别风险的企业在中国境内和境外市场发行的美元债。中国国别风险的区分方式可以采用前文提供的思路，或者采用上述彭博提供的方法。当然，如果投资者具有自己更好的区分方法，也是可以被采纳的。但一般境外投资者在对欧洲美元债（含中资美元债）进行划分归类时，习惯上将彭博的国别风险作为划分标准。

一般来讲，中资企业很少在境内直接发行美元债，在亚洲、欧洲或者美国市场上发行美元债较多。中资美元债一级发行市场大多在中国香港及新加坡等亚洲市场上完成融资。有些中资企业，例如中概股的阿里巴巴、腾讯和百度，也会在欧美市场完成融资。

从定义上看，中资美元债属于欧洲美元债和亚洲美元债的一个分支，又分为中资企业在美国境内发行的中资美元债（144A）和在美国境外发行的中资美元债（Reg S）。

如果不对亚洲美元债和中资美元债的定义做清晰探讨，那么本书的后续讨论将会变得模糊，因此上述内容将非常有助于后续深入讨论。

1.3 一览亚洲美元债概况

从发行区域来看，欧洲美元债可以分为欧洲地区的欧洲美元债、亚太地区的欧洲美元债（本书统称亚洲美元债）、拉丁美洲的欧洲美元债等。和亚洲投资者关系最大的是亚洲美元债，因此，本书会着重介绍亚洲美元债，让境内读者对亚洲整体美元债市场环境、结构和特征有一个全面认识。

1.3.1 亚洲美元债市场概览

亚洲美元债交易活跃，主要发行人国家或地区为中国、澳大利亚、韩国、印度尼西亚及印度等（见表1-3）。这些国家的发行人发行欧洲美元债的习惯不同，发行人企业属性也不同，从而构成了独特的市场交易特征。下面对亚洲美元债的不同国家或地区美元市场做一个概要介绍。

表1-3 亚洲美元债市场概览

国家或地区	美元债发行的主要行业或类别
中国	主权债供给较少，以银行、地产、金融和城投平台供给为主
澳大利亚	主权债供给较少，以银行、矿产能源、地产公司供给为主
中国香港	主权债供给较少，以地产、银行、金融和零售等供给为主
印度	主权债供给较少，以私营企业债和金融债为主。企业债行业广泛，包括石化、矿业、能源、基建、工业等。总发行量相对较大

续表

国家或地区	美元债发行的主要行业或类别
泰国	没有主权债供给，以石化及公用事业投资级别国企发行为主，另发行少量金融债
印度尼西亚	主权债及类主权债供给最大，投资级供给较大，涉及石化、矿业、能源、消费、工业及房地产的各类美元债
韩国	以主权债、类主权债及金融机构债为主，其他企业债以国企为主，主要涵盖公共事业、能源石化及电信技术等。总发行量较大
新加坡	以主权债、类主权债及金融机构债为主。企业债发行主体以电信技术等公共事业国企为主
马来西亚	以主权债及类主权债为主
蒙古	以主权债为主，少量发行蒙古矿业债
巴基斯坦	以主权债为主
菲律宾	以主权债及类主权债为主
斯里兰卡	只发行主权债，主权债供应量较大
越南	以主权债为主，少量发行金融债和地产债

中国以发行非主权类美元债为主，主要发行人有银行、能源、房地产公司等，例如中国银行、中国工商银行、中国石油公司、恒大集团、奥园地产等。中国政府发行的主权美元债相对较少。中资美元债中的地产美元债存量大、交易活跃，单只地产美元债的日交易量可高达几千万美元，这和境内不活跃的二级交易形成鲜明对比。本书后面章节也会重点分析中资美元债相关品种，包括地产美元债的市场投资交易特征等。

澳大利亚以发行非主权类美元债为主，其中又以银行美元债为主，发行人有西太平洋银行、澳新银行、澳大利亚国家银行、澳大利亚联邦银行和悉尼机场等。澳大利亚发行的美元债的平均评级在BBB以上，且一般发行期较长，收益率相对较低。澳大利亚主权美元债发行相对较少。

中国香港以发行非主权美元债为主，市场存量占亚洲美元债存量比例较大。香港本地公司例如长江实业、香港太古集团、南丰集团、利丰集团等经常发行美元债；另外，银行机构在香港的分行，比如工银亚洲、中银香港、海通国际、国泰君安国际、中信银行（国际）、招商永隆银行等也在香港大量发行美元债。

印度以发行非主权美元债为主，例如印度进出口银行、印度铁路、塔塔集团、JSW印度钢铁公司等均发行过美元债。印度公司发行的美元债期限也相对较长。

印度尼西亚以发行主权美元债为主。截至 2020 年，其市场存量为 2 390 亿美元，主权美元债占所有美元债存量的约 50%，其中 10~20 年剩余期限的主权美元债的流动性非常好。

斯里兰卡也以发行主权美元债为主，以 5~10 年剩余期限为主。

蒙古以发行主权美元债为主，主权美元债存量约 60 亿美元，二级市场流动性不如斯里兰卡主权美元债。

马来西亚以发行主权美元债以及类主权美元债为主，二级市场流动性也很好。

有了上述重点介绍，读者可以了解到当前亚洲美元债不同细分市场的主流发行人类型，以及投资交易资产类别。例如，一般国际投资者会投资交易中资美元债的非主权债，包括银行、地产、金融美元债。印度尼西亚、印度的投资者则会投资与能源相关的高收益美元债，马来西亚、蒙古、巴基斯坦等国的投资者则会交易当地的主权美元债。不同交易资产品种，也会涉及不同的实战策略。本书主要以中资美元债为对象进行实战演练，也会对其他美元债做概要介绍。当然，在对中资美元债有了一定的了解后，读者将看到一个完整的国际市场规则。下面会对亚洲美元债整体市场环境做详细分析介绍，有利于读者站在一个全局的市场环境中去研究和投资中资美元债。

1.3.2 亚洲各国主权评级

当前国际评级公司主要有三家，分别是标普（S&P）、穆迪（Moody's）和惠誉（Fitch），后面章节会深入分析和介绍三大国际评级框架体系。三大评级公司都对世界各国或地区的主权信用进行评级，最高评级为 AAA（例如美国的国家主权评级为 AAA），最低评级为 C，BBB−/BBB3 及以上评级为投资级评级。亚洲各国的平均主权评级比欧美国家更低一些。评级之所以比较重要，是因为：一般来讲，评级和收益高低成反比，评级越高，收益越低，反之亦然；同时，评级上调或者下调也会引发信用市场波动。

从亚洲国家或地区的主权评级对比来看（见表 1-4），澳大利亚、新西兰、新加坡的主权评级最高，均为 AAA（或 AA）；接下来，中国香港、中国台湾和中国澳门及韩国的主权评级均在 AA 附近；中国、日本、马来西亚、泰国、印度、菲律宾、印度尼西亚和哈萨克斯坦的评级为投资级主权评级；剩余其他国家或地区的评级为高收益主权评级。一般来讲，企业评级不可能高于国际主权评级，因此主权评级越高的企业，该国企业在国际市场发行美元债的成本也会越低。

表 1-4　全球国家或地区主权评级排名

排名	国家或地区	穆迪	标普	惠誉	IG/HY	上次更新
1	美国	Aaa	AAA	AAA	IG	2019/04/26
2	澳大利亚	Aaa	AAAu	AAA	IG	2019/02/26
3	新西兰	Aaa	AA	AA	IG	2012/09/20
4	新加坡	Aaa	AAAu	AAA	IG	2018/09/28
5	中国香港	Aa2	AA+	AA+	IG	2019/04/15
6	韩国	Aa2	AA	AA-	IG	2018/10/17
7	中国台湾	Aa3	AA-u	AA-	IG	2019/07/18
8	中国澳门	Aa3	NR	AA	IG	2018/02/13
9	中国	A1	A+	A+	IG	2018/08/16
10	日本	A1	A+u	A	IG	2019/05/24
11	马来西亚	A3	A-	A-	IG	2018/12/28
12	泰国	Baa1	BBB+	BBB+	IG	2019/05/24
13	印度	Baa2	BBB-u	BBB-	IG	2018/10/29
14	菲律宾	Baa2	BBB+	BBB	IG	2019/04/30
15	印度尼西亚	Baa2	BBB	BBB	IG	2019/05/31
16	哈萨克斯坦	Baa3	BBB-	BBB	IG	2016/04/29
17	越南	Ba3	BB	BB	HY	2019/05/17
18	斐济	Ba3	B+	NR	HY	2017/09/06
19	孟加拉国	Ba3	BB-	BB-	HY	2014/08/29/
20	斯里兰卡	B2	B	B	HY	2018/12/04
21	巴布亚新几内亚	B2	B	NR	HY	2018/04/16
22	柬埔寨	B2	NR	NR	HY	2014/09/29
23	吉尔吉斯斯坦	B2	NR	NR	HY	2016/09/23
24	马尔代夫	B2	NR	B+	HY	2017/05/15
25	巴基斯坦	B3	B-	B-	HY	2019/02/04
26	蒙古	B3	B	B	HY	2018/11/09
27	塔吉克斯坦	B3	B-	NR	HY	2017/08/28
28	土库曼斯坦	NR	NR	NR	HY	2005/02/24

续表

排名	国家或地区	穆迪	标普	惠誉	IG/HY	上次更新
29	库克群岛	NR	B+	NR	HY	2011/12/14
30	文莱	NR	NR	NR	HY	—
31	塞舌尔	NR	NR	BB	HY	2019/06/21
32	法属波利尼西亚	NR	NR	NR	HY	—

注：IG 表示投资级评级，全称 Investment Grade；HY 表示高收益评级，全称为 High Yield；NR 表示没有评级，全称为 No Rating。
资料来源：彭博（经过整理）。

中国当前主权评级为 A+/A1，在所有亚洲主权评级国家中排名属于中上等。其实，2018 年之前的中国主权评级为 AA-；2018 年，因为境内宏观经济去杠杆，受到经济下滑和汇率贬值风险影响，中国主权评级被下调至 A+。主权评级的下调引发其他类主权或者和主权评级相对挂钩的企业美元债评级也跟随下调，对中资美元债造成较大负面影响。2020 年，全球新冠肺炎疫情肆虐，中国率先控制住疫情，成为为数不多的经济正增长国家，人民币汇率也大幅升值。未来随着中国经济企稳回升，中国主权评级有可能会恢复到 AA- 这个水平。

1.3.3 亚洲美元债市场特征及发展趋势

（1）2015 年后规模快速增长

截至 2020 年，亚洲美元债存量约 2.6 万亿美元。亚洲美元债的规模快速增长始于 2012 年"欧债危机"和 2015 年中国"811 汇改"。2017 年亚洲美元债达到历史供给最高峰，净供给 3 424 亿美元。2005 年、2010 年、2015 年和 2020 年亚洲美元债存量分别为 4 790 亿美元、10 356 亿美元、1.8 万亿美元和 2.6 万亿美元。2020 年，从亚洲美元债市场存量来看（见图 1-4），排名前五的市场分别是中国（约占 39%）、澳大利亚（约占 14.6%）、印度尼西亚（占比 9.2%）、韩国（占比 7.3%）、中国香港（占比 5.8%）。

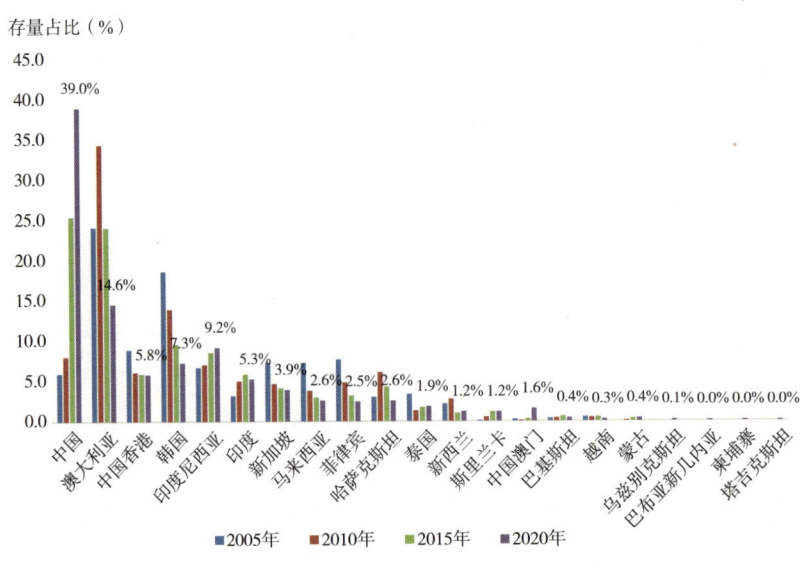

图 1-4　亚洲美元债不同年份的美元债存量占比

资料来源：彭博，2020年10月。

2015 年之后，亚洲美元债规模快速增长的主要背景是中资美元债市场的高速增长，存量占比从 2005 年的 6% 上升到 2020 年的约 39%。背后原因主要是：

- 在 2015 年中国"811 汇改"之后，中资跨境投资美元债热情高涨，对中资美元债需求大幅上升，这刺激了很多香港上市的中资地产公司（例如恒大、融创等）在香港大量发行地产美元债。2015 年之后，中资美元债出现供需两旺的情景。
- 在 2015 年"811 汇改"之后，城投平台公司开始跨境放量发行美元债，这也从侧面支撑了"811 汇改"之后的人民币汇率走势。
- 2015 年的发改委"2044 号文"实质放松或者鼓励中资企业跨境发行美元债。政策层面放松中资美元债发债额度审批，鼓励了中资企业跨境投资美元债。

与此对应，中国香港、印度尼西亚、马来西亚、菲律宾、哈萨克斯坦和越南等国家或地区的亚洲美元债存量占比下降。虽然这些国家或地区的美元债存量有所增长，但其增长速度弱于中资美元债。

（2）头部国家或地区发行量占比越来越大

近些年来，亚洲美元债的发行国家或地区集中度越来越高，前三名和前五名发行的美元债合计占比，从 2002 年的 35% 和 59% 分别提升到 2020 年的 59% 和 76%（见图 1-5）。集中度提高的主要原因在于前文提到的中资美元债规模于 2015 年之后开始高速增长。

图 1-5 亚洲美元债存量及集中度

资料来源：彭博，2020 年 10 月。

然而，随着中国政府开始关注境外美元债风险，逐步开始控制境外债规模（例如 2019 年 6~7 月，发改委相关政策文件明确规定，房地产和城投平台发行美元债的资金只能用于再融资），2020 年之后，亚洲美元债的总体规模增长可能保持平稳。

（3）2019 年之后面临到期和偿付压力

从亚洲美元债的供给来看，亚洲美元债的供给于 2013 年开始放量增长（见图 1-6）。2017 年是供给最高峰，达到 4 270 亿美元。从亚洲美元债发行量来看，2017—2020 年是亚洲美元债供给（发行量）最大的四年。

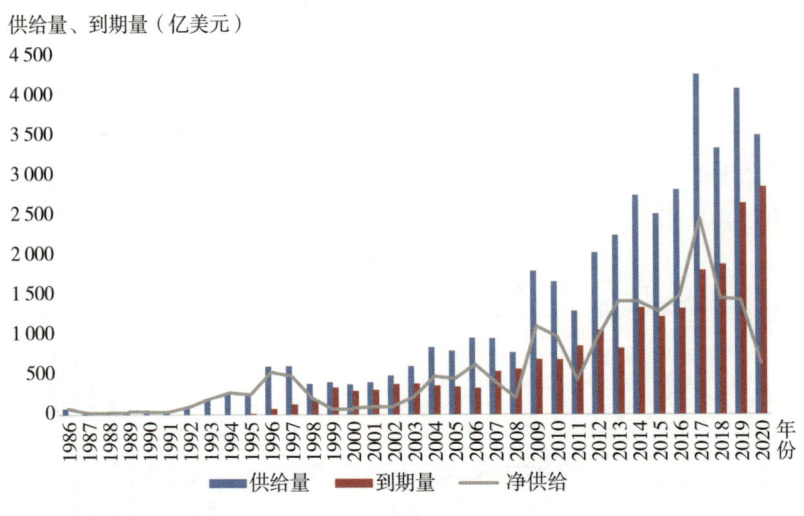

图 1-6　亚洲美元债供给与到期分布

资料来源：彭博，2020年10月。

伴随着2017—2020年亚洲美元债的发行高峰期，以及亚洲美元债平均久期为3~4年，2019—2023年将是亚洲美元债的到期高峰，亚洲美元债将面临较大的再融资压力，分别到期3 454亿美元、3 569亿美元、3 814亿美元和2 903亿美元。为维持企业的境外债务不违约，未来亚洲美元债的到期量和再融资量有望维持在3 000亿~4 000亿美元（见图1-7）。

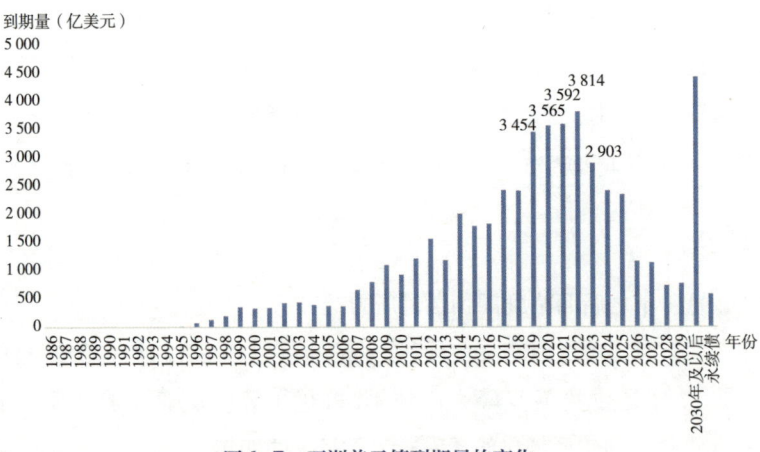

图 1-7　亚洲美元债到期量的变化

资料来源：彭博，2020年10月。

（4）亚洲高收益美元债逐步崛起

截至2020年10月，亚洲投资级美元债的市场存量约为1.8万亿美元（见图1-8），排名靠前的国家或地区是中国（38.77%）、澳大利亚（15.43%）、中国香港（6.19%）、韩国（9.20%）、印度尼西亚（10.77%）等。

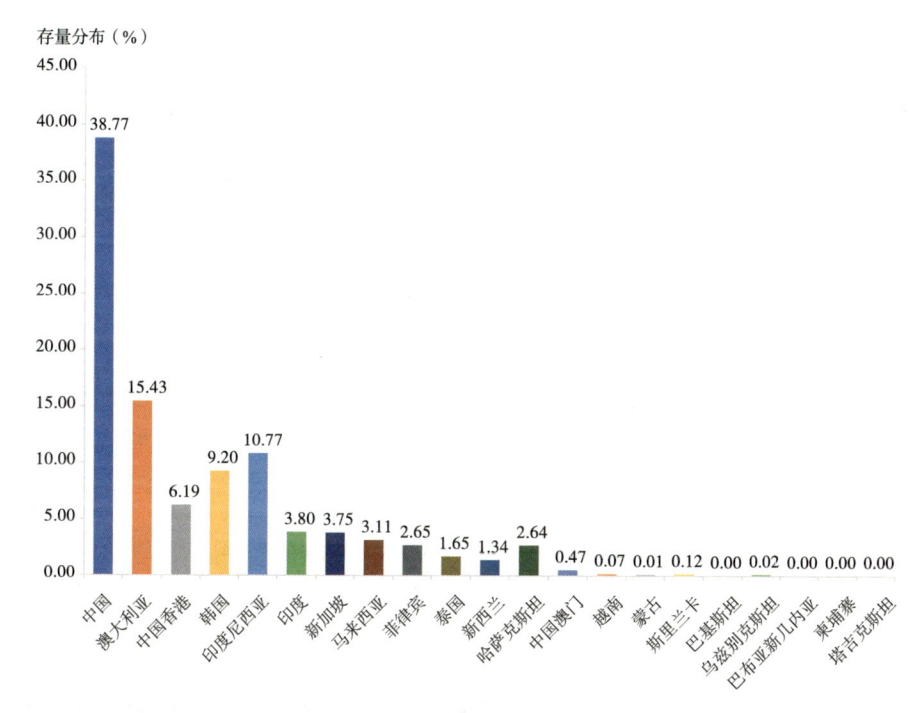

存量分布（%）

中国	38.77
澳大利亚	15.43
中国香港	6.19
韩国	9.20
印度尼西亚	10.77
印度	3.80
新加坡	3.75
马来西亚	3.11
菲律宾	2.65
泰国	1.65
新西兰	1.34
哈萨克斯坦	2.64
中国澳门	0.47
越南	0.07
蒙古	0.01
斯里兰卡	0.12
巴基斯坦	0.00
乌兹别克斯坦	0.02
巴布亚新几内亚	0.00
柬埔寨	0.00
塔吉克斯坦	0.00

图1-8 亚洲投资级美元债存量分布（按国家或地区）

资料来源：彭博，2020年10月。

亚洲高收益美元债的市场存量约为4 222亿美元，贡献靠前的国家或地区分别是中国（49.98%）、印度（3.47%）、斯里兰卡（4.75%）、马来西亚（7.33%）、印度尼西亚（5.69%）、哈萨克斯坦（12.52%）等，如图1-9所示。

亚洲美元债投资级和高收益存量分别约为1.8万亿美元和4 222亿美元（见表1-5），亚洲美元债的投资级债券存量占比约70%，投资级美元债仍然是亚洲美元债市场占比最大的板块。这也和亚洲美元债的成长历史有关：最开始在亚洲市场进行的美元融资趋向于大型国际银行美元债、主权美元债和能源公司美元债，因此评级相对较高。例如，中国最开始在国际市场上融资以中国主权美元债、中国石油和中国银行的美元债为主，这些美元债的国际评级都是投资级。

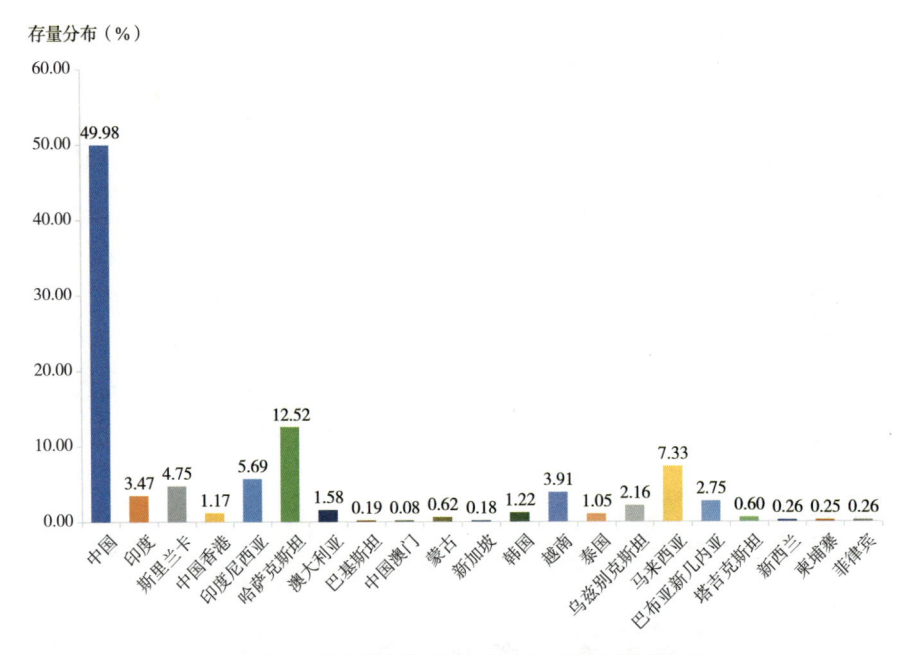

图 1-9　亚洲高收益美元债存量分布（按国家或地区）

存量分布（%）：中国 49.98，印度 3.47，斯里兰卡 4.75，中国香港 1.17，印度尼西亚 5.69，哈萨克斯坦 12.52，澳大利亚 1.58，巴基斯坦 0.19，中国澳门 0.08，蒙古 0.62，新加坡 0.18，韩国 1.22，越南 3.91，泰国 1.05，乌兹别克斯坦 2.16，马来西亚 7.33，巴布亚新几内亚 2.75，塔吉克斯坦 0.60，新西兰 0.26，柬埔寨 0.25，菲律宾 0.26

资料来源：彭博，2020 年 10 月。

表 1-5　亚洲美元债的评级

分类	存量（亿美元）	存量占比（%）
投资级	18 223	70.25
高收益	4 222	16.28
无评级	3 494	13.47

资料来源：彭博，2020 年 10 月。

从国家或地区来看（见图 1-10），新西兰、韩国、澳大利亚、泰国、印度尼西亚、新加坡、马来西亚的投资级占本国美元债存量的比例超过亚洲平均水平（70%）；菲律宾、印度、哈萨克斯坦、中国及中国香港的投资级占比[①]位于中等偏

---

① 投资级占比=该国或地区投资级美元债存量/该国或地区所有美元债存量。

上水平（50%～70%）。斯里兰卡、巴基斯坦、蒙古等国家或地区所发行的美元债国际主权评级较低，所发行的美元债高收益占比更高。值得注意的是，**中国美元债投资级占比为64%，低于亚洲投资级的平均水平**。中资美元债的投资级占比近些年有下降趋势，主要是因为：一些高收益地产公司跨境发行大量美元债；同时2016年年底城投或者国企跨境发行美元债，大多采用无评级，例如2020年的网红企业北大方正和清华紫光均采用无评级在境外发行美元债。

图1-10 亚洲美元债到期变化（按照投资级和高收益）

资料来源：彭博，2020年10月。

从图1-10可以看出，投资级美元债发行较多的国家或地区主要有以下特征：该国家或地区主权评级普遍较高，例如澳大利亚、新西兰和新加坡等；以发行主权美元债和类主权美元债为主，例如印度和印度尼西亚等。

从细分评级来看（见图1-11），存量占比较大的分别是BBB（15.96%）、无评级（13.51%）、A+（13.45%）、BBB+（9.48%），其他占比相对较小。在高收益板块中，BB～BB+这个区域发行的美元债占比较大。

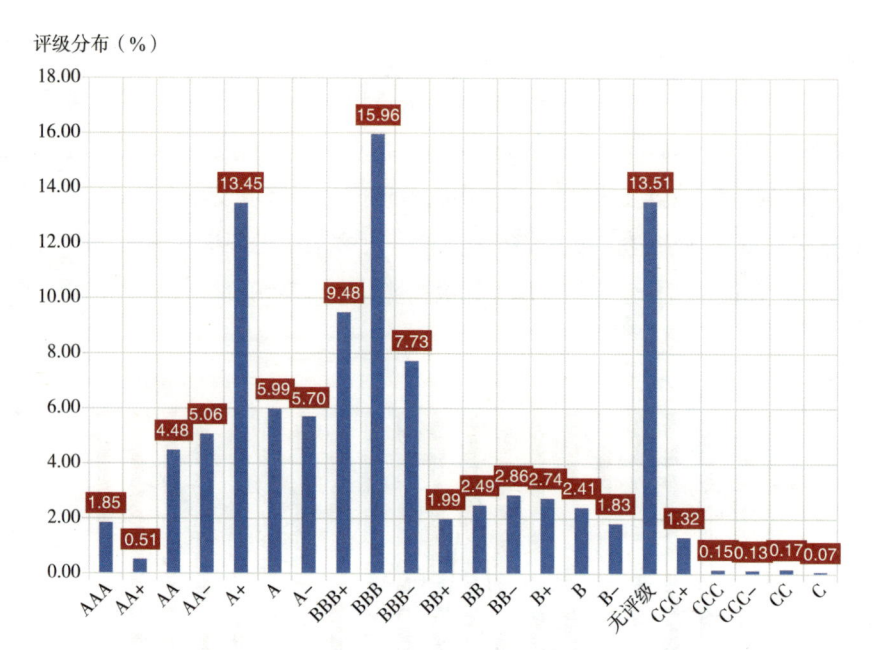

图 1-11　亚洲美元债的评级分布

资料来源：彭博，2020 年 10 月。

从亚洲美元债发行历史来看（见图 1-12），除无评级外，A 级和 BBB 级的发行量一直较高，但 B 级的发行量占比在 2020 年已提升至 8.3%，主要原因是亚洲高收益美元债的发行量逐步上行。这背后也体现出国际投资者开始逐步布局亚洲高收益美元债市场，寻找投资机会。

2008 年全球金融危机之后，随着美元宽松周期开启和全球风险偏好提升，亚洲高收益美元债发行比例逐步上升。2019 年和 2020 年 10 月，高收益亚洲美元债发行量占比提升至 25.4% 和 15.1%，从 1986 年以来一路攀升（见图 1-13）。

如图 1-13 所示，1986—2020 年，高收益美元债发行占比出现四次放缓或较大回落：2008 年全球金融危机、2012 年"欧债危机"、2018 年中国信用违约等事件的相继爆发，以及 2020 年全球美元流动性危机与年末的中国境内永煤事件诱发的信用危机，导致高收益美元债发行占比出现下降。

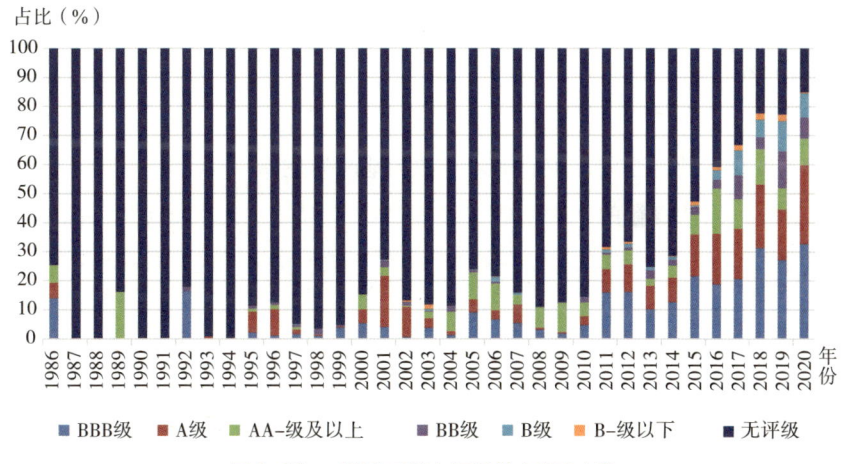

图1-12 亚洲美元债各评级的占比及变化

注：BBB级包括BBB+、BBB和BBB-；A级包括A+、A、A-；AA-级及以上包括AAA、AA+、AA和AA-；BB级包括BB+、BB和BB-；B级包括B+、B和B-；B-级以下包括CCC+、CCC、CCC-、CC和C。

资料来源：彭博，2020年10月。

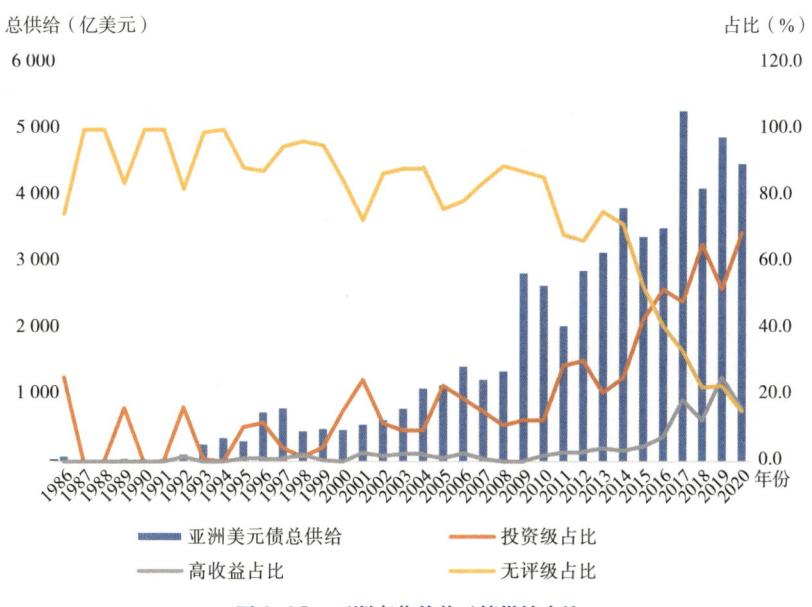

图1-13 亚洲高收益美元债供给占比

资料来源：彭博，2020年10月。

第1章 欧洲美元债市场揭秘

随着国际投资者更加关注亚洲美元债市场，未来亚洲高收益美元债的市场存量有望保持稳步增长。

（5）发行行业以金融、政府类、能源和地产为主

从亚洲美元债发行的一级行业（彭博BIC1）存量占比来看（见图1-14），前四大行业分别是金融类（包括房地产）、政府类、能源和公用事业，分别占比44.78%、16.68%、10.86%和7.24%。

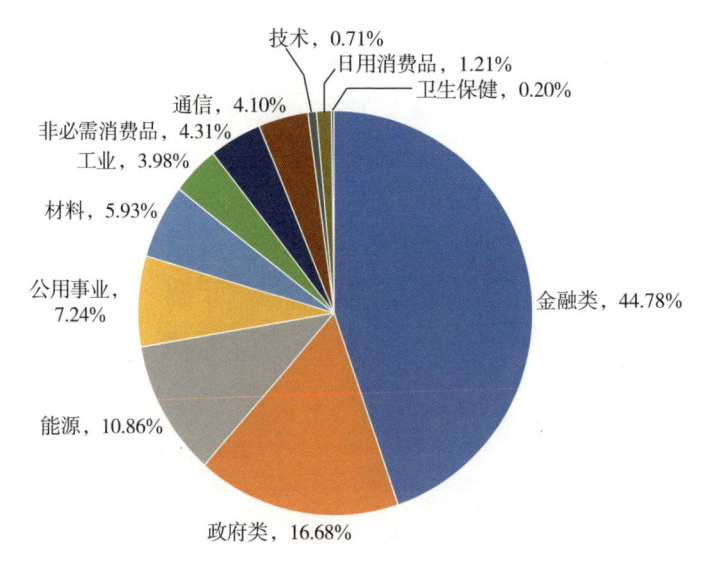

图1-14 亚洲美元债存量的一级行业分布

资料来源：彭博，2020年10月。

如果按二级行业（彭博BIC2）存量占比来看（见图1-15），排名前五大行业分别是银行、房地产、主权债、金融服务和勘探及生产，分别占比21.13%、12.02%、10.86%、5.37%和5.03%。银行一般在境外具有实际业务，所以为投资者所熟悉，且大多数银行都属于国有控股，信用资质较佳，因此境外融资较为便利；房地产公司因为具有大量的融资需求，且融资利率较高，对于一些投资者来讲具有吸引力。因此，银行和房地产类美元债占据了亚洲美元债的大部分。

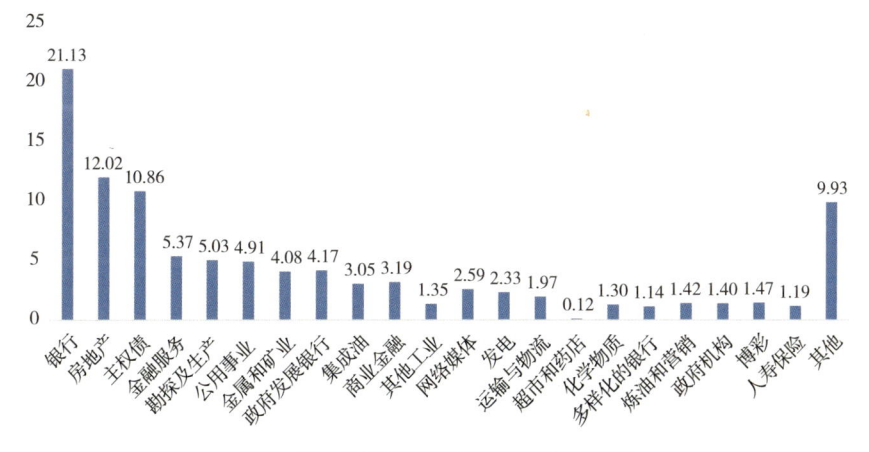

图 1-15　亚洲美元债存量的二级行业分布

资料来源：彭博，2020 年 10 月。

（6）发行期限以 3～5 年和 7～10 年为主

截至 2020 年 10 月，亚洲美元债的平均久期为 4.07 年（见图 1-16），相比 2019 年亚洲美元债的平均久期 3.48 年有进一步提升，其中澳大利亚、中国香港、印度等的美元债平均久期低于亚洲美元债平均久期。泰国、马来西亚、印度尼西亚、菲律宾、巴布亚新几内亚、哈萨克斯坦、新加坡、乌兹别克斯坦、中国澳门、塔吉克斯坦的平均久期高于亚洲美元债的平均久期。

平均久期较高的国家或地区有两个特征：该国家或地区以发行主权债为主，例如印度尼西亚、哈萨克斯坦、菲律宾、马来西亚等；虽然以发行非主权债为主，但该国家或地区主权评级较高，例如泰国、中国澳门。

平均久期较低的国家或地区主要有两个特征：以发行非主权债为主，例如中国、韩国等；该国家或地区主权评级并不高，投资者对于久期风险比较敏感，因此该国发行美元债以短久期为主，例如越南、蒙古、柬埔寨等。

从修正久期（Modified Duration）区间占比来看（见图 1-17），3～5 年和 7～10 年区间的美元债存量最大，占比分别为 27.4% 和 33.2%。这背后的主要原因是：3～5 年期债券大部分是亚洲不同国家或地区发行的以信用为主的美元债，7～10 年期债券主要是不同发行人发行的主权美元债和类主权美元债。

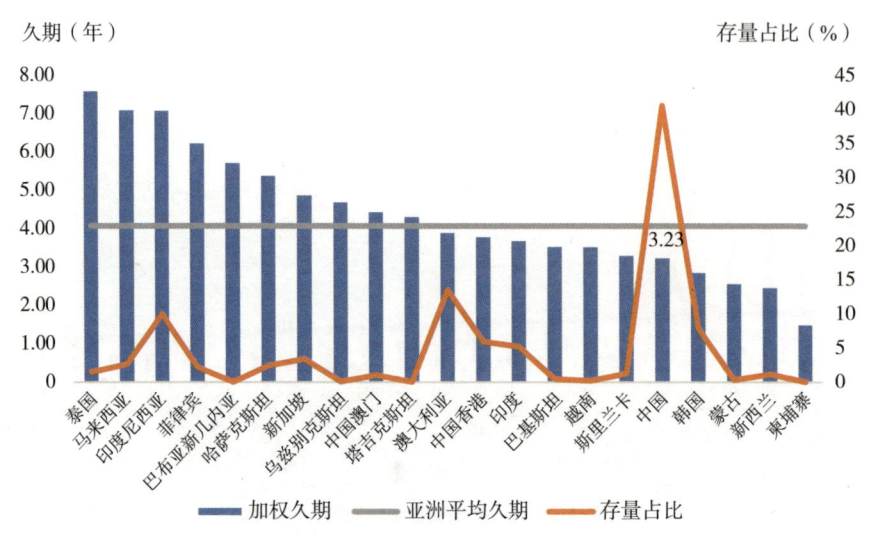

图1-16 亚洲不同国家或地区美元债的久期

资料来源：彭博，2020年10月。

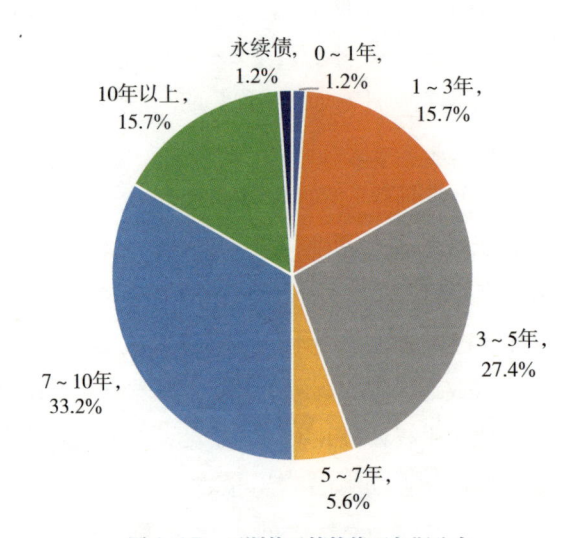

图1-17 亚洲美元债的修正久期分布

资料来源：彭博，2020年10月。

亚洲美元债的发行期限并非一直不变，而是随着时间推移有所变化。例如在 1993 年之前，亚洲美元债发行人较多的是主权或者类主权发行人，因此长期限发行占比较高。1990 年之后，随着亚洲美元债发行人拓展到非主权类发行人，发行期限开始逐步向短期限延展，1~5 年期的美元债发行量开始上升（见图 1-18）。

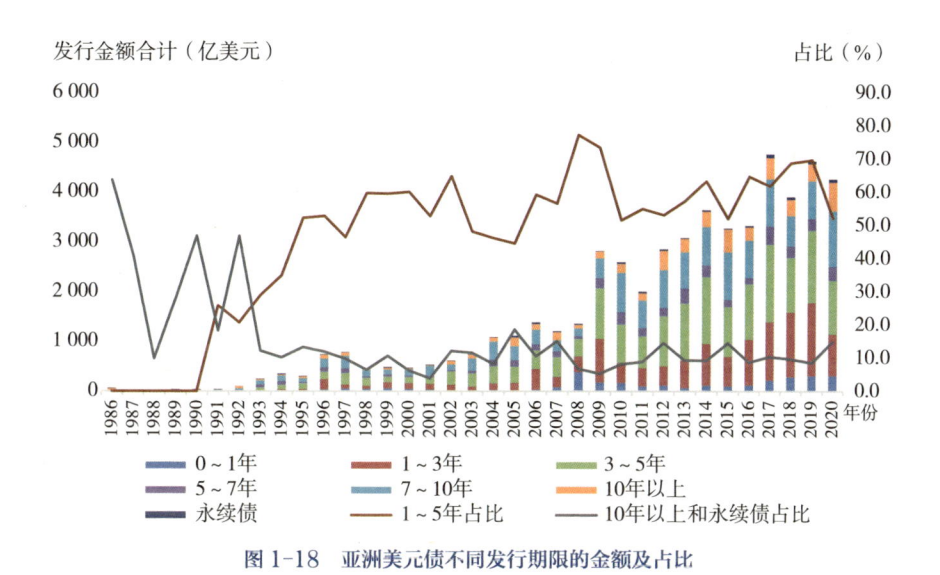

图 1-18　亚洲美元债不同发行期限的金额及占比

资料来源：彭博，2020 年 10 月。

（7）内部违约分布不均衡

如果把违约率定义为存续违约金额除以债券市场存量，那么亚洲美元债市场的存量总违约率（存续违约量/当前市场量）为 1.9%，其中中资美元债存量总违约率为 1.2%，低于亚洲水平。如图 1-19 所示，从一国或地区美元债违约金额占亚洲美元债总违约金额的比例来看，排名靠前的是哈萨克斯坦（31.1%）、中国（25.1%）、印度尼西亚（18.4%）等；从一国或地区的违约金额占其美元债存量的比例（该国或地区违约率）来看，排名靠前的是哈萨克斯坦（22.6%）、印度尼西亚（3.7%）；从违约情况来看，违约率较高的国家或地区以发行非主权美元债为主。

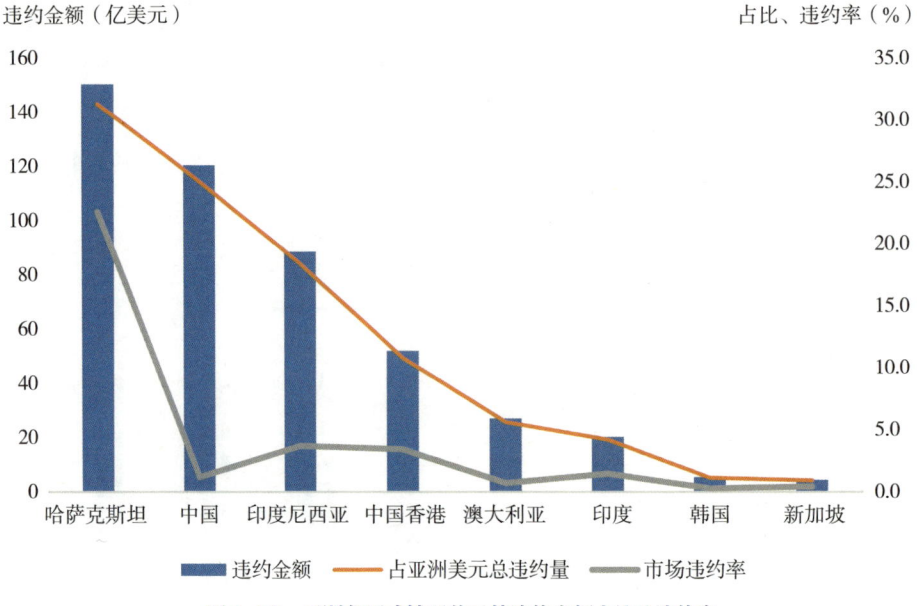

图 1-19　亚洲各国或地区美元债违约金额占比及违约率

资料来源：彭博，2020 年 10 月。

1997 年之前，亚洲美元债没有出现过实质违约，1997 年亚洲金融危机开启了亚洲美元债违约。历史上，亚洲美元债的违约率基本维持在 1% 以下。从违约金额来看，违约金额高峰分别为 2001 年、2009 年、2012 年、2018 年和 2020 年。2009 年美国次贷危机让美元债发行人也出现财务危机和信用危机，2012 年的欧债危机传染，同时哈萨克斯坦也出现大规模的美元债违约，导致 2012 年亚洲美元债违约高峰（见图 1-20）。

- 2012 年，亚洲美元债违约金额达到 190.41 亿美元，违约率达到 1.53%，其中哈萨克斯坦违约金额约为 160 亿美元，近乎包揽了当年亚洲美元债违约金额。这主要是由于哈萨克斯坦 2010 年及之前对于外部债务扩张没有有效控制，2012 年 9 月哈萨克斯坦外债总额为 1 348.78 亿美元，比 2011 年年末的 1 251.53 亿美元上升了 7.8%。2010 年哈萨克斯坦在亚洲市场发行了几笔美元债，在 2012 年违约，造成了亚洲美元债违约高峰。

- 2018年，亚洲美元债违约金额为74.84亿美元，违约率为0.35%。而中资美元债违约66.03亿美元，占当年亚洲美元债违约的88.23%。因此，2018年的亚洲美元债违约高峰主要是由中资美元债引起的。
- 2020年1~10月，亚洲美元债违约金额为76.53亿美元，违约率为0.30%。中资美元债违约占当年亚洲美元债违约的90%以上。

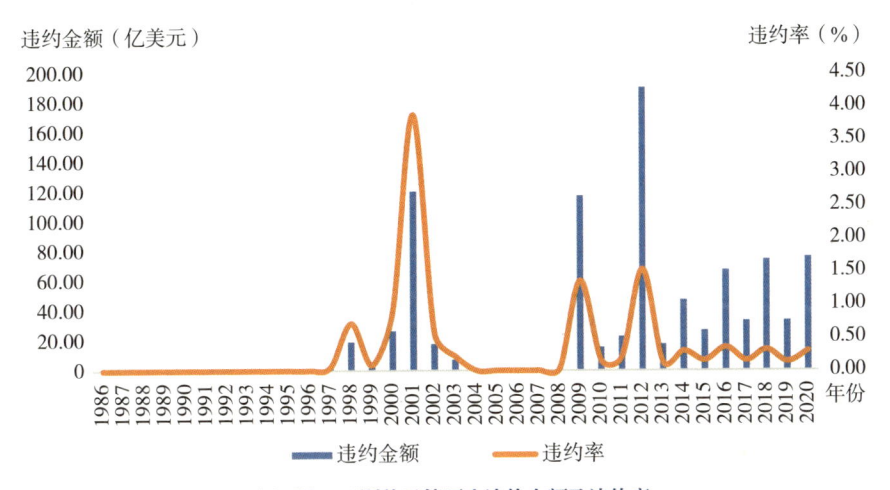

图1-20 亚洲美元债历史违约金额及违约率

资料来源：彭博，2020年10月。

第 2 章　中资美元债市场基础

工欲善其事，必先利其器。在进入中资美元债实战之前，我们需要对中资美元债市场特征做全面梳理。

中资美元债从诞生至今已有 35 年（1986—2021 年）历史，发展历史不长。本章将带领读者进行全面深入的市场分析，重点讲解以下内容：

- 通过过去 34 年（1986—2020 年）的全部历史数据对中资美元债发行、净融资、市场规模和常规发行期限等进行全方位回顾和深入分析。
- 为什么要关注和投资中资美元债？因为中资美元债具有更高的收益回报、低波动率、尾部风险较低等优势。除优势之外，本章还会详细剖析投资中资美元债的重要风险点。
- 梳理中资美元债的所有跨境发行结构。这些发行结构是作者多年投资实战中的经验总结，目前境外还没有资料对中资美元债不同发行结构做全面总结。除发行结构外，本章还会针对每种发行结构的安全性和风险进行排序并举例说明，例如以 2020 年发生的北大方正（维好协议发行）的美元债进行案例分析。
- 如何参与中资美元债投资？投资起点金额如何？跨境投资如何寻找投资通道？这些内容也是读者非常关注的，本章将一一给予解答。

通过对上述四个方面的解读，作者期望读者基本上能掌握中资美元债市场核心特征、投资中资美元债的优缺点及参与方式。

2.1 中资美元债的前世今生

1986年，中国银行在国际市场上发行了第一只中资美元债，金额为2亿美元，期限10年，利率为LIBOR[①]＋1/16%。

1995年，中国开始规范国内公司在境外发行美元债。1996年，中国政府发行了首只美元国债，发行期限为100年。1998年，中海油发行了首只能源类美元债，该公司之后也在境外连续发行多只美元债。2004年，新浪（中国）在境外发行首只电商网络美元债。2010年，中国嵘燊集团成为中国首家违约的中资美元债发行人。2010年以前，中资企业在境外发债并不活跃，总共就发行了17只中资美元债，总计388亿美元。自2010年起，中资美元债发行量开始缓慢增长。表2-1所示为中资美元债历史上的"首只"情况。

表2-1 中资美元债历史上的"首只"

年份	首次	发行人名称	金额（亿美元）	期限（年）	违约时间	行业
1986	首只美元债	中国银行	2.00	10	没违约	金融
1993	首只地产债	越秀地产	0.9	5	没违约	地产
1996	首只主权债	中国政府	1.00	100	没违约	主权类
1998	首只能源债	中海油	2.00	30	没违约	能源
2004	首只电商债	新浪（中国）	1.00	19	没违约	电商网络
2007	首只违约债	嵘燊集团	1.50	5	2010年	食品饮料
2008	首只医疗债	中国医疗技术	2.76	5	2012年	医疗器械
2008	首只新能源	尚德电力控股	5.75	5	2013年	新能源

截至2020年年底，中资美元债的存量已超1万亿美元，占据亚洲美元债半壁

---

① LIBOR是指伦敦同业拆借利率，是大型国际银行愿意向其他国际大型银行借贷时所要求的利率。LIBOR常常作为商业贷款、抵押、发行债券利率的基准，也是很多合同的参考利率。

江山。就发展历程来看，中资美元债主要分为四个阶段：

- **1986—2009 年，中资美元债的早期萌芽阶段**。1986 年，中国银行发行首只中资美元债，在国际市场上发行 2 亿美元。该阶段的中资美元债发行不活跃，主要是受到政府严控外债风险的影响，尤其是 1997 年亚洲金融危机使得我国对于外债风险控制得更加严格。该阶段，中资美元债总发行量为 786.74 亿美元，截至 2009 年的存量为 542.56 亿美元，包括中海油、中国国家政府、国家开发银行等在境外发行的美元债。

- **2010—2013 年，中资美元债的发展初期阶段**。在该阶段，中资企业开始涉足境外美元债，中资美元债发行量增长至 1 912.71 亿美元，截至 2013 年的存量为 2 163.42 亿美元。其背后原因是：全球金融危机之后，美联储降息使得美元利率走低，同时境内人民币升值促使企业到海外发行低利率的美元债。该期间，发行行业也开始大幅扩张到非主权板块，例如房地产、银行和能源板块开始放量发行中资美元债，三个板块发债量就占据了该阶段总量的 50% 以上。主要发行人分别为中石油、中石化、中国银行、招商银行、中信银行、佳兆业、万达、绿地、融创、世茂集团、龙湖和龙光等公司。

- **2014—2019 年，中资美元债的爆发阶段**。首先，以 2015 年的发改委 "2044 号文" 为标志，中资美元债监管政策逐步放松，额度审批从注册审批制转为备案制。其次，中美利差处于历史较低位置，美元债收益率吸引力上升。最后，人民币贬值也促使投资者开始配置美元债资产，该阶段中资美元债市场供需两旺。2010—2019 年，中资美元债规模爆发性增长约 17 倍，截至 2019 年年底，中资美元债存量超过 9 000 亿美元，占据亚洲美元债市场半壁江山。在这一阶段，中资美元债发行量超过 1 万亿美元，平均每年供给量约 1 800 亿美元。除了房地产、能源和银行板块持续成为供给主力以外，城投平台公司也开始崛起并成为境外美元债供给较大的板块。另外值得关注的是，银行板块的优先股（AT1）发行量在 2017 年开始爆发式增长。

- **2020 年至今，中资美元债进入成熟阶段**。2019 年 6 月和 7 月，发改委 "666

号文"和"778号文"开始强调地方融资职能，国企和房地产企业境外发债仅限于归还一年内到期的中长期外债。展望未来，随着中国政府开始关注外债风险，控制城投和房地产海外融资资金用途，城投和地产融资资金将主要用于再融资。相关统计数据显示，2020年之后，中资美元债到期量将会保持在2 000亿~3 000亿美元，净融资保持平稳，中资美元债市场将进入真正的成熟阶段。

2.2 中资美元债的核心特征

2.2.1 过去34年的供给及需求

2010年之前，亚洲美元债存量基本在1万亿美元规模之下，中资美元债（含香港和澳门，不包括中国台湾）存量占比在5%~25%范围波动。2010年之后，中资美元债发行量开始出现小幅上升，主要原因是：在美国次贷危机之后，美元利率降为0，境外美元债融资环境宽松，刺激了中资企业跨境发行美元债。从2013年开始，越来越多的中资企业开始拓展海外市场（包括海外业务收购），加速海外美元融资需求，中资美元债存量进一步增长；2015年，人民币汇改进一步刺激了境内资金跨境投资中资美元债的需求。**自2009年往后的11年（2009—2020年），中资美元债（含香港和澳门，不包括中国台湾）的存量在亚洲占比从12.3%上升到2020年10月的45.4%，上升了33.1个百分点**（见图2-1）。这背后对应着中资美元债的监管政策从2015年的"2044号文"（注册审批制转为备案制度）开始大幅放松，中资美元债供给开始大幅攀升（见图2-2）。

2020年1~10月，中资美元债到期量（含香港和澳门，不包括中国台湾）为1 849.31亿美元，如果把具有赎回条款的永续债的赎回日当作到期日，2020年1~10月的到期量为1 980.89亿美元（见图2-3）。中资美元债的供给增长高峰出现在2015—2017年，而中资美元债的发行久期一般为3~5年，因此2019—2022年中资美元债到期（包括赎回量），中资美元债的到期和再融资压力较大，这也决定了中资美元债未来的发行量将较为可观。

图 2-1 中资美元债存量及其亚洲占比

资料来源：彭博，2020 年 10 月。

图 2-2 中资美元债供给量及到期量

资料来源：彭博，2020 年 10 月。

图 2-3　中资美元债到期分布

资料来源：彭博，2020 年 10 月。

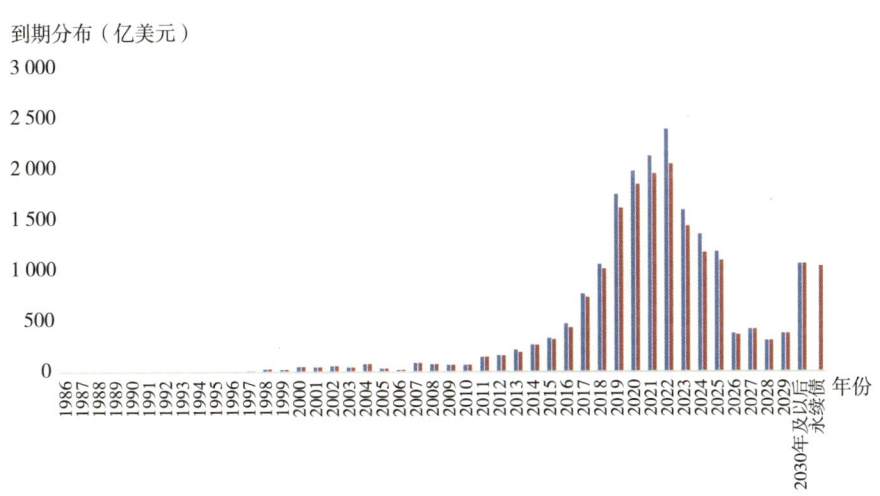

2.2.2　国际评级分布情况

总体来看，中资美元债存量的投资级、高收益和无评级占比分别约为 63.15%、20.18% 和 16.67%。横向比较来看，中资美元债存量的投资级占比低于亚洲美元债的投资级水平 70%，这主要是因为中资地产公司在境外发债较多，但评级大多都是高收益评级。

从存量占比来看，A+ 评级占比为 26.64%，占比最大；其次是无评级占比 16.67%，BBB+ 评级、BBB 评级占比分别为 9.29% 和 8.16%（见图 2-4）。在中资美元债发行人中，有大量境内城投和国企跨境发行美元债。这些国企因为商业模式不为境外国际评级机构所接受，因此评级可能相对较低（成为高收益）。大部分国企可能并不会选择国际评级，而会直接采用境内评级标准进行美元债发行，因为大部分国企美元债的投资者源于境内，而境内评级一般也会作为评级参考。另外 A+～BBB 评级区域的多为银行金融类公司在境外发行的美元债，这类公司往往具有较长的发债历史，本身业务模式也与国际接轨得比较好，因此评级较高，发行利率较低。

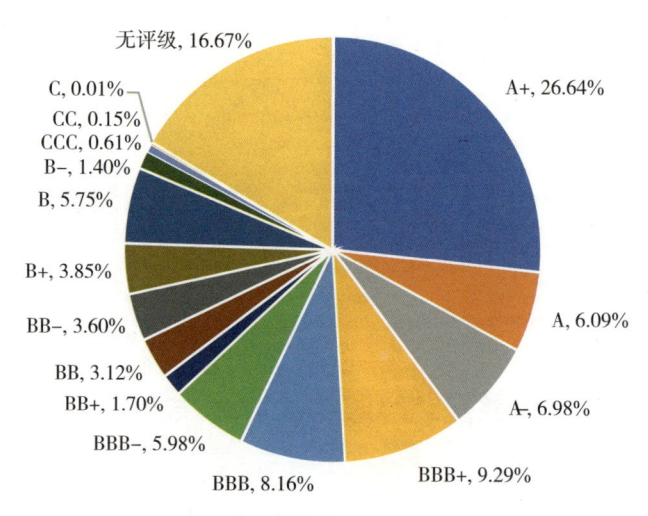

图 2-4　中资美元债（含香港和澳门，不包括中国台湾）评级占比分布

资料来源：彭博，2020 年 10 月。

纵观中资美元债过去 34 年（1986—2020 年）的历史发行量占比情况（见图 2-5、图 2-6），有几点需要特别强调：

- 无评级的发行量从 2010 年以来开始逐年下降，截至 2020 年 10 月，无评级发行量占比为 18%，这比 2010 年发行量占比（82%）下降很多。这是因为中国企业开始逐步走上国际舞台，得到国际评级公司的认可。与此同时，随着无评级发行量占比下降，投资级美元债和高收益美元债发行量开始逐步上升。
- 值得注意的是，BB 级和 B 级的高收益美元债发行量从 2015 年以来开始增长。2020 年 1~10 月，发行量占比分别为 9.0% 和 13.7%。BB 级和 B 级的美元债主要是红筹架构的地产美元债，例如恒大、佳兆业等房地产公司在境外发行的美元债。

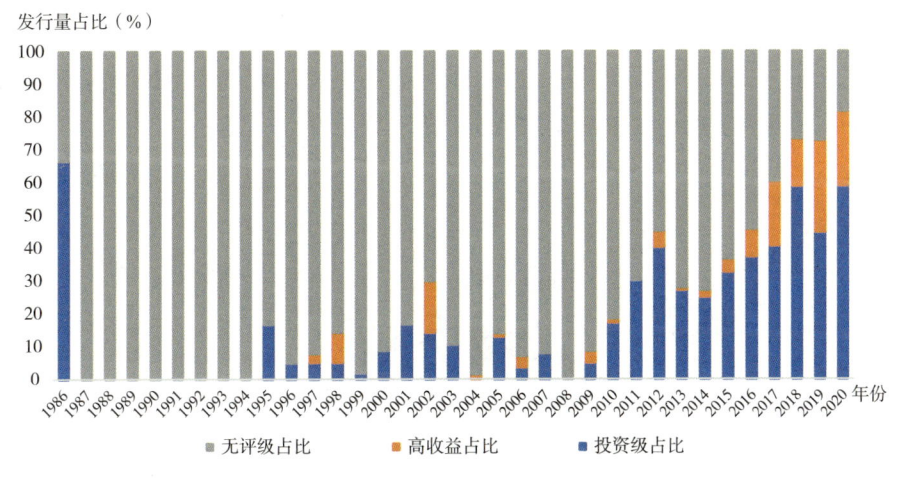

图2-5 中资美元债各评级历年发行量占比

资料来源：彭博，2020年10月。

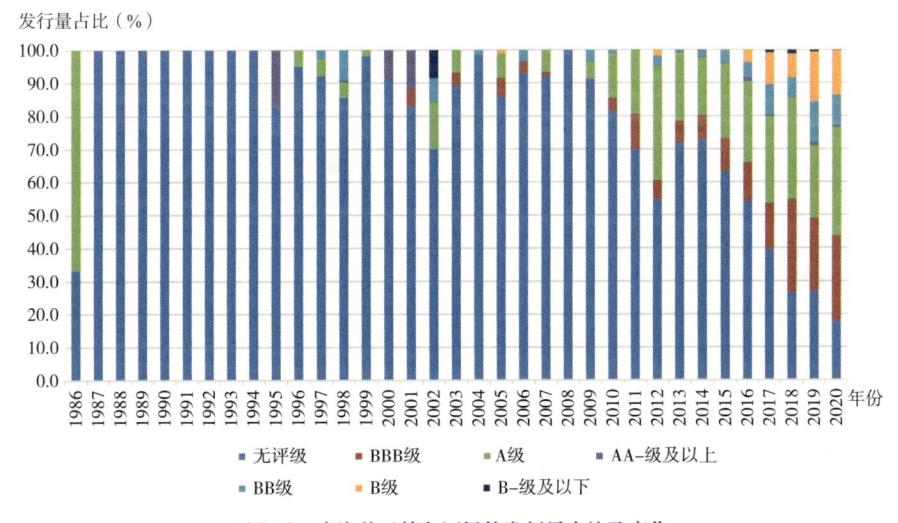

图2-6 中资美元债各评级的发行量占比及变化

资料来源：彭博，2020年10月。

2.2.3 主要的发行行业特征

从一级行业的存量分布来看（见图2-7），存量占比较大的分别是金融

（58.69%）、能源（8.32%）、工业（7.45%）和公用事业（5.08%）等。中资美元债的发行行业主要集中在金融类，包括银行、金融租赁、四大资产公司等，例如中国银行、中国工商银行、招银金融租赁、中国华融资产、东方资产等在境外发行美元债的规模较大。

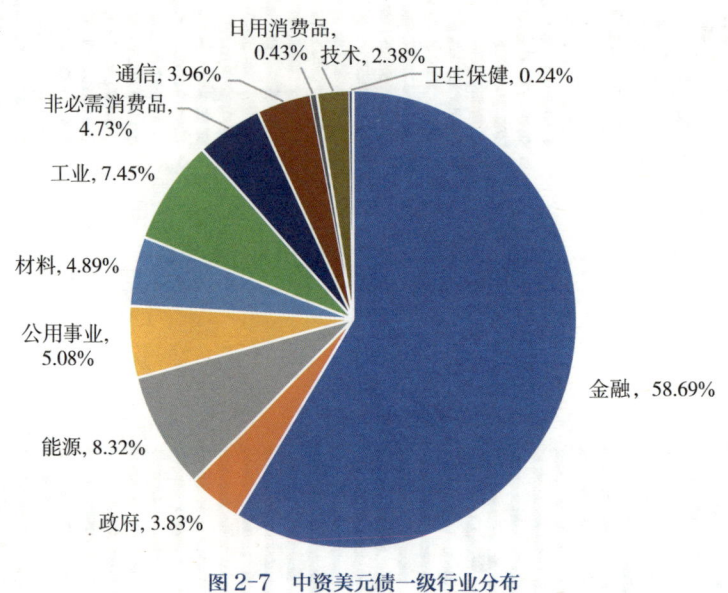

图2-7 中资美元债一级行业分布

资料来源：彭博，2020年10月。

从二级子行业来看（见图2-8），占比较大的分别为房地产（22.4%）、银行（13.7%）、金融服务（8.5%）、勘探及生产（7.4%）。而亚洲美元债存量占比最大的是银行（24%），其次是房地产（12%）和主权美元债（8%）。从二级子行业的发行来看，房地产发行占比较大的原因主要是：房地产公司较早拓展境外美元债融资渠道；另外，房地产公司在境内普遍不受主流银行保险资金待见，因此境外美元债反而成为其一个较为主要的融资通道，地产美元债平均占房地产公司债权融资比例高达30%~40%。有些房地产公司很少发行境内人民币债券，甚至只发行境外美元债，例如恒大和佳兆业境外美元债存量占比非常高。最后，外资一般也会投资地产美元债，因为房地产公司的财务报表清晰，更加容易分析和跟踪。

从行业供给特征来看，中资主权美元债供给相对较少，这和印度相似，主要是因为中国存在较大的国际收支顺差，因此市场并不缺少美元，主权美元债发行的必要性下降。

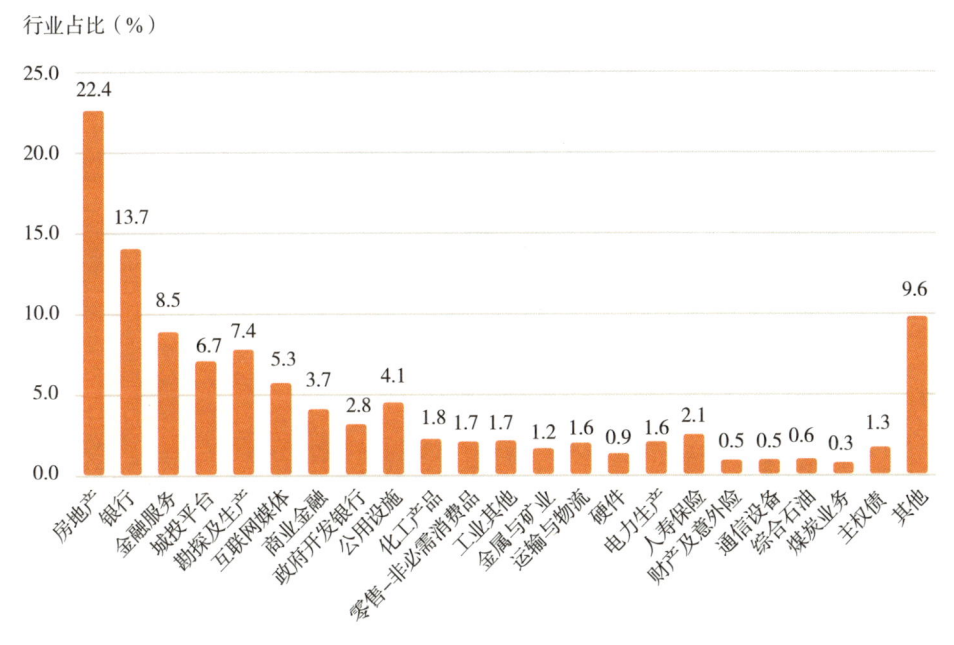

行业占比（%）

行业	占比（%）
房地产	22.4
银行	13.7
金融服务	8.5
城投平台	6.7
勘探及生产	7.4
互联网媒体	5.3
商业金融	3.7
政府开发银行	2.8
公用设施	4.1
化工产品	1.8
零售—非必需消费品	1.7
工业其他	1.7
金属与矿业	1.2
运输与物流	1.6
硬件	0.9
电力生产	1.6
人寿保险	2.1
财产及意外险	0.5
通信设备	0.5
综合石油	0.6
煤炭业务	0.3
主权债	1.3
其他	9.6

图 2-8 中资美元债二级子行业分布

资料来源：彭博，2020 年 10 月。

2.2.4 存续美元债以短久期为主

中资美元债的加权平均久期为 3.23 年，低于亚洲美元债的加权平均久期 4.07 年。其中，1～5 年期限中资美元债的存量占比为 62.4%（见图 2-9），是中资美元债发行的主要期限。2014—2020 年，1～5 年期限中资美元债发行量持续居于高位，2019 年和 2020 年 1～10 月占比分别为 72.5% 和 57.9%（见图 2-10），主要原因是：近几年城投和房地产企业美元债发行量上升，这两个行业的供给主要集中在 1～5 年期限债券，且近些年很多中资企业也在境外发行 364 天的短期美元债。未来，1～5 年期限中资美元债的占比有望进一步提升，加权久期将维持在 3 年左右。

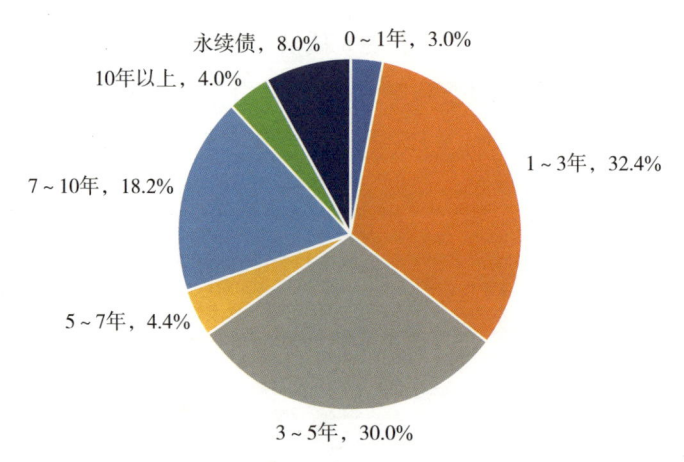

图 2-9 中资美元债存量的不同期限占比

资料来源：彭博，2020 年 10 月。

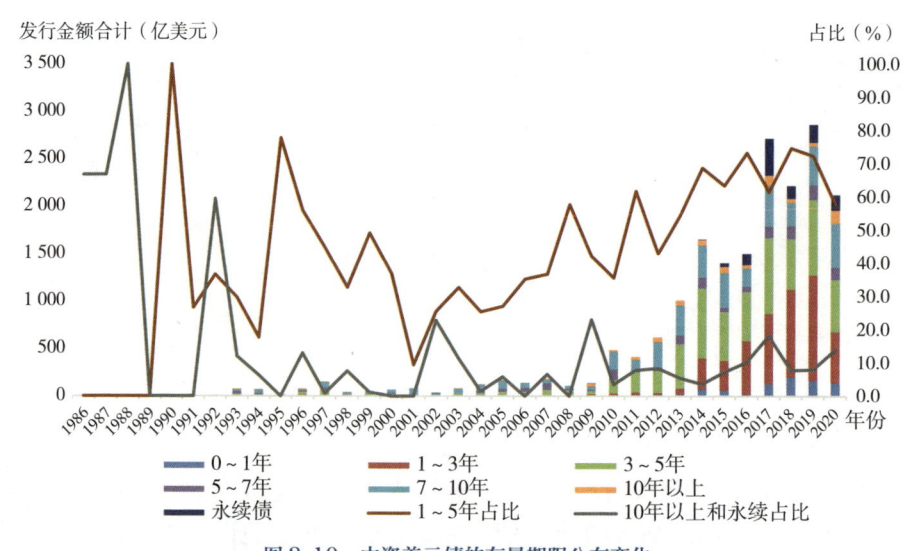

图 2-10 中资美元债的存量期限分布变化

资料来源：彭博，2020 年 10 月。

2.3 为什么要投资中资美元债

中资美元债的存量占亚洲美元债半壁江山，存量规模超 1 万亿美元。近几年，中资美元债的国际投资者类型更加广泛，投资群体、研究和交易机构都越来越丰富。**中资高收益美元债过去 10 年的平均收益率为 9.0%，中资投资级美元债平均收益率为 5.7%，大幅高于亚洲其他国家和中资境内人民币债券**。同时，中资美元债具有显著的抗波动效应，例如 2015 年"811 汇改"让全球风险资产普跌，中资美元债并未跟随其他风险资产大幅下跌。总体来看，中资美元债市场相对于其他国际美元债有以下几个优势。

2.3.1 市场规模成熟

2014 年，境内跨境投资热潮兴起。在 2015 年"811 汇改"后，中资美元债的境外投资需求暴涨，这也助推了中资企业跨境发行美元债。2020 年 10 月，中资美元债存量约 1 万亿美元，占比达到亚洲美元债市场存量的约 40%，中资美元债市场流动性和规模在亚洲美元债市场占比最高，越来越受到境外投资者的关注。2020 年 11 月，汇理基金的亚洲公募基金（VALUE PART GRT CH HY-PUSDMD）的管理规模达到 36.2 亿美元，其中多达 70% 配置大中华区的中资美元债。由此可见，国际投资者对中资美元债的投资需求其实十分旺盛，这主要还是因为中资美元债市场存量足够大以及市场较为成熟。

中资美元债的境外参与机构越来越多。从卖方机构来看，越来越多的外资卖方机构开始设立中资美元债交易员和信用分析师，专门盯住中资美元债。另外，许多大型中资银行、城商行、中资企业都逐步在境外设立买方子公司，开始投资中资美元债。最后，国际评级机构开始布局中资信用板块，招募更多的中资信用分析师来覆盖中资美元债的信用研究。

2.3.2 稳定有竞争力的收益率回报

（1）境外收益回报高于境内

如果把境内 AAA 级债券指数收益与中资美元债投资级指数进行对比，那么很多境内 AAA 级企业在境外并非皆为投资级，因此这样对比其实对境外市场不利。从境内外的收益对比来看，2010—2018 年，中资投资级美元债的平均收益率为 5.1%，境内 AAA 级人民币债券收益率为 5.4%，中资投资级美元债的收益与境内AAA级债券的收益水平相当（见图2-11）。如果考虑近些年美元升值幅度，那么中资美元债的投资级收益回报将大幅高于境内人民币债券的收益（境外美元收益＋外汇升值＞境内人民币债券收益）。

图2-11 境内外投资级债券投资收益比较

资料来源：彭博、Wind[①]。

因为大部分境内AA+级的发行人在境外的评级只能达到高收益评级水平，因此它们大多采用境内AA+级债券与中资美元债高收益指数进行对比。从境内外收益对比来看，境外中资美元债过去8年（2010—2018年）的平均收益高于境内的4.2%（见图2-12）。从这个对比来看，中资美元债高收益指数的收益回报大幅高于境内同样发行主体发行的人民币债券收益回报。

从过去多年的历史回报业绩来看，中资美元债的收益回报确实要高于境内人民币债券收益，这主要是因为：首先，大部分中资企业跨境发行美元债需要付出一定溢价才能发行成功；其次，中国海外主权信用评级较低，因此中资企业在境外评级普遍较低，很多境内AAA级或者AA+级企业在境外评级都是高收益评级，

---

① Wind是一家金融数据和分析工具服务商，总部位于上海。——编者注

因此发行利率较高；最后，中资美元债的外资投资者对中国商业模式不熟悉，导致要求的收益回报也较高。综上所述，中资美元债的收益率普遍要高于相同发行人的境内人民币债券收益。

图 2-12 境内外高收益投资收益比较

资料来源：彭博，Wind。

但境外收益率高于境内也并非是一成不变的，而是会随着中美货币周期不同而发生变化。例如，在 2015 年之前，大部分境外房地产公司美元债的收益率都是双位数，大幅高于境内房地产公司人民币债券收益率。但在 2015—2017 年的三年大牛市中，很多境外房地产公司美元债收益利差大幅缩窄，境内房地产公司随着宏观去杠杆，收益反而高于境外。2020 年 3 月，境外美元危机导致很多房地产公司美元债收益率高达 20%～30%，美元债收益率大幅高于境内；经过 2020 年 4～8 月的牛市，地产美元债收益率与境内人民币债券收益率利差缩窄。

中资美元债受到美元货币周期影响，反而和境内人民币货币周期不同，因此较多境内投资者可以用中资美元债来对冲人民币货币周期，让组合收益更加稳定和优秀。

（2）在大类资产中的表现稳定优秀

2012—2020年，中资美元债连续多年正回报，中资高收益美元债的平均年化收益率为9.8%，中资投资级美元债的平均年化收益率为5.3%，其收益稳定性大幅优于其他大类资产的表现。2012—2020年，除2013年投资级、2018年高收益回报为负之外，其余年份回报均为正数，风险资产（比如上证A50指数、沪深300、恒生指数）多年出现负收益，而避险资产（例如黄金）等也并非连续多年正回报（见表2-2）。

表2-2 全球大类资产的历史收益回报

资产类别	2020年	2019年	2018年	2017年	2016年	2015年	2014年	2013年	2012年
上证A50指数	22.9%	38.4%	−21.4%	32.9%	−4.8%	−10.1%	64.1%	−14.8%	12.3%
沪深300	35.7%	34.4%	−29.3%	29.9%	−17.1%	1.0%	47.9%	−4.9%	8.7%
恒生指数	−3.0%	9.7%	−13.8%	35.0%	0.3%	−7.1%	1.3%	2.8%	23.2%
标普指数	16.3%	28.9%	−6.2%	19.4%	9.5%	−0.7%	11.4%	29.6%	13.4%
MSCI全球回报指数	14.5%	23.5%	−11.0%	21.8%	6.0%	−4.6%	1.5%	19.8%	14.0%
黄金	25.1%	18.3%	−1.6%	13.5%	8.1%	−10.4%	−1.4%	−28.3%	7.1%
WTI原油	−20.5%	34.5%	−24.8%	12.5%	45.0%	−30.5%	−45.9%	7.2%	−7.1%
中资高收益美元债	7.5%	12.7%	−4.2%	6.5%	10.4%	10.8%	3.9%	6.6%	34.0%
中资投资级美元债	6.6%	10.2%	0.5%	4.4%	4.4%	3.3%	8.5%	−3.4%	12.8%

资料来源：彭博，2020年。

（3）在国际美元债市场中有竞争力的收益回报

2010—2012年中资美元债存量较小，波动较大，因此取稳定的2013—2020年数据进行比较。横向比较来看，中资投资级美元债的年化收益在全球范围内并不算高。中资投资级美元债过去8年的平均收益率为4.3%，低于欧美和亚洲投资级美元债的表现。中资投资级美元债收益回报稳定，相较于其他国家美元债指数表现并不算突出（见表2-3）。

相对于其他国家而言，中资高收益美元债的吸引力非常大。从收益回报来看，中资高收益美元债过去8年的平均收益回报为6.8%，大幅高于美国和亚洲高收益回报，但是2014年、2018年的中资高收益美元债明显跑输全球其他国家美元债资产。2014 年佳兆业违约事件、2018 年中国境内人民币债券信用危机（永泰能源违约等事件）使得这两年的中资高收益美元债的收益回报弱于其他国家（见表 2-4）。

表 2-3　全球投资级美元债的收益回报特征（2013—2020 年）

年份	美国投资级指数	欧洲美元债指数	亚洲投资级指数	中国投资级指数	澳大利亚投资级指数	中国香港投资级指数	韩国投资级指数	印度尼西亚投资级指数	印度投资级指数	新加坡投资级指数	马来西亚投资级指数	菲律宾投资级指数
2020	9.9%	5.8%	7.2%	6.6%	9.4%	8.0%	6.4%	9.8%	7.2%	7.3%	10.7%	7.2%
2019	14.5%	9.0%	10.5%	10.2%	9.9%	8.7%	7.3%	−6.1%	10.1%	7.6%	8.9%	13.3%
2018	−2.5%	3.0%	−0.1%	0.5%	—	1.2%	1.9%	0.0%	−0.9%	0.9%	0.0%	−0.6%
2017	6.4%	2.8%	4.3%	4.4%	—	4.2%	2.5%	0.0%	5.5%	3.7%	6.8%	5.8%
2016	6.1%	5.8%	3.7%	4.4%	—	2.9%	1.7%	0.0%	3.7%	3.2%	4.1%	2.8%
2015	−0.7%	1.0%	2.6%	3.3%	—	1.7%	2.0%	0.0%	3.3%	2.1%	0.0%	2.8%
2014	7.5%	11.2%	7.3%	8.5%	—	7.1%	4.2%	0.0%	9.8%	5.4%	6.8%	12.8%
2013	−1.5%	1.2%	−0.3%	−3.4%	—	0.0%	0.9%	51.4%	0.8%	−0.7%	−2.4%	−3.0%
平均	5.0%	5.0%	4.4%	4.3%	9.7%	4.2%	3.4%	6.9%	4.9%	3.7%	4.4%	5.1%

资料来源：彭博，2020 年。

表 2-4　全球高收益美元债收益回报特征（2013—2020 年）

年份	美国高收益	欧洲美元债指数	亚洲高收益	中国高收益	澳大利亚高收益	中国香港高收益	韩国高收益	印度尼西亚高收益	印度高收益	新加坡高收益	马来西亚高收益	菲律宾高收益
2020	5.1%	4.0%	5.1%	7.5%	−18.6%	5.9%	6.1%	7.5%	5.3%	4.5%	8.2%	3.9%
2019	13.6%	14.7%	12.2%	12.7%	7.9%	10.2%	8.9%	14.4%	12.2%	12.0%	14.4%	11.7%
2018	−1.1%	−0.8%	−3.1%	−4.2%	−3.2%	0.7%	2.5%	−6.2%	−2.4%	−4.1%	−5.0%	−0.5%
2017	6.0%	8.9%	7.3%	6.5%	14.8%	−0.5%	6.1%	12.9%	6.4%	7.0%	—	3.3%
2016	15.9%	10.6%	12.8%	10.4%	11.6%	9.4%	4.8%	22.6%	21.8%	10.3%	—	3.6%
2015	−5.7%	2.0%	4.3%	10.8%	−2.1%	4.0%	3.6%	0.4%	−8.4%	2.8%	—	3.3%
2014	1.9%	5.8%	5.2%	3.9%	1.7%	7.8%	4.8%	1.6%	9.4%	13.0%	—	4.8%
2013	5.7%	10.5%	0.4%	6.6%	−4.2%	4.3%	5.6%	−3.7%	1.2%	−1.5%	—	−3.3%
平均	5.2%	7.0%	5.5%	6.8%	1.0%	5.2%	5.3%	6.2%	5.7%	5.5%	5.9%	3.4%

资料来源：彭博，2020 年。

总体来看，中资美元债违约率约为1.2%，低于亚洲美元债的平均违约率（1.9%），也低于国际平均违约率（约1.7%）。大多数时候，中资美元债的收益回报表现稳定性要好于其他国家高收益美元债，例如比印度、印度尼西亚等国家的表现要好。

2.3.3 波动率低和夏普比率高

中资投资级美元债从2013年以来平均波动率为1.9%，在亚太区域属于中等水平。同时期，美国、欧洲和亚洲投资级美元债的平均波动率分别为2.3%、1.8%和1.7%，印度尼西亚、印度的平均波动率为1.4%和2.1%（见表2-5）。

表2-5 全球投资级美元债的波动率

年份	美国投资级指数	欧洲美元债指数	亚洲投资级指数	中国投资级指数	澳大利亚投资级指数	中国香港投资级指数	韩国投资级指数	印度尼西亚投资级指数	印度投资级指数	新加坡投资级指数	马来西亚投资级指数	菲律宾投资级指数
2020	4.0%	1.7%	2.5%	2.1%	3.3%	2.2%	1.8%	5.2%	4.0%	2.1%	4.1%	3.1%
2019	4.3%	3.4%	3.2%	3.1%	3.1%	2.9%	2.4%	3.7%	3.1%	2.5%	3.0%	4.2%
2018	0.9%	0.9%	0.5%	0.5%	0.3%	0.6%	0.7%	0.0%	0.7%	0.6%	0.7%	1.2%
2017	2.0%	1.3%	1.3%	1.5%	—	1.3%	0.8%	0.0%	1.6%	1.2%	1.6%	1.6%
2016	2.8%	2.2%	1.7%	1.9%	—	1.6%	1.2%	0.0%	1.7%	1.5%	2.2%	3.0%
2015	1.2%	1.2%	0.6%	0.8%	—	0.5%	0.5%	0.0%	0.8%	0.5%	0.9%	0.8%
2014	1.9%	2.8%	2.1%	2.5%	—	2.0%	1.1%	0.0%	2.8%	—	1.9%	3.2%
2013	1.6%	1.0%	1.8%	2.4%	—	1.7%	0.8%	2.1%	2.1%	—	1.8%	2.6%
平均	2.3%	1.8%	1.7%	1.9%	2.2%	1.6%	1.2%	1.4%	2.1%	1.4%	2.0%	2.5%

资料来源：彭博，2020年。

如果对比中资投资级美元债与其他国家投资级美元债的夏普比率（夏普比率=收益率/波动率），中资投资级美元债过去8年的平均夏普比率为2.3，这在全球属于较高水平。美国、欧洲、亚洲平均的夏普比率分别为1.4、2.6和2.3，中资美元债投资级夏普比率高于美国，持平于亚洲，低于欧洲（见表2-6、表2-7）。

表 2-6　全球投资级美元债的夏普比率特征

年份	美国投资级指数	欧洲美元债指数	亚洲投资级指数	中国投资级指数	澳大利亚投资级指数	中国香港投资级指数	韩国投资级指数	印度尼西亚投资级指数	印度投资级指数	新加坡投资级指数	马来西亚投资级指数	菲律宾投资级指数
2020	2.5	3.4	2.9	3.1	2.9	3.6	3.5	1.9	1.8	3.5	2.6	2.3
2019	3.4	2.6	3.3	3.3	3.2	3.0	3.0	−1.7	3.3	3.0	3.0	3.2
2018	−2.8	3.4	−0.2	0.8	0.0	2.1	2.8	0.0	−1.3	1.6	0.0	−0.5
2017	3.3	2.2	3.2	3.1	—	3.1	3.2	0.0	3.4	3.0	4.1	3.6
2016	2.1	2.7	2.2	2.3	—	1.8	1.4	0.0	2.1	2.2	1.8	0.9
2015	−0.6	0.9	4.0	4.1	—	3.5	4.3	0.0	4.0	4.1	0.0	3.3
2014	3.9	4.0	3.5	3.4	—	3.6	3.8	0.0	3.5	—	3.7	4.0
2013	−0.9	1.3	−0.2	−1.4	—	0.0	1.1	24.4	0.4	—	−1.4	−1.2
平均	1.4	2.6	2.3	2.3	2.0	2.6	2.9	3.1	2.2	2.9	1.7	2.0

资料来源：彭博，2020 年。

表 2-7　全球投资级美元债的收益率、波动率和夏普比率（2013—2020 年平均值）

项目	美国投资级指数	欧洲美元债指数	亚洲投资级指数	中国投资级指数	澳大利亚投资级指数	中国香港投资级指数	韩国投资级指数	印度尼西亚投资级指数	印度投资级指数	新加坡投资级指数	马来西亚投资级指数	菲律宾投资级指数
收益率	5.0%	5.0%	4.4%	4.3%	9.6%	4.2%	3.3%	6.9%	4.9%	3.7%	4.4%	5.2%
波动率	2.3%	1.8%	1.7%	1.9%	2.2%	1.6%	1.1%	1.4%	2.1%	1.4%	2.0%	2.5%
夏普比率	1.4	2.6	2.3	2.3	2.0	2.6	2.9	3.1	2.2	2.9	1.7	2.0

注：本表中的夏普比率=2013—2020 年夏普比率之和 /8。
资料来源：彭博，2020 年。

中资高收益美元债过去 8 年（2013—2020 年）的平均年化波动率为 2.9%，波动性小幅高于美欧美元债市场和亚洲美元债市场，但相对于亚洲个别国家市场（比如印度、印度尼西亚）的波动性更低。中资高收益美元债过去 8 年（2013—2020 年）的平均夏普比率为 2.3，大幅优于美国与亚洲其他国家或地区（例如马来西亚、新加坡、印度和印度尼西亚等）。从这个角度来看，中资高收益美元债的夏普比率具有较大优势（见表 2-8 ~ 表 2-10）。

表 2-8 全球高收益美元债波动率

年份	美国高收益	欧洲美元债指数	亚洲高收益	中国高收益	澳大利亚高收益	中国香港高收益	韩国高收益	印度尼西亚高收益	印度高收益	新加坡高收益	马来西亚高收益	菲律宾高收益
2020	5.3%	5.1%	4.6%	3.8%	13.4%	2.6%	3.2%	8.7%	9.3%	7.6%	6.1%	4.7%
2019	2.5%	3.5%	2.6%	2.7%	1.5%	2.8%	2.3%	3.0%	2.7%	2.9%	3.1%	3.4%
2018	1.1%	0.9%	1.7%	2.3%	2.0%	0.6%	1.3%	2.8%	1.1%	1.6%	2.6%	0.8%
2017	1.7%	2.6%	1.7%	1.7%	3.4%	2.3%	1.8%	2.9%	1.5%	2.2%	—	1.1%
2016	5.5%	3.7%	4.7%	3.8%	5.7%	3.2%	2.1%	7.3%	7.4%	5.6%	—	1.2%
2015	2.6%	0.9%	2.1%	3.7%	2.8%	1.2%	1.1%	3.0%	3.1%	2.1%	—	1.1%
2014	1.3%	1.5%	2.7%	2.9%	3.9%	2.5%	1.6%	2.4%	3.8%	4.2%	—	1.4%
2013	1.6%	2.8%	2.2%	2.5%	4.3%	2.8%	1.5%	3.5%	2.8%	2.5%	—	2.9%
平均	2.7%	2.6%	2.8%	2.9%	4.6%	2.3%	1.9%	4.2%	4.0%	3.6%	3.9%	2.1%

资料来源：彭博，2020 年。

表 2-9 全球高收益美元债的夏普比率

年份	美国高收益	欧洲美元债指数	亚洲高收益	中国高收益	澳大利亚高收益	中国香港高收益	韩国高收益	印度尼西亚高收益	印度高收益	新加坡高收益	马来西亚高收益	菲律宾高收益
2020	1.0	0.8	1.1	2.0	−1.4	2.3	1.9	0.9	0.6	0.6	1.4	0.8
2019	5.5	4.2	4.7	4.7	5.1	3.7	3.9	4.8	4.6	4.2	4.7	3.5
2018	−1.0	−0.9	−1.8	−1.8	−1.6	1.1	1.9	−2.3	−2.3	−2.5	−2.0	−0.6
2017	3.5	3.4	4.2	3.7	4.3	−0.2	3.4	4.5	4.2	3.2	—	3.1
2016	2.9	2.9	2.7	2.8	2.0	3.0	2.4	3.1	3.0	1.8	—	2.9
2015	−2.2	2.2	2.1	2.9	−0.7	3.3	3.1	0.1	−2.7	1.4	—	3.0
2014	1.4	3.8	2.0	1.4	0.5	3.1	3.0	0.7	2.5	3.1	—	3.5
2013	3.5	3.7	0.2	2.7	−1.0	1.6	3.6	−1.1	0.4	−0.6	—	−1.2
平均	1.8	2.5	1.9	2.3	0.9	2.2	2.9	1.3	1.3	1.4	1.4	1.9

资料来源：彭博，2020。

表 2-10 全球高收益美元债的收益率、波动率和夏普比率（2013—2020 年平均值）

项目	美国高收益	欧洲美元债指数	亚洲高收益	中国高收益	澳大利亚高收益	中国香港高收益	韩国高收益	印度尼西亚高收益	印度高收益	新加坡高收益	马来西亚高收益	菲律宾高收益
收益率	5.2%	7.0%	5.5%	6.8%	1.0%	5.2%	5.3%	6.2%	5.7%	5.5%	5.9%	3.4%
波动率	2.7%	2.6%	2.8%	2.9%	4.6%	2.2%	1.9%	4.2%	4.0%	3.6%	3.9%	2.1%
夏普比率	1.8	2.5	1.9	2.3	0.9	2.2	2.9	1.3	1.3	1.4	1.4	1.9

注：本表中的夏普比率=2013—2020 年夏普比率之和/8。

资料来源：彭博，2020 年。

2.3.4 尾部风险概率低

中资美元债有时候会发生较大回撤和波动,例如2020年3月中资美元债的波动性较高,单月指数下跌幅度超过15%,但这种极端行情出现的概率较低。

对于过去10年(2010—2020年)的中资美元债,从月度指数最大回撤的样本分布来看(总样本数为2 600个),2020年3月流动性危机的行情(单月下跌超过15%)在过去10年出现的概率仅为0.04%,概率非常小(见图2-13)。

从过去10年的中资美元债指数月度最大回撤来看,月度最大回撤幅度集中在1.5%以内的概率为88.50%,月度最大回撤幅度集中在2.2%以内的概率为94.54%,月度最大回撤幅度集中在5.2%以内的概率为98%。从这个数据样本分布来看,中资美元债月度最大回撤超过5.2%的概率属于小概率事件,即中资美元债的尾部风险较低(见图2-13、表2-11)。

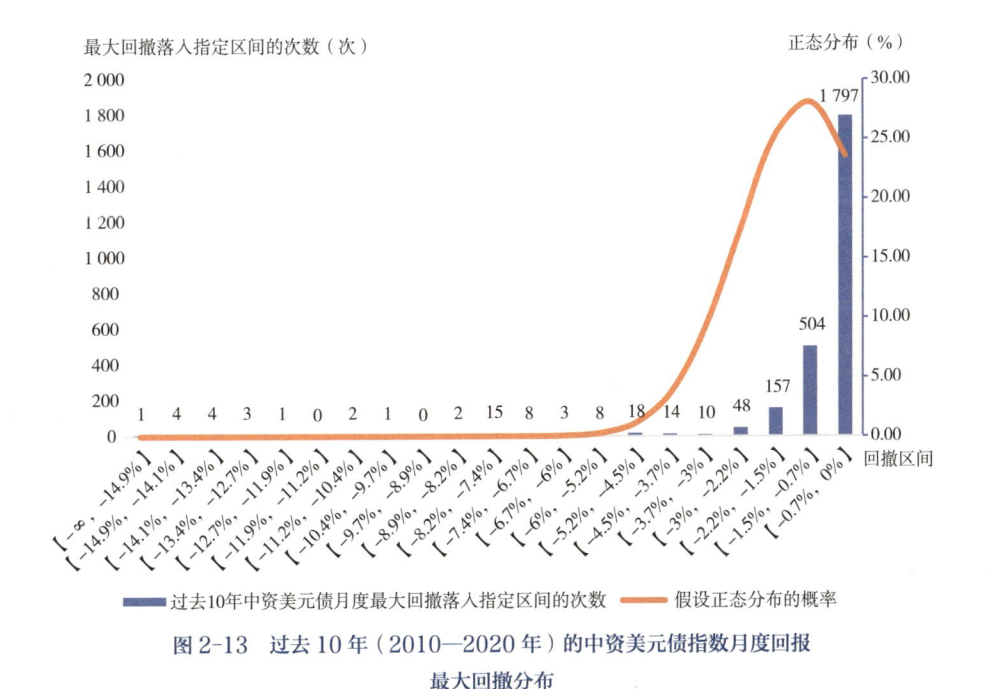

图2-13 过去10年(2010—2020年)的中资美元债指数月度回报最大回撤分布

资料来源:彭博,2020年10月。

表 2-11　中资美元债月度回撤分布

区间	过去 10 年（2010—2020 年）月度最大回撤	概率（发生次数 / 总样本数）
【-∞，-14.9%】	1	0.04%
【-14.9%，-14.1%】	4	0.15%
【-14.1%，-13.4%】	4	0.15%
【-13.4%，-12.7%】	3	0.12%
【-12.7%，-11.9%】	1	0.04%
【-11.9%，-11.2%】	0	0.00%
【-11.2%，-10.4%】	2	0.08%
【-10.4%，-9.7%】	1	0.04%
【-9.7%，-8.9%】	0	0.00%
【-8.9%，-8.2%】	2	0.08%
【-8.2%，-7.4%】	15	0.58%
【-7.4%，-6.7%】	8	0.31%
【-6.7%，-6%】	3	0.12%
【-6%，-5.2%】	8	0.31%
【-5.2%，-4.5%】	18	0.69%
【-4.5%，-3.7%】	14	0.54%
【-3.7%，-3%】	10	0.38%
【-3%，-2.2%】	48	1.85%
【-2.2%，-1.5%】	157	6.04%
【-1.5%，-0.7%】	504	19.38%
【-0.7%，0%】	1 797	69.12%

资料来源：彭博，2020 年 10 月。

过去 10 年中资美元债的尾部风险爆发，一般是因为整体美元流动性危机或者信用危机爆发导致整个美元债指数出现较大单月回撤。因此，我们可以采用国债利率期货或者信用债基准债券（例如高收益中的恒大、佳兆业美元债，投资级中的中国化工集团美元债）进行做空对冲，并在做空过程中调配好市场 Beta 系数。本书后面章节会详细介绍如何监控美元债的市场 Beta 系数。

2.3.5　国际评级高

在国际上，中国的主权信用评级为 A+，在亚洲排名靠前，但相对于欧美国家主权评级较低。过去 20 来年（1999—2020 年），中国主权信用评级经历过从下调到上调再到下调的过程，这也对应了中国主权信用风险的变化。1997年的亚洲金融危机一直延续到1999年才开始有所缓和，国际评级公司（以穆迪评级为例）普遍下调新兴市场的主权信用评级，中国的主权信用评级从BBB+下调至BBB。2004年，随着中国加入WTO（世界贸易组织），中国市场对外开放及综合国力的提升使得中国主权信用评级上调，2004年首次上调为BBB+，到2010年上调至历史最高AA-。2017年，随着中国经济增速放缓，国际评级机构又逐步下调中国主权评级至A+（见表2-12）。

表2-12 中国的主权信用评级的历史变化

时间	穆迪评级	标普评级
1999年2月	BBB+	A3
1999年7月	BBB	—
2003年10月	—	A2
2004年2月	BBB+	—
2005年7月	A-	—
2006年7月	A	—
2007年7月	—	A1
2008年7月	A+	—
2010年11月	—	Aa3
2010年12月	AA-	—
2017年5月	—	A1
2017年9月	A+	—

资料来源：彭博。

我们再来考察亚洲各个国家或地区发行的美元债（包括主权债和信用债，对中资美元债而言大部分是信用债）的平均评级，把亚洲不同国家或地区的美元债按照评级存量和评级进行加权平均（按照从高到低进行评级评分，对应关系见表2-13）并排序。从国际评级来看，如果不把无评级纳入评估，那么中资美元债的平均评级为BBB+，这在亚洲排名大约第五，高于亚洲美元债的平均评级BBB。如果无评级假设为B，那么中资美元债的平均评级为BBB-，在亚洲排名第七，低于亚洲美元债的平均评级BBB。整体来讲，中资美元债的评级处于亚洲中等偏上水平（见表2-14）。

表 2-13　评级及设定评分标准

评级	评分	评级	评分	评级	评分
无评级	—	BBB+	14	CCC+	5
AAA	21	BBB	13	CCC	4
AA+	20	BBB–	12	CCC–	3
AA	19	BB+	11	CC	2
AA–	18	BB	10	C	1
A+	17	BB–	9	—	—
A	16	B+	8	—	—
A–	15	B	7	—	—
—	—	B–	6	—	—

资料来源：彭博，2019 年 7 月。

表 2-14　经测算后的国家或地区平均评级情况

序号	国家或地区	假设无评级平均为 B			无评级不纳入评分		
		评级得分	平均评级	IG/HY	评级得分	平均评级	IG/HY
1	新西兰	17.48	A+	IG	17.36	A+	IG
2	韩国	16.93	A+	IG	17.72	AA–	IG
3	澳大利亚	16.03	A	IG	16.28	A	IG
4	新加坡	14.86	A–	IG	16.29	A	IG
5	亚洲	12.88	BBB	IG	13.88	BBB+	IG
6	泰国	12.82	BBB	IG	13.51	BBB+	IG
7	中国香港	12.26	BBB–	IG	13.23	BBB	IG
8	中国	12.16	BBB–	IG	14.47	BBB+	IG
9	马来西亚	12.14	BBB–	IG	12.20	BBB–	IG
10	印度尼西亚	11.73	BBB–	IG	14.42	BBB+	IG
11	菲律宾	11.45	BB+	HY	11.42	BB+	HY
12	印度	11.22	BB+	HY	13.68	BBB+	IG
13	中国澳门	10.19	BB	HY	10.64	BB+	HY
14	哈萨克斯坦	9.46	BB–	HY	10.49	BB	HY
15	越南	9.02	BB–	HY	10.04	BB	HY
16	乌兹别克斯坦	9.00	BB–	HY	9.00	BB–	HY
17	柬埔寨	8.00	B+	HY	8.00	B+	HY
18	斯里兰卡	7.00	B	HY	7.00	B	HY
19	巴布亚新几内亚	7.00	B	HY	6.91	无评级	无评级
20	蒙古	6.91	B	HY	7.00	无评级	无评级
21	巴基斯坦	6.00	B–	HY	6.00	B–	HY
22	塔吉克斯坦	6.00	B–	HY	6.00	B–	HY

资料来源：彭博，2019 年。

2.3.6 平均发行期限短

截至2020年10月，1~5年期中资美元债的发行量占比达到64%（见图2-14），这是中资美元债发行的主流期限品种，而2004年的这一比例只有18%。近些年来，中资美元债的发行期限越来越短，1~5年期占比也越来越大。期限越短，其市场Beta风险相对更低，这使得中资美元债面临市场宏观风险时的资产价格抗跌。例如在2013年钱荒以及2018年中国信用风险大爆发时，中资美元债的资产价格都相对稳定，下跌幅度有限，但较短的发行期限也加大了中资美元债的再融资压力。

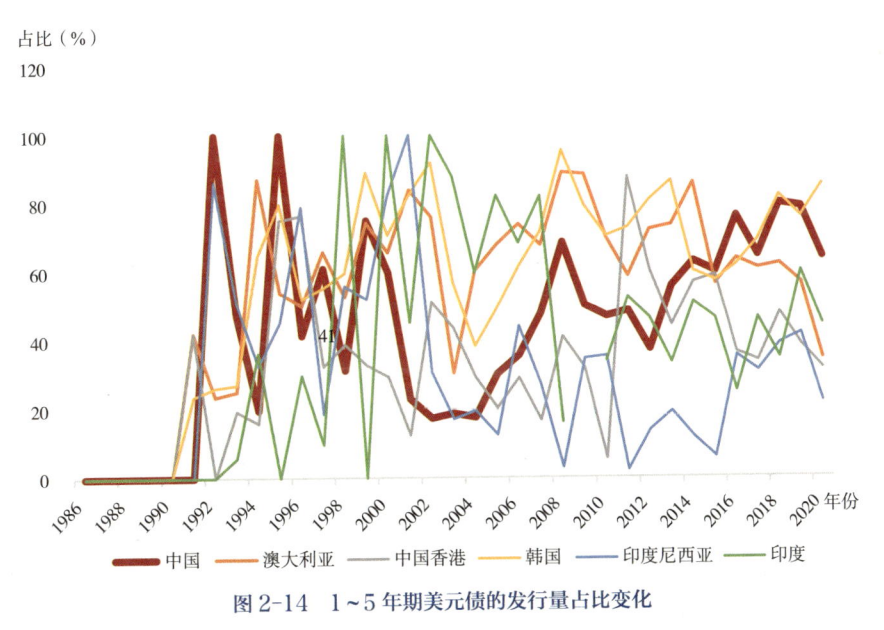

图2-14 1~5年期美元债的发行量占比变化

注：发行量占比=当年1~5年期发行量/当年该国或地区全部发行量。
资料来源：彭博，2020年10月。

中资美元债的发行主力期限是1~5年，存量市场的平均久期是3.23年，这也决定了中资美元债的投资周期。中资美元债的平均投资周期为3年左右（跟随债务周期），即平均2~3年为一个牛熊转换周期，主要原因是：中资美元债的平均久期为3年左右，因此平均2~3年，中资美元债就会面临再融资风险和压力，市场需要重新进行风险定价；在中资美元债的背后，客户的资金有很大一部分是通过境内的QDII基金产品来跨境投资的，而这部分产品一般锁定期限是2+1（2年后可开放申购或赎回）；中国的货币政策和信贷周期也对中资美元债的投资周期有较大影响。

2.3.7 行业分散度高

中资美元债前五大行业集中度只有 63%（见图 2-15），在亚洲所有国家或地区的美元债行业集中度中处于相对较低水平，这充分显示配置中资美元债在行业风险分散方面具有显著的优势。很多亚洲国家或地区（例如印度尼西亚），国债发行量几乎占据了国债和非国债发行总量的一半，而蒙古、斯里兰卡等几乎只发行国债，其他国家或地区（例如澳大利亚和新西兰）的美元债发行人以银行发行人为主。这些国家行业集中度非常高，投资者面临的行业集中度风险较高。

图 2-15 亚洲各国或地区美元债的前五大行业存量占比

资料来源：彭博，2020 年 10 月。

2.4 浅析两大重要投资风险

2.4.1 投资者集中度太高

亚洲美元债一级市场的订单分配逐步趋向于亚洲投资者。2009 年亚洲美元债的新债订单分配给亚洲区域投资者的占比为45%，2019年，这一比例已经上升至80%（见图2-16）。这说明这些年亚洲区域投资者投资亚洲美元债的力度逐年上升。新发美元债的分配集中度越来越高，其实不利于亚洲美元债的流动，尤其不利于中资美元债的流动。

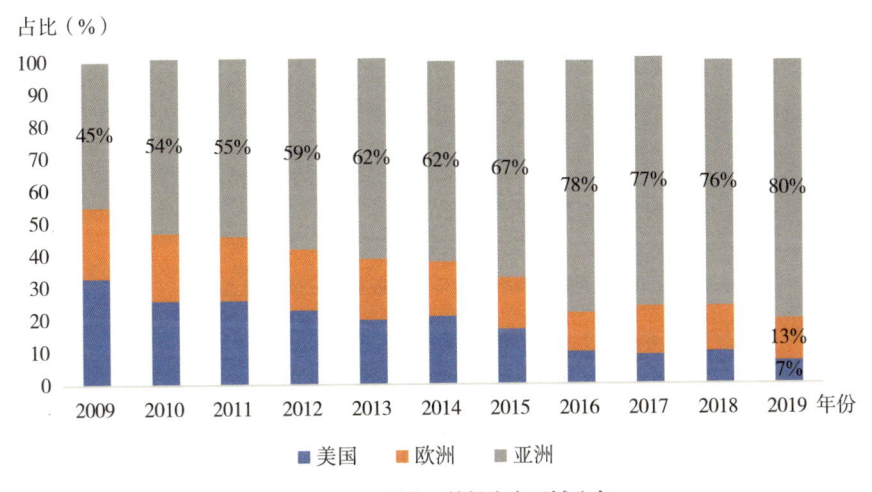

图2-16 亚洲美元债投资者区域分布

资料来源：公开数据整理。

从市场情况来看，中资美元债的分配集中度更高，某些在境外发债的城投公司几乎全部为中资机构，而这也导致这些投资者的行为趋同，不利于该类债券的市场流动。而亚洲美元债投资者集中度上升的主要原因是中资美元债的投资者集中度大幅上升。

横向来看，2019年，新订单平均分配给欧洲和美国区域的比例分别为13%和7%，欧洲基金在亚洲美元债中的投资占比更大，对于亚洲美元债的走势影响也更大。

从投资级和高收益来看，高收益美元债的新订单分配给亚洲区域投资者的比例更大。2019年，亚洲高收益美元债和投资级美元债的新订单分配给亚洲区域投资者的比例为85%和76%（见图2-17）。

图 2-17 亚洲投资级美元债和高收益美元债投资者结构

资料来源：公开数据整理。

从趋势来看，未来高收益美元债的投资者区域集中度会持续高于投资级美元债的区域集中度，且投资者所属区域的集中度有可能进一步提升。

2.4.2 二级流动性分化

中资美元债的流动性在亚洲范围内属于中下水平。如果按照彭博的流动性评分进行加权平均，那么中资美元债的流动性加权得分为 62 分（见图 2-18）。中资美元债的流动性之所以较差，主要有以下几点原因：

- 近些年，随着中资金融机构可跨境投资中资美元债，中资美元债的投资者类型越来越集中到中资这一块，因此投资者的趋同性较强、流动性较差。
- 近些年跨境发行中资高收益美元债的公司较多，而这些美元债普遍流动性较差。
- 2017—2018 年境内监管机构的发债额度收紧，一些企业开始在境外发行极短期债券（例如 364 天美元债），这些美元债一般为债券投资者持有，市场流动性较差。

图 2-18 中资美元债流动性排名

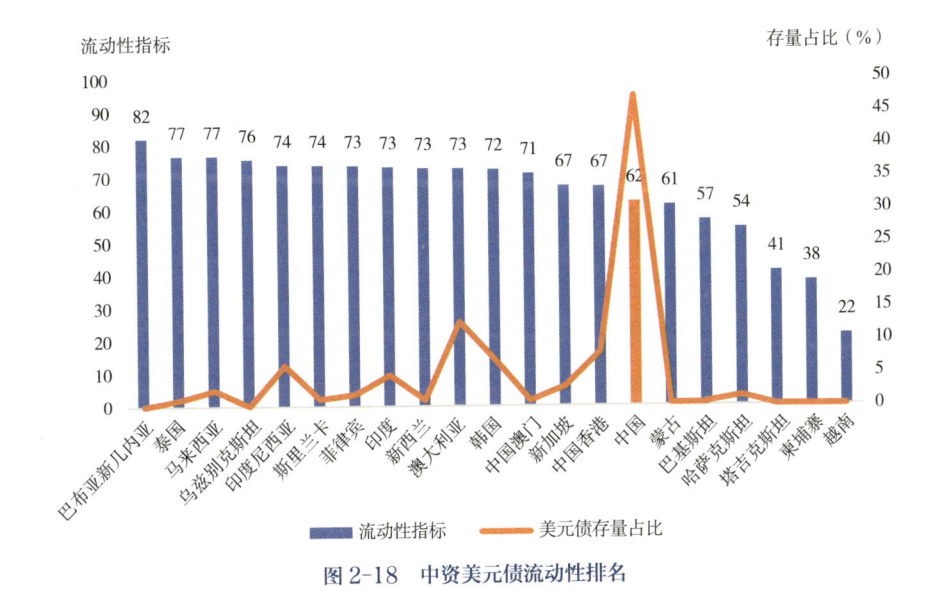

注：流动性指标采用彭博的流动性评分，美元债存量占比是该国或地区美元债存量占亚洲美元债的存量比例。

资料来源：彭博，2020 年 10 月。

中资美元债整体流动性较差，并且其各个板块流动性差异较大。 从不同行业来看，银行、能源、地产美元债的流动性在境外相对较好，城投美元债的投资资金以银行中长线资金为主，因此其流动性较差。正是这种流动性的差异，不同的资金配置需求都能得到满足。从这个角度来看，虽然中资美元债加权流动性较差，但不同行业板块的流动性差异满足了不同的资金配置属性。本书下一章会专门讨论不同行业的流动性差异。

以上从几个方面对比了中资美元债与其他国家或地区美元债的优势。从这些优势来看，中资美元债存量大、市场成熟、违约率低、波动性低和夏普比率高等特点都值得境内外投资者关注。但中资美元债的发展仍然坎坷，其投资者结构较为单一，主要集中于亚洲市场。未来，随着中国债券市场的国际化程度上升，中资美元债将受到国际投资者越来越多的关注，流动性和投资者分散度有望得到提高。

2.5 跨境发行结构全总结及实例分析

中资美元债因为涉及境内企业跨境到境外发行美元债，因此涉及发行主体跨境发行问题和资金回流问题。而监管机构针对直接发行、担保发行的美元债的资金回流又有一些限制，这便衍生出中资美元债较为复杂的发行结构。不同发行结构的跨境发行方式和风险不同，例如对于2020年北大方正境内违约的情形，债务委员会认可直接发行或者担保发行的美元债，但不认可维好协议结构发行的美元债。因此，不同发行结构的发行方式及风险对投资中资美元债至关重要。

目前市场上直接发行、担保发行、维好协议三种发行方式占比最大，占比分别为49.43%、39.22%和10.50%（见表2-15）。从图2-19中可以看出，在投资级美元债发行中，维好协议和担保发行的占比明显比高收益美元债的更高；高收益美元债发行以直接发行结构占比最大，达到62.2%。从实际市场来看，高收益美元债发行人大部分都是房地产公司，而房地产公司大多在港股上市，因此普遍采用直接发行结构。

表2-15 中资美元债不同发行结构的存量及占比

发行结构	存量金额（百万美元）	金额占比（%）	发行只数
直接发行	528 070	49.43	1 190
担保发行	419 079	39.22	924
维好协议	112 062	10.50	211
其他	9 056	0.85	41
合计	1 068 267	100.0	2 366

资料来源：彭博，2020年10月。

中资美元债的跨境发行会受到发改委、外管局和人民银行的共同监管。不同发行方式的资金用途监管、跨境资金回流都不同，因此境外不同发行方式的出现既会从安全性角度也会从监管角度来进行考虑。例如，维好协议的出现有一部分原因就是考虑到直接发行或者担保发行无法实现发债资金回流。针对目前市场上主流的发行方式，读者只有仔细了解不同发行结构的安全性、风险点，在未来投资中才能保证对弱结构（维好协议或安慰函）具有充分的信用溢价定价。

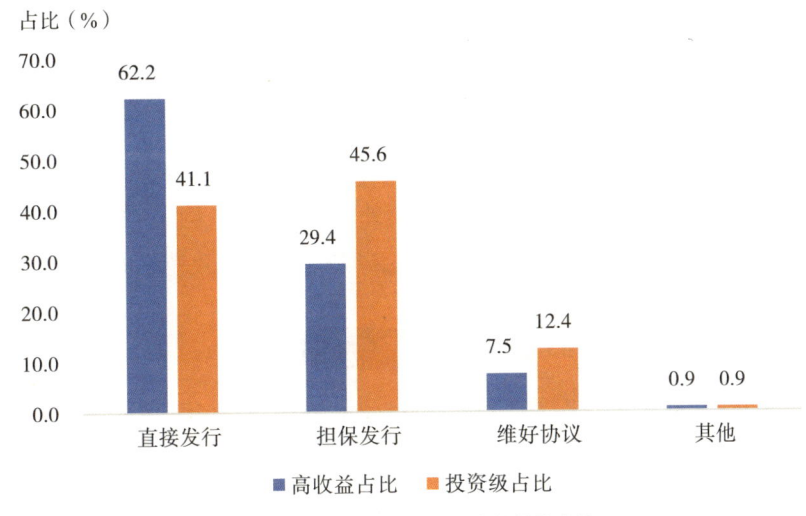

图 2-19 中资美元债不同发行结构占比

发行方式	高收益占比	投资级占比
直接发行	62.2	41.1
担保发行	29.4	45.6
维好协议	7.5	12.4
其他	0.9	0.9

资料来源：彭博，2020 年 10 月。

从投资者保护性角度来看，中资美元债的跨境发行方式按保护性由强到弱分别为直接发行、担保发行、备用信用证、贷款打包、维好协议和安慰函（见图 2-20）。

图 2-20 中资美元债的跨境发行方式

金字塔由上至下：直接发行、担保发行、备用信用证、贷款打包、维好协议、安慰函

左侧：发行人限制多 → 发行人限制少；发行人的便利程度
右侧：保护程度强 → 保护程度弱；投资者保护程度

资料来源：公开数据整理。

第 2 章 中资美元债市场基础

2.5.1 直接发行

直接发行方式主要是境内集团总公司（母公司）直接发行美元债的一种形式（见图2-21）。该发行方式最为简单，发债额度也便于监管层的统一监管和控制。**现在，监管机构规定直接发行采用母公司额度的方式，即监管机构给母公司备案额度，允许母公司或者子公司在这个额度范围内在境外发行美元债。**例如，监管机构给新城控股备案美元债额度，新城控股及其子公司新城发展在该额度范围内发行美元债。

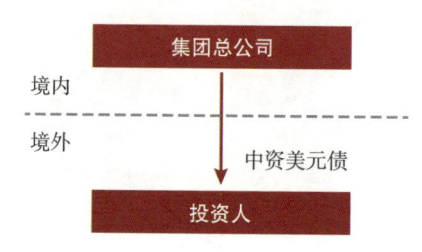

图2-21　中资美元债的直接发行方式

地产美元债（例如佳兆业美元债，见图2-22）采用在境外发行美元债的直接发行方式，因此不存在集团担保或者维好协议等复杂结构。从法律意义上讲，直接发行结构将偿付资金的求偿顺序排在第一位，因此从投资者的角度来看，其安全性最好。

图2-22　佳兆业美元债实例（佳兆业集团直接发行）

2.5.2 担保发行

担保发行是境外中资美元债第二常用的发债方式，即境内母公司采用设立

SPV（特殊目的机构或子公司，一般都被 100% 控股），提供直接担保的方式（见图 2-23）。一般，这种 SPV 仅为发行某一只债券而设立，如果要新发下一只债券则需设立新的 SPV。之所以要设立境外 SPV 来发行美元债并由境内母公司进行担保的原因是，较多发债资金可能要存留境外，需要有一些 SPV 对境外发债资金进行存留。

此外，由境外有业务的子公司发债、母公司提供担保的发债方式也是可行的。这和境内正常的担保发债相似，担保债务也作为集团总公司的或有负债。这种发债方式也需要获得母公司层面的发债额度。

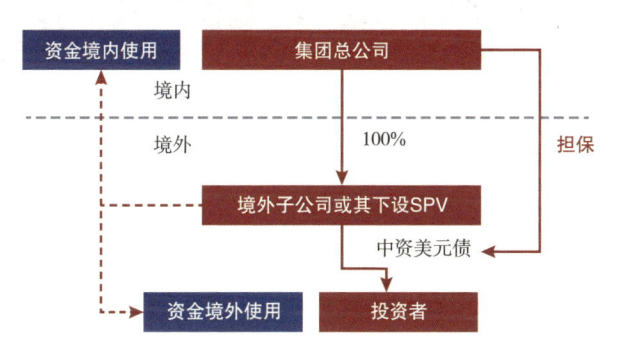

图 2-23　中资美元债的担保发行方式

图 2-24、图 2-25 为海通证券美元债实例展示。

图 2-24　海通证券美元债实例 1（境外 HAITONG INTL FIN HLDG 15 作为 SPV 发行人，海通证券作为担保人）

图 2-25　海通证券美元债实例 2（境外 HAITONG INTL FIN HLDG 15 作为 SPV 发行人，海通证券作为担保人）

2.5.3　备用信用证

备用信用证一般为银行给某企业发行美元债的未来偿付进行担保而开具的信用证，常用于企业境外首次发行中资美元债（见图 2-26）。如果企业在境内市场份额较大，并且其境外首次发债采用备用信用证，那么该美元债更容易受到境外投资者的认同，例如山东黄金首次发债就是用了备用信用证。**备用信用证发行普遍受到市场的认可，其可信度与担保发行的相似，例如在违约之后，天津物产通过备用信用证（建设银行备用信用证担保）发行的美元债价格仍然在 100 美元附近（见图 2-27）。**

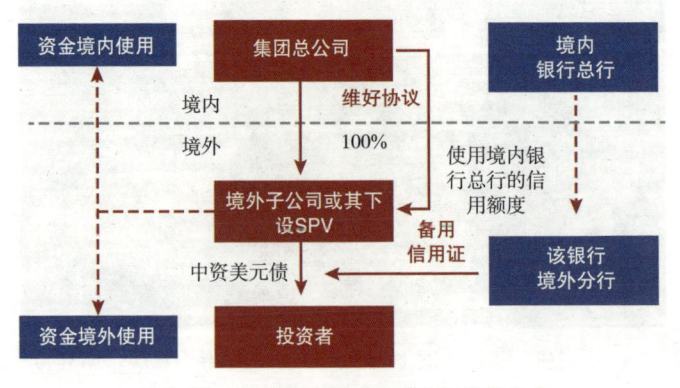

图 2-26　中资美元债的备用信用证发行方式

图 2-27　天津物产集团美元债实例（中国工商银行提供备用信用证担保）

2.5.4　维好协议

（1）维好协议发行结构

维好协议发行是子公司或者境外设立的新 SPV 公司发债，母公司提供维好协议的方式（见图 2-28）。维好协议不承担强担保的法律责任，只是在未来境外子公司出现现金流困难时，母公司会提供支持，在法律层面不具备强制担保属性。一般为了增强效力，维好协议会增加股权回购协议。维好协议之所以兴起，在某种程度上与监管机构限制内保外贷资金回流政策导向有关。

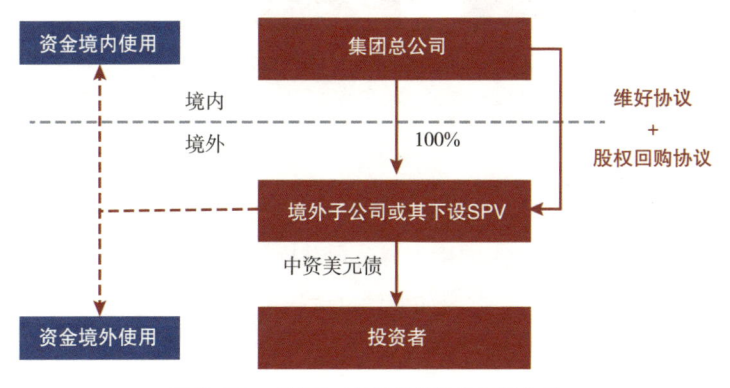

图 2-28　中资美元债的维好协议发行方式

（2）北大方正的维好协议结构案例分析

维好协议发行方式之所以出现的主要原因之一是，前期外管局对于内保外贷的资金是否能够回流非常谨慎，甚至不让内保外贷发行的美元债资金回流境内。为了在一定程度上绕开监管的限制，以维好协议方式发行美元债应运而生。维好协议不承担强担保的法律责任，并不属于内保外贷的担保范畴，自然也不会受到外管局内保外贷的资金回流限制。

正是因为维好协议不具备担保法律效应，所以它会产生信用结构问题。2020年5月，北大方正的破产委员会宣布将海外有担保结构的美元债纳入债务重组，暂不考虑把维好协议结构美元债纳入重组。

北大方正的某只以维好协议方式发行的美元债的结构图如图2-29所示，发行主体是诺熙资本有限公司（Nuoxi Capital Limited），由北大方正集团提供维好协议及股权回购协议。图2-30所示为北大方正以维好协议发行的美元债实例。

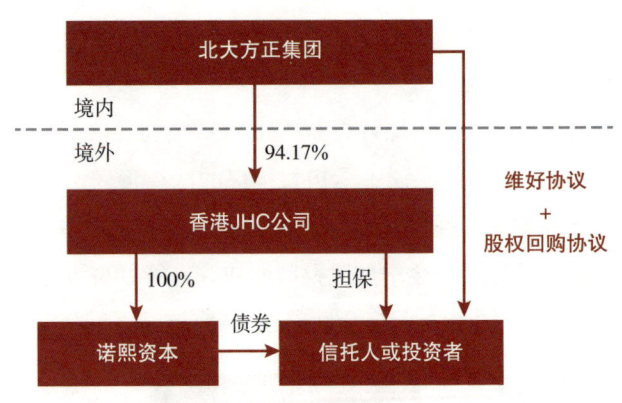

图2-29　北大方正的维好协议发行结构

资料来源：北大方正美元债的发债说明书。

维好协议由境外债发行人（由北大方正间接持有约94.17%的境外子公司）、信托人股权回购协议和发行人的境内母公司共同签署，其中约定：境内母公司承诺将会保持发行人运营良好，并会如期偿付债券本息。

股权回购协议一般由境内母公司及信托人共同签署，约定境内母公司将在发行人出现偿付危机时，通过维好协议中约定的价格来购买发行人所持有的境内子公司，并向发行人按约定价格支付股权购买款，届时发行人可用所取得的股权购买款归还债券本息。

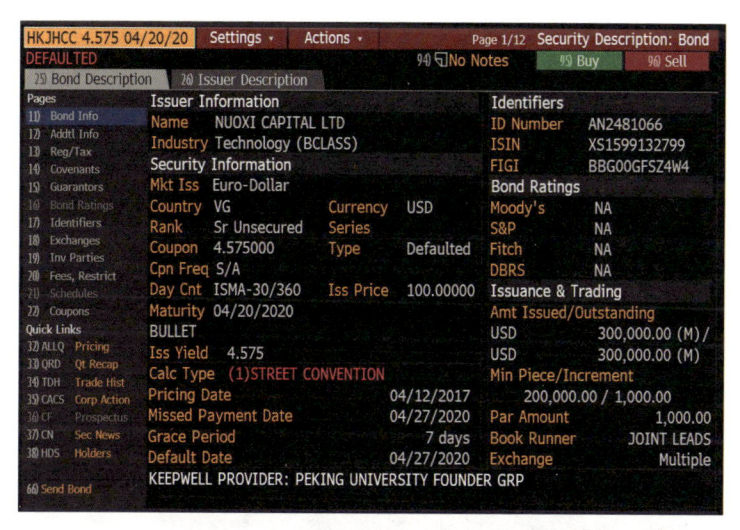

图 2-30　北大方正以维好协议发行的美元债实例

换句话说，维好协议没有强制的法律义务来承担该笔债务的支付，只是其发行人会向国际投资者保证，将尽最大努力来维持发行主体适当的权益及流动资金，以避免其出现破产等情况。债券持有人不能直接要求维好提供方履约，维好提供方也不具有向债券持有人直接支付的义务。因此，当北大方正自身存在问题时，它并无任何法律义务去兑现维好协议方式发行的美元债之本息。

历史上，有多只境外美元债是维好协议结构并且成功兑付的，例如国信点心债。维好协议类似于"君子协议"，对于一些在乎声誉的发行人而言，"君子协议"可能还有点用，但对于已经泥菩萨过江——自身难保的发行人则不具备任何法律约束。

2.5.5　安慰函

安慰函是境内母公司给境外子公司提供安慰的一种担保形式，一般也会附带股权回购协议（见图 2-31）。该担保形式不具有法律效力，其安全性比维好协议更弱。和维好协议类似，安慰函也是与配套股权回购协议一起实施的。图2-32所示为天津滨海投资美元债实例。

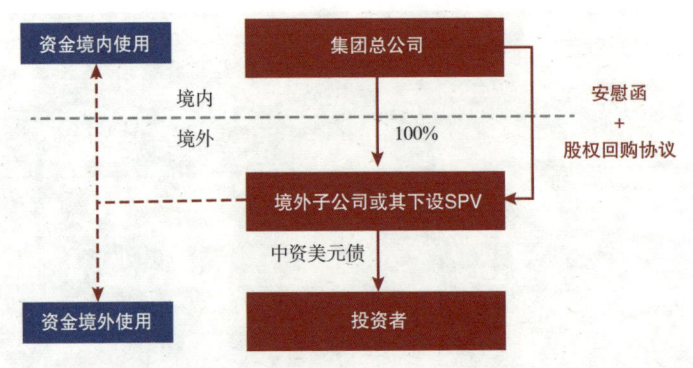

图2-31 中资美元债的安慰函发行方式

图2-32 天津滨海投资美元债实例（天津滨海投资作为美元债发行人，滨海天津泰达投资控股有限公司提供安慰函）

安慰函一般不会作为最终信用主体，其信用增信往往较弱，且在投资者的评估中并不作为最终信用主体。

2.5.6 贷款打包

贷款打包发行方式在境外中资美元债市场非常稀少，以发行私募债（或者票据）为主（见图2-33）。发债机构是境外设立的 SPV 票据公司，用票据进行融资；投资者购买票据主体发行的美元债，票据融资的资金以贷款名义放贷给债券发行人；票据给投资者的偿付现金流（含本金和利息）安排与发债人给票据的现金流完全匹配。贷款打包的法律效力和安全性不亚于直接发行和担保发行的发债模式，只是该模式发行的美元债（或票据）流动性欠佳，因此少为外人所知。图2-34 所示为民生金融租赁美元债实例。

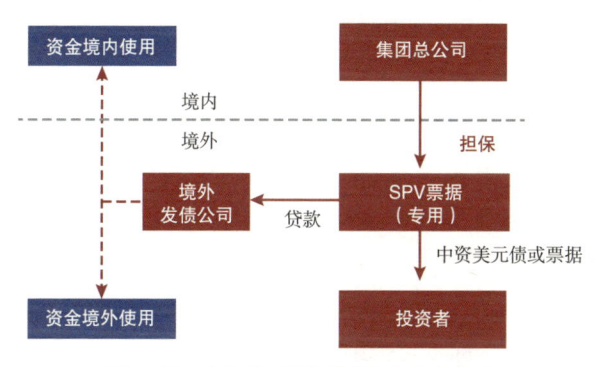

图 2-33　中资美元债的贷款打包发行方式

图 2-34　民生金融租赁美元债实例（民生香港租赁发行，民生金融租赁提供贷款打包的担保）

2.6 如何参与中资美元债（适用机构及散户）

中资美元债的主要市场是中国香港、新加坡和中国内地。境外中资美元债一般主要参与场所在中国香港和新加坡，而中国香港和新加坡的债券投资者有很大一部分是高净值客户（这个和境内债券市场差别较大），高净值客户参与量达到 20%~30%。有些高净值客户的头寸可能不亚于一家大型金融结构的头寸。因此，中国香港或新加坡市场具有专门的私人财富部门以提供高净值客户服务。

境内机构或散户投资者参与境外市场，或者境外市场参与境内市场，一般可以利用中国香港和内地的互联互通的通道。

2.6.1 合格境内机构投资者

境内投资者参与境外市场的主要渠道是 QDII、RQDII。截至 2020 年 11 月 8 日，QDII 额度为 1 124.03 亿美元，RQDII 额度暂时停止新增。

- 合格境内机构投资者（Qualified Domestic Institutional Investor，以下简称 QDII）。QDII 额度是外管局审批给包括资产管理公司在内的金融机构投资境外的美元限额，2020 年 11 月，其存量为 1 124.03 亿美元。具有 QDII 额度的境内投资机构可以发行 QDII 产品，在境内募集资金投资境外市场，而其中最重要的境外投资对象就是中国香港市场的美元债，且大部分是中资美元债。

- 人民币合格境内机构投资者（RMB Qualified Domestic Institutional Investor，以下简称 RQDII）。RQDII 和 QDII 类似，只是其审批的额度基于人民币。RQDII 额度已经基本暂停，之前境内有一些机构采用 RQDII 额度投资境外的结构化票据及境外资产。

境内外个人或者机构投资者参与境外中资美元债的一般途径和门槛如表 2-16、表 2-17 所示。

表 2-16　个人参与中资美元债的途径及参与门槛

区域	客户分类	参与途径	参与门槛
境内	境内高净值个人投资者	可以与银行私行或者券商等机构商量一对一的理财方案，或者购买公募 QDII 基金	一般要求进入私人银行的客户名单，资金账户金额估计 500 万元人民币
境内	境内普通个人投资者	只能购买公募 QDII 基金	单笔可能 1 000 元人民币起，一般基金公司 App 开户可认购
境外	境外高净值客户	在外资或者中资银行的私人银行部开设私人银行账户	通常要求夫妻合计 800 万元港币以上或等值金融资产证明；美元债单笔交易额 20 万美元起
境外	境外证券交易账户	有些券商也能够给非专业投资人提供债券交易服务	一般要求有 50 万元港币资产，证券账户的要求标准比私人银行账户稍低
境外	境外普通银行账户	购买境外公募基金	一般没有特别资金要求

表 2-17　境内机构参与中资美元债的途径及条件方式

境内机构	参与途径	参与门槛
银行自营	不受限制，直接可以在境外购买美元债	需要开设境外美元托管账户，并且在明讯银行（Clear Stream）或者欧洲清算（EuroClear）开通资金和现券托管账户。如果不能直接在明讯银行或者欧洲清算开户，则需要找代理行
银行资管	通过银保监体系的 QDII 额度范围设立 QDII 理财产品；也可以购买第三方机构 QDII 产品，借道出境	需要选择境内外托管行，通过托管行来进行清结算
信托机构	通过银保监体系的 QDII 额度范围设立 QDII 理财产品；也可以购买第三方机构 QDII 产品，借道出境	需要选择境内外托管行，通过托管行来进行清结算
券商资管、QDII 或者 QDLP（合格境内有限合伙人）机构	在 QDII 额度项下开展境外投资；具有 QDLP 资格的机构参与跨境业务投资	具有 QDII 或者 QDLP 额度的机构
具有跨境业务资格的券商	与银行开展挂钩境外债的 TRS（总收益互换）交易；购买挂钩境外债的结构性存款等理财产品；购买 QDII 产品	具有证监会许可的跨境业务资格

续表

境内机构	参与途径	参与门槛
不具有跨境业务资格的券商	购买 QDII 产品；如能够申请内保外贷，可以通过境外平台来直接或者间接购买中资美元债	—
其他非银机构（比如私募）、企业或公司	与银行或者券商开展挂钩境外债的 TRS 交易；购买 QDII 产品；如能够申请内保外贷，可以通过境外平台来直接或者间接购买中资美元债	—

2.6.2 TRS

一般 TRS 分为杠杆 TRS 或者跨境 TRS。TRS 在美元债领域主要有两种用途：作为美元债市场加杠杆的一种方式，收益互换；实现资金跨境渠道，投资境外资产。

TRS 实现方式：投资者与投行机构签订 TRS 协议，投资者向投行支付固定收益成本，投行向投资者支付投资总收益（见图 2-35），最后采取收益净额结算。在投资过程中，当资产跌破警示线（Trigger Line）时，投资者一般被要求补仓或者平仓。

通过 TRS，投行可以在签订收益互换时给投资者的组合做杠杆。投资者投资的组合收益扣除杠杆成本之后，剩余净息互换给投资者，成为投资者的收益来源。一般来讲，TRS 根据中资美元债组合债券流动性、信用风险等会有不同的杠杆率。

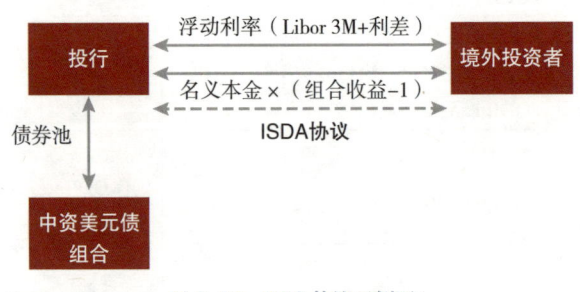

图 2-35 TRS 协议示例图

另外，跨境 TRS 往往是通过外资投行境内外分行进行收益互换来实现的。该

TRS 方式的资金流如下：

- 境内投资者给投行境内分公司存款一笔固定期限的人民币资金作为保证金，境内投行分行给投资者一笔人民币收益作为该存款的收益回报。
- 境内投行分公司与投行境外分支机构做一笔收益互换，并以境内投资者的存款作为保证，给投资者境外分支机构做一笔美元贷款。
- 投资者境外分支机构利用美元贷款进行投资，例如投资中资美元债。

该 TRS 方式的收益分配流程如图 2-36 所示：

- 中资美元债市场的收益分配给投资者的境外分支机构。
- 境外分支机构把收益分配与美元贷款利息的净息差分配给投行境外机构。
- 投行境外机构根据跨境 TRS 协议把该笔净息差收益互换给境内分公司。
- 境内分公司把收益分配给境内投资者。

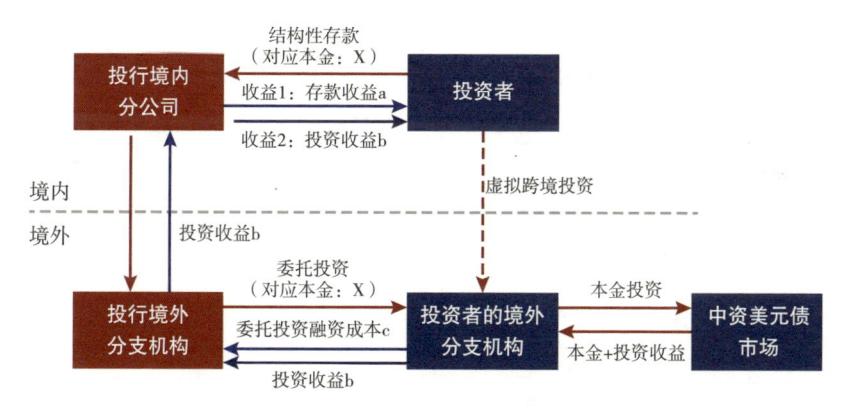

图 2-36 跨境 TRS 的收益分配流程

对于投行来讲，该跨境 TRS 没有本金违约风险，因为以境内人民币存款作为境外美元抵押贷款，唯一风险在于，两笔资金是不同货币，具有汇率风险，但完全可以通过境外或者境内丰富的汇率对冲工具把该风险平掉。投行的收益来源是境外美元贷款利率与境内人民币存款利率之差，这也是投资者签约跨境 TRS 的成本。

第 3 章　中资美元债核心品种进阶

从中资美元债市场行业分类（彭博 BIC2 的行业分类标准）占比来看，房地产、银行、城投、优先股（AT1）、能源类美元债占比较高。其中银行和能源类多以投资级美元债为主，因此可研究内容相对不多。市场交易活跃且具有较多事件驱动（Headline）投资机会的是房地产、城投、优先股三大板块，这三大板块也是资产配置结构重点分析和研究的板块。

本章首先对房地产、城投和优先股三大板块进行全面梳理总结，帮助读者精通这三大细分市场。

需要特别注意的是，以境外市场（中国香港市场）为例，票据衍生品对投资美元债也非常重要，境外常见的票据是杠杆票据（以加杠杆为目的的结构化票据）。本章会对票据做详细介绍，以及对投资者最为关心的定价进行理论和数据模拟。

最后，2020 年 3 月，全球美元危机导致全球资产普跌，中资美元债高收益指数甚至一度跌幅达到 16%，越是流动性好的美元债跌幅越大。那么，全球美元危机诞生的原因是什么？全球美元流动性的传导机制如何？本章将对美元货币市场进行介绍，探寻 2020 年 3 月全球美元危机的根源。

3.1 地产美元债之三分天下

虽然地产美元债并非第一只发行的中资美元债，但因为目前其存量在行业中占比最大（占比约 1/3），参与机构涵盖中外资机构，地产美元债价格指数也成为行业标准指数，因此 Markit 公司专门发布了中资美元债投资级和高收益地产美元债指数，用于跟踪地产美元债行情（详情可参考本书 9.5.1 小节关于中资美元债指数的梳理总结）。地产美元债存量较大、占比高，且国际投资者对地产美元债也比较了解（历史较长＋财务报表较好分析），因此其**二级市场的流动性也非常好，交易活跃**。说地产美元债是中资美元债之母也毫不为过，针对该板块的深入研究非常值得。

3.1.1 地产美元债概况

截至 2020 年 10 月，地产美元债存量约为 2 500 亿美元（含港澳地产美元债，不含中国台湾地产美元债），占中资美元债存量约 22.4%（见图 3–1）。如果仅仅看高收益美元债板块，那么地产美元债占比几乎超过七成。

地产美元债存量占比上升最快的年份是 1993 年，越秀地产于当年发行了地产美元债。由于当时中资美元债存量很小（只有 103 亿美元），因此首次发行，地产美元债存量占比即达到 19.5%。地产美元债在历史上的发展分为以下几个阶段：

- 1993—2004 年，中资美元债发行量较少，地产美元债发行更少。随着其他行业美元债发行量的增加，该阶段地产美元债存量占比逐年下降。
- 2004—2012 年，随着涉足海外发行，地产美元债存量开始逐步增长，尤其是在 2009 年金融危机之后，海外利率偏低，以雅居乐为代表的房地产公司开始在境外大量发行美元债。地产美元债存量占比大幅上涨，回升到 2012 年的高点 26.5%。
- 2012—2020 年，随着中资美元债的发行人开始多元化，越来越多的房地产公司开始到境外发行美元债。地产美元债占比逐步下降并趋于稳定，基本稳定在 20%～30% 区间。

图 3-1 地产美元债存量占比变化

资料来源：彭博，2020 年 10 月。

从不同行业占比来看（见图 3-2），中资美元债存量占比靠前的有房地产（22.4%）、银行（13.7%）、金融服务（8.6%）和勘探及生产（7.4%）。从彭博公布的二级子行业的存量占比来看，地产美元债在所有行业中资美元债中占比最大，属于中资美元债的龙头行业。

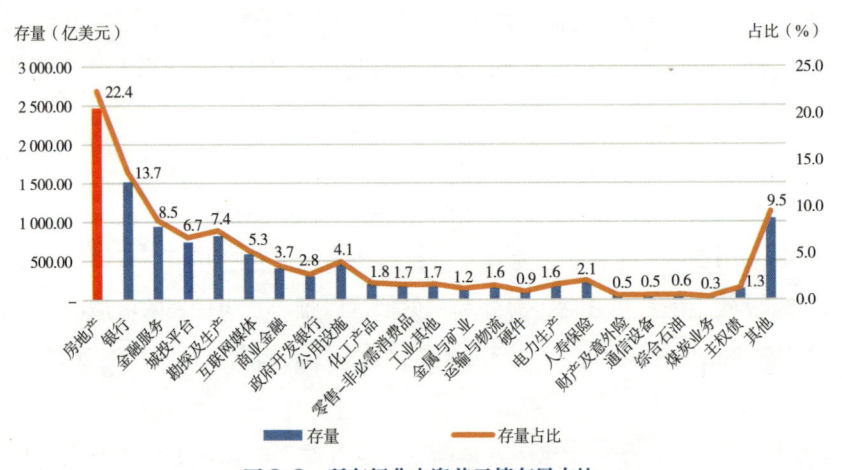

图 3-2 所有行业中资美元债存量占比

注：上述城投平台不是根据彭博的 BIC2 进行划分的，而是根据中国境内对城投平台的划分标准进行划分的，但在彭博的 Excel 公式中，仍可以用 BOND_CLASSIFICATION 来识别城投平台公司。
资料来源：彭博，2020 年 10 月。

地产行业主要发行高收益美元债，占比达到 65.7%（见图 3-3）。投资级和无评级美元债占比分别为 23.9% 和 10.3%。**经常发行地产美元债的公司有恒大集团、融创、碧桂园、禹州地产等**。从区域来看，它们可分为长三角（福建系）和广东系房地产公司。不过发行地产美元债的大部分公司都已经实现全国性布局，例如正荣地产、融信集团等公司。

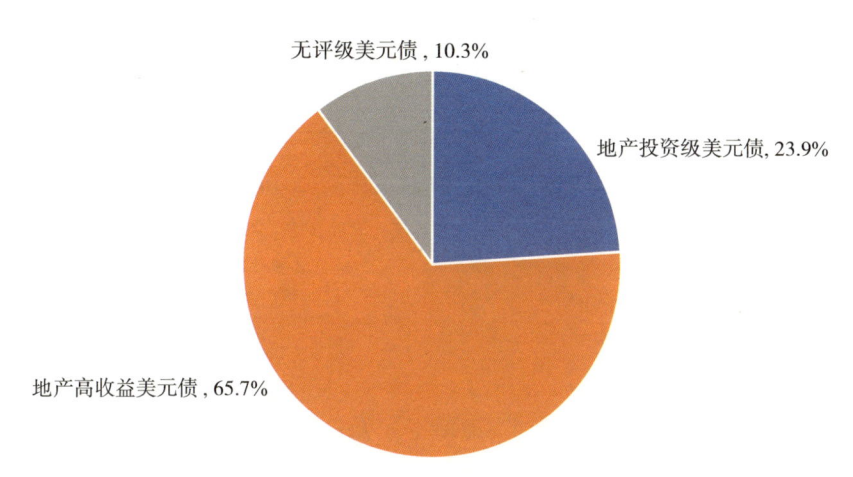

图 3-3 地产美元债的存量评级分布

注：由于统计数据四舍五入的原因，三个数加总并非 100%。
资料来源：彭博，2020 年 10 月。

3.1.2 违约规律及风险特征

截至 2020 年 10 月，发生违约的中资地产美元债如表 3-1 所示，违约存续金额为 16.55 亿美元。地产美元债违约金额占总违约金额的比率约为 14%（见图 3-4），大部分违约发生在 2020 年。2015 年，佳兆业董事会主席辞职触发汇丰贷款违约，后续佳兆业美元债重组成功，所以这里的违约存续金额统计不将其计算在内。

地产美元债在境外的违约率在 2019 年之前较低，2020 年以后有所上升，境内人民币地产债的违约金额占境内总违约金额的比例为 4.2%，比境外要低很多。中资美元债的信用风险有很大一部分源于境内融资环境，因此，境内人民币地产债券的低违约率有利于境外中资美元债的信用基本面。

表 3-1　1986 年至 2020 年 10 月的所有违约地产美元债列表

发行人	证券代码	行业	存续金额（亿美元）	违约年份
五洲国际	WUINTL 13 3/4 09/26/18	房地产	3	2018
泰禾集团全球有限公司	THHTGP 7 7/8 01/17/21	房地产	5.3	2020
泰禾集团全球有限公司	THHTGP 11 1/4 09/11/20	房地产	2	2020
泰禾集团全球有限公司	THHTGP 8 1/8 01/17/23	房地产	2.25	2020
泰禾集团全球有限公司	THHTGP 15 07/10/22	房地产	4	2020
亿达中国	YIDCHL 6.95 04/19/20	房地产	0	2020

资料来源：根据公开数据整理。

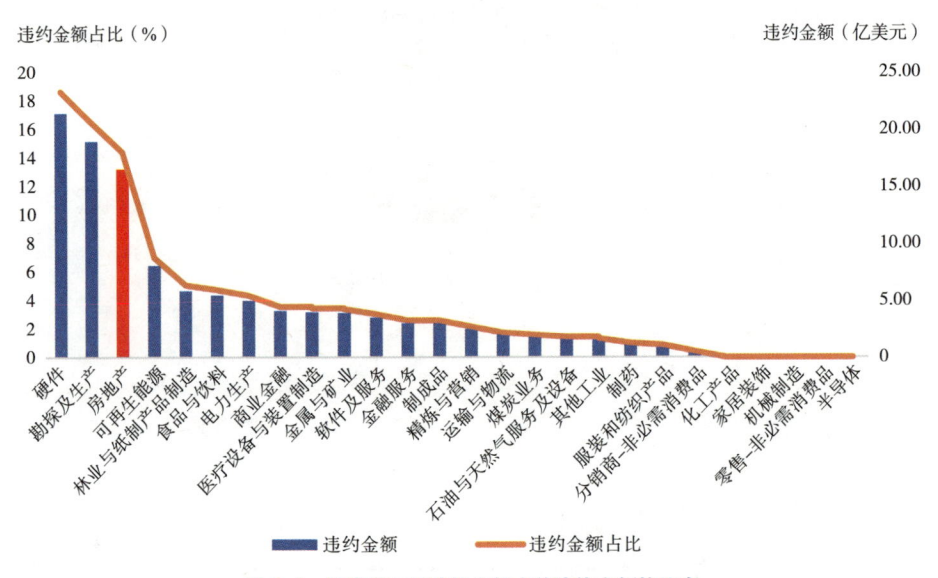

图 3-4　地产美元债违约金额占总违约金额的比率

资料来源：彭博，2020 年 10 月。

从境内不同行业的违约余额来看（见图 3-5），地产行业违约余额占总违约余额的比例只有 4.2%，地产行业余额违约率大幅低于其他行业。从违约的发行人数分布来看（见图 3-6），地产行业违约发行人个数占比为 4.2%，也大幅低于其他行业。

图 3-5　地产美元债违约情况（按照违约金额）

资料来源：彭博，2020 年 10 月。

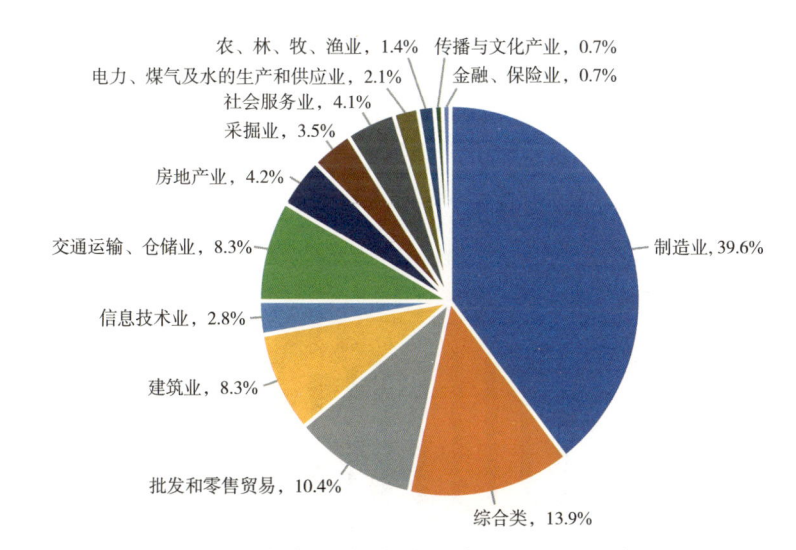

图 3-6　地产美元债违约情况（按照发行人个数）

资料来源：彭博，2020 年 10 月。

虽然地产行业的整体杠杆率较高，在不同行业的资产负债率排名非常靠前（理论上，资产负债率越高的行业，其偿债风险越大），但房地产公司的境内外违约率都大幅低于其他行业。这主要还是受益于：

- 1989—2019 年，房地产价格处于整体的大牛市周期当中，无论是地价还是房价都稳步上涨，房地产公司的土地储备价值以及房屋销售回款都得到有效保障。
- 虽然近年来房地产政策存在周期波动，但并非一直偏紧。
- 房地产公司自身融资渠道丰富，包括开发贷款、信托融资、银行贷款、债券融资、股票抵押融资、ABS（资产证券化）、银团贷款等方式，是其他行业无法比肩的。
- 在银行以及信托资金的风险标准中，房地产仍然是一个相对过硬的资产，一般具有一定的抵押比例，就可以进行融资。

3.1.3　二级市场流动性

从全行业的流动性来看，流动性排名靠前的一些行业分别是能源油类、主权债、通信设备、勘探及生产、公用事业等（见图 3-7）。能源油类公司美元债是中石化、中石油和中海油等公司在境外发行的美元债。主权美元债分为两类：1996 年和 1997 年分别发行的 1 亿美元的美元债流动性较差，而 2017 年和 2018 年发行的三只主权美元债流动性较好。

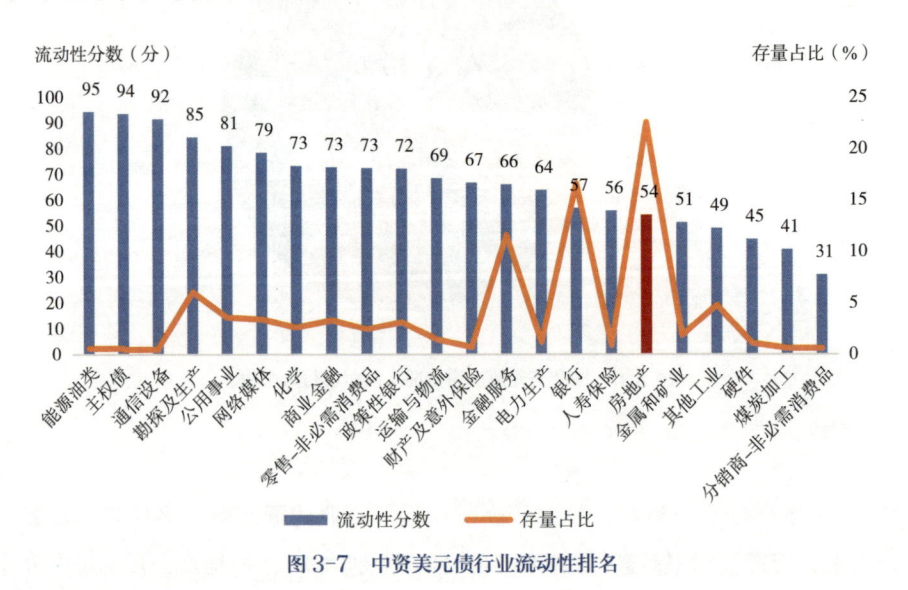

图 3-7　中资美元债行业流动性排名

资料来源：彭博，2020 年 10 月。

地产美元债的流动性综合得分为54分（见图3-7），大幅低于其他行业的流动性。但地产美元债以高收益地产美元债为主，因此需要分别对投资级和高收益美元债进行流动性比较。

从高收益板块来看，地产美元债流动性综合得分为50分（见图3-8），大幅高于其他行业，在全部高收益美元债中排名第二。排名第一的财产及意外保险美元债包括复星集团（6只）和中再集团（1只）等发行的美元债。由于复星集团的美元债是新发行的，在发行后第一周到一个月内，其二级市场流动性比旧券的流动性好，因此财产及意外保险美元债的流动性分数虽然排名第一，但不具有代表性。总结来看，地产美元债流动性在高收益板块中排名第一。从市场交投的实际情况来看，地产美元债在高收益板块中的流动性也是最好的。

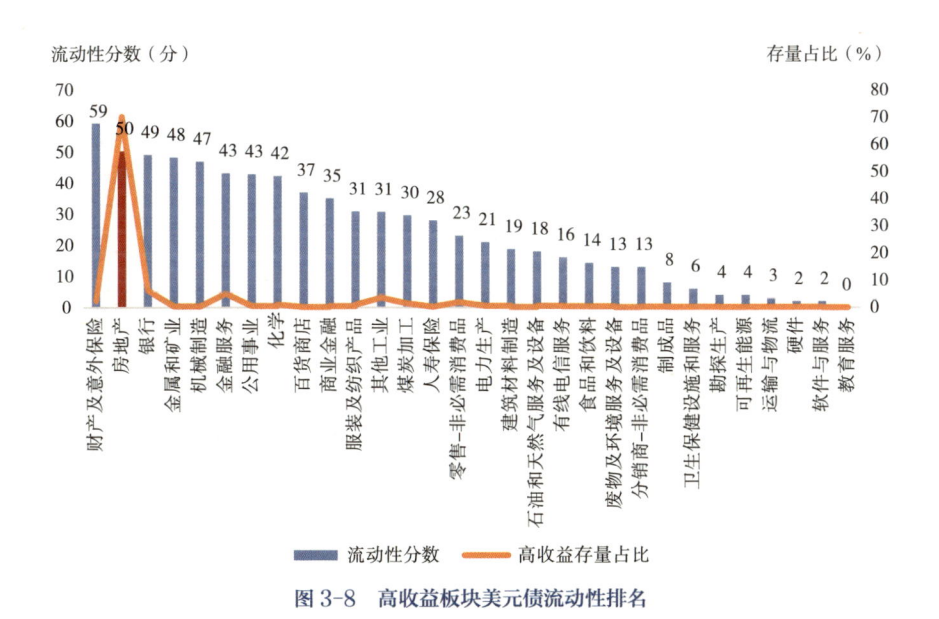

图3-8　高收益板块美元债流动性排名

资料来源：彭博，2020年10月。

从投资级板块来看，地产美元债的流动性得分为75分（见图3-9），高于投资级美元债的平均得分73分，处于中等偏上水平。

投资级板块流动性较好的行业分别有机械制造、能源油类、勘探及生产、娱乐资源、政策性银行等美元债，能源油类美元债如中石油、中石化等在境外发行的美元债流动性很好。值得注意的是，在投资级流动性评分中，主权类美元债的流动性得分为44分。中国历史上只有5只主权类美元债，1996年、1997年发行了两个1亿美元主权债，有国际投资级评级，因为距离发行日较为久远，流动性较差；2017年到2018年发行了3只主权美元债，无国际评级，流动性较好。因此在投资级美元债行业的流动性排名中，主权类美元债反而不佳。

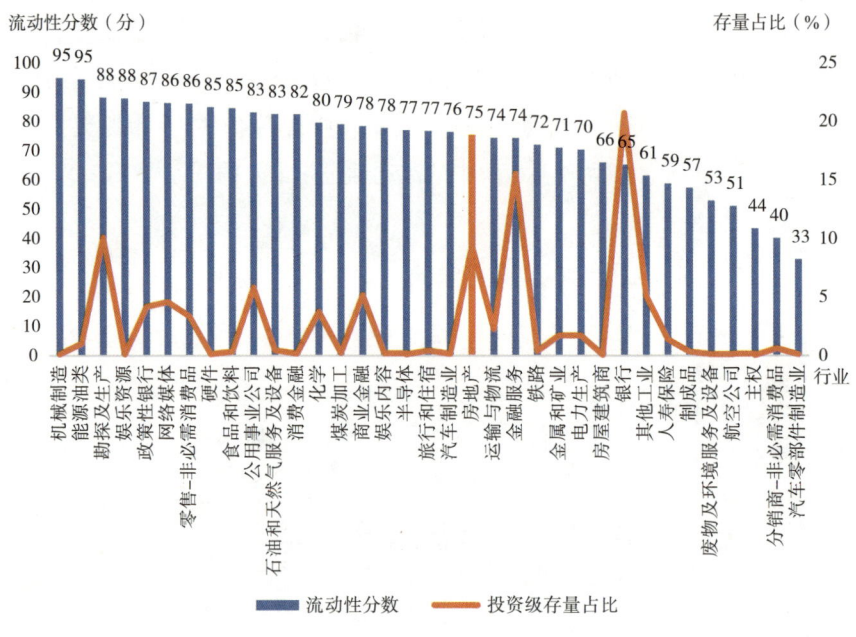

图 3-9 投资级板块美元债流动性排名

资料来源：彭博，2020 年 10 月。

如果把高收益板块的公司按流动性进行排名，那么在前100名中，非地产类公司仅有22家，其他78家均为地产类公司。从这个角度来看，高收益板块的地产美元债流动性大幅好于其他行业（见表3-2）。

从高收益美元债的流动性排名来看（见表3-3），流动性最好的是中国恒大，在前30名当中，就有8只恒大地产美元债；其次，融创中国、碧桂园、禹洲地产等流动性排名靠前。值得注意的是，流动性排名第6的是邮储银行。邮储银行美元债之所以在高收益板块流动性优质，主要是因为它在2017年9月22日发行了

72.5亿美元的优先股,该优先股获得各方机构的认购,投资者类型多元、地域分布广泛,国际投资机构占比达30%。因此邮储银行美元债的市场浮盘较多,流动性较好。

表3-2 高收益债券发行公司彭博流动性排名(非地产类)

序号	彭博流动性排名	行业	发行人名称
1	6	银行	邮储银行
2	9	化工	新疆中泰
3	31	零售	神州租车
4	35	电子通信	世纪互联
5	41	化工	盈德气体
6	42	化工	盈德正气
7	46	医疗地产	复星集团
8	48	医疗地产	复星集团
9	53	金融	招金矿业
10	60	纺织	如意集团
11	65	服装纺织	如意美国
12	73	机械制造	中联重科
13	74	机械制造	中联重科
14	80	公用事业	中油燃气
15	81	银行	建设银行
16	90	运动产品	361°
17	92	能源	安东油田服务
18	94	银行	工商银行
19	95	银行	工商银行
20	96	新能源	协鑫新能源
21	98	零售汽车	神州租车
22	99	医疗地产	复星集团

表3-3 中资高收益美元债流动性排名靠前的公司

彭博流动性排名	行业	发行人名称	彭博流动性排名	行业	发行人名称
1	房地产	中国恒大	16	房地产	禹洲地产
2	房地产	融创中国	17	房地产	中国恒大
3	房地产	中国恒大	18	房地产	佳兆业集团
4	房地产	碧桂园	19	房地产	融创中国

续表

彭博流动性排名	行业	发行人名称	彭博流动性排名	行业	发行人名称
5	房地产	融创中国	20	房地产	中国奥园
6	银行	邮储银行	21	房地产	旭辉控股
7	房地产	中国恒大	22	房地产	禹洲地产
8	房地产	中国恒大	23	房地产	碧桂园
9	化工	新疆中泰	24	房地产	建业地产
10	房地产	中国恒大	25	房地产	融创中国
11	房地产	荣信达	26	房地产	中国恒大
12	房地产	中国恒大	27	房地产	中骏集团
13	房地产	海门中南投资	28	房地产	世茂房地产
14	房地产	禹洲地产	29	房地产	雅居乐
15	房地产	朗诗集团	30	房地产	禹洲地产

3.2 城投美元债新贵的崛起

截至 2020 年 10 月，城投美元债存量为 739.67 亿美元，占中资美元债存量的 7%，**在所有行业存量中排名第 5**。在 2013 年及以前，城投平台公司美元债发行较少。最早发行美元债的城投平台公司是北控集团，其于 2011 年发行了 2 只美元债，发行金额分别为 4 亿美元和 6 亿美元。2011—2013 年发行过美元债的城投平台公司有 3 家，分别是北控集团、首创置业和京投公司，总共发行了 5 只美元债（见表 3-4）。

表 3-4　早期发行美元债的城投平台

发行人名称	债券名称	金额（亿美元）	发行日	到期日	穆迪评级	标普评级	惠誉评级
北控集团	BEIENT 4 1/2 04/25/22	8.00	2012	2022	Baa1	BBB+	—
北控集团	BEIENT 6 3/8 05/12/41	4.00	2011	2041	Baa1	BBB+	—
北控集团	BEIENT 5 05/12/21	6.00	2011	2021	Baa1	BBB+	—
首创置业	CPDEV 7 1/8 PERP	4.50	2014	—	—	—	—
京投公司	BEIJHK 3 1/4 01/20/20	3.00	2014	2020	A2	A	A+

3.2.1 城投美元债兴起之路

城投平台在 2013 年之前的美元债发行量较少，之后发行量逐步上升，截至 2020 年 10 月，城投美元债市场存量占比达到了 7%（见图 3-10、图 3-11）。从历史来看，城投美元债的成长主要分为以下几个阶段：

- 2011 年之前，城投美元债空白期，其间城投平台主要在境内融资人民币，境外融资尚属空白。
- 2011—2013 年，城投美元债初期，有三家城投平台开始尝试在境外发行美元债，但规模没有实质性增长。
- 2014—2016 年，城投美元债快速增长期，尤其是 2015—2016 年，城投美元债的市场存量占有率从 1.4% 增长到 4.1%，这主要是因为"2044 号文"放松注册审批为备案制，其次是 2015 年"811 汇改"之后，大量城投平台在境外发行美元债，城投美元债存量呈现爆发式增长。
- 2017 年，发改委和财政部的监管政策规定，严禁任何平台公司在境外发行与政府信用挂钩的美元债，境外发债暂时收紧，城投平台的发债增长出现回落。

图 3-10 城投美元债的市场存量变化

资料来源：彭博，2020 年 10 月。

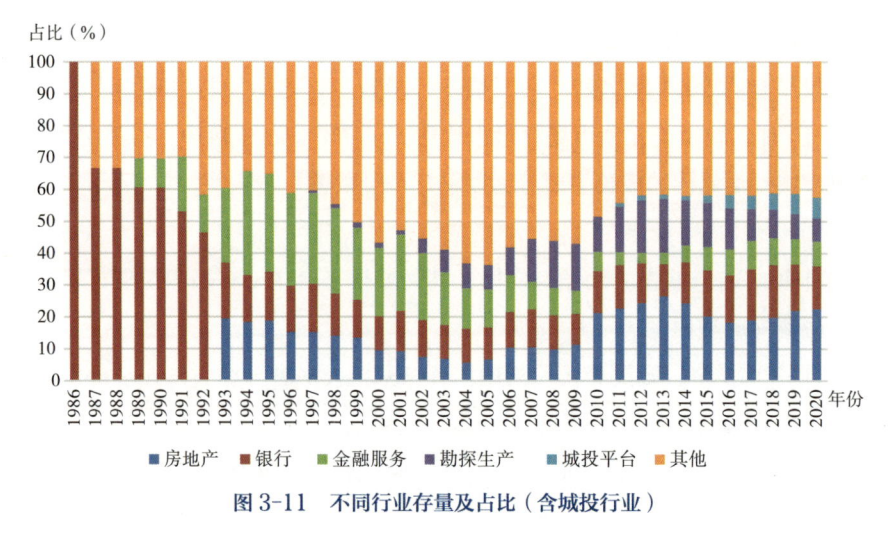

图 3-11 不同行业存量及占比（含城投行业）

资料来源：彭博，2020 年 10 月。

- 2018—2019 年，城投平台的融资政策暂时放松，且在 2018 年 6 月之后，境内地产债务风险缓释政策出台，投资者对于城投的追捧，导致城投平台境外融资量急速上升。2019 年 6 月，《国家发展改革委办公厅关于对地方国有企业发行外债申请备案登记有关要求的通知》（发改办外资〔2019〕666 号）开始收紧城投境外融资，未来城投平台的市场存量可能趋于稳定。

3.2.2 城投美元债市场

从存量占比排名来看（见图 3-12），排名靠前的行业分别有房地产、银行、金融服务和城投平台。其中在城投平台方面，江苏、浙江、云南、上海、福建等地的城投平台在境外发行美元债较多，例如江苏连云港集团、浙江义乌城投、云南能源、上海临港、福建漳龙等城投平台都在境外发债。

城投高收益美元债占高收益板块的 6.04%（见图 3-13），城投投资级美元债占投资级板块的 8.56%。从占比情况来看，城投投资级美元债市场占有率更高，主要原因是：能够拿到发改委批文并且在境外成功发行美元债的企业大多资质较优秀，因此普遍评级为投资级。

图 3-12 城投美元债存量排名

资料来源：彭博，2020 年 10 月。

另外，银行、金融服务、公用事业、商业金融、勘探开发等几个行业的投资级美元债市场存量占比也高于高收益美元债市场存量占比。这几个行业的公司普遍是行业龙头，因此评级较高。

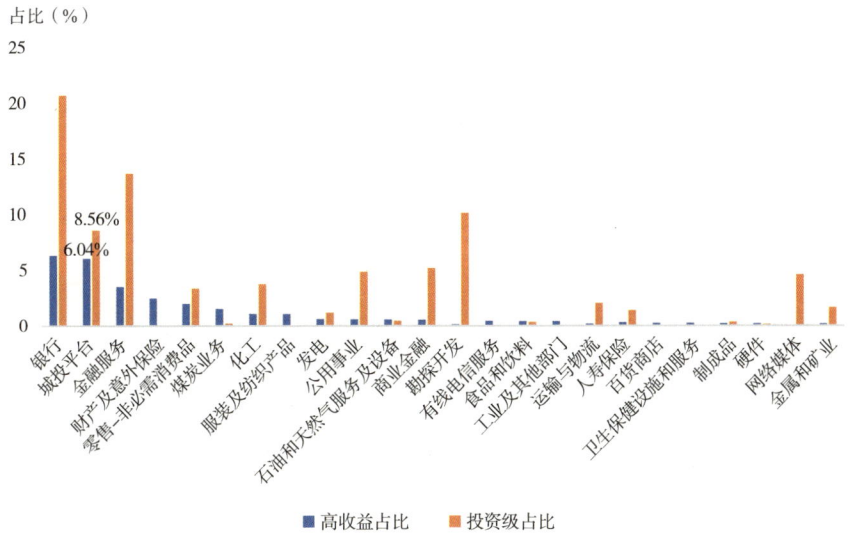

图 3-13 中资美元债投资级和高收益行业存量占比

资料来源：彭博，2020 年 10 月。

3.2.3 城投估值陷阱

城投美元债的彭博流动性综合评分为 48 分（见图 3-14），大幅低于行业流动性平均得分 73 分，主要原因是：

- 城投美元债兴起于 2015 年，市场真实交易历时较短，因此交易活跃的外资机构其实并不会积极参与城投美元债的交易。
- 城投平台的财务报表和营业收入普遍较为独特，导致境外国际投资者难以通过信用基本面来评估其信用水平，很多国际投资者直接规避看不懂的行业和公司。这导致城投公司的投资者非常集中，从某些城投平台美元债发行的一级订单来看，几乎 100% 的投资者来自亚洲，且绝大部分是中资投资者。
- **城投美元债背后的投资者一般都是长线资金投资者，尤其以中资银行、保险公司的投资者为主**，这些投资者普遍趋向于持有到期策略，会计报表处理也趋向于采用摊余法。

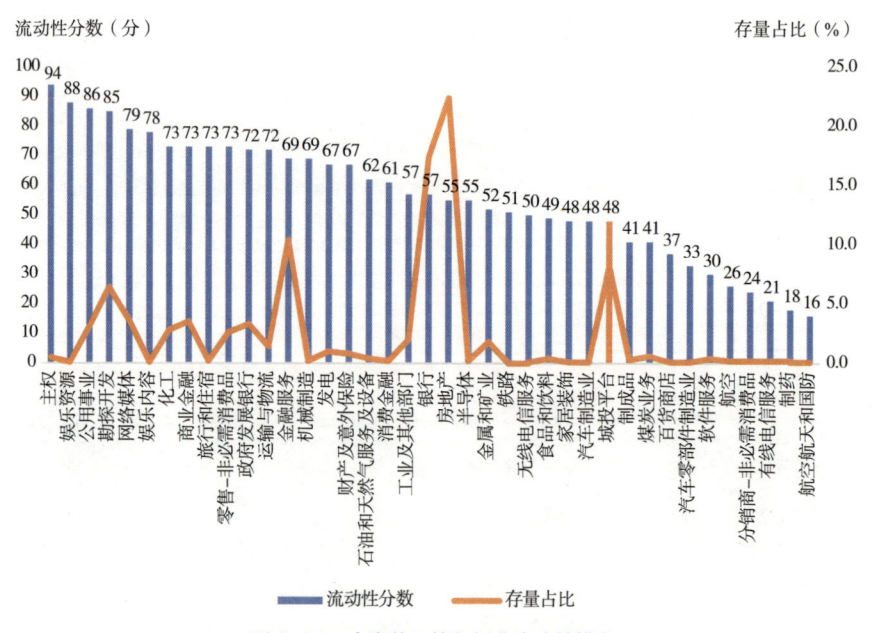

图 3-14 中资美元债各行业流动性排名

资料来源：彭博，2020 年 10 月。

基于上述原因，城投美元债的流动性较差，其中，投资级城投美元债的流动性普遍高于高收益城投美元债。

3.3 中资 AT1 与欧洲 Cocos 债的比较

中资美元债还有一个重大的资产品种——中资优先股（属于 AT1 的一个分类）。AT1（一级附属资本工具）是《巴塞尔协议》下的资本工具。在巴塞尔协议规范下，银行的债务清偿顺序从先到后分别是有抵押高级债券、无抵押高级债券、次级债券、其他一级资本（例如 AT1 和 Cocos 债）和普通股（见图 3-15）。AT1 的清偿顺序介于其他次级债券和普通股之间。

AT1 在中国境内又称作优先股，且具有固定票息收益，但在公司亏损或核心资本充足率不够时，可选择不支付付息。另外，AT1 在一定条件下会转股或者本金减记，因此具有转股和本金减记风险。AT1 一般也嵌入了发行人具有赎回的权利，信用风险期权定价逻辑相对复杂。了解上述风险，对于投资 AT1 至关重要。

图 3-15 银行债务清偿顺序

中资银行在境外美元债市场发行美元 AT1，例如中国银行、农业银行、邮储银行、浙商银行、徽商银行、郑州银行和锦州银行等都在境外发行了多只中资美元债 AT1。2017 年 9 月 21 日，邮储银行发行了 72.5 亿美元债的 AT1，发行票面利率为 4.5%。到目前为止，中资银行 AT1 存续只数约 20 只，存续金额约 300 亿美元（见表 3-5）。这个市场目前也占据了中资美元债市场较大份额，且交易活跃，是投资者不可忽视的一个板块。

表 3-5　中资银行境外发行 AT1 列表

发行人名称	债券代码	国际评级（标普 / 穆迪 / 惠誉）	发行金额（亿美元）
邮储银行	POSABK 4 1/2 PERP	Ba2 / — / BB+	72.5
建设银行	CCB 4.65 PERP	Ba1 / BB / —	30.5
中国银行	BCHINA 3.6 PERP	Ba1 / BB+ / BB+	28.2
交通银行	BOCOM 5 PERP	Ba3 / — / —	24.5
浙商银行	ZHESHG 5.45 PERP	— / — / —	21.75
锦州银行	JZCITY 5 1/2 PERP	— / — / —	14.96
民生银行	CHIMIN 4.95 PERP	— / — / —	14.39
广州农商银行	GZHRCB 5.9 PERP	— / — / —	14.3
中原银行	ZHYUBK 5.6 PERP	— / — / —	13.95
青岛银行	QDBANK 5 1/2 PERP	— / — / —	12.03
郑州银行	CBZHZH 5 1/2 PERP	— / — / —	11.91
招商银行	CHINAM 4.4 PERP	— / BB- / —	10
工银亚洲	ICBCAS 4 1/4 PERP	Ba1 / — / —	10
徽商银行	HSBANK 5 1/2 PERP	— / — / —	8.88
重庆银行	BOCHON 5.4 PERP	— / — / —	7.5
创兴银行	CHOHIN 5.7 PERP	Ba2 / — / —	4
合计	—	—	299.37

资料来源：根据公开资料整理。

3.3.1　《巴塞尔协议》及核心资本

中资银行 AT1 已经成为境外中资美元债市场中一个不可或缺的资产品种，目前存量约 300 亿美元。AT1 具有和普通债券不一样的发行结构、偿付顺序、风险和交易结构，因此深入研究 AT1 的风险因素对投资 AT1 至关重要。

了解 AT1 需要从《巴塞尔协议》入手，AT1 是《巴塞尔协议》下的一类资本工具，是银行债务工具中独特的一个负债资本工具。《巴塞尔协议》经历了三次改版，原版英文协议冗长枯燥，但对于投资 AT1 又是必须深入掌握的。下面对《巴塞尔协议》进行总结归纳。

(1)《巴塞尔协议Ⅰ》

1974年，由十国集团的中央银行行长倡议建立巴塞尔委员会，其成员包括十国集团中央银行和银行监管部门的代表。自成立以来，巴塞尔委员会制定了一系列重要的银行监管规定，比如1983年的银行国外机构的监管原则（又称巴塞尔协定，Basel Concordat）和1988年的巴塞尔资本协议（Basel Accord）。

1988年，巴塞尔委员会通过了《关于统一国际银行的资本计算和资本标准的报告》（简称《巴塞尔报告》，即著名的《巴塞尔协议Ⅰ》），这个报告规定了对银行的资本分类（总资本和核心资本）、风险权重的计量标准。

《巴塞尔协议Ⅰ》主要有两个重要方面的规定：

- 资本分为核心资本和总资本，核心资本必须超过总资本的50%。其中，核心资本充足率不低于4%，总资本充足率不低于8%。
- 资产的风险加权重新划分为1%、20%、50%和100%四个档次信用转换系数。

《巴塞尔协议》最重要的监管指标是资本充足率，资本充足率又叫资本风险（加权）资产率。资本充足率是银行的资本总额对其风险加权资产的比率。资本充足率是保证银行等金融机构正常运营和发展所必需的资本比率。各国金融管理当局一般都有对商业银行资本充足率的管制，目的是监测银行抵御风险的能力。上述描述比较偏理论，下面举例说明：

银行A有100美元，组成如下：
现金：10美元
政府债券：15美元
抵押贷款：20美元
其他贷款：50美元
其他资产：5美元
假设银行A有95美元的债务，那么根据定义，所有者权益＝资产－负债，即 5 美元。

银行 A 的加权资产风险计算如下：

现金：10×0%＝0 美元

政府债券：15×0%＝0 美元

抵押贷款：20×50%＝10 美元

其他贷款：50×100%＝50 美元

其他资产：5×100%＝5 美元

总加权资产风险：65 美元

所有者权益＝5 美元

核心资本充足率（所有者权益/加权资产风险）＝5/65＝7.69%

（2）《巴塞尔协议Ⅱ》

20 世纪 80 年代，债务危机爆发给银行带来重大损失，全球监管机构意识到银行需要更加严格的监管措施。2001 年巴塞尔委员会提出了更加全面和具体的《巴塞尔协议Ⅱ》，并于 2004 年正式实施。《巴塞尔协议Ⅱ》提出了三大支柱以更加规范地约束银行全方面风险，不仅仅包括资产信用风险，还包括操作风险等（见图 3-16）。

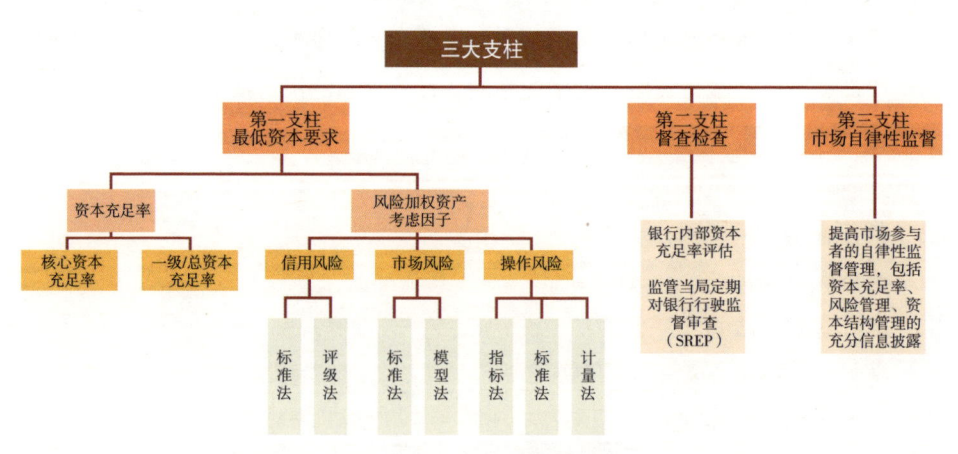

图 3-16　《巴塞尔协议Ⅱ》的风险管理框架（三大支柱）

- 第一支柱考虑了信用风险、市场风险和操作风险。相对而言，《巴塞尔协议Ⅰ》只考虑了信用风险。
- 第二支柱是，银行接受监管当局的监督检查。监管当局具备四大原则，并且希望银行的资本充足率高于监管最低资本充足率要求。
- 第三支柱是市场自律性监管，即加强银行的风险披露和透明性。

（3）《巴塞尔协议Ⅲ》

2008年金融危机发生后，巴塞尔委员会意识到银行资本的脆弱性。为防范银行大而不倒风险（too big to fail）和提倡银行风险自担（bail in）及提高其抗金融周期风险能力，巴塞尔委员会于2010年9月提出《巴赛尔协议Ⅲ》，加强对银行的监管力度。《巴塞尔协议Ⅲ》全面提高了银行业的监管标准，增加了银行杠杆率要求、流动性监管标准。《巴塞尔协议Ⅲ》全面上调了资本充足率，以加强银行的金融风险抵御能力。

- 核心资本充足率从2%上调到4.5%，一级资本充足率从4%上调到6%。
- 增加组合资本缓冲：系统重要性银行（见表3-6）的系统性风险缓冲、逆周期资本缓冲和留存缓冲。2016—2019年，银行需设立留存缓冲资本为2.5%，并且各国监管层需根据自身监管要求考虑是否设立逆周期资本缓冲（0~2.5%），并且对国家系统性重要银行设立更加严格的监管。
- 在《巴塞尔协议Ⅲ》的监管下，全球银行的核心资本充足率、一级资本充足率和总资本充足率的要求分别为4.5%、6%和8%；如果再加上一定留存缓冲资本的话，核心资本、一级资本和总资本充足率分别提升至7%、8.5%和10.5%。

从《巴塞尔协议Ⅰ》到《巴塞尔协议Ⅲ》中，关于核心资本、一级资本、留存资本的相关概念，根据巴塞尔委员会的规定，表3-7做了系统总结。

《巴塞尔协议Ⅲ》给全球银行达到标准留存了缓冲时间。为达到监管要求，全球银行安排各种融资来改善资本结构：日本银行债券证券化，美国银行得到政府注资，欧洲银行需要依靠发行大量附属一级资本来改善其资本结构。随着《巴塞尔协议Ⅲ》全面实施日期的到来，全球银行在2016—2017年大量发行AT1融资来改善自身资本结构。

表3-6 全球系统重要性银行

国家	全球系统重要性银行	国家	全球系统重要性银行
美国	花旗集团 摩根大通 美国银行 高盛 富国银行 纽约梅隆银行 摩根士丹利 道富银行	法国	法国巴黎银行 法国BPCE银行集团 法国农业信贷银行集团 法国兴业银行
中国	中国工商银行 中国农业银行 中国银行 中国建设银行	英国	汇丰银行 巴克莱银行 苏格兰皇家银行 渣打银行
日本	三菱日联金融集团 瑞穗金融集团 三井住友金融集团	瑞士	瑞士信贷 瑞士联合银行
德国	德意志银行	西班牙	桑坦德银行
荷兰	荷兰国际银行	意大利	裕信银行
瑞典	北欧联合银行	—	—

表3-7 《巴塞尔协议Ⅲ》监管规范下的资本偿付顺序

资本或债务等级	资本层级	巴塞尔协议要求	巴塞尔协议关于资本充足率的要求	具体实例
债务	高级债务工具	不必需	不定	有抵押债券 高等级债券 高等级无抵押票据

续表

资本或债务等级		资本层级	巴塞尔协议要求	巴塞尔协议关于资本充足率的要求	具体实例
二级资本	二级资本	二级资本工具	必需	2%	次级债
					混合资本债
资本	一级资本	其他非核心资本	附属一级资本	不必需	1.50%	美元优先股
					中资银行 AT1
					欧洲 Cocos 债
		监管机构要求缓冲	不必需	不定	计入核心资本要求
		系统重要性银行风险缓冲	系统重要性银行必需	0~5%	统称为组合资本缓冲，计入核心资本要求
		留存缓冲资本	必需	2.50%	
		逆周期缓冲资本	不必需	0~2.5%	
	核心资本	最少核心资本	必需	4.50%	普通股

资料来源：根据公开资料整理。

3.3.2 AT1、优先股和 Cocos 对比

如表 3-7 所示，《巴塞尔协议Ⅲ》下的附属一级资本有 AT1、Cocos 债和优先股，三种不同称呼的附属一级资本均可以对银行的一级资本进行补充。但三种不同称呼的附属一级资本也存在具体差异，它们是在不同监管区域和历史环境下诞生的产物。一般投资者会同时关注欧洲 Cocos 债、中资美元 AT1 和境内美元优先股等资产。

（1）AT1

AT1 是《巴塞尔协议Ⅲ》的框架下附属一级资本的概念，其作用是补充银行一级资本，前提是满足《巴塞尔协议Ⅲ》中补充其他一级资本的标准。只要满足《巴塞尔协议Ⅲ》的银行优先股和 Cocos 债，都可以被认为是 AT1，因此 AT1 包括 AT1 优先股和 AT1 Cocos 债。

（2）欧洲 Cocos 债

Cocos 债（Contingent Convertible Bonds）又称应急可转债，其目的是：在银行陷入流动性危机之时，一旦银行总资本充足率触及最大派息水平（Maximum Distribution Amount），便停止付息（Dividend Stopper）；当核心资本降低至某一水平时，触发债转股或本金减记来提高银行资本充足率、补充流动性。

2018 年金融危机后，欧洲银行设计推出欧洲 Cocos 债。随着《巴塞尔协议》的推出，大部分欧洲银行 Cocos 债的设计条款（包括资本补充属性、转股特性等）符合 AT1 的相关标准，因此监管机构也认可 Cocos 债作为一级资本补充工具。市场上比较常见的是把 Cocos 债等同于 AT1。

《巴塞尔协议Ⅲ》的推行，更是刺激了欧洲银行 Cocos 债的发行。统计数据显示，2012 年欧洲银行业通过发行 Cocos 债募集了 50 亿欧元，2013 年为 270 亿欧元，2014 年为 460 亿欧元，2015 年为 450 亿欧元。后来，Cocos 债也不仅仅限制于欧元，还有美元 Cocos 债，例如汇丰银行发行的美元 Cocos 债。

（3）优先股

优先股（Preferred Share）最早源于 19 世纪 30 年代的美国，当时美国兴起铁路建设热潮，铁路公司通过发行优先股来进行融资以兴建铁路。优先股于 20 世纪中后期进入发展初期，于 20 世纪 90 年代进入快速发展期，可见优先股起源大幅早于 Cocos 债和《巴塞尔协议》，属于非常成熟的品种。优先股一开始并非源于银行，后来银行也开始大量发行优先股来补充和改善资本机构。

优先股是一种权益类资本，相对于普通股（Common Share）而言，主要在利润分红和剩余财产分配的权利方面占据优势。优先股一般具有固定利息，每年也能接收到稳定的分红。中资银行境内发行的较多优先股有一个"制动机制"，即在优先股息得到偿付前，不允许分红。一般银行发行的优先股如果满足《巴塞尔协议》规定，也可以归类为 AT1。

（4）三者的联系与区别

三者的联系在于：AT1 属于《巴塞尔协议》的概念，具体实际应用品种包含优先股和 Cocos 债。优先股的概念最早出现，源于美国；Cocos 债源于欧洲和

2008年金融危机之后；AT1是《巴塞尔协议》下的一级资本附属工具。随着《巴塞尔协议》的推出，美国优先股、中国优先股、欧洲Cocos债等都开始参考《巴塞尔协议》关于AT1的规范。因此在金融危机之后，全球发行的优先股、Cocos债大部分都能满足AT1规范，因此它们又可以称作AT1优先股或者AT1 Cocos债。但有些优先股却是例外，例如美国优先股由于起源早且具有完备的法律体系，因此并非完全参考AT1规范。

三者的区别在于：AT1属于《巴塞尔协议》概念，Cocos债和优先股不能完全等同。

- 有些Cocos债的设计条款可能并不满足于《巴塞尔协议》中的AT1规范；另外，《巴塞尔协议》中的AT1规范仅限于银行，但优先股不限于银行——有些企业也可以发行优先股，企业发行的优先股并不属于AT1的范畴。
- 三者起源不同：AT1源于《巴塞尔协议》中的规范，优先股源于美国，Cocos债源于欧洲。中国和美国的银行喜欢发行优先股，欧洲银行喜欢发行Cocos债。境外发行优先股一般都满足AT1规范，欧洲Cocos债的设计条款也大多参考AT1规范，美国银行优先股并非完全参考AT1的规范。由于其产生得比《巴塞尔协议》早，因此美国优先股的发行体系及相关法律制度都相对较为成熟，比如《多德-弗兰克法案》对银行提出了相关监管标准。当然，美国优先股对于银行的资本充足率的监管标准也有参考《巴塞尔协议》的地方。

在中资美元债中，除AT1是较为复杂的资本工具以外，其他比较复杂或者携带特殊条款的资本有可转债、银行次级债、优先永续债、次级永续债、可交换债等（见表3-8）。

表3-8　AT1与可转债、永续债、次级债的相似与不同

对比品种	相似	不同
AT1与可转债	中资银行AT1可在恰当环境下转股，可转债也可在恰当时机转股	AT1一般是被动转股，投资者相当于卖出股票期权（Sell Call Option）。 可转债是主动转股，相当于买入股票期权（Buy Call Option）

对比品种	相似	不同
AT1 与永续债	AT1 和永续债都具有永续性，且在发行之后若干年往往给予发行人赎回权（Call Option），相当于嵌入了一个卖出期权。AT1 可计入一级资本工具（权益资本），永续债的财务会计做账一般也可计入权益资本	■ 有些永续债是高级永续债，只具有永续性质，在偿付顺序上和高等级债券相同，而 AT1 都是劣后于高等级债券的资本工具。 ■ 一般永续债和 AT1 的票息重置方式不同，AT1 的票息重置一般是随行就市（市场基准利率+发行利差），而永续债的票息重置往往带有跳升机制（Step-up），比如 500 个基点的跳升机制，这也是投资者所说的"假永续"
AT1 与次级债	都是附属资本工具	AT1 用于补充一级附属资本，次级债用于补充二级资本

3.3.3 AT1 三大投资风险

正是因为资本结构设计比普通债更加复杂，AT1 所面临的风险更大，在特定时候风险会被无限放大，而在有些时候（牛市市场），AT1 却又可能创造出比普通债更优秀的投资回报。因此深入研究 AT1 的结构，以及了解其中的隐藏风险，对于投资 AT1 具有莫大优势。相对而言，AT1 比高收益信用债具有更小的信用风险，但往往结构性风险较大。下面将着重介绍 AT1 的三种结构性风险。

（1）转股或者减记风险

AT1 面临转股或者减记风险。银行的核心资本充足率一旦低于监管者规定水平，就需要应急转股或者本金减记来提高银行资本稳定性。这是投资者面临的最大风险。从目前全球银行发行的附属资本来看，转股或减记都是有可能的，且其风险与银行的核心资本充足率有莫大关系。在一般情况下，核心资本充足率越高的银行，其转股或减记风险越低；在监管机构要求越低的区域，转股或者减记风险越低。

从全球银行资本充足率来看，核心资本充足率较高的国家是英国、欧洲地区银行，亚太和拉丁美洲国家核心资本充足率较低；在欧洲国家中，北欧国家及德国、法国等核心资本充足率较高；亚洲地区新兴国家以中国的核心资本充足率较高（见图 3-17）。全球重要性银行的转股风险一般较小，主要原因是：全球重要性银行当前的核心资本充足率一般都在 10% 以上，距离监管者要求的最低核心资本充足率仍有较大的空间。在投资过程中，我们可以通过几个方面来减少转股或者减记风险：

- 比较当前银行核心资本充足率与监管机构要求的最低核心资本充足率的差值，如果差值越高，则转股或者减记风险越小，反之越大。
- 有些区域的 AT1 的转股或者减记的触发条件并不相同，例如：欧美和中国内地银行发行的 AT1 的转股或减记风险主要是根据核心资本充足率水平被动设置的；**而中国香港的银行发行的 AT1 的减记的触发条件不是资本充足率，而是监管机构认为满足合适条件即可以进行减记**。这种不确定风险也是投资者需要规避的。

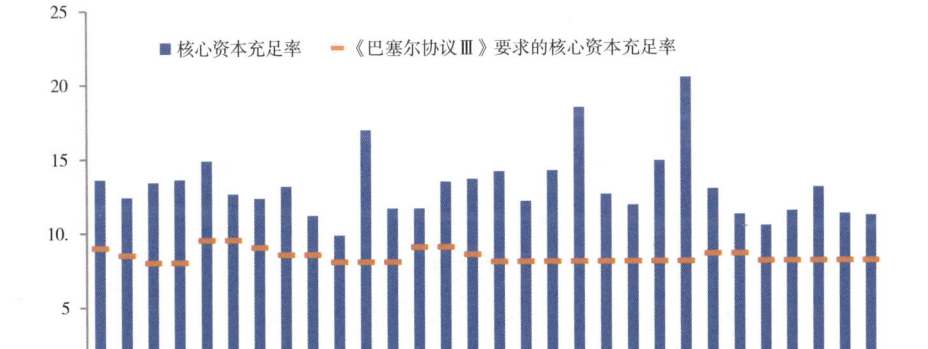

图 3-17　全球系统性重要银行的核心资本充足率和《巴塞尔协议Ⅲ》资本充足率要求

资料来源：彭博。

（2）取消票息风险

AT1 面临的第二大风险是取消票息支付，且不会顺延至下一年。当银行的资本充足率低于 MDA（最大可派息线）时，监管机构可以要求银行强制停止票息支付，以提升银行资本充足率，抵御资本充足率不够的风险。一般 MDA 设置为银行总资本充足率水平，大多在 10%～12% 区间水平。

取消票息支付分为主动取消和被动强制取消，当前来看，主动或被动取消票息支付风险较低。主动取消可由银行根据自己的财务情况来决定，被动取消则是银行总资本充足率低于 MDA 水平后被禁止支付票息。从全球银行现状来看，主动取消票息的情况较少，因为主动取消票息会引起投资者对于银行经营的担忧，导致该银行的融资成本大幅上升。目前全球重要性银行的资本充足率普遍在 15%～20% 区间，高于 MDA 线（见图 3-18）。

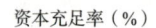

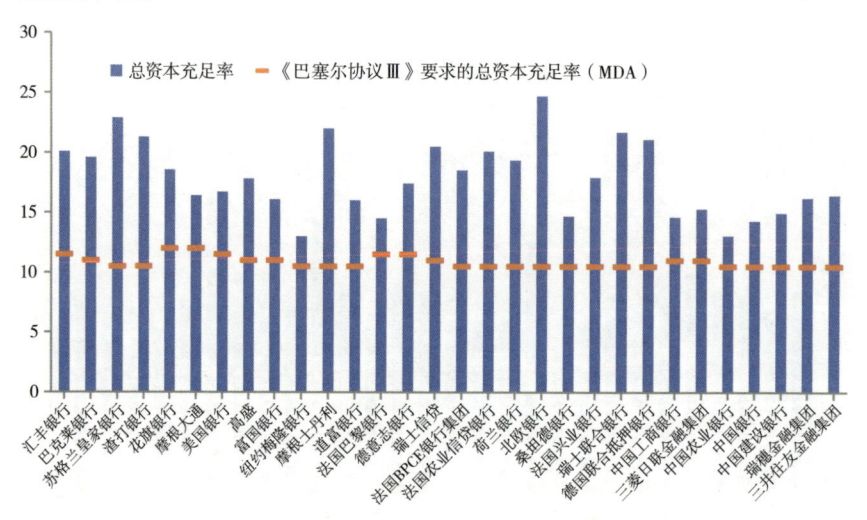

图 3-18 全球重要性银行的总资本充足率和 MDA 线

资料来源：彭博。

总资本水平接近 MDA 线的银行优先股或 Cocos 债，具有被动停止支付利息的风险，例如在 2020 年新冠肺炎疫情暴发之后，欧洲监管机构呼吁所有银行停止派息以应对经济不景气带来银行业风险。2020 年 4 月初，荷兰合作银行（Rabo Bank）的 Cocos 债宣布不支付利息，净价从 110 直接暴跌至 90（见图 3-19）。从这个案例来看，当 AT1 或 Cocos 债宣布不支付利息时，投资者往往面临较大的亏损。

图 3-19　荷兰合作银行价格行情序列

（3）不赎回风险

投资者面临的第三大风险是不赎回风险（Non-Call Risk）。AT1 一般都植入了发行人可赎回权限，发行人一般可在 5 年、7 年、10 年后根据市场情况选择是否赎回该笔附属资本。在一般情况下，如果隐含赎回的 AT1 被投资者当作债券，当银行资本恶化或者市场环境改变导致银行不赎回时，那么被投资者当作债券的 AT1 则变成了"真正的"永续债，投资者可能面临抛售压力，导致 AT1 的价格大幅下跌。渣打银行就未曾赎回 Cocos 债，导致渣打银行 Cocos 债的价格大幅下跌。

对于投资 AT1 而言，因为每隔一段时间发行人具有赎回权限，因此发行人赎回与否一般从三个方面来进行考察。

从经济成本角度来考虑：赎回的再融资成本与不赎回成本票面重置成本的比较。一般 AT1 会在发行之后若干年（例如 5 年）给予发行人两个权利：

- **重置票息**。重置票息 = 以赎回权利日的国债基准利率 + 固定利差，固定利差是银行发行时便确定的固定利差。
- **是否赎回**。如果不赎回，票息就会按照规则进行重置。按照常理，如果重置票息比发行人当前市场融资成本高，那么发行人完全可以发行一笔利率更低的 AT1 来替换原来的 AT1。反之，发行人选择不赎回更加划算。

2008—2016 年，全球基准利率较低，随着美联储加息，新发行附属资本的固定利差收窄，因此，如果再融资来偿付原有 AT1，则对发行人更加划算。从这个角度来看，银行会趋向于赎回原有 AT1，然后再发行新的 AT1。2017 年之前，美国利率处于低水平，2017 年以前发行的 AT1 被赎回的概率较大；2019 年，随着美联储进入加息周期，新发行附属资本的固定利差加大，因此 2018 年及之后发行的优先股的不赎回风险较大。

从资本市场声誉来考虑：不赎回可能造成发行人融资环境恶化，例如渣打银行不赎回造成其二级市场份额大跌 13%，普通债券的信用利差也跟随走宽。

从政策及经济环境影响方面来考虑。2020 年新冠肺炎疫情导致欧美经济环境变差，银行利润和信用风险上升，因此发行新 AT1 的利差成本上升。在此种情境下，银行趋向于不赎回现有 AT1，以致不赎回的风险大幅上升。

我们无法从资本市场和政策影响这两个维度来进行判断，但可以从经济成本角度来初步判断 AT1 是否会赎回。比较直接的方法是，比较 YTC（赎回收益率）与 YTM（到期收益）。YTC 是假设发行人根据约定价格赎回，对应该 AT1 的收益率。对于发行人而言，当 YTC 大幅高于 YTM 时，发行人从经济角度不趋向于赎回；当 YTC 大幅低于 YTM 时，发行人趋向于赎回，并进行再融资。一般来说，在升息周期，由于经济环境好转，基准利率上升，信用利差缩小，再融资成本更小，AT1 选择赎回概率较大。在利率下行周期，由于经济环境恶化，基准利率下行，信用利差走阔，再融资成本放大，不赎回风险加大。表 3-9 所示为发行 AT1 的中资境外银行，涉及 YTC 与 YTM 的比较情况。

表 3-9 发行 AT1 的中资境外银行

彭博债券代码	发行人	YTW	YTC	YTM	Next Call	YTM-YTC	隐含赎回
POSABK 4 1/2 PERP	邮储银行	3.03%	3.88%	3.03%	2022/9/27	−0.8%	不赎回
CCB 4.65 PERP	建设银行	3.29%	3.29%	3.30%	2020/12/16	0.0%	中性
BCHINA 3.6 PERP	中国银行	2.88%	3.59%	2.89%	2025/3/4	−0.7%	不赎回
BOCOM 5 PERP	交通银行	1.91%	1.91%	2.20%	2020/7/29	0.3%	赎回

续表

彭博债券代码	发行人	YTW	YTC	YTM	Next Call	YTM-YTC	隐含赎回
ZHESHG 5.45 PERP	浙商银行	3.95%	5.31%	3.95%	2022/3/29	−1.4%	不赎回
JZCITY 5 1/2 PERP	锦州银行	5.11%	17.42%	5.12%	2022/10/27	−12.3%	不赎回
CHIMIN 4.95 PERP	民生银行	3.56%	5.00%	3.57%	2021/12/14	−1.4%	不赎回
GZHRCB 5.9 PERP	广州农商银行	4.51%	5.21%	4.64%	2024/6/20	−0.6%	不赎回
ZHYUBK 5.6 PERP	中原银行	3.50%	8.23%	3.79%	2023/11/21	−4.4%	不赎回
QDBANK 5 1/2 PERP	青岛银行	4.30%	6.43%	4.30%	2022/9/19	−2.1%	不赎回
CBZHZH 5 1/2 PERP	郑州银行	4.19%	7.13%	4.20%	2022/10/18	−2.9%	不赎回
CHINAM 4.4 PERP	招商银行	2.87%	4.24%	2.87%	2022/10/25	−1.4%	不赎回
ICBCAS 4 1/4 PERP	工银亚洲	3.48%	3.78%	3.48%	2021/7/21	−0.3%	不赎回
HSBANK 5 1/2 PERP	徽商银行	4.65%	5.92%	4.64%	2021/11/10	−1.3%	不赎回
BOCHON 5.4 PERP	重庆银行	3.81%	6.58%	3.90%	2022/12/20	−2.7%	不赎回
CHOHIN 5.7 PERP	创兴银行	4.82%	7.75%	4.82%	2024/7/15	−2.9%	不赎回

注：（1）YTW：Yield to Worst（最差收益率），一般 YTW =min（YTC，YTM）。
（2）Next Call：最近下一个赎回日。

3.3.4 AT1 实战投资案例

在实战之前，我们必须了解不同地区发行 AT1 的具体差异。不同地方监管机构对银行的监管要求略有不同，因此不同国家银行发行人的 AT1 设计条款会有所不同（见表 3-10），投资者投资不同区域的 AT1 所面临的风险也会有很大不同。其中，比较投资价值和风险成为投资 AT1 非常关键的一环。如果单纯从设计条款来看，中资银行 AT1 所设计的条款更优。

- **核心资本触发条件更低**。欧洲 Cocos 债的转股标准一般比中资 AT1 更高一些，例如汇丰银行、渣打银行和荷兰国际银行的转股条件是核心资本低于 7%（中资银行为 5.125%），转股触发条件比中国更加严格，转股风险也更高。
- **不确定性风险更低**。比较中国境内银行在香港发行的 AT1 和香港本地银行发行的 AT1，香港本地银行 AT1 的触发条件（不付息或者减记）并不明确，而是监管机构根据市场环境来认定触发条件。因此，投资香港地区的 AT1，所面临的不确定性风险比较大。
- **转股一般好于减记**。一般欧洲 Cocos 债采取本金减记，有些是可恢复减记

（一旦银行赢利水平提高，可恢复前期减记金额），有些是不可恢复减记（永久减记，例如香港地区）。一般来讲，减记所面临的损失高于转股，永久性减记所面临的损失更大。中国境内机构发行的 AT1 大部分采用转股模式。

- **票息制动机制**。票息制定机制是指 AT1 在付息前是不允许向普通股派息的，这相当于对 AT1 的保护。欧洲或者英国 AT1 一般没有票息制动机制，因此欧洲 Cocos 债对于投资者而言更加不友好，但对于发行人而言则更有利。而中资银行 AT1 一般都具有票息制动机制，因此对投资者而言保护性更加。

表 3-10　不同区域 AT1 的条款对比

指标	中国	欧洲	英国	澳大利亚	印度	中国香港
触发条件（核心资本）	5.125%	5.125%~8%	7%	5.125%	5.5%~6.125%	监管机构认定
票息制动机制	有	没有	没有	有	有	有
减记或转股	转股	转股或减记	转股	转股	转股或减记	减记
本金恢复机制	没有	有	没有	没有	有	部分有

资料来源：根据公开资料整理。

每个区域内部发行的 AT1 也有一定差异，这里列出中国境内和中国香港地区现存的所有 AT1 案例，其他地区例如欧洲、英国、美国和印度等列出部分具有代表性的案例（见表 3-11）。

表 3-11　不同区域 AT1 的实际案例列表

发行人	债券代码	触发行为	票息制动机制	触发条件（%）	国家或地区
西太平洋银行	WSTP 5 PERP	转股	—	5.125	澳大利亚
澳新银行	ANZ 6 3/4 PERP	转股	—	5.125	澳大利亚
汇丰银行	HSBC 6 7/8 PERP	转股	没有	7	英国
渣打银行	STANLN 7 3/4 PERP	转股	没有	7	英国
苏格兰皇家银行	RBS 6 PERP	转股	没有	7	英国
加拿大丰业银行	BNS 4.9 PERP	转股	—	—	加拿大
邮储银行	POSABK 4 1/2 PERP	转股	有	5.125	中国
中国银行	BCHINA 3.6 PERP	转股	有	5.125	中国
信达集团	CCAMCL 4.45 PERP	转股	有	—	中国
中国建设银行	CCB 4.65 PERP	转股	有	5.125	中国
交通银行	BOCOM 5 PERP	转股	—	5.125	中国
招商银行	CHINAM 4.4 PERP	转股	有	5.125	中国

续表

发行人	债券代码	触发行为	票息制动机制	触发条件（%）	国家或地区
中国民生银行	CHIMIN 4.95 PERP	转股	有	5.125	中国
浙商银行	ZHESHG 5.45 PERP	转股	—	5.125	中国
青岛银行	QDBANK 5 1/2 PERP	转股	—	5.125	中国
徽商银行	HSBANK 5 1/2 PERP	转股	—	5.125	中国
重庆银行	BOCHON 5.4 PERP	转股	有	5.125	中国
郑州银行	CBZHZH 5 1/2 PERP	转股	有	5.125	中国
锦州银行	JZCITY 5 1/2 PERP	转股	有	5.125	中国
广州农村商业银行	GZHRCB 5.9 PERP	转股	—	5.125	中国
中原银行	ZHYUBK 5.6 PERP	转股	有	5.125	中国
北欧联合银行	NDASS 6 1/8 PERP	可恢复减记	—	8	芬兰
北欧联合银行	NDASS 6 5/8 PERP	转股	—	5.125	芬兰
法国农业信贷银行	ACAFP 7 7/8 PERP	可恢复减记	—	5.125	法国
法巴银行	BNP 7 PERP	可恢复减记	—	5.125	法国
德意志银行	DB 6 PERP	可恢复减记	—	5.125	德国
东亚银行	BNKEA 5 7/8 PERP	本金减记	有	—	中国香港
中银香港	BOCHKL 5.9 PERP	不可恢复减记	有	—	中国香港
东亚银行	BNKEA 5 1/2 PERP	不可恢复减记	—	—	中国香港
创兴银行	CHOHIN 5.7 PERP	不可恢复减记	有	—	中国香港
南洋商业银行	NANYAN 5 PERP	不可恢复减记	—	—	中国香港
交银香港	BOCOHK 3.725 PERP		有	—	中国香港
集友银行	CHIYBK 5 1/4 PERP		有	—	中国香港
工银亚洲	ICBCAS 4 1/4 PERP	不可恢复减记	—	—	中国香港
东亚银行	BNKEA 5 5/8 PERP	部分永久减记	—	—	中国香港
招商永隆	CIMWLB 6 1/2 PERP	不可恢复减记	有	—	中国香港
信银国际	CINDBK 7.1 PERP	不可恢复减记	有	—	中国香港
信银国际	CINDBK 4 1/4 PERP	不可恢复减记	—	—	中国香港
招商永隆	CIMWLB 5.2 PERP	不可恢复减记	—	—	中国香港
建银亚洲	CCB 3.18 PERP	本金减记	有	—	中国香港
中银香港	BOCHKL 5.9 PERP		有	—	中国香港
建银亚洲	CCB 4.31 PERP	不可恢复减记	—	—	中国香港
建银亚洲	CCB 4.7 PERP	不可恢复减记	有	—	中国香港
印度国家银行	SBIIN 5 1/2 PERP	可恢复减记	—	5.5	印度
北方银行	BANORT 7 5/8 PERP	不可恢复减记	—	5.125	墨西哥
荷兰国际银行	INTNED 4 7/8 PERP	转股	—	7	荷兰
泰国军人银行	TMBTB 4.9 PERP	不可恢复减记	有	—	泰国

资料来源：根据公开资料整理

当然，这种差异不仅局限于上述触发条件，还包括其他很多方面。拿欧洲 Cocos 债和中资银行境外美元 AT1 进行详细对比（欧洲银行挑选德意志银行，中资银行以中国工商银行为例），两者在触发条件、转股或减记规则、赎回条款等方面都有较大区别（见图 3-20、图 3-21、表 3-12）。投资者在投资这个板块时要非常注意这些细节差异。

图 3-20　欧洲德意志银行的 Cocos 债券示例

图 3-21　中资银行中国工商银行 AT1 示例

表 3-12　中资银行与欧洲 Cocos 债的比较

类别	中资银行	欧洲 Cocos 债
具体案例	中国工商银行	德意志银行
债券代码	ICBCAS 6 PERP Corp	DB 6 PERP Corp
货币	欧元	欧元
发行日期	2014/05/20	2014/12/03
期限结构	PerpNC-7。永续债，发行后的 5 年内不可赎回	PerpNC-8。永续债，发行后的 8 年内不可赎回
首次赎回年	2021/12/10	2022/04/30
下一次赎回日	2021/12/10	2022/04/30
发行金额	6 亿欧元	17.5 亿欧元
发行票面利率	6.0%	6.0%
最差收益率（YTW）	2.6%	5.5%
到期收益率（YTM）	5.2%	5.5%
赎回收益率（YTC）	2.6%	13.8%
不赎回风险	会赎回（YTC<YTM）	不会赎回（YTC>YTM）
发行人评级	A1/A/NA	A2/BBB+/A-
债项评级	Ba1/BB/NA	B1/B+/B+
票息制动机制	有，在决议完全派发当期优先股股息之前，发行人将不会像普通股股东那样分配股息	无
赎回条款	发行人可在首个可赎回日或其后的股息支付日部分或全额赎回	发行人可在首个可赎回日或其后每 5 年的可赎回日全数赎回，或在任何时间因监管或税收理由赎回
强制转股	当发行人发生下述触发事件时，经中国银监会批准，本期发行并仍然存续的优先股将全部或部分转为普通股：发行人核心资本充足率降至 5.125%（或以下）	无
本金减记	无	当发行人核心资本充足率降至 5.125% 时，减记本金；在其后的财年，发行人可以调整本金

综上所述，AT1 是一种弱结构的资产品种，因此收益相对更高，但需要注意的是，AT1 是一种牛市品种，即 AT1 在牛市中表现更好，而在熊市中往往表现更差。

当前，AT1 正越来越受到投资者的关注。AT1 一般是信用基本面稳健的银行发行的附属资本工具，其偿付顺序后于高等级信用债，因此二者虽然承担相同的违约风险，但 AT1 享受的收益却高于普通高等级信用债。一些违约配置型投资者喜欢配置 AT1，例如 2017 年中资银行海外大量发行美元 AT1，一些配置型资金通过结构性杠杆票据大量参与到银行海外一级市场发行的美元 AT1。从投资价值角度来看，AT1 的投资价值主要有：

- 拥有比普通高等级债券更高的收益回报（弱结构导致）。
- 随着越来越多银行发行 AT1，该资产板块的流动性也非常不错，中外资机构都大量参与，例如邮储银行 AT1 成为境外流动性非常好的交易品种。

中资地产美元债、城投美元债和中资银行附属资本工具三个板块在中资美元债中占比较大，备受市场投资者的关注。地产美元债在境外多以高收益品种进行发行，由于存续历史较为悠久，且资产负债表相对清晰透明，因此受到国际投资者的青睐，这也决定了境外中资地产美元债的流动性大幅好于境内中资地产人民币债券。城投美元债兴起时间相对较短，随着中资金融机构跨境投资越来越多，城投美元债从 2015 年以来快速增长，如今其存量达到中资美元债总量的 8%。城投美元债也逐步进入国际投资者的视野，成为其重点配置的资产。中资银行 AT1 目前存量约 300 亿美元，由于参与机构多、交易活跃和信用风险低等，其越来越受到投资者的欢迎，但其风险不容小觑，投资该板块可以带来很好的收益，但也可能带来较大的损失。

3.4 境外票据及杠杆玩法

境外票据经过多年的发展，目前非常成熟，尤其在相关法律框架协议、交易对手风险控制等方面。投行或者投资者往往利用票据加杠杆或者挂钩特定资产以获取收益。因此，读者如果要做境外美元债投资，非常有必要掌握结构化票据的玩法。结构化票据可分为以下两种类型：

- 杠杆票据，分为优先级和劣后级，优先级本金和利息的偿付顺序靠前，劣后级的偿付顺序在优先级之后。因此，这种结构化票据相当于劣后级投资者从优先级投资者处融资一部分固定成本的资金，等同于加杠杆，故市场习惯称其为杠杆票据。
- 信用关联票据（挂钩其他衍生品），主要分为挂钩信用违约互换的信用联结票据、首次违约信用联结票据、混合信用联结票据，票息保底和封顶票据。

境外市场常用的票据是杠杆票据，中资或者外资均会使用杠杆票据进行现金流分层，一般投行出资优先级资金，投资者购买劣后级份额进行融资。

3.4.1 票据商业条款及实战案例

杠杠票据一般是把票据现金流进行分层，于票据内装入相关标的资产。投行发行票据，一般用于挂钩一揽子美元债组合或者挂钩单只债券，且大多数票据的现金流还会分为两个层级：优先类别和劣后类别。优先级一般由投行自营资金认购（也可以叫配资），劣后级一般由投资者认购。优先级的收益分配顺序优于劣后级，优先级获得固定收益或者浮动收益（采用 Libor+Spread 方式），劣后级获得扣除优先成本及票据费用之后的收益。优先级一般锁定期限为半年、一年或者两年，成本可以是固定或者浮动成本（采用 Libor+Spread 方式），杠杆成本以债券组合的信用资质和流动性为参考标准。

除了两层杠杆票据（优先＋劣后）以外，还有多层票据，例如三层票据（优先＋夹层＋劣后），这种票据的偿付顺序一般设定为：**优先本金 > 优先收益 > 夹层本金 > 夹层收益 > 劣后本金和剩余收益**（见图3-22）。由于分层票据对单只美元债或者美元债组合的收益或风险进行分层，因此投资于不同层级获得的收益风险性价比也不同。一般风险厌恶型投资者或者配资投行会选择投资优先级，想获得超额收益的投资者一般会投资劣后级，中间夹层投资者面临的风险相对适中，同时收益也较好，因此投资性价比最高。

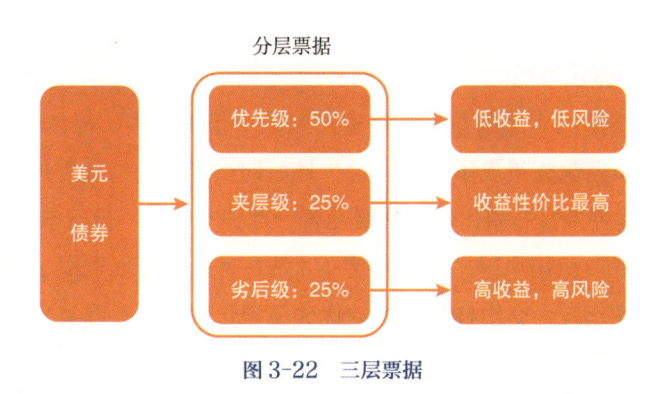

图 3-22 三层票据

在通常情况下，票据发行说明书会对票据的具体条款做出约定，如表3-13所示。票据发行说明书一般会列出关键条款，例如发行人、质押资产、相关触发事件等。

表3-13　票据发行说明书

条款名称	条款解释
发行人	票据发行人，例如××银行
质押资产	票据底层资产
本金金额	票据的金额，如果有不同层，则表示每层的本金金额
票据票息	票据的利息，不同层级的票息可能不同
质押资产	票据挂钩资产标的，可能是单只美元债，也可能是美元债组合
交易日	票据交易日
交割日	票据交割日
到期日	票据的到期日
参考交易商	本着诚信原则，以商业合理方式挑选出的处理与质押资产同类型债务的主要交易商、银行或银行业务公司
强制赎回事件	一般包括盯市事件（Market to Market，MTM事件）、监管变更事件、质押资产等事件。这些事件可能导致票据提前被强制赎回
质押资产事件	■ 资产未能足额支付 ■ 质押资产提前到期 ■ 质押资产发行人破产或者违约 ■ 质押资产被迫转股
盯市事件	质押资产价格跌破某警戒线水平，一般是85%或者更低水平，且警戒线水平一般根据劣后占比而设定
监管变更事件	任何适用法律或法规的制定、实施、补充、修订或变更
清算程序	发生强制清算时的票据不同受益人的清偿顺序

3.4.2　分层票据定价模型

理论上，票据持有总收益=底层资产收益-票据成本。但如果是杠杆票据，一般投行会对票据优先级成本进行定价，最后向投资者报出优先级的成本价。那么投资者该如何判断投行报出的优先级是否合理呢？当然，投行本身会根据头寸、底层资产流动性、信用风险、杠杆比率（优先/劣后）等多重因子进行定价。这里从投资者角度出发，介绍杠杆票据的优先级定价模型——在算出优先级收益之后，再结合票据底层总收益和票据等成本，则可以计算出票据的劣后级收益。

（1）信用利差定价模型

美元债的信用利差决定于多个因变量因子，包括违约率、回收率、流动性和其他技术面等因子。从普通债券的定价逻辑来看，影响最大的是违约率，其次是回收率、流动性风险和其他技术面等因子（见图3-23）。因此，我可以给出一个定义函数，**信用利差 = 函数 F（违约率，回收率，流动性，其他）**。

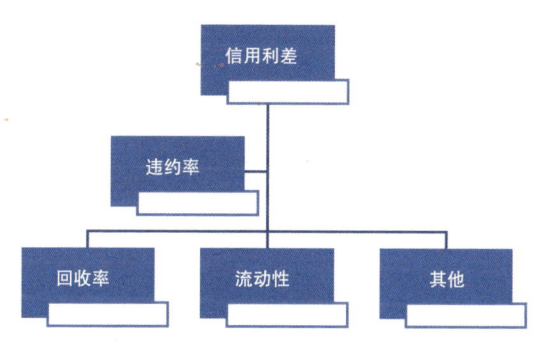

图 3-23 信用利差的影响因子分解

由于信用风险是高收益美元债最重要的信用利差定价因子，且其他流动性或者技术因子比较难以定价，而信用风险可以用信用损失来进行度量，理论上，信用利差与信用损失具有天然的紧密关联性，信用利差受到信用损失的影响。信用损失是违约率和回收率的函数。本书为简化模型，仅考虑违约率和回收率两个最重要的影响因子，采用**信用利差 = 函数 F（违约率，回收率）**，并且采用中间变量**信用损失**来建立信用利差的量化计算模型。

这里定义两个函数：(1) 信用利差 =f1（信用损失），信用损失 =f2（违约率，回收率），即利用利差 =F（违约率，回收率）=f [f2（违约率，回收率）]。

f2 函数为：信用损失 = 违约率 ×（1- 回收率）。根据违约率和回收率来确定信用利差的关键是确定 f1。f2 函数是金融学领域的已知函数。f1 函数可以通过数学上的拟合函数来拟合信用损失（X）与信用利差（Y）。在变量数据方面，每一只美元债的信用损失（X）都可以由该美元债已知的违约率和回收率来计算得到，信用利差（Y）可选择二级市场上成交的信用利差中间值。只要美元债样本空间合理，模拟函数类型选择合理，就可以模拟出一个合理的 f2，进而根据违约率和回收率得到信用利差。

（2）信用利差定价示例

构造模拟函数首先需要确定样本空间与函数类型。

本书选择境外流动性非常好的地产美元债为样本。之所以选择地产美元债作为样本标的，是因为境外中资地产美元债的流动性较好，市场信用利差定价较为充分，拟合后的函数更加合理，这样的样本可以有效反映其信用风险。为最大可信度和无差别晒出有效样本，这里定义样本空间的筛选标准为：

- 涵盖所有中资地产美元债的全集合：选择所有地产美元债，保证本拟合函数的可信度。
- 期限在 1~2 年：信用利差还包括期限信用利差，因此选择 1~2 年期的美元债，主要是为了剔除久期对信用利差的影响。当然在美元债市场中，有些债券的违约率涵盖了时间因子，但本书简单处理，且地产美元债样本空间充足，因此直接剔除时间对违约率的影响，把样本点统一到同一个久期区域。
- 流动性较好：选择流动性较好的地产美元债主要是为了确定输入参数（Y）是真实可靠的。有些地产美元债流动性不佳，二级市场成交价格不真实，无法真正反映该债券的信用利差和风险，不利于拟合出较佳的拟合函数。

满足的样本为 63 只地产美元债。通过 63 只地产美元债各自的违约率和回收率计算出 63 个信用损失 X1，X2，...，X63，且这 63 只地产美元债对应 63 个市场信用利差。这里采用彭博 CBBT 估值的信用利差中间值，分别得到 Y1，Y2，...，Y63。那么，我们当前需要对（X1，Y1），（X2，Y2），...，（X63，Y63）这 63 个点进行模拟拟合。

在拟合这 63 个点之前，需要决定采用何种拟合函数更加适合。由于信用损失（横轴）和信用利差（纵轴）的曲线构成，从金融学原理来讲，信用损失越大，要求的信用利差（保护）应该越大。也就是说，在正常情况下，该曲线应该是一条由"西南"向"东北"方向延伸的曲线。但实际上，市场的交易行为背后的因素除信用风险以外，还存在其他因素对曲线进行扰动，例如这种正相关是否会因为流动性而发生曲线扭曲。在实验中，我们可以采用试错归纳法，并采用多种函数进行模拟，选择最佳函数。这里主要针对线性函数、指数函数、二次项函数、多项式函数、幂函数和对数函数进行拟合,拟合结果如图 3-24 所示。

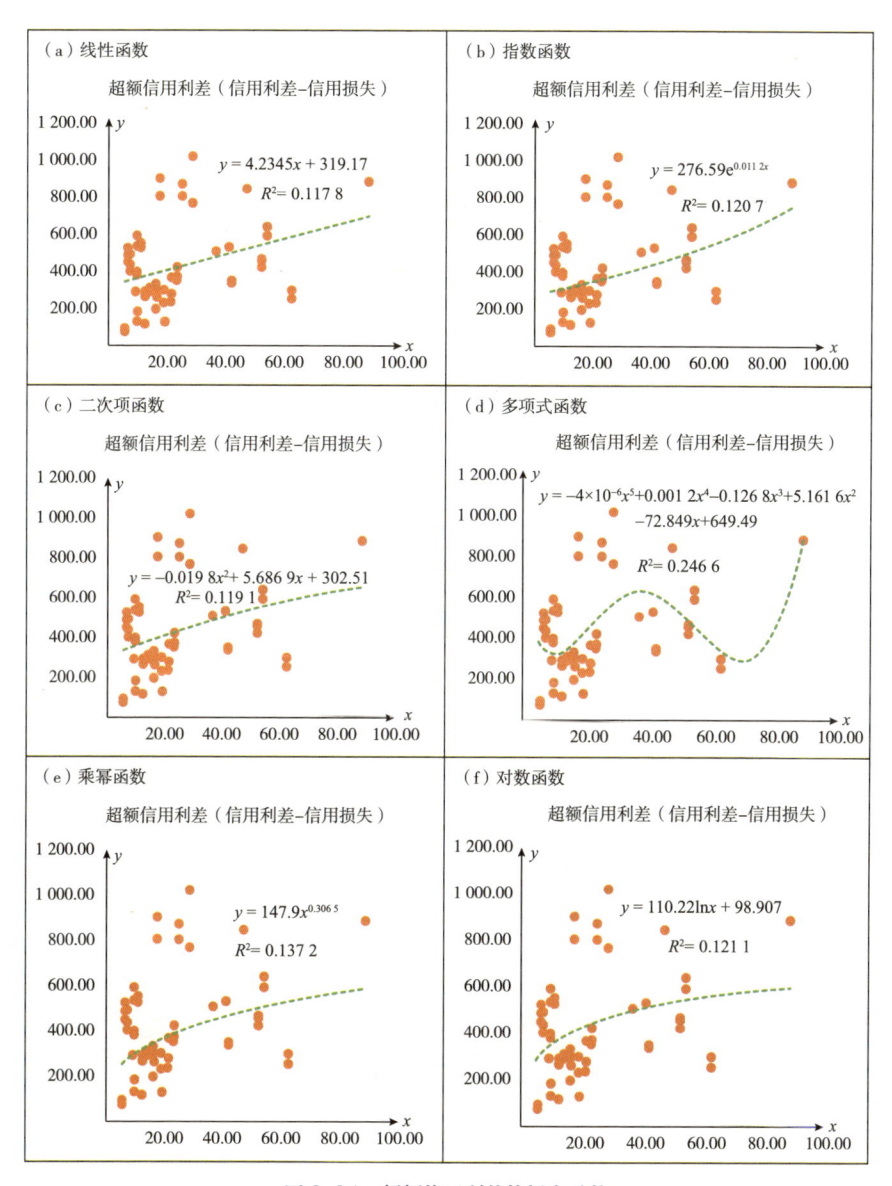

图 3-24 超额信用利差的拟合函数

资料来源:彭博。

对比上述六种拟合函数的结果,可以看出:(1)从残差效果(R^2)来看,拟合效果依次为多项式函数（0.246 6）、幂函数（0.137 2）、对数函数（0.121 1）、指数函数（0.120 7）、二次项函数（0.119 1）和线性函数（0.117 8），但多项式函数的曲线过度扭曲，幂函数及对数函数的曲线扭曲程度较好；（2）从残差效果（R^2）的值来看，它们普遍不高，这说明这里选择的样本属性其实有较大分散，无法通过有效的拟合来找出对应的函数关系。

后文会详细论述如何选择合理样本及如何对其进行拟合，下面仅以上述线性模拟函数继续对分层票据的定价进行举例。

3.4.3 分层票据实战案例

（1）分层票据定价举例

假设分层票据的底层信用债券源于上述样本空间，或者底层债券的属性和上述样本空间类似，那么理论上，可以采用上述样本空间模拟出来的函数可对分层票据的不同层级进行定价。

这里做一些假设：票据整体的违约率可等同于底层资产违约率，同时不同层级的票据具有不同的偿还顺序，优先级的回收率理论上高于劣后级。据此，我们得到如下结论：

票据夹层的回收率计算公式为：

Min［100%,（回收率－优先占比）/夹层占比］

票据优先的回收率计算公式为：

Min（100%，回收率/优先占比－1）

假设底层债券的回收率为60%，优先：劣后的比例为55%：45%，那么当底层债券违约时，底层债券回收的60%资产首先应该偿付70%的优先级，剩余价值再偿付30%的劣后级。据此，我们得到如下结论：

优先级的回收率为：

Min（100%，60%/55%）=100%

劣后级的回收率为：

Min［100%,（60%－55%）/45%）]=11.1%

在本例中，假设票据中的美元债的到期收益率为6.5%，并假设底层回收率为65%。本书分为5种不同情境下的夹层投资的理论收益，劣后投资比例始终为25%不变，那么当夹层占比为25%、30%、35%、40%和45%时，其对应优先的回收率都为100%。通过上述线性函数的模拟公式 $y=4.234\,5x+319.17$，计算得出优先的收益率为4.89%。

通过上述公式计算得出夹层的回收率分别为60%、66.67%、71.43%、75%、77.78%，再结合违约率［信用损失＝违约率×（1－回收率）］计算出信用损失分别为56、46.67、40、35、31.11bps（收益率基点），然后根据模拟公式 $y=4.234\,5x+319.17$ 计算出夹层收益率分别为7.37%、6.96%、6.66%、6.44%和6.27%。随着夹层投资占比的上升，夹层收益率出现下降，这主要是因为对于优先的风险补偿出现下降，因此回收率出现上升，信用损失出现下降。

最后，根据底层总收益、优先级收益和夹层收益，倒算出劣后级持有到期的收益，采用公式为：底层总收益（6.5%）＝优先级占比×优先级收益＋夹层占比×夹层收益＋劣后占比×劣后收益（见表3-14）。值得注意的是，计算出的劣后收益还需要扣除票据相关成本。

表3-14 票据的各层收益情况

不同情景	分类收益	收益率（%）	利差（bps）	违约率（%）	回收率（%）	信用损失（bps）
	底层美元债收益率	6.50	—	1.40	65.00	48.94
	无风险利率	1.70	—	—	—	—
优先：夹层：劣后为50%：25%：25%	优先级	4.89	319.17	1.40	100.00	—
	夹层级	7.37	566.88	1.40	60.00	56.00
	劣后级	8.85	—	—	—	—
优先：夹层：劣后为45%：30%：25%	优先级	4.89	319.17	1.40	100.00	—
	夹层级	6.96	525.6	1.40	66.67	46.67
	劣后级	8.85	—	—	—	—
优先：夹层：劣后为40%：35%：25%	优先级	4.89	319.17	1.40	100.00	—
	夹层级	6.66	496.11	1.40	71.43	40.00
	劣后级	8.85	—	—	—	—
优先：夹层：劣后为35%：40%：25%	优先级	4.89	319.17	1.40	100.00	—
	夹层级	6.44	473.99	1.40	75.00	35.00
	劣后级	8.85	—	—	—	—
优先：夹层：劣后为30%：45%：25%	优先级	4.89	319.17	1.40	100.00	—
	夹层级	6.27	456.79	1.40	77.78	31.11
	劣后级	8.85	—	—	—	—

资料来源：彭博。

上述模型也有一定缺点：在选择模拟样本时，样本的分散度较高；从残值效果来看，模拟函数的效果并不一定理想；等等。因此，这里根据实际市场投资经验列举两类实战案例进行讲解。

- 票据底层是单只美元债，本书以恒大地产美元债为例，因为恒大地产美元债具有完整的曲线。
- 分层票据底层是组合情况，主要以地产 BB 评级组合和 B 评级组合为例。

（2）底层为单只美元债的杠杆票据实战案例

选择市场现存的 11 只恒大地产美元债，到期时间为 2021—2025 年，每只地产美元债的违约率和回收率源于彭博的统计数据，根据违约率和回收率分别计算得到信用损失，信用利差采用彭博的 Z-spread，如表 3-15 所示。

表 3-15　恒大地产美元债列表

债券名称	违约率（%）	回收率（%）	信用损失	信用利差	流动性
EVERRE 8 3/4 06/28/25	9.75	57.4	414.86	1 431.83	49.00
EVERRE 7 1/2 06/28/23	7.41	57.4	315.37	1 589.21	42.00
EVERRE 9 1/2 03/29/24	8.80	57.4	374.64	1 552.33	44.00
EVERRE 10 1/2 04/11/24	8.80	57.4	374.64	1 569.43	44.00
EVERRE 10 04/11/23	7.41	57.4	315.37	1 577.84	45.00
EVERRE 12 01/22/24	8.80	57.4	374.64	1 589.05	51.00
EVERRE 8 1/4 03/23/22	5.33	57.4	226.95	1 479.82	41.00
EVERRE 11 1/2 01/22/23	7.41	57.4	315.37	1 560.91	40.00
EVERRE 9 1/2 04/11/22	5.33	57.4	226.95	1 525.74	38.00
EVERRE 6 1/4 06/28/21	2.46	57.4	104.52	996.22	36.00
EVERRE 8.9 05/24/21	2.46	57.4	104.52	1 438.94	37.00

资料来源：彭博。

首先，根据上述 11 只恒大地产美元债的美元债曲线，构造 11 个点（信用损失，信用利差），并利用前述信用定价模型进行模拟。例如，假设服从线性函数下的信用利差＝线性函数 F（违约率，回收率），得出信用利差＝$1.027\ 7x+1\ 188.8$，其中 x 是信用损失，信用损失＝违约率×（1-回收率），其他函数也通过模拟得到，如图 3-25、表 3-16 所示。

(a) 线性函数 信用利差与信用损失
$y = 1.027\,7x + 1\,188.8$
$R^2 = 0.416\,4$

(b) 指数函数 信用利差与信用损失
$y = 1\,171.6e^{0.000\,8x}$
$R^2 = 0.403\,9$

(c) 对数函数 信用利差与信用损失
$y = 248.74\ln x + 98.599$
$R^2 = 0.512\,3$

(d) 乘幂函数 信用利差与信用损失
$y = 503.24x^{0.192\,8}$
$R^2 = 0.496\,3$

(e) 二次方程函数 信用利差与信用损失
$y = -0.008\,6x^2 + 5.364\,5x + 745.79$
$R^2 = 0.639\,5$

(f) 多项式函数 信用利差与信用损失
$y = -3\times10^{-5}x^3 + 0.011\,2x^2 + 0.744\,2x + 1\,048.2$
$R^2 = 0.649\,6$

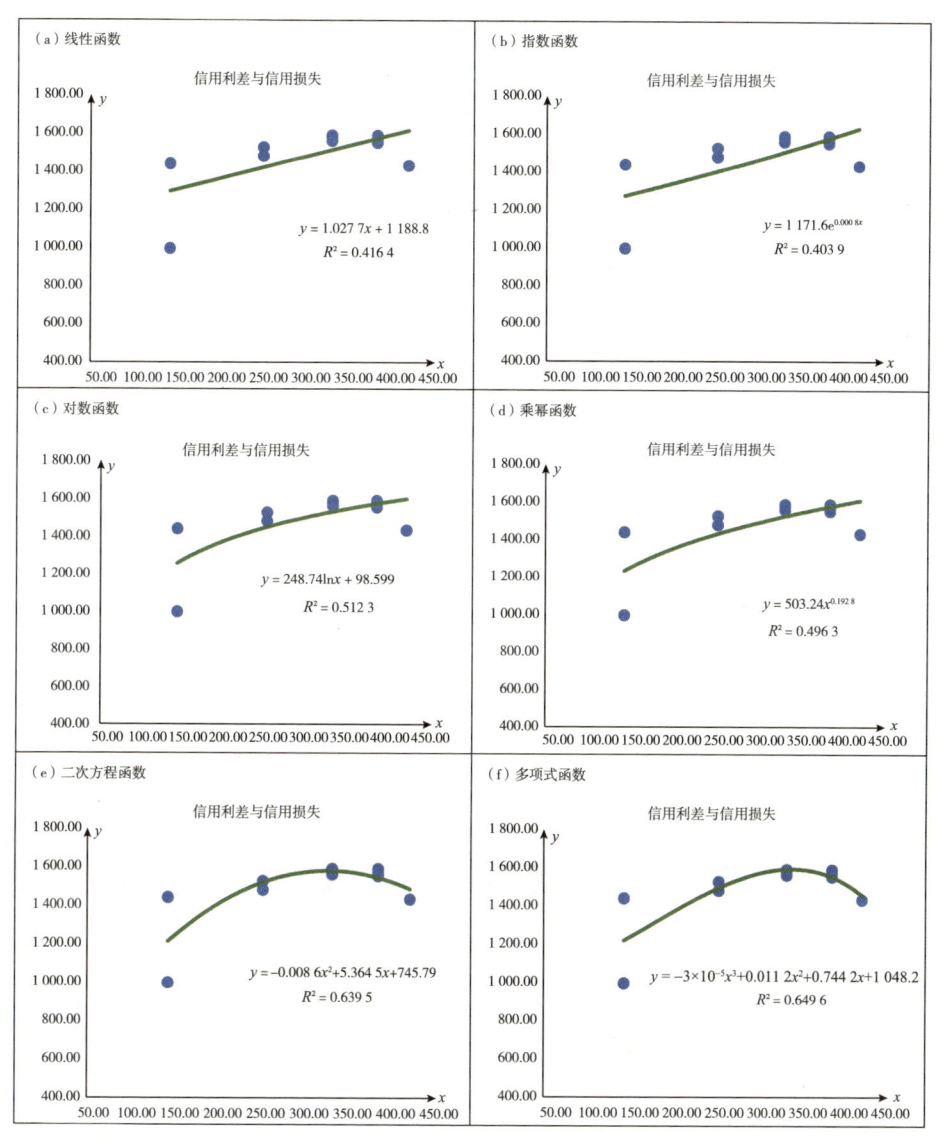

图 3-25　恒大地产美元债超额信用利差拟合函数

资料来源：彭博。

表 3-16　超额信用利差的拟合函数效果

函数类型	函数	残差平方和（R^2）	拟合效果
线性函数	$y = 1.027\,7x + 1\,188.8$	$R^2 = 0.416\,4$	效果较差
指数函数	$y = 1\,171.6e^{0.000\,8x}$	$R^2 = 0.403\,9$	效果差
对数函数	$y = 248.74\ln x + 98.599$	$R^2 = 0.512\,3$	效果较好
幂函数	$y = 503.24x^{0.192\,8}$	$R^2 = 0.496\,3$	效果中等
二次项函数	$y = -0.008\,6x^2 + 5.364\,5x + 745.79$	$R^2 = 0.639\,5$	效果很好
多项式函数	$y = -3 \times 10{-5}x^3 + 0.011\,2x^2 + 0.744\,2x + 1\,048.2$	$R^2 = 0.649\,6$	效果很好

从上述模拟实验来看，二次项函数的模拟效果很好。这有可能和中国恒大地产美元债长端的流动性非常好有关。恒大地产2025年到期美元债几乎成为市场上地产美元债B评级的基准，因此流动性溢价使得长端债券的信用利差更窄，二次项系数的平方因子（x^2）正好反映了这种流动性溢价。因此从残差值（R^2）的结果来看，二次项函数的拟合效果很好。

根据上述实验结果，如果分层票据是简单的优先和劣后票据，并假设底层持仓美元债是恒大某只债券，那么该债券对应的回收率和违约率分别为57.43%和1.22%，该债券对应的信用利差为1 438.94bps。根据上述模型，测算出在不同优先和劣后比例情况下的违约率和优先级回收率，然后根据$y = -0.008\,6x^2 + 5.364\,5x + 745.79$（其中$x$是信用损失，$y$是信用利差）算出不同情景假设下的优先级对应的收益率（见表3-17）。

表 3-17　不同优先劣后比情景对应的优先级利差及收益率

优先：劣后	违约率（%）	回收率（%）	信用损失	优先级利差	优先级收益率
90%∶10%	1.22	63.81	44.03	965.33	9.62
85%∶15%	1.22	67.56	39.46	944.10	9.40
80%∶20%	1.22	71.79	34.33	919.80	9.16
75%∶25%	1.22	76.57	28.50	891.71	8.88
70%∶30%	1.22	82.04	21.85	858.89	8.55
65%∶35%	1.22	88.35	14.17	820.08	8.16
60%∶40%	1.22	95.72	5.21	773.51	7.70
55%∶45%	1.22	100.00	—	745.79	7.42
50%∶50%	1.22	100.00	—	745.79	7.42
45%∶55%	1.22	100.00	—	745.79	7.42
40%∶60%	1.22	100.00	—	745.79	7.42

（3）底层为美元债组合的票据定价实战案例

上述案例是单只恒大地产美元债的分层票据定价案例，如果票据底层是一揽子美元债组合，那么该如何进行定价呢？

同样，我们还是把一揽子美元债的超额信用利差与信用损失进行计算拟合，采用如图 3-26、表 3-18 所示的六种不同拟合函数进行拟合。从拟合结果来看，二次项函数的拟合效果很好。

（a）指数函数：$y = 641.95e^{0.0024x}$，$R^2 = 0.5603$

（b）线性函数：$y = 2.0816x + 634.4$，$R^2 = 0.7363$

（c）对数函数：$y = 174.06\ln x + 103.18$，$R^2 = 0.6492$

（d）二次项函数：$y = -0.0028x^2 + 2.905x + 599.94$，$R^2 = 0.7487$

（e）乘幂函数：$y = 331.52x^{0.2127}$，$R^2 = 0.5485$

（f）多项式函数：$y = -2 \times 10^{-7}x^4 + 9 \times 10^{-5}x^3 - 0.016\,9x^2 + 3.538\,9x + 595.48$，$R^2 = 0.7528$

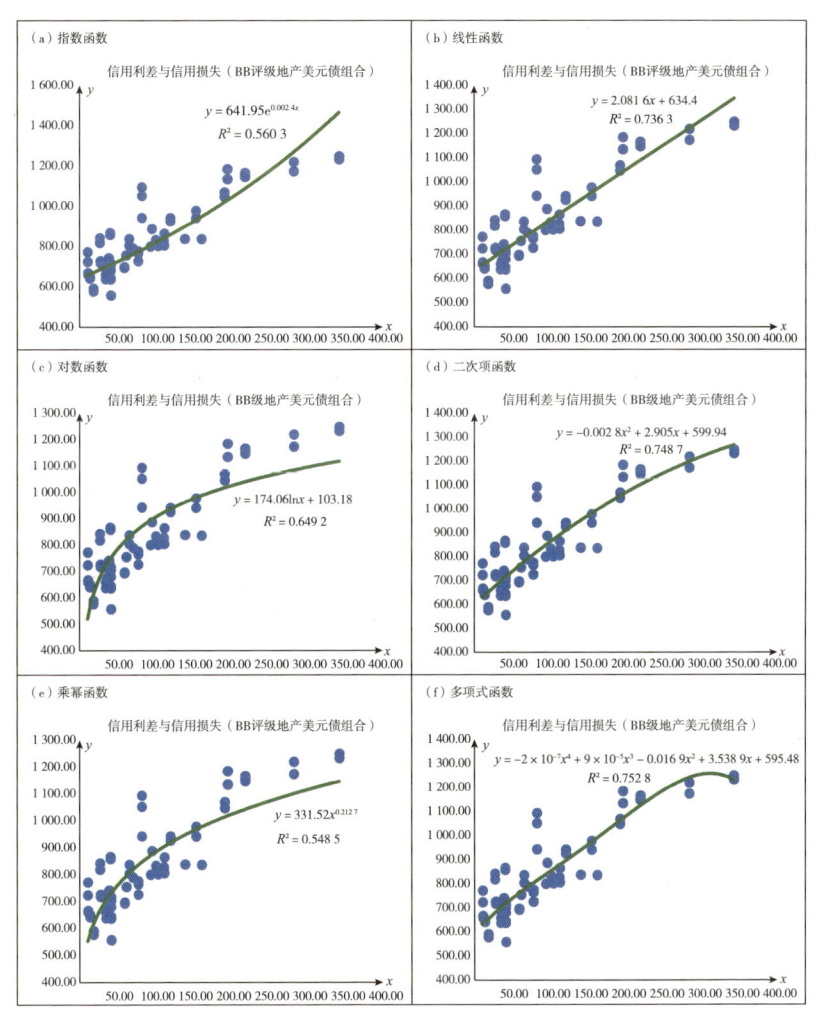

图 3-26　BB 级地产美元债组合的超额信用利差拟合函数

资料来源：彭博。

表 3-18　不同拟合函数的实际拟合效果

函数类型	函数	残差平方和（R^2）	拟合效果
指数函数	$y = 641.95e^{0.0024x}$	$R^2 = 0.5603$	效果差
线性函数	$y = 2.0816x + 634.4$	$R^2 = 0.7363$	效果好
对数函数	$y = 174.06\ln(x) + 103.18$	$R^2 = 0.6492$	效果中等
二次项函数	$y = -0.0028x^2 + 2.905x + 599.94$	$R^2 = 0.7487$	效果很好
乘幂函数	$y = 331.52x^{0.2127}$	$R^2 = 0.5485$	效果很差
多项式函数	$y = -2 \times 10^{-7}x^4 + 9 \times 10^{-5}x^3 - 0.0169x^2 + 3.5389x + 595.48$	$R^2 = 0.7528$	效果很好

从上述函数拟合效果来看，二次项函数的拟合效果很好，理由和上述单只美元债的案例类似。长端的美元债流动性往往较好，交易活跃，因此二次项函数模拟可以更好地体现流动性。根据二次项函数，测算出的票据底层的平均评级为 BB 级。在不同的优先和劣后的比率情景模拟下，对应的优先级收益率如表 3-19 所示。

表 3-19　地产美元债组合的不同情景模型下的优先级收益率

优先：劣后	违约率（%）	回收率（%）	信用损失	优先级收益率（%）
90%：10%	2.37	73	63.73	7.99
85%：15%	2.37	77	53.53	7.72
80%：20%	2.37	82	42.07	7.42
75%：25%	2.37	88	29.07	7.07
70%：30%	2.37	94	14.22	6.66
65%：35%	2.37	100	−2.92	6.16
60%：40%	2.37	100	−22.91	5.57
55%：45%	2.37	100	−43.09	4.95
50%：50%	2.37	100	−47.40	4.81
45%：55%	2.37	100	−52.67	4.64
40%：60%	2.37	100	−59.25	4.43

除了上述较为简单的 2~3 层的分层票据应用，还有多层票据，例如贷款抵押证券（Collateralized Loan Obligation，简称 CLO）。贷款抵押证券类似于以资产包为抵押的分层票据：从前到后偿付顺序下降，安全性下降，但收益上升（见图 3-27）。以中资美元债为资产包的贷款抵押证券相对较少，美国上市公司贷款打包后的再分层抵押证券却相对常见。对于贷款抵押证券各层定价，市场上有其他定价模型，而上述介绍的定价模型也可供原理参考。贷款抵押证券虽然内嵌中资美

元债较少，但它诞生较早，且比较受到欧美投资者喜好，近些年也逐步开始在亚洲流行，甚至逐步推广到中国投资者。

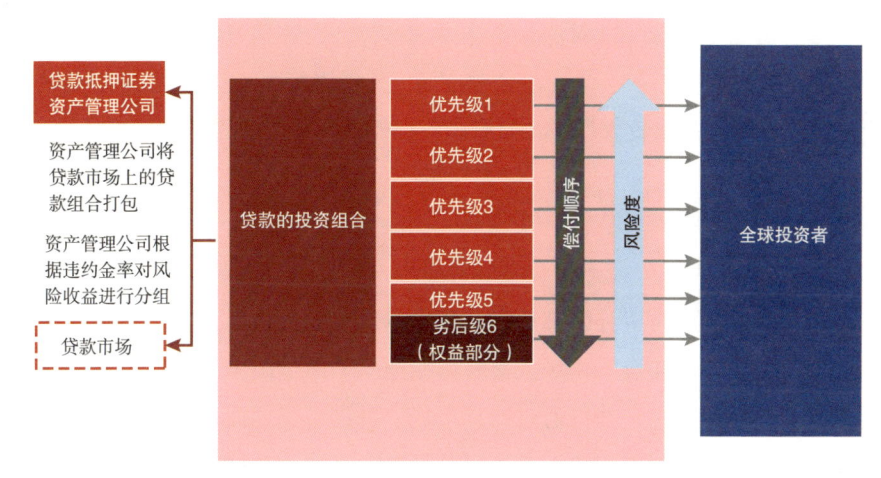

图 3-27 贷款抵押证券的示例图

3.4.4 信用联结票据及 GMRA 协议

除上述介绍的分层票据以外，常见的境外票据还有信用联结票据等。

信用联结票据是一般投行发行的票据，该票据挂钩其他类别资产（例如债券 CDS）。如果投行发行 5 年期票据，挂钩中国 5 年期国债主权 CDS，那么该票据收益 = 投行融资成本 + 5 年主权 CDS 保护费 – 相关成本。其中 CDS 信用事件可设定为破产、未能付款、债务重组、延期支付等。如果参考主体在票据存续期间没有发生信用事件，那么投资者在到期日收回发行金额；如果参考主体发生信用事件，那么票据将被提前终止和清算，清算金额按照 ISDA（国际互换及衍生品协会）的最终拍卖价格计算。

其他信用联结票据：除了普通的挂钩 CDS 的信用联结票据，还有首次违约信用联结票据、混合信用联结票据、票息保底和封顶票据。

开展境外衍生业务，需要投资机构与投行签订 ISDA 协议。ISDA 协议文件包括主协议、附件、信用支持附件、交易确认书以及各类产品定义。

另外一个比较常用的协议是 GMRA 协议。投资机构如果需要和投行签债券回购协议（正回购或者逆回购），则需要签订 GMRA 协议。该协议是国际资本市场协会（ICMA）在 1990 年提出的，主要是针对回购交易而设计的。

公司法人主体、私募或者公募基金、产品专户都可以签订 ISDA 或 GMRA 协议。在一般情况下，投行会对法人主体等进行评估，评估范围包括注册资本、产品规模和运行时间等。在中国香港金融市场，外资银行由于受到 2008 年金融危机的影响，协议签订条款较为严格，而对中资投行的资质要求则相对宽松。

3.5　美元货币市场及流动性传导链条

美元货币市场分为境外欧洲美元货币市场和美国境内美元货币市场，两个市场价格相对独立，但在资本市场上又有所相通。美国境内美元货币市场可直接获得美联储的美元流动性，并可通过回购市场、拆借市场、商票市场等来获得美元流动性。而在境外欧洲美元货币市场，获得美元流动性往往较难，只能通过央行货币互换协议、货币利率掉期、债券质押等方式来进行。一般来讲，除了 24 家一级交易商可以直接通过美联储联邦基金市场来获得美元之外，其他保险、基金、银行（非一级交易商的外资银行和中资大行）和券商等可以通过回购市场、拆借市场、掉期市场对一级交易商进行美元融资（见图 3-28）。下面我们分类介绍不同市场特征及流动性传导链条。

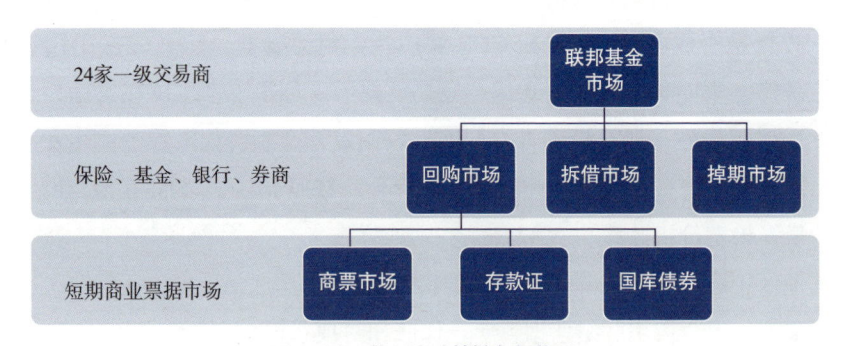

图 3-28　美元流动性链条架构图

资料来源：根据公开资料整理。

3.5.1 联邦基金市场

美联储在实施货币政策时选择了24家一级交易商（见表3-20），这24家一级交易商可以通过美联储的公开市场操作来获取美元流动性。这24家核心交易商不仅包括美国境内金融机构，还包括欧洲、加拿大、日本等大型金融机构。这24家一级交易商是美联储最直接的交易对手，可从美联储通过质押式回购来获得稳定便宜的美元资金，并且可以再放贷或者逆回购给其他市场金融机构。联邦基金市场可以说是最核心的美元货币市场，同时也是美元流动性传导链条上最上游的环节。

表3-20 美国24家一级交易商

序号	一级交易商名称
1	Amherst Pierpont
2	加拿大丰业银行纽约分行
3	蒙特利尔银行
4	法国巴黎证券
5	巴克莱资本
6	美国银行
7	Cantor Fitzqerald & Co.
8	花旗银行
9	瑞士信贷纽约分行
10	美国大和资本
11	德意志银行
12	高盛
13	美国汇丰银行
14	美国富瑞金融集团
15	摩根大通证券
16	美国瑞穗证券
17	摩根士丹利
18	苏格兰皇家银行集团投资银行部门
19	野村国际
20	加拿大皇家银行
21	法国兴业银行纽约分行
22	道明证券
23	瑞银证券
24	富国证券

资料来源：美联储官网。

3.5.2 回购市场

回购市场是除一级交易商的货币市场（联邦基金市场）以外最重要的美元流动性市场之一。很早以前，市场以 Libor 利率进行信用拆借，但在 2008 年金融危机之后，市场上很多信用拆借发生违约，因此，越来越多的机构要求以实用抵押物进行借款融资，同时监管机构也更加趋向于要求弱资质金融机构（比如基金公司）等采用抵押融资方式来管控风险。

回购市场是在 1933 年《格拉斯–斯蒂格尔法案》之后逐渐建立的，投资银行可以用它们的证券组合作为抵押品借入现金，然后再进行投资；大型公募基金等则把它当作最重要的调剂流动性余缺的方式。随着监管机构和金融机构越来越趋向于回购融资方式，这种融资方式现已成为美元融资市场最主流的方式。

回购市场的体量很大。据统计，美国的回购市场周转量占全球回购市场的一半以上，**每日交易量为** 7 000 亿 ~ 10 000 亿美元。和境内回购市场类似，无风险利率债永远是回购市场被质押的最流行品种。美国国债占整个回购市场的 54.3%，其他例如 MBS、CMOs、Equities、Corporate Bonds，Non-Agency ABS&MBS 合计占比不超过 50%。

回购市场包括美国境内美元和境外欧洲美元的回购市场，该市场参与者包括 24 家一级交易商、银行、工业企业、市政公司、工业企业、市政公司、共同基金、养老基金、对冲基金等。市场参与机构通过回购市场从一级交易商处获得美元流动性。但需要注意的是，24 家一级交易商对交易对手方的要求越来越严格，尤其对机构本身的资管能力、风险管理能力要求较高。基金公司或金融机构可通过与外资行签订 GMRA 协议，做回购以实现融资，当然也可以在适当时候通过逆回购来提高资金使用效率。

3.5.3 拆借市场

拆借市场是美元债流动性市场另外一种融资渠道，但拆借市场一般多发生在机构信誉良好的银行之间，因为这非常依赖于机构信用。目前 Libor 利率分为不同期限结构，3M Libor 利率水平往往作为市场流动性的一个风向标，且往往被金融机构用作金融利率定价的基准。

Libor-OIS Spread 利差，即 Libor 利率与隔夜指数掉期的利差（见图 3-29），其值越高代表无抵押拆借市场越紧张，往往也被作为金融危机的先兆。Libor 代表无抵押利率（信用利差），OIS 代表银行间利率（低风险），因此当市场金融机构的风险偏好下降、美元流动性变差时，无抵押拆解利率要求也越高，信用利差也将走阔。当该利率超过一定程度时，流动性传导链条就会断裂。

图 3-29 LIBOR-OIS Spread（2007—2020 年）

资料来源：彭博。

在一般情况下，该利率波动区间不会超过 50 个基点。2008 年金融危机期间，该值曾经达到约 364 个基点，远高于正常水平；2020 年 3 月全球美元流动性危机时，该利差也达到 138 个基点。金融危机之后，监管机构的很多政策文件要求金融机构必须进行抵押融资。这提高了回购市场的重要性（有抵押融资），降低了拆借市场（无抵押融资）的市场份额。

3.5.4 掉期市场

掉期市场是通过货币利率互换来实现融资的，例如很多日本银行通过近端卖出或买入日元、美元，远期再做相反交易买入或卖出日元、美元的方式来融资美元。该方式付出的成本是货币互换利差。掉期市场**成为离岸美元融资尤其是离岸的欧洲和亚太银行融资的一个非常重要的渠道。**

在美元流动性紧张时，比如 2020 年 3 月美元流动性危机时，日元对美元的掉期市场（JPY3M）曲线利差点大幅走阔至约 80 个基点；2008 年金融危机期间，掉期市场曲线利差大幅走阔至约 150 个基点，这也意味着很多市场机构通过卖出日元拆入美元的货币掉期市场来融入美元（见图 3-30）。

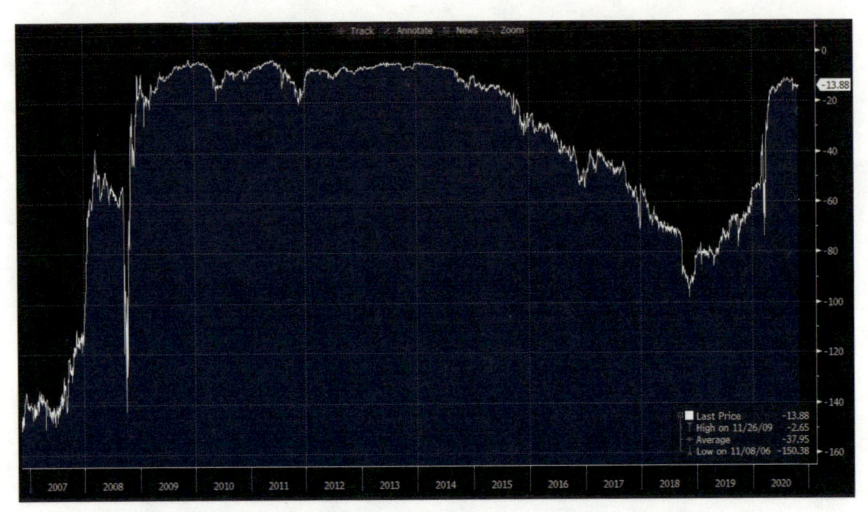

图 3-30　JPY/USD 3M 掉期点（利差越低，代表卖出日元买入美元需求越强劲）

资料来源：彭博。

3.5.5　其他融资手段

其他融资手段还包括商业票据（CP）、定期存单（CD）等。商业票据是非常短期化的私人货币市场工具，最长期限是 270 天，是货币基金购买的主力品种。因此当商业票据市场利率大幅抬升时，只能说明美元流动性变得非常紧张（货币基金被赎回）。2020 年 3 月美元流动性危机时，商业票据利率大幅飙升，美联储也启动紧急基金购买商业票据，以稳定商业票据市场利率水平。

实际上，美元从美国境内传导到境外的传导机制非常复杂，不同美元流动性市场也会存在结构性差异。以上对于货币市场的框架性描述，也是为了让读者建立起境外美元流动性的知识架构。

第4章 中资美元债三大国际评级

目前中资美元债的国际评级对于投资定价指引非常重要，不同评级对应不同的收益率或者信用利差，评级调整（升或者降）对中资美元债的二级市场价格有重大影响。国际评级的最大作用就是消除发行人与投资者的信息不对等的矛盾，让国际投资者也能通过评级来了解或者定价中资美元债。

一般国际评级在 BBB-（或者 Baa3）及以上的叫作投资级美元债，评级在 BBB-（或者 Baa3）以下的叫作高收益美元债（或者垃圾债）。一般投资级美元债采用信用利差进行一级市场发行定价和二级市场交易，而高收益美元债则采用收益率或者净价表达形式。由此可见，评级对于债券定价方式及市场的交易行为都会产生重大影响。中资企业在境外发行美元债普遍会获得国际评级，目前跨境发行美元债的中资企业，有七成的发行人会选择进行国际评级。

目前国际市场上的国际评级机构有十余家，但从市场地位来讲，主要有三大国际评级机构，分别是标准普尔、穆迪和惠誉。三大评级机构的方法论不尽相同，各自独立发展而成。经过市场竞争之后，根据 NRSROs（美国认可的统计评级机构）权威统计，三大评级机构占据国际评级的市场份额超过 90%，基本垄断全球评级机构的大部分生意。

4.1 国际评级市场发展及演变

4.1.1 国际评级的发展历史

表4-1展示了国际评级的发展历史。

萌芽期：国际评级最早产生于美国，评级机构给出的评级并非投资建议，只是针对参与评级的公司发表相关观点和价值评估建议。因此，早期的评级机构源于信息传播行业，在政府和市场需求的推动下，逐步过渡到金融服务业，并且在当前的债券投资行业发挥着举足轻重的作用。例如标准普尔是由普尔出版公司（Poor's Plublishing Company，1916年）和标准普尔公司（Standard Statictics Company，1922年）两家公司合并而来的。1913年，惠誉评级公司由约翰惠·誉（John K.Fitch）创办，初期也是一家出版公司。而美国的法律环境和司法体系也将评级定义为新闻媒体，新闻媒体的出版自由是受到法律保护的。

表4-1 国际评级的发展历史

时间	发展阶段	标志性事件
19世纪中叶及以前	萌芽期	以出版公司的形式存在，以普尔公司发布的《美国铁路周刊》为代表性事件
19世纪中叶—1930年	发展初期	发展初期，出版公司的评级报告逐步得到市场认可。大萧条之后，美国货币审计署确立了评级机构的市场作用，规定银行配置债券必须在投资级以上
1930—1970年	蓬勃发展	在市场需求和监管要求的背景下，评级机构开始蓬勃发展
1975年之后	高质量发展	1975年，美国证交会通过"无异议函"的方式将穆迪、标普和惠誉认定为第一批"全国认可的统计评级机构"，这使得评级机构进入了高质量发展阶段

发展初期：19世纪中叶，美国西部大开发，铁路产业开始大繁荣。铁路产业的发展需要融资，于是这些铁路产业开始涌入私募债券市场。当时市场的信息传播以及财务披露规则并不如现在完善，因此投资者对于铁路公司的信息并不能完全掌握，这其中存在大量的信息不对称，也催生当时的穆迪公司发布了第一份铁路债券评级报告。该报告对铁路公司的资产质量、负债分布、杠杆情况、管理层运营等信息进行点评，获得了铁路私募债投资者的广泛好评。在发展初期，评级机构的收费方式来源于订阅费用，并且主要以出版物的方式进行评价，该发展阶

段并未有任何监管机构对这个行业进行监管或者约束。

1929—1933年，美国经济大萧条导致很多企业破产，大量企业的信息披露不充分和财务造假行为使得投资者亏损严重。但投资者发现被评级机构给予投资级的发行人的债券违约很少，例如希克曼（Hickman，1958年）对美国公司债券的研究结果发现，1932年之前发行的美元债的违约率有23%，但被评级机构定义为投资级债券的违约情况几乎很少出现，这促使投资者和市场监管者都普遍认同了评级机构的评级价值。

蓬勃发展：1931年，美国货币审计署明确指出：在银行资产的记账方式中，如果有至少一家评级机构的公开评级在投资级及以上，则可以按照账面价值入账，否则必须减值记账。而减值记账部分的50%会冲减银行资本，这显然不利于保持银行资本的平稳。1936年，货币审计署进一步收紧银行投资公开债券的规定，银行只能投资有至少两家国际评级机构评定的投资级债券，禁止银行投资高收益债券。这标志着官方对评级行业价值的认可，也促进了评级行业的蓬勃发展。

进入20世纪70年代，在石油危机和债务危机的双重作用下，美国爆发了自大萧条以来最严重的经济衰退，国内高通胀和高利率导致债券市场的再融资和违约风险爆发。这一轮危机中暴露了一个新的特点，即一些拥有较高评级的公司债券仍然发生了违约，例如1970年的美国宾州中央铁路（Penn Central Railroad）的长期和短期债务同时发生了违约。虽然这家铁路公司在过去的11年都没有缴纳所得税，并于1967年、1968年这两年中利息保障倍数不到2倍，但当时评级机构给予宾州中央铁路公司发行的商业票据是最高评级。因此，这次违约事件也暴露出评级机构给的评级并不完全准确，不同评级机构的评级具有差异性。这也推动了投资者和监管机构清醒地认识到，必须更好地了解和监管债务发行中所包含的风险水平。

高质量发展：1975年，美国证交会通过"无异议函"的方式将穆迪、标普和惠誉认定为第一批"全国认可的统计评级机构"，评级机构进入高质量发展阶段。市场可根据这些评级机构给定的评级来确定净资本（Net Capital）。监管机构对于评级资质的认定大大提高了三大国际评级机构的市场认可度，也增强了国际评级机构的话语权。与此同时，随着评级机构话语权的扩大，评级机构开始由买方（订阅者）收费模式转向了发行人（卖方）收费模式，评级行业自此逐步从信息传播行业转向了金融服务业。

4.1.2 国际评级的市场份额

从 1975 年 NRSRO 首批认证三家国际评级机构之后，到目前为止，NRSRO 认证的评级机构总共超过 10 家，包括标普、穆迪、惠誉、加拿大多美年、伊根琼斯、克罗尔、贝氏、日本信用评级研究所、晨星、墨西哥 HR 评级。

首批认证的标普、穆迪和惠誉三大国际评级机构的市场份额占比已逐步提升到 90% 以上，例如 NRSRO2018 年的年报显示，截至 2018 年年底，三大评级的市场份额达到 93.5%，而且近年来一直保持着约 94% 的市场份额。可见，当前国际评级市场处于"三分天下"的格局。

表 4-2 国际评级机构的市场份额分布

评级机构	NRSRO 收入信息：本财政年度 NRSRO 总收入占比			
	2015 年	2016 年	2017 年	2018 年
标普、穆迪和惠誉	93.7%	94.4%	94.1%	93.5%
其他 NRSRO	6.3%	5.6%	5.9%	6.5%
合计	100.0%	100.0%	100.0%	100.0%

资料来源：NRSRO 2018 年年报。

从细分领域来看，标普、穆迪和惠誉三家评级机构的市场份额占比分别为 49.5%、32.3% 和 13.5%，其中穆迪和标普基本占据市场龙头，惠誉排名第三。在剩余的市场份额中，除加拿大多美年占比达到 2.4%，其余评级机构的市场份额小于 1%。从评级机构的雇用人数来看，穆迪、标普和惠誉的雇用人数也是最多的。评级机构不同品种的市场份额如表 4-3 所示，NRSRO 的人员构成如表 4-4 所示。

表 4-3 评级机构不同品种的市场份额

评级机构	NRSROs 评级公司各品种市场占比（截至 2018 年年底）					
	金融机构	保险公司	公司	资产支持证券	政府证券	总占比
标普	37.2%	31.7%	46.0%	24.5%	53.4%	49.5%
穆迪	23.5%	11.9%	25.1%	33.3%	33.8%	32.3%
惠誉	23.3%	15.8%	16.5%	21.9%	11.6%	13.5%
加拿大多美年	7.8%	0.8%	2.4%	10.7%	1.2%	2.4%
伊根琼斯	6.6%	4.4%	6.5%	N/R	N/R	0.9%
克罗尔	0.6%	0.3%	0.0%	7.5%	0.0%	0.6%
贝氏	N/R	34.8%	0.9%	0.0%	N/R	0.4%
日本信用评级研究所	0.6%	0.3%	2.2%	N/R	0.0%	0.2%

续表

评级机构	NRSROs 评级公司各品种市场占比（截至 2018 年年底）					
	金融机构	保险公司	公司	资产支持证券	政府证券	总占比
晨星	0.0%	N/R	0.1%	2.1%	N/R	0.2%
墨西哥 HR 评级	0.4%	N/R	0.2%	N/R	0.0%	0.1%

注：N/R 表示 NRSRO 在报告日期未在适用评级类别中注册。
资料来源：NRSRO 2018 年年报。

表 4-4　NRSRO 的人员构成

评级机构	信贷分析师	高级信贷分析师
穆迪	1 714	242
标普	1 557	128
惠誉	1 269	302
加拿大多美年	314	66
克罗尔	156	33
贝氏	147	52
晨星	82	12
日本信用评级研究所	64	34
墨西哥 HR 评级	45	7
伊根琼斯	17	9
合计	5 365	885

资料来源：NRSRO 2018 年年报。

如果排除政府类评级品种，在非政府类证券品种中，各评级机构占比最大的还是标普、穆迪和惠誉三大国际评级机构（见图 4-1）。

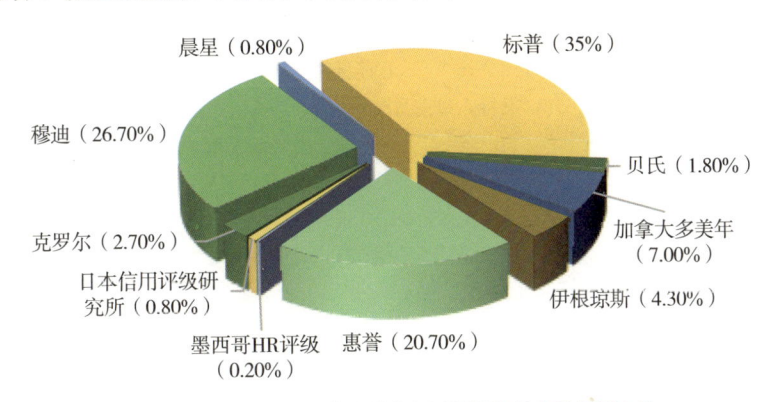

图 4-1　非政府类证券品种中各评级机构的市场份额占比

资料来源：NRSRO 2018 年年报。

4.2 标普评级模型方法论

4.2.1 标普评级刻度含义

1860年，投资者希望了解到美国基建公司（例如美国铁路公司）更多的基本面信息。亨利·普尔先生顺应市场需求提供相关数据研究，并出版《铁路历史》和《美国运河》。标普公司后续还提供了金融、市政债券等相关评级信息。由于起步较早，标普公司提前占领了市场。

标普公司的评级符号分为长期和短期，从高到低代表不同的偿债能力和信用风险。如表4-5所示，标普公司的长期评级从最高AAA级别到最低D级别，其中AAA代表了最高评级，偿债能力极强，D代表最低评级，中间从高到低分别有AA、A、BBB、BB、B、CCC、CC和SD。这些不同评级符号后面还可以通过+/- 来区分同一大级别下的小区别。

表4-5 标普公司的长期评级

标普长期	评定含义
AAA级别	最高评级，偿债能力极强
AA级别（AA+、AA、AA-）	偿债能力很强，和AAA差别不大
A级别（A+、A、A-）	偿债能力较强，但偿债能力容易受到外部经济环境的不利因素的影响
BBB级别（BBB+、BBB、BBB-）	目前有足够的偿债能力，但在恶劣的经济条件或者外部环境下，偿债能力极有可能下降
BB级别（BB+、BB、BB-）	违约可能性不大，但在持续的重大不稳定情况或者恶劣的商业经济条件下，可能导致发行人没有能力偿还债务
B级别（B+、B、B-）	发行人目前具有偿债能力，但恶劣的商业、金融或者经济情况会削弱发行人的偿债能力或者意愿
CCC级别（CCC+、CCC、CCC-）	目前有可能违约，发行人需要依靠良好的商业、金融或者经济条件才有能力偿还债务
CC级别（CC）	目前违约概率极高。由于财务状况恶劣，目前可能正在受到监管，资产可能被抵押
SD/D级别	当前债务无法偿还。当发行人有选择地违约时，标普公司会给予SD评级（选择性违约）

如表4-6所示，标普公司的短期评级从高到低分别有A-1、A-2、A-3、B、

C、SD/D 几个级别，不同级别也代表了不同的偿债能力。

表 4-6 标普公司的短期评级

标普短期	评定含义
A-1	短期偿债能力较强，如果是 A-1+，表明发行人偿债能力极强
A-2	短期偿债能力较强，但容易受到外在环境或者经济状况变动的不利影响
A-3	当前具有较强的偿债能力，但受到经济条件恶化或者外在因素变化的影响，其偿债能力可能较为脆弱
B	偿债能力较弱，但持续的重大不稳定因素可能导致发行人无法偿还债务
C	目前可能违约，需要依赖良好的商业、金融或者经济条件才有能力偿还债务
SD/D	当前无法偿还债务。当发行人有选择地违约时，标普公司会给予 SD 评级（选择性违约）

4.2.2 标普的企业类评级方法论

标普公司具有总的评级方法论，制定了适用于所有主体和债项评级的方法总论，其中有专门针对企业类、金融、保险、基建、政府和结构化产品的评级方法。**目前，中资美元债采用的评级方法论大多数是企业类，该方法也是标普公司主要评级方法论。**标普采用自下而上的方法，该方法从国家风险、行业风险、竞争地位和财务风险等角度得出独立信用基本评定，之后考虑集团或者政府影响，得到发行人评定（见图 4-2）。

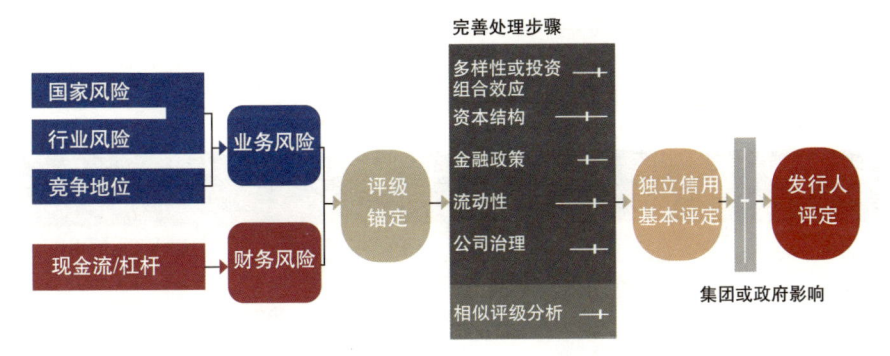

图 4-2 标普企业类评级方法论的步骤

标普的企业类详细评级步骤如下：

第一步：得出初步评级锚定。标普根据国家风险-行业风险矩阵得到 CICRA

（企业产业和国家风险评估），再根据CICRA-竞争性矩阵得到业务风险评定，再根据业务风险评定-财务风险矩阵得到最终的评级锚定（见表4-7～表4-13）。

表4-7 CICRA评估表

行业风险评估	国家风险评估					
	极低风险	低风险	中度风险	中高风险	高度风险	极高风险
极低风险	1	1	1	2	4	5
低风险	2	2	2	3	4	5
中度风险	3	3	3	3	4	6
中高风险	4	4	4	4	5	6
高度风险	5	5	5	5	5	6
极高风险	6	6	6	6	6	6

表4-8 业务风险概况评估

竞争地位评估	CICRA评估结果（来自表4-7评估结果）					
	1	2	3	4	5	6
很强	1	1	1	2	3	5
强	1	2	2	3	4	5
较强	2	3	3	3	4	6
尚可	3	4	4	4	5	6
弱	4	5	5	5	5	6
很弱	5	6	6	6	6	6

表4-9 评级锚定

业务风险评定（由表4-8得出）	财务风险					
	最小	较小	中等	较大	激进	高杠杆
很强	AAA/AA+	AA	A+/A	A-	BBB	BBB-/BB+
强	AA/AA-	A+/A	A-/BBB+	BBB	BB+	BB
较强	A/A-	BBB+	BBB/BBB-	BBB-/BB+	BB	B+
尚可	BBB/BBB-	BBB-	BB+	BB	BB-	B
弱	BB+	BB+	BB	BB-	B+	B/B-
很弱	BB-	BB-	BB-/B+	B+	B	B-

表 4-10　加权国家风险

国家	权重或业务占比（%）	国家风险	加权平均国家风险
国家 A	45	1	0.45
国家 B	20	2	0.4
国家 C	15	1	0.15
国家 D	10	4	0.4
国家 E	10	2	0.2
加权平均国家风险评估（四舍五入取整）	—	—	2

表 4-11　竞争地位的组成和子因素

构成	解释	子因素
竞争优势	公司产品或服务的战略定位和对客户的吸引力，以及商业模式的脆弱性或可持续性	■ 战略 ■ 差异化、独特性、产品定位、捆绑 ■ 品牌声誉和市场营销 ■ 产品或服务质量 ■ 进入壁垒和客户转换成本 ■ 技术优势和能力/推动技术迭代 ■ 资产基础特征
规模、范围和多样性	经营活动的集中或多样化	■ 产品或服务的多样性 ■ 地理多样性 ■ 数量、市场规模和收入，以及市场份额 ■ 产品或服务的成熟度
经营效率	公司资产基础的质量和可操作性、成本管理和结构	■ 成本结构 ■ 制造流程 ■ 营运资金管理 ■ 技术
赢利能力	公司收入和利润水平，包括毛利润、净利润等，是公司可持续发展的重要指标	■ 赢利水平［历史和预期资本收益率、EBITDA（利息折旧及摊销前利润）利润率或行业相关指标］ ■ 赢利能力的波动性

表 4-12　国家行业风险因素

行业风险分类	具体评估方法
积极的国家行业风险因素	■ 获得政府政策（包括监管松紧度和税收政策）的支持，并且在稳定行业利润方面有着良好的支持 ■ 政府政策支持该行业的收入和利润保持较好的增长前景 ■ 对可能威胁企业稳定的负面政策或税收变化没有明显的风险

续表

行业风险分类	具体评估方法
消极的国家行业风险因素	■ 在稳定利润和降低行业风险方面，政府的政策和监管偏负面 ■ 任何政府的关税和税收政策趋于破坏收入和利润的增长前景 ■ 负面政策、所有权和税收变化的风险越来越大，可能破坏行业稳定

表 4-13　现金流与杠杆比率——标准波动性

等级	核心比率		补充覆盖比率		补充偿债比率		
	FFO/债务（%）	债务/EBITDA（倍）	FFO/现金利息（倍）	EBITDA/利息（倍）	CFO/债务（%）	FOCF/债务（%）	DCF/债务（%）
很低	60+	<1.5	>13	>15	>50	>40	>25
较低	45~60	1.5~2	9~13	10~15	35~50	25~40	15~25
中等	30~45	2~3	6~9	6~10	25~35	15~25	10~15
较高	20~30	3~4	4~6	3~6	15~25	10~15	5~10
很高	12~20	4~5	2~4	2~3	10~15	5~10	2~5
高杠杆	<12	>5	<2	<2	<10	<5	<2

第二步：调整得出独立信用基本评定。在评级锚定的基础上进行微调得到初步的独立信用基本评定。微调的几个方面包括分散性、资本结构、财务政策、流动性、管理层决策能力等（见表 4-14~表 4-18，图 4-3）。

表 4-14　业务风险评估

分散性	业务风险评估					
	1（极强）	2（强）	3（较强）	4（中等）	5（较弱）	6（弱）
显著多样化	+2 级	+2 级	+2 级	+1 级	+1 级	0 级
适度多样化	+1 级	+1 级	+1 级	+1 级	0 级	0 级
中性	0 级	0 级	0 级	0 级	0 级	0 级

表 4-15　资本结构评估

资本结构	锚定范围			
	A- 及更高	BBB+~BBB-	BB+~BB-	B+ 及更低
非常正面	2 级	2 级	2 级	2 级
正面	1 级	1 级	1 级	1 级
中性	0 级	0 级	0 级	0 级

续表

资本结构	锚定范围			
	A- 及更高	BBB+~BBB-	BB+~BB-	B+ 及更低
负面	-1 级	-1 级	-1 级	-1 级
非常负面	-2 或更多级	-2 或更多级	-2 或更多级	-2 级

表4-16　财务政策微调评估

财务政策	锚定范围			
	A- 及更高	BBB+~BBB-	BB+~BB-	B+ 及更低
积极	+1 级	+1 级	+1 级	+1 级
中性	0 级	0 级	0 级	0 级
负面	-1 ~ -2 级	-1 ~ -3 级	-1 ~ -3 级	-1 级

表4-17　流动性微调评估

流动性	锚定范围			
	A- 及更高	BBB+~BBB-	BB+~BB-	B+ 及更低
极优秀	0 级	0 级	0 级	+1 级
强	0 级	0 级	0 级	+1 级
充足	0 级	0 级	0 级	0 级
不足	0 级	0 级	-1 级	0 级
弱	0 级	0 级	0 级	0 级

表4-18　管理层决策能力微调评估

管理层决策能力	锚定范围			
	A- 及更高	BBB+~BBB-	BB+~BB-	B+ 及更低
强	0 级	0 级	0 级、+1 级	0 级、+1 级
较强	0 级	0 级	0 级	0 级
中等	-1 级	0 级	0 级	0 级
弱	-2 级或更多级	-2 级或更多级	-1 级或更多级	-1 级或更多级

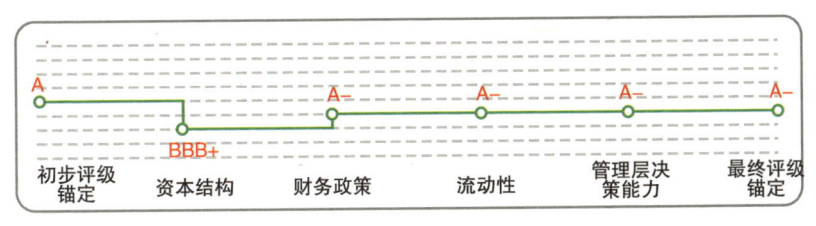

图4-3　锚定流程图

第三步：得出主体评级。以 SACP 为基础，并且结合外部因素（包括集团或者政府因素）分为提升/下降评级因素，得出发行人的主体评级。在标普的分析方法论中，**发行人自身的偿付能力不受到所在国家或者区域的信用风险影响，因此发行人的评级可以突破国家或区域的主权评级。**

第四步：得出债项评级。一般高级无抵押的债项评级与主体评级一致，但一些不同等级债项的偿付顺序可能优于高级无抵押债项或者低于高级无抵押债项，例如 AT1、银行次级债这些债项评级一般都低于主体评级。一些有资产抵押（或者更强信用主体担保）的债项评级可能高于主体评级，例如一些银行备用信用证担保的债项评级。

对于一些政府关联性非常高的主体评级，标普也可以采用自上而下的评定方式，这类评定方式适用于政府对其造成重大影响（正面或者负面影响）的主体：从主体评级出发，考虑政府的支持或者负面影响，进行上调或者下调评级。

标普采用两个二维矩阵来决定两个关键步骤：（1）政府与企业的关联度，主要采用政府与企业的重要性-关联性二维矩阵进行评定，角色分为极其重要、非常重要、重要和较为重要等；政府与企业关联性分为必不可少、极强联系、较强、弱等二维矩阵，并对其进行打分，得出政府与企业的联系松紧度。（2）再通过主体评级与政府评级的二维矩阵，得出在不同政府评级、不同的关联程度下，企业的评级。

4.3 穆迪评级模型方法论

4.3.1 穆迪评级刻度含义

穆迪公司的评级符号分为长期和短期，从高到低代表不同的偿债能力和信用风险。如表 4-19 所示，穆迪公司的长期评级从最高 Aaa 级别到最低 C 级别，其中 Aaa 代表了最高评级，偿债能力极强，C 代表最低评级，中间从高到低分别还有 Aa、A、Baa、Ba、B、Caa、Ca 和 C。这些不同评级符号后面还通过 1、2 和 3 来区分同一大级别下的小区别。如表 4-20 所示，穆迪公司的短期评级分为 P-1、P-2、P-3 及 Not Prime（NP）。

表 4-19　穆迪长期评级及相关含义

穆迪长期	评定含义
Aaa 级别	信用风险质量最高，信用风险最低，发行地位稳固，利息支付有保障，本金安全
Aa 级别（Aa1、Aa2、Aa3）	信用质量很高，较低信用风险，本金和利息安全。利润保障不如 Aaa，还本付息保证的波动性高于 Aaa 级债券
A 级别（A1、A2、A3）	信用质量高，本息安全，但未来的不确定因素可能影响还本付息的能力
Baa 级别（Baa1、Baa2、Baa3）	信用质量一般。本息现在有保障，但在较长一段时间内具有不确定性
Ba 级别（Ba1、Ba2、Ba3）	信用质量较为普通，不能保证将来的还本付息情况，一旦宏观经济环境发生变化，具有不稳定的特征
B 级别（B1、B2、B3）	还本付息的风险较高，长期保持本息安全性较低
Caa 级别（Caa1、Caa2、Caa3）	有可能违约，现在或者将来都可能出现违约的概率很大
Ca 级别（Ca）	高度投机级，经常违约，具有明显的不能还本付息的缺点
C 级别（C）	最低等级，还本付息前途渺茫

表 4-20　穆迪的短期评级及相关含义

穆迪短期	评定含义
Prime-1（P-1）	短期偿还债务能力最强
Prime-2（P-2）	短期偿还债务能力较强
Prime-3（P-3）	短期偿还债务能力还行
Not Prime（NP）	不评级

4.3.2　穆迪打分卡评级方法论

穆迪针对部门和行业进行细致分类，并根据不同细分行业制定行业分类方法论，采用不同行业的定制打分卡，增强行业内的标的评级可比性。根据行业特征，穆迪制定了具有针对性的评定指标，并且制定不同的打分卡，得出评级基准信用评估。所以，穆迪评级最关键的是确定对行业影响最重要的因素以及针对这些重要的因素赋予不同的分数或者权重。

以穆迪的子行业"住宅建筑与房地产开发业"为例，穆迪的评级步骤如下：

第一步：确定影响住宅建筑与房地产行业的重要因素。

- 规模。
- 业务状况。
- 赢利能力与效率。
- 杠杆率与覆盖率。
- 财务政策。

第二步：确定打分卡因素。不同国家和地区具有不同的打分卡因素。对于杠杆率子因素，高增长市场和标准市场公司采用了不同的指标。例如，随着城镇化推进，经济持续高增长支持房地产销售长期高增长，收入/债务比率能够更有效地反映中国房地产市场的风险因素（见表4-21）。

表4-21 打分卡因素及对应权重

主因素	权重	子因素	权重
规模	15%	收入（亿美元）	15%
业务状况	25%	业务状况	25%
赢利能力与效率	10%	成本结构（减值前毛利润率）	10%
杠杆率与覆盖率	30%	■ EBIT/利息覆盖率	15%
		■ 杠杆率 ■ 收入/债务比率（高增长市场） ■ 住宅建筑与房地产开发总债务/总资本比率（标准市场）	15%
财务政策	20%	财务政策	20%

第三步：将打分卡因素与评级等级相对应（见表4-22）。

表4-22 打分卡因素及相关评定对应表

因素		子因素收入（亿美元）							
		Aaa	Aa	A	Baa	Ba	B	Caa	Ca
规模		≥500	300~500	150~300	50~150	15~50	5~15	2~5	<2
业务状况	业务状况	几乎不存在业绩波动。具有极为稳定和领先的市场地位，有极为有效的成本管理，土地政策和优秀的执行记录，全国范围内业务分布极为均衡	业绩波动极低。具有极强大的市场地位及成本控制能力，土地政策卫其地位，土地政策审慎，执行记录有力。全国范围内业务分布均衡	业绩波动较低。具有强大的市场地位及明显的竞争优势的多元稳定化特征。土地政策稳健，执行记录稳定。在全国范围内开展业务	中度的业绩波动。具有稳定的市场地位和至少一项明确的竞争优势。良好的多样化程度为突如其来或意外的需求变化带来缓冲保护。土地策略稳中之间取得平衡。执行记录基本符合预期	业绩有时出现波动的情况。在多个核心市场具有稳固地位及多样化业务特征，降低了业务波动性。土地政策激进，执行记录中等	业绩高度波动。市场地位可能会迅速下降。存在集中度风险。土地策略激进，执行记录不一致	业绩极为波动。易受市场新趋势影响，集中度风险较高。土地策略极为激进，执行记录持续不达标	业绩极为波动。极易受市场新趋势影响，集中度风险极高。土地策略在涉及规模很大的债务融资购地活动，执行记录差
赢利能力与效率	成本结构（减值前毛利润率）	≥65%	50%~65%	36%~50%	28%~36%	21%~28%	14%~21%	7%~14%	<7%

续表

因素		子因素收入（亿美元）							
		Aaa	Aa	A	Baa	Ba	B	Caa	Ca
杠杆率与覆盖率	EBIT/利息覆盖率	≥20倍	15~20倍	10~15倍	6~10倍	3~6倍	1~3倍	0~1倍	<0倍
	杠杆率								
	收入/债务比率（高增长市场）	≥250%	195%~250%	145%~195%	115%~145%	85%~115%	65%~85%	45%~65%	<45%
	住宅建筑业务/总资本比率（标准市场）	<20%	20%~25%	25%~30%	30%~40%	40%~50%	50%~65%	65%~80%	≥80%
财务政策	财务政策	财务政策极为保守，财务指标极稳定，长期公开致力于保持很高的信用质量	极稳定和保守的财务政策，财务指标稳定，造成评级改变的事件风险极小，长期公开致力于保持很高的信用质量	财务政策预期能保护债权人利益。存在一定的事件风险，但对杠杆率的影响可能较小且短暂，努力保持稳定的信用质量	财务政策可平衡债权人和股东利益，存在举债收购或股东分红可能导致信用质量下降的风险	财务政策倾向有利于股东而非债权人；因股东分红、收购或其他重大资本结构变化而产生的财务风险高于平均水平	财务政策任往有利于股东而非债权人；因股东分红、收购或其他重大资本结构变化而产生的财务风险较高	财务政策会导致各种经济环境下债务重组的风险上升	财务政策会导致债务重组风险上升，即使在良好的经济环境下也会出现同样情况

140

王龙的美元债投资课

根据表 4-22，我们将评级刻度转换为相应的数值（见表 4-23）。

表 4-23　穆迪评级与分数转换表

Aaa	Aa	A	Baa	Ba	B	Caa	Ca
1	3	6	9	12	15	18	20

第四步：得到评级基准信用评估。根据不同主因素和子因素的加权平均得到加权因素分数总计（见表 4-24 中的 x），并最终确定评级基准信用评估。

表 4-24　评级基准信用评估

打分卡指示的评级	加权因素分数总计
Aaa	$x < 1.5$
Aa1	$1.5 \leq x < 2.5$
Aa2	$2.5 \leq x < 3.5$
Aa3	$3.5 \leq x < 4.5$
A1	$4.5 \leq x < 5.5$
A2	$5.5 \leq x < 6.5$
A3	$6.5 \leq x < 7.5$
Baa1	$7.5 \leq x < 8.5$
Baa2	$8.5 \leq x < 9.5$
Baa3	$9.5 \leq x < 10.5$
Ba1	$10.5 \leq x < 11.5$
Ba2	$11.5 \leq x < 12.5$
Ba3	$12.5 \leq x < 13.5$
B1	$13.5 \leq x < 14.5$
B2	$14.5 \leq x < 15.5$
B3	$15.5 \leq x < 16.5$
Caa1	$16.5 \leq x < 17.5$
Caa2	$17.5 \leq x < 18.5$
Caa3	$18.5 \leq x < 19.5$
Ca	$x \geq 19.5$

针对政府与企业关联性较大的企业的评级方法，穆迪采用关联违约评级框架。和标普类似，确定政府与企业关联性的强弱，主要通过支持度和重要性两个维度来进行打分，最后根据打分结果，再对评级基准信用评估进行调节。例如政府对企业的支持力度很大，那么最终评级结果在评级基准信用评估的基础上往上调整。

4.4 惠誉评级模型方法论

4.4.1 惠誉评级刻度含义

惠誉的评级方法论介于标普与穆迪之间，既有几个大类的方法总论，又有不同细分行业的方法论。惠誉的评级指引针对的是非金融机构企业、金融机构及保险、基础设施、项目融资、主权及超主权、结构化融资等大类，以及细分行业。惠誉从发行人违约评级的角度进行定性和定量，主要从业务风险和财务风险两个维度着手，分为以下几个考察方面：行业风险、国家风险、公司治理、集团架构、业务风险、财务风险。从这几个方面对评级主体的违约风险进行量化，可以得出主体违约评级。不同大类和细分行业具有不同的评定标准。

惠誉的评级符号也分为长期和短期，从高到低代表不同的偿债能力和信用风险。惠誉的长期评级刻度分为 AAA、AA、A、BBB、BB、B、CCC、CC 和 C，这些不同评级符号后面还通过 +/− 来区分同一大级别下的小区别。惠誉公司的短期评级分为 F1、F2、F3、B、C 和 D。各评级代表含义和标普、穆迪不同等级基本相当，不再赘述。

4.4.2 惠誉行业导航评级方法论

惠誉主要采用六大行业大类下的细分行业导航（Sector Navigators，见表4-25），分别是消费和医疗、工业类、自然资源、电子媒体和信息技术类、航空类、公用事业。每个大类下面有不同细分行业的导航，例如中国房地产建造业就制定了细分行业评级导航（见表4-25），如果没有对应的细分行业评级框架，则需选择大类行业评级框架。每个导航包括行业风险、经营环境评估、五大经营业务评估（包括管理层和公司治理）和三大财务基本面。

政府对在企业经营和财务上具有重大影响力的发行人评级，惠誉采用政府相关实体评级框架，采用"自上而下"或者"自下而上"两种方法来评级，主要通过几个维度来判定政府与企业的关联性。如果采用"自上而下"的方法，那么政府相关实体评级的发行人违约评级与政府评级相等或者下调数个等级。如果采用"自下而上"，则政府相关实体评级的发行人违约评级与独立信用状况相等或者上调数个等级。

表4-25 惠誉的六大行业类别板块导航

1. 消费和医疗	2. 工业类	3. 自然资源	4. 电子媒体和信息技术类	5. 航空类	6. 公用事业
酒精饮料 不含酒精饮料 消费品 游戏 零售食品 非食品零售品 美国医疗提供商 酒店 医疗设备、诊断和产品 包装食品 药品 蛋白质 餐饮公司 烟草公司	航空航天和国防 汽车制造 汽车供应 建筑材料 建筑产品 商业服务（一般） 商业服务（数据处理） 建筑工程 美国房屋建筑商 中国房屋建筑商 多样化工业品和资本货物 亚太地区房地产或REITs（房地产信托投资基金） EMEA（欧洲、非洲、中东）房地产 拉丁美洲房地产 美国REITs和REOCs（房地产运营公司）	化工产品 商品加工贸易 矿业 石油天然气生产公司 油田服务 炼油和销售 中油、管道和MLP（有限合伙人制公司） 钢	媒体 电信 技术	航空 航运	亚太区网络公用事业 澳大利亚管制网络公用事业 EMEA监管网络 EMEA公用事业 亚太地区公用事业 拉丁美洲公用事业 美国公用事业、电力和天然气

表4-26 中国房地产行业的评级框架

评级	市场领导力	每年合约销售	地理分散性	合约销售/总负债
AA	—	—	—	—
A	—	—	—	—
BBB	在该公司拥有业务的大多数城市，该公司都位居前三	800亿元	全国范围内分散	1.8倍
BB	核心市场前五名或全国利基市场领先企业	300亿元	多区域分散	13倍
B	在核心市场面临激烈竞争	100亿元	集中在一到两个区域	1.0倍
CCC	竞争市场中与其他竞争者无差异	合约销售的高波动性	特别集中在非优势区域	发展不可持续

续表

评级	品牌认知度	融资途径	合约销售/净库存
AA	—	—	—
A	—	—	—
BBB	全国品牌知名度强	取得离岸和在岸债务和股权的记录，在岸银行的优先投资对象	1.0 倍
BB	全国品牌知名度处于中等水平	获得离岸和在岸债务和股权	0.8 倍
B	在其核心市场以外品牌认知度有限	有限的海外融资记录或有限的在岸银行关系	0.6 倍
CCC	未解决的项目缺陷、品牌形象不可信	无法获得国内银行资金	发展不可持续

评级	跟踪记录，稳定性和执行力	涉足商业地产开发
AA	—	—
A	—	—
BBB	在大部分市场拥有五年以上的业绩记录，强大的产品线跨越多个地区取得成功	商业地产开发销售占比不足 20%
BB	在其核心市场拥有 5 家以上分支机构的业绩记录，为其确立了独立自主的产品	商业地产开发销售占比 20%~50%
B	只在国内市场有长期的业绩记录，很少有标准化的生产线	商业地产开发销售占比超过 50%
CCC	非知名市场参与者	对新类别商业地产项目有大量投资

评级	土地质量
AA	—
A	—
BBB	一级和优质二级：在建项目 100 个，销售收入不低于 1 亿元
BB	优质二级：在建项目 50 个，销售收入不低于 1 亿元
B	二、三级：在建项目 20 个，销售收入不低于 1 亿元
CCC	大城市以外的单个项目风险非常高

评级	赢利能力	资本结构	财务灵活性
	EBITDA 利润率	净负债/净库存	财务纪律
AA	—	—	公开宣布保守的财政政策，严格遵守的记录
A	—	—	保持保守政策的明确承诺，只有适度的偏离
BBB	25%	25%	不太保守的政策，但普遍适用
BB	20%	35%	金融政策到位，但灵活运用这些政策，可能导致评级暂时超出指导方针

续表

评级	赢利能力	资本结构	财务灵活性
B	15%	50%	没有财务政策，或有忽视财务政策的记录。机会主义行为
CCC	在EBITDA水平上持续或结构性地实现盈亏平衡或亏损	持续上升至70%以上	财务管理已经失去了许多纪律，并容易受到与危机环境相一致的频繁突然变化的影响

评级	融资成本	土地获取纪律
AA	—	—
A	—	—
BBB	5%	土地征用遵循管理指导，并在整个周期内的经营活动中产生少量的负或中性现金流
BB	8%	土地收购遵循管理指导，并对于合约销售，经营活动产生小额的负现金流
B	10%	依赖债务来为土地收购提供资金，导致与合同销售相关的经营活动中出现持续的大量负现金流
CCC	不可持续的融资成本	土地收购危及短期的流动性

4.5 三大国际评级方法论之异同

如上所述，不同评级公司的评级刻度不尽相同，但上述三大国际机构的评级刻度所表达的方式及背后含义比较相似，且在相似刻度基础上对债券信用风险的表达也颇为相似。三大国际评级机构的长期评级及代表的信用或投资风险的对比如表4-27所示。

表4-27 三大评级机构的长期评级及相关含义

标普	穆迪	惠誉	相关含义
AAA	Aaa	AAA	最高评级
AA+	Aa1	AA+	高等评级
AA	Aa2	AA	
AA−	Aa3	AA−	

续表

标普	穆迪	惠誉	相关含义
A+	A1	A+	中高评级
A−	A2	A−	
A	A3	A	
BBB+	Baa1	BBB+	中低投资级
BBB	Baa2	BBB	
BBB−	Baa3	BBB−	
BB+	Ba1	BB+	投机级或高收益
BB	Ba2	BB	
BB−	Ba3	BB−	
B+	B1	B+	高度投机级
B	B2	B	
B−	B3	B−	
CCC+	Caa1		有实质性违约风险
CCC	Caa2	CCC	极端投机级
CCC−	Caa3		
CC	Ca		破产或违约概率极高
C			
D	C	D	已经破产或违约

在方法论上，三大评级机构各自独立发展，且采用不同的方法论进行评级，标普是总方法论，穆迪是细分行业导航的打分方法，而惠誉则是介于标普和穆迪之间的评级方法论（见表4-28）。

表4-28 三大评级机构差异

分项	标普	穆迪	惠誉
基础评级	主体评级	基准信用评估	独立信用状况
债项评级	根据外部信用增信情况、发行结构进行增减	根据外部信用增信情况、发行结构进行增减	根据外部信用增信情况、发行结构进行增减
政府相关性评级	政府相关实体评级	GRI/JDA	政府相关实体评级
评级体系	总方法论	行业方法论	总方法论+细分行业（行业导航）
评级方法	行业、财务风险二维矩阵	行业打分卡	违约评级，不同行业大类和细分行业具有不同的风险考量因子

4.6 境内外评级方法论之异同

中国的信用评级行业比美国起步晚100多年。美国评级行业最早源于19世纪中叶，最初以出版社的方式对铁路行业的公司进行点评，20世纪初开始转向金融服务。因为金融市场发展较为缓慢，中国信用评级的发展也相对靠后一些。20世纪80年代后期的远东资信（1988年），20世纪90年代的上海新世纪（1992年）、中诚信（1992年）和大公国际（1994年），成为当时国内最早一批发展境内评级的机构。到目前为止，中国信用评级机构既有民营，又有央企和国企，还有合资方式的评级机构（见表4-29）。

表4-29 中国评级行业的发展概况

名称	股东背景	牌照发放
大公国际	民营	发改委、证监会、保监会、交易商协会、人民银行
东方金城	央企	发改委、证监会、保监会、交易商协会、人民银行
联合资信	合资	发改委、保监会、交易商协会、人民银行
联合信用	地方国有（天津市政府）	证监会、保监会
上海新世纪资信	合资（上海财大等股东）	发改委、证监会、保监会、交易商协会、人民银行
中诚信国际	合资（穆迪持有49%）	发改委、保监会、交易商协会、人民银行
中诚信证券评估	民营	证监会、保监会
鹏元资信	合资	发改委、证监会
中债资信	银行间交易商协会	银行间市场

中国评级机构的方法论大多借鉴国际经验，并且结合中国境内实际情况而进行更新。例如大公国际借鉴了穆迪、联合信用借鉴了惠誉、中诚信国际借鉴穆迪、新世纪资信借鉴标普的评级方法论等。

由于国内评级机构给予中国的主权评级最高位AAA，因此中国境内债券市场的评级最高可达到AAA。但国际三大评级机构给予中国主权评级最高位当前为A+，因此根据前面所计的方法论而言，大部分中国企业的评级不可能超过中国主权评级A+。境内外评级体系差别很大，很多境内地产公司在境外是垃圾债评级（评级为B~BB），这也使得很多境内地产公司在境外融资利率水平较高，融资加权利率水平常年高达10%及以上（见表4-30）。

表 4-30　不同公司的境内外评级对比

发行人名称	境内评级	穆迪	标普	惠誉
中国银行	AAA	A1	A+	A+
奥园集团	AAA	B2	B	BB−
大连万达	AAA	Ba3	BB	—
广州富力	AAA	—	—	BB−
时代地产	AA+	B1	—	BB−
合景泰富集团	AAA	—	—	BB−
恒大地产	AAA	—	—	—
花样年集团	AA	B3	B	—
华夏幸福	AAA	—	—	BB−
融创集团	AAA	B1	B+	BB
融信集团	AA+	—	—	BB−
厦门禹洲	AA+	—	—	BB−
龙光地产	AA+	—	—	BB

资料来源：彭博和 Wind，2020 年。

从表 4-30 来看，境内外评级存在两个巨大差异：

- 境内评级的区分度不如境外国际评级。例如中国银行在境内是 AAA 评级，奥园地产也是 AAA 评级。但在境外，中国银行的评级是 A+（见图 4-4），属于投资级；奥园地产的国际评级为 B ~ BB−，属于高收益债券。
- 境内评级普遍高于境外评级。例如：中国银行的境内评级比境外评级高 4 个等级，奥园集团的境内评级比境外评级高 15 个等级。

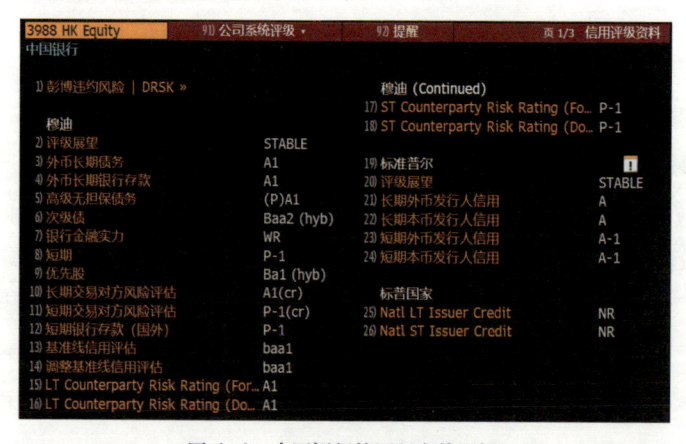

图 4-4　中国银行的国际主体评级

中 篇

投资实战篇

第 5 章　基金经理视角的复盘日记[①]

不能用今天的眼光去评判过去的决策，但可以用今天的眼光去检视过去的决策。

——2021 年于香港

有些时候，投资者总是后悔说为什么当初我们做多，为什么我们没有砍仓，为什么止盈过早提前离场。我们不能用今天的眼光去评判过去的决策的对错，这是不公平的，但我们可以站在今天的时点上，冷静思考过去的操作和决策，哪些是有瑕疵的，哪些是值得称赞和坚持的，因此复盘则变得非常有必要。

境外美元债交投活跃，参与机构类型既包括实钱投资者（RM），也包括对冲基金（HF）、家族企业（FH）等种类。对于某些板块，中外资机构均参与较多，交易非常活跃，例如地产美元债的交易就非常活跃，单日市场波动可以涨跌 10PT（PT 表示价格的涨跌幅度，如果按照 100 净价来计算，变化 1PT，意味着债券价格波动 1%）。

在正式开始投资实战分析框架讲解之前，我们引入一个在 2021 年年初发生违约的公司华春快乐（如果想了解华春快乐及本章中其他公司名词代号对应的公司，可关注公众号"王龙全球频道"并后台留言查询）。从刚开始出现违约迹象到实

---

① 本章涉及的债券价格、收盘价均指的是以债券发行价（100）为基准的相对数值，并没有严格意义上的单位。

际违约的过程中，华春快乐的价格大幅波动，在一周之内暴跌高达40PT，从最高90~100跌倒最低50附近。华春快乐美元债跌幅巨大，对整体高收益市场和投资人信心产生巨大影响。受到华春快乐的牵连影响，绿地、富力、恒大和佳兆业等高杠杆率的房地产公司美元债的价格也出现大幅下跌，整体高收益美元债也相对走弱。这个波动过程中存在多个波段投资机会、多个逃生机会，这些价格波动可能是自身基本面发生变化，也可能是资金多方博弈的结果。华春快乐的信用危机案例在中资美元债历史上也非常经典，值得仔细复盘和学习。本章结合本书提出的10大经典交易策略，阐述在暴涨暴跌过程中如何实施交易策略。

作为市场参与人士，亲历华春快乐从暴跌到违约的全过程，每日记录下华春快乐价格涨跌背后的逻辑、关键价格点位分析、市场不同类型投资者之间博弈、后续价格预测判断推演等，更多讲述一些在公开信息影响下的价格趋势和交易逻辑，对于一些非公开或者市场传闻信息仅作为陈列而不过多讨论。同时，华春快乐在2020年10~11月开始有一批银行委外基金在市场开始卖出美元债，本章更多聚焦在公司出现信用问题及价格开始暴涨暴跌之后的交易进行每日复盘。虽然华春快乐最后还是躺倒，但在躺倒的过程中，其市场价格经历了几个反复挣扎的波段，这个波段中存在抄底机会和逃生机会，非常值得复盘。

如表5-1所示，截至2020年12月30日，华春快乐在境外有8只存续美元债，每只美元债当日的剩余期限、买入价（做市商买入价）、卖出价（做市商卖出价）、中间价[（买入价+卖出价）/2]、每日净价变化（当日收盘中间价 – 前日收盘中间价）及周（月、3个月）净价变化。

在本章后面的每日每复盘中，作者会把华春快乐的价格变动情况呈现出来，以便读者可以根据复盘来核对华春快乐的价格变动。

表5-1 华春快乐2020年12月30日的收盘价及涨跌情况

代码	剩余年限（年）	买入价	卖出价	中间价	当日净价变化	1周净价变化	1月净价变化	3月净价变化
CH 8.625 2021	0.07	98.02	98.69	98.36	0.31	−0.19	−0.69	−1.94
CH 9 2021	0.49	94.92	95.96	95.44	0.39	−0.11	−2.61	−4.86
CH 7.125 2022	1.17	92.83	94.08	93.45	2.40	1.40	−0.60	−4.10
CH 6.92 2022	1.36	90.25	90.98	92.62	0.57	−0.43	−2.43	−5.43
CH 8.75 2022	1.65	91.72	92.45	92.08	0.53	−0.47	−2.47	−5.97

续表

代码	剩余年限（年）	买入价	卖出价	中间价	当日净价变化	1周净价变化	1月净价变化	3月净价变化
CH 6.9 2023	1.94	87.07	87.91	87.47	−0.06	−1.06	−3.06	−6.56
CH 8.6 2024	3.18	86.20	87.00	86.60	0.05	−0.98	−3.95	−7.45
CH 8.05 2025	3.94	82.82	83.55	83.18	0.13	−1.37	−2.37	−6.87

注：该表是华春快乐的所有境外存续美元债列表，其中 CH 是美元债代码，8.625 是票息，2021 是到期日。本书后续用华春快乐 22 表示 2022 年到期美元债，华春快乐 21 表示 2021 年到期美元债，以此类推。

5.1 魔鬼暴跌：90 策略

2021/01/04（周一）：特立独行的行情

2021 年新年后的首个交易日，中资美元债市场一级发行大量供应，二级行情火热，市场呈现一、二级供需两旺格局，价格持续走强，很多如龙光、旭辉等美元债发行人也开始发行曲线上最长期限的美元债。但华春快乐美元债价格在整体牛市中，并未出现走强的迹象，华春快乐特立独行的下跌行情（见表 5-2）引起投资者的注意和警觉——事出反常必有妖。

大致分析华春快乐基本面后可以看出，华春快乐三道红线全踩到，且短期偿债压力巨大，市场投资者担忧其短期负债过高。据统计，华春快乐扣除贷款，公开债券（境内外）后，在 2021 年 3 月之前有 142 亿元需要偿付，2021 年 6 月之前有 247 亿元需要偿付，2022 年之前有 367 亿元需要偿付。可见，华春快乐的短期偿付压力还是非常大的，如果没有安全人寿输血，华春快乐自身的造血能力很难偿付以上短期负债。聪明的钱（Smart Money）在年初就嗅出了华春快乐的危险。

事实上，2020 年 12 月，华春快乐在香港发行了一支 364 天美元私募债。该只私募债传闻是单一投资者，全部由华春快乐的第二大股东安全人寿足额认购，这足以说明华春快乐本身融资能力偏弱。也正是因为安全人寿的支持，华春快乐美元债价格在 2020 年 11~12 月才能够保持在 90 上方。**也正是因为安全人寿**（可关注公众号"王龙全球频道"并后台留言查询）**这次私募债认购，给市场注入很强的支持信号。**但后续市场证明，这种支持可能只是短暂的，安全人寿其实也需要权衡继续投入和止损的。

表 5-2　华春快乐 2021 年 1 月 4 日的收盘价和涨跌情况

代码	剩余年限（年）	买入价	卖出价	中间价	当日净价变化	1 周净价变化	1 月净价变化	3 月净价变化
CH 8.625 2021	0.07	97.94	98.64	98.29	0.24	−0.26	−0.26	−2.01
CH 9 2021	0.49	94.54	95.67	95.11	0.06	−0.44	−2.94	−5.19
CH 7.125 2022	1.17	91.54	92.42	91.98	0.93	−0.07	−1.32	−5.57
CH 6.92 2022	1.36	89.91	90.64	90.28	0.23	−0.77	−2.27	−6.27
CH 8.75 2022	1.65	91.18	91.95	91.56	0.01	−0.99	−2.99	−6.99
CH 6.9 2023	1.94	86.01	87.28	86.64	−0.91	−1.91	−2.66	−7.91
CH 8.6 2024	3.18	85.18	86.18	85.68	−0.87	−1.87	−4.37	−7.87
CH 8.05 2025	3.94	81.14	82.43	81.79	−1.27	−2.27	−4.02	−8.27

2021/01/05（周二）：初现端倪，开始下跌

开年第二个交易日，中资美元债市场延续供需两旺，华春快乐美元债整条曲线却大幅下跌 5PT。华春快乐走出独立下跌行情（见表 5-3），投资者在此刻嗅到了一丝危险的信号。当美元债价格从 100 跌破 10%，甚至到 88 的水位时，往往会触发公募基金开始进行止损。一般公募基金设置的单券止损线为下跌 10% 或者 15%，跌破 10%，往往会导致基金开始进行预警。

表 5-3　华春快乐 2021 年 1 月 5 日收盘价及涨跌情况

代码	剩余年限（年）	买入价	卖出价	中间价	当日净价变化	1 周净价变化	1 月净价变化	3 月净价变化
CH 8.625 2021	0.07	96.72	97.58	97.18	−0.90	−0.90	−0.40	−2.90
CH 9 2021	0.49	92.35	93.85	93.10	−1.45	−1.95	−2.45	−6.95
CH 7.125 2022	1.17	89.09	89.83	89.46	−1.09	−1.59	−2.59	−7.84
CH 6.92 2022	1.36	87.23	87.99	87.61	−1.94	−2.44	−3.44	−8.69
CH 8.75 2022	1.65	88.14	88.80	88.47	−2.58	−3.08	−3.08	−9.83
CH 6.9 2023	1.94	84.41	85.36	84.88	−2.17	−2.67	−1.17	−9.42
CH 8.6 2024	3.18	81.14	81.86	81.50	−4.05	−5.05	−4.30	−12.05
CH 8.05 2025	3.94	77.89	78.61	78.25	−3.30	−4.80	−3.80	−11.80

2020 年 12 月，境内银行强制要求其委外的公募 QDII 基金开始减仓华春快乐美元债。尤其当传闻境内安全人寿也在卖出华春快乐人民币债券时，这让投资者认为华春快乐可能不会受到安全人寿的支持，进而导致境内保守商业银行在 2020

年12月~2021年1月开始要求委外基金减仓华春快乐美元债。

此时，开年第二个交易日，在市场一片热火朝天的时候，美股攀升。在2021年开年A股创下多个牛市交易日、美元指数持续走弱、风险资产走强的大背景下，华春快乐美元债却暴跌5PT。这其实是一件非常不寻常和值得关注的事件。

高收益美元债投资就是赌博和投机，是一个空波动率的高风险事件，是一项收益很薄（票息很低，安全边际很低）但波动和下行风险却很高的投资活动。高收益美元债本身则是一个赚钱很慢、亏钱很快的品种。

2021/01/06（周三）：情绪发酵，加速下跌

周三，华春快乐曲线再次暴跌10PT（见表5-4），此时市场的买价非常虚弱，做市商能够真实买入的价格比彭博估值可能还要低10PT。

表5-4 华春快乐2021年1月6日收盘价及涨跌情况

代码	剩余年限（年）	买入价	卖出价	中间价	当日净价变化	1周净价变化	1月净价变化	3月净价变化
CH 8.625 2021	0.07	90.62	92.90	91.76	−4.79	−6.29	−6.04	−8.04
CH 9 2021	0.49	83.94	84.50	84.22	−7.33	−10.83	−11.08	−15.58
CH 7.125 2022	1.17	80.71	82.29	81.50	−6.55	−9.55	−10.55	−15.55
CH 6.92 2022	1.36	79.02	79.87	79.45	−7.90	−10.60	−11.60	−16.60
CH 8.75 2022	1.65	79.02	79.87	79.45	−8.60	−12.10	−11.60	−18.60
CH 6.9 2023	1.94	80.00	83.00	81.50	−2.05	−6.05	−4.55	−12.55
CH 8.6 2024	3.18	72.58	74.55	73.56	−7.49	−12.99	−12.49	−19.49
CH 8.05 2025	3.94	69.16	69.80	69.48	−8.07	−13.57	−13.32	−19.57

此时，市场舆情开始重点关注华春快乐。同时，供需两旺的市场开始转向，新发债券例如龙光28、旭辉27的二级市场价格开始走跌（新债流动性较好，其价格往往可以较为迅速地反馈市场走势）。开年，美国股市风险偏好情绪升温，且市场担忧全球通胀，美联储可能退出购债计划，因此美债收益率曲线在开年大幅陡峭化上行。但美国可能出台新一批制裁名单，对于潜在被制裁的投资级美元债（例如腾讯、阿里巴巴等）、长期限美元债都有大幅下行风险。

经过前几日的大幅下跌，此时华春快乐美元债短端价格跌至90附近，中期价格跌幅至80附近，长期价格跌至70附近。从违约概率来看，此时违约率大幅

上升，如果违约后的二级市场交易价格为 30（一般境外违约券的二级交易价格为 25～35，所以这里以 30% 作为华春快乐违约的隐含回收率），那么当交易价格达到 80 时，隐含的违约率达 28.57%（见表 5-5）。

表 5-5 违约率的计算方法

计算因子	数值
回收率（假设以违约后二级交易价格作为回收率参考）	30%
当前价格	80%
违约率	28.57%

注：违约率 =（100 - 当前价格）/（100 - 回收率）；当前价格 = 违约率 × 回收率 +（1 - 违约率）× 100。

如果总结一下当前华春快乐的市场信息，那么其暴跌原因可能有以下方面：

- 即使在安全人寿入股之后，华春快乐的基本面依然很差，销售能力和回款速度不佳。叠加环京区域房价暴跌（基本上从 2017 年的高位下跌了近五成，有些区域甚至超过五成），足以让投资者不相信华春快乐能够凭借自身能力偿付其美元债。
- 除住宅销售外，华春快乐的产业园模式"企业引入率"和"回款速度"不佳也是导致市场质疑华春快乐的主因之一。在该模式中，企业从进入产业园到签约的时间缓慢，政府回款速度也相对较慢。
- 华春快乐董事长在与安全人寿签订的三年盈利对赌协议中输了，他需要按照对赌协议支付给安全人寿 20 亿～30 亿元，但由于近些年环京区域整体房价承压，华春快乐资金压力很大，难以兑现对赌协议，这让市场担忧安全人寿可能选择止损出局。
- 之前华春快乐的对外联络人在投资人会议上透露，在 2020 年年底前，会和安全人寿有一个新的三年合作协议，其中可能会包含新的战略投资。因此在 2020 年 12 月之前，华春快乐美元债价格普遍在 90 之上。但截至 2020 年年底，华春快乐并无任何新的合作协议公布，市场信心被严重打击。

从 1 月 4 日～1 月 6 日的价格暴跌路径来看，"Sell at 90" 的策略在某些时候确实应该贯穿，至少债券的价格常态在 90 以上。如果因为本身信用突然恶化（非市场 Beta 下跌）导致价格暴跌至 90 以下，这时候需要考虑在进入 90 区域下方是否需要立刻止损，等待市场恐慌情绪过去，再考虑抄底或者底部偏右侧操作。支持"Sell at 90"策略的观点主要有：

- 当跌破 90 时，违约概率大幅上升。
- 一般来说，根据历史上具有潜在违约风险的债券标的（无论已违约还是后来并未违约的债券），价格一旦跌破 90，从 90 到 60 由于缺少实际参与者，因此价格变动非常难预测。
- 价格从 100 附近跌破 90，代表价格跌幅达到 10%～15%，是较多公募基金或者保守资金的单券止损线。

当然，Sell at 90 策略也需要分情况而定，例如 2020 年 3 月，由于美元流动性风险，大部分中资地产美元债的价格都跌破 90（这时市场 Beta 整体下跌），后续随着流动性改善，价格也陆续回升。但因为发行人本身信用风险恶化而导致违约率快速上升，个券价格跌破 90，则较难回到原来水平。在这种情况下，Sell at 90 策略可能更加有效。所以 Sell at 90 策略主要关注市场情绪面和公司基本面，因为公司基本面恶化时，Sell at 90 更加有效。

从上述分析来看，华春快乐确实因为自身情况导致价格跌破 90。从风控角度来看，有一些基金或者保守机构可能会强行止损。因此，如果观察华春快乐的基本面，其在短期内并无好转迹象，Sell at 90 策略可能更加有效。

2021/01/07（周四）：跌破 70 需谨慎

事实上，债券投资人一般都是低风险低回报投资者，收取微薄利息的投资人对于本金亏损或者违约风险的承担能力往往不足。此时华春快乐的价格跌至 70～90，往往会吸引一批对冲基金或者实钱抄底者（见表 5-6，华春快乐美元债价格小幅微跌后短暂企稳）。

表 5-6　华春快乐 2021 年 1 月 7 日收盘价及涨跌情况

代码	剩余年限（年）	买入价	卖出价	中间价	当日净价变化	1 周净价变化	1 月净价变化	3 月净价变化
CH 8.625 2021	0.07	92.15	93.77	92.96	1.41	−5.09	−4.84	−6.84
CH 9 2021	0.49	83.69	84.77	84.23	−0.32	−10.82	−10.32	−15.57
CH 7.125 2022	1.17	75.10	77.56	76.33	−3.72	−14.72	−14.97	−20.72
CH 6.92 2022	1.36	74.70	78.03	76.37	−2.68	−13.63	−13.93	−19.18
CH 8.75 2022	1.65	73.70	75.98	74.84	−4.21	−16.71	−15.71	−22.71
CH 6.9 2023	1.94	71.33	74.34	72.84	−3.21	−14.71	−12.710	−20.71
CH 8.6 2024	3.18	70.51	72.41	71.46	−2.59	−15.09	−15.09	−21.09
CH 8.05 2025	3.94	65.51	67.20	66.36	−3.69	−16.69	−16.44	−22.18

根据风险或者风格，我们可以简单地把市场投资者分为以下几种：

- 实钱投资者或者以收息为目的的投资者。这类投资者一般分为银行、保险、基金或者券商，当然也有一部分私人投资者。
- 问题债券投资者，或者交易净价波动性的投资者。一般包括对冲基金、高风险投资者等。
- 做市商：大部分做市商由于风险偏好较低，因此只会做价格在 90～100 的债券，少部分做市商（例如做得相对不错的国际投行的交易台）会选择价格在 30～90 这个区域的债券。

一般的，当债券净价在 90 上方时，主要参与者为实钱投资者；当债券价格跌至 90 下方时，主要参与者是第二类投资者及对冲基金。不同价格区域会存在不同的博弈环节。

当某只可能有问题的债券的价格在不同价格区域时，不同投资者在价格从 100 开始不断下探的过程中，参与的角度和博弈如下：

- 90～100。在这个价格区域，以做多的实钱投资者为主，搭配做市商进行以流动性为主的多和空。如果该债券价格不合理，可能会有对冲基金或者做市商开始建空仓。但对冲基金以主动建立空仓为主，做市商主要跟随市场下行而进行空仓的逐步建立。

- 80~90。在这个区域，实钱投资者可能会强行砍仓，此时市场实际买价很低，在此区域可能会有少量投资者进行抄底，而市场自营资金台等机构投资者抄底往往比较谨慎。如果预期该风险是因为市场流动性风险或其他并未违约风险导致的，那么债券价格会从80~90快速反弹至90上方，这时机构投资者可能会选择抄底。但如果债券价格暴跌是发生实质性信用风险导致的，并且毫无好转迹象，那么这个阶段对冲基金和做市商会开始增加空头头寸，市场价格可能进一步暴跌，可以选择继续做空。
- 60~80。一般来说，这个价格区域往往比较真空，其原因是参与投资者比较真空。一般暴跌债券的价格在80上方往往会有做市商或者对冲基金进行做空，而60~80这个区域通常很难找到真实的买盘。当价格高于80时，发行人存在起死回生的可能性（发现短期被错误定价的"好公司"）；当价格低于60时，发行人一般偏向于违约的方向。在60~80区域，投机的成分很大，但该阶段的博弈投机回报率也最大，因此参与的机构可能较多，参与群体以高风险的抄底或者对冲基金为主。一般来讲，对于大部未发生实质性违约的公司，70是一个比较关键的支撑位。
- 50~60。对于未违约债券来讲，50~60通常是一个比较适中的价格区域，例如违约之前的北大方正美元债。在50~60这个区域，会有一些对冲基金选择抄底策略，以小博大。另外，此价格区间还存在一些空头回补（Short Cover）的机会。
- 30~50。一般来讲，价格到达50时，违约率达到60%，即违约概率大幅上升。当跌破50进入40区域，债券基本上很难起死回生，违约概率激增。在此阶段，投资者多为秃鹫基金或者问题对冲基金，主要以债券回收率为基准进行交易。
- 20~30。基本上已经发生了违约。一般在价格跌到20左右时，从风险和收益角度来看，投资者可关注因违约需要强制出仓导致市场超跌的机会。
- 0~20。这个区域一般发生违约，且价格往往对应回收率的高低。

从以上不同价格区域的分析来看，交易最活跃的应该是50~80这个区域。一般对于潜在违约标的，短期债券（1个月内到期美元债）的价格可能在75~85波动，长期债券（1年以上）的价格可能在50~70波动，大部分在50~60波动。上述的每个价格区域和价格点位都是买卖投资者相互撕咬的结果，在实战中可能因为其他因素，比如回收率、流动性、整体市场风险偏好等出现不同演化情景。

2021/01/08（周五）：如何确认市场的短期底

周五，华春快乐美元债再度暴跌，其中2022—2025年到期债券的价格从75自由滑翔至60~65（见表5-7）。此时是否值得抄底？市场的底部是否到来？是否需要实施一些抄底策略？抄底需谨慎，有时候也讲究快进快出，现在所谓的底可能并非真实的底，也可能抄在半山腰。

表5-7 华春快乐2021年1月8日收盘价及涨跌情况

代码	剩余年限（年）	买入价	卖出价	中间价	当日净价变化	1周净价变化	1月净价变化	3月净价变化
CH 8.625 2021	0.07	85.23	87.06	86.14	-6.91	-11.91	-11.91	-13.66
CH 9 2021	0.49	72.89	75.80	74.34	-9.71	-20.71	-19.96	-25.46
CH 7.125 2022	1.17	65.00	66.11	65.55	-11.50	-25.50	-25.75	-31.50
CH 6.92 2022	1.36	65.00	66.64	65.82	-10.73	-24.23	-24.48	-30.23
CH 8.75 2022	1.65	65.00	65.6	65.43	-11.12	-26.12	-25.12	-32.12
CH 6.9 2023	1.94	62.64	64.00	63.32	-10.73	-24.23	-21.98	-29.73
CH 8.6 2024	3.18	59.390	60.50	59.94	-11.61	-26.61	-26.36	-32.11
CH 8.05 2025	3.94	58.00	60.81	59.41	-7.14	-23.64	-23.14	-28.64

但我们可以根据当前的价格进行分析，对天然多头而言，此时是否需要止损？当价格跌至65附近时，其实根据上述对不同关键价格支撑的情况分析来看，跌破70需谨慎后期可能进一步下跌，策略上可适当减仓，减少账户的波动性风险。

抄底策略的关键是判断市场行情的短期底或者长期底。判断市场短期底部出现的信号往往包括但不限于以下方面：

- 市场极度悲观和恐慌。大部分人都极度悲观并放弃抵抗，一旦发行人即将违约，市场就充斥着对该发行人的负面消息和舆情，市场价格对于利空消息的敏感度开始钝化。

- 决策者不是基金经理。从风险回报率来看，基金可能认为短期可以继续持有，等待市场反弹出仓，但公司领导或者风控要求砍仓，决策权已从基金经理更换到公司领导或者风控。
- 可以从以往违约债券价格的技术线进行分析。例如一般非违约且具有高度信用风险发酵的债券价格跌至50附近，可能会有空头回补（Short Cover）的买盘支撑，也可能是价格的相对短期底部，当然也要看市场投资者对该债券的回收率判断。
- 可以通过实际的市场询价来观察是否有真实的买盘支撑，以及基于回收率做出的判断是否为长期底。

2021/01/11（周一）：赢率、赔率的博弈

华春快乐美元债经过魔鬼暴跌一周，价格从90上方暴跌至60~65，几乎是毫无抵抗力。

我们来简单复盘一下华春快乐的几个关键方面的事件：

（1）如前述计算方式，如果30%是最终违约的价格（回收率），那么2021年2月的隐含违约率为21%，2022年的隐含违约率为54%。实际上在该价格水位上，华春快乐的违约率已经非常大了。

（2）华春快乐的回收率在60.4%（采用瀑布模型方式进行测算，但因为资产打折率不同以及对报表可信度设置权重，会使得回收率具有较大区别）。核心风险是土储不够，还有部分资产是帮助安全人寿的代持。华春快乐土储涉及的资产大多与产业园相关，若要处置这些资产，会比万达甩卖万达酒店资产更加吃力。潜在的市场化买家（如果有的话），肯定会要求巨大的折扣和账面损失，实际的债券回收率很可能会更低。因此，能够回收的资产水平也相对较低。

（3）市场上已经违约的美元债价格一般会跌至25~35（例如已经违约的北大方正、清华紫光等）。违约后的债券由于需要重组而存在时间成本，其回收率可能降低，因此其实际二级市场价格需要在回收率的基础上再打一定折扣。但华春快乐有政府几百亿元应收款，安全人寿是其二股东，加上华春快乐是地产类公司（理论上房地产公司的回收率高于一般非地产公司），因此，为了计算简便，回收

率取 25% 和 60.4% 的中间值 40%。

（4）根据上述分析，以 2022 年到期美元债（CH 8.75 22）为例来做一个赢率和赔率的探讨：当前价格为 62，如果多头赢（不违约），价格可能回到 100；如果多头输（违约），价格可能跌至 35～40。

- 赢的概率 46%（不违约，100%～54%），62 反弹至 100，赢的空间 =（100-62）/62=61.3%。
- 赔的概率 54%（违约），62 跌至 40，赔的空间 =（40-62）/62=-35.5%。

因此，当前价格为 62 的华春快乐的赢率和赔率分别为：赢的概率为 46%，上涨空间为 61.3%；赔的概率为 54%，下跌的空间为 -35.5%。那么，赢率和赔率如表 5-8 所示。

表 5-8 华春快乐赢率、赔率的计算

计算因子	概率（违约率/不违约率）	上涨或下跌空间	赢率或赔率
赢	46.0%	61.3%	28.2%
赔	54.0%	-35.5%	-19.2%
加权（合计）	100%%	—	9.0%

从赢率和赔率来看，它们其实支撑以下决策：

- 如果是多头仓位，赢率 > 赔率，那么作为多头仓位，短期内应保持部分仓位，以观后效。
- 如果是空头仓位，那么平回空头头寸较为适宜。
- 如果是空仓，赢率更大。

但上述只是数学意义上的赢率和赔率，在实际操作中，我们还是要根据实际市场进行分析。

市场价格都是多空撕咬的结果，因此经过充分的市场情绪调研，目前市场存在的多头想法如下：

- 华春快乐有政府的 350 亿元应收款。
- 安全人寿（包括安全集团）投资了华春快乐的股权和债权（总数约为 900 亿元），市场认为其止损出局的损失过大，因此，不会轻易止损出局。
- 多头寄希望于央企战投。

市场空头想法如下：

- 短期流动性非常紧张，只能一笔一笔看，不如剁手止损。
- 风控强制砍仓要求。
- 2021 年 3 月之后的资金没着落。
- 对华春快乐长期不看好。

根据上述实际分析，调整后的交易策略分析如下：

（1）在赢率和赔率方面，从当前位置和分析来看，华春快乐美元债确实有比较好的短期博弈价值，但市场实际入仓时点也非常重要。从关键点位分析来看，跌破 70 需谨慎。目前 60~65 应该还未达到市场价格的底部，因此从技术层面来讲，在没有实际消息或方案传出前，短期价格应该不乐观，华春快乐美元债曲线继续下行（见表 5-9）。主要原因有：基金账户强制砍仓，上周五强制砍仓应该并未结束，抄底策略的拐点信号并未完全吻合。因此，结合赢率和赔率，如下操作可能导致短期市场价格波动：在 60 以上做空或 50 附近做多，进行区间波动操作。

表 5-9　华春快乐 2021 年 1 月 11 日收盘价及涨跌情况

代码	剩余年限（年）	买入价	卖出价	中间价	当日净价变化	1 周净价变化	1 月净价变化	3 月净价变化
CH 8.625 2021	0.07	82.67	85.43	84.05	−2.00	−14.00	−14.00	−15.75
CH 9 2021	0.49	67.46	69.83	68.64	−5.41	−25.91	−26.41	−31.16
CH 7.125 2022	1.17	58.90	60.69	59.80	−4.25	−30.75	−31.75	−37.25
CH 6.92 2022	1.36	58.02	60.15	59.09	−4.96	−30.46	−31.46	−36.96
CH 8.75 2022	1.65	55.81	60.20	58.00	−6.05	−33.058	−33.55	−39.55
CH 6.9 2023	1.94	52.17	55.22	53.70	−8.35	−33.35	−32.10	−39.35
CH 8.6 2024	3.18	54.11	55.70	54.90	−5.15	−30.65	−31.40	−37.15
CH 8.05 2025	3.94	51.85	54.96	53.40	−4.65	−28.15	−29.40	−34.65

（2）如果不想单独看多或者看空，那么我们也可以做一个多空策略：做空 2021 年 7 月（当前价格 73），做多 22 年（当前价格 60）。配对交易的交易逻辑是：

- 如果华春快乐躺倒了，那么净价曲线应该是平的，2021 年跌幅肯定大于 2022 年，套利空间为 13（73-60）。
- 因为 2021 年 6 月之前有 250 亿元的公开债，如果 2021 年 7 月还上，整体偿付问题应该得到了解决，那么 2022 年有很大概率回到 95，2021 年回到 100，套利空间大概是 6〔（95-62）-（100-73）=6〕。

那么为什么不建议做空 2021 年 2 月，因为根据到期分布来看，2 月极有可能成为是否兑付的分水岭。即使 2 月份最后还不上，其间向上波动的机会也很大。

2021/01/12（周二）：别人恐惧时我贪婪；别人贪婪时我恐惧

如之前分析，周一市场暴跌——从上周五的 65 再次暴跌 10 块钱至 55 附近（见表 5-10）。当价格跌至 55 附近时，已经非常接近之前分析的短期底（50），此时对冲基金或者做市商可能已经做好根据市场情况平掉空头头寸的准备，甚至随着投资者逐步入场，做市商可能反手开始做多，或者空头回补。

周二早盘延续了周一晚间势头，投资者在 55 附近开始进行抄底，价格也反弹至 60 上方。但市场情绪并未延续下去，下午，华春快乐的境内债券价格再次暴跌，甚至到达 30 附近，这导致境外实钱投资者重新卖出长端，同时也使投资者开始转向卖出之前抄底债券。恐慌情绪蔓延，市场开始怀疑安全人寿是否会止损出局，价格进一步暴跌至 50。2023—2025 年债券价格甚至到达 47 附近，受华春快乐的影响，绿地的债券价格也出现 5~10 的暴跌。

在此种情境下：

（1）别人恐惧时我贪婪；别人贪婪时我恐惧。此时市场已处于极度悲观之中，恐慌情绪蔓延，市场的相对底部可能会在此时出现，且在这个时候更容易实施**钓鱼策略**（具体策略方法可参考本书第 10 章）。

（2）在市场最恐慌的时刻，可以考虑以下交易策略：

- 针对华春快乐本身的策略，可以卖出、买入或者抄底。
- 操作与华春快乐相关性很强的债券，例如绿地、富力或者荣盛发展（和华春快乐同是区域房企）。作为多空策略基金，可以通过做空绿地、富力或者荣盛来对冲华春快乐倒下来的尾部风险，也可以应用本书提到的**多空策略**（**具体策略方法可参考本书第10章**）。
- 事实上，由于华春快乐的恐慌情绪，整个高收益美元债板块都在承压，包括恒大、佳兆业等长端债券价格下跌，绿地2022—2023年债券价格也出现5~10块的暴跌。由历史经验可知，相关债券暴跌多数时候都是因恐慌引起的，并非本身信用资质恶化。在这种情况下，我们可以针对错杀债券实施**抄底策略**（**具体策略方法可参考本书第10章**）。

2021年1月12日，华春快乐收盘价及涨跌情况如表5-10所示。

表5-10 华春快乐2021年1月12日收盘价及涨跌情况

代码	剩余年限（年）	买入价	卖出价	中间价	当日净价变化	1周净价变化	1月净价变化	3月净价变化
CH 8.625 2021	0.07	73.94	76.08	75.01	-9.04	-21.54	-23.54	-24.79
CH 9 2021	0.49	61.10	62.32	61.71	-5.84	-29.84	-34.34	38.09
CH 7.125 2022	1.17	51.30	52.93	52.11	-7.94	-35.94	-40.94	-44.94
CH 6.92 2022	1.36	51.09	52.60	51.85	-6.20	-35.20	-40.20	-44.20
CH 8.75 2022	1.65	51.00	52.75	51.88	-6.17	-36.17	-41.170	-45.67
CH 6.9 2023	1.94	49.40	50.40	49.90	-4.65	-33.65	-38.15	-43.15
CH 8.6 2024	3.18	48.55	49.99	49.27	-5.28	-31.78	-38.28	-42.78
CH 8.05 2025	3.94	49.20	49.90	49.55	-5.00	-28.00	-34.50	-38.50

2021/01/13（周三）：飞流直下三千尺，疑是银河落九天

在市场极度悲观的时刻，债券价格在50附近，此刻市场存在以下几种现象：

- 市场多头已经放弃抵抗，此时已经没有止损出局的意义，因为价格下行的空间已经不大。
- 市场的空头也不敢继续做空，因为此价格已经接近之前分析的价格底部。同时，多头也不敢进行抄底。

- 一部分此前没有参与的对冲基金或者激进机构投资者可能在50附近小幅接盘。

总之，市场在此价格下达到均衡，需要等待其他信号的释放来进行下一步操作。

周三下午，市场开始传闻：政府提供70亿元政府帮助，主要是偿还欠华春快乐的搬迁垫款。据说政府已批复会逐步分期给企业汇款，有动作但未有实质性动作。这些消息也算是利好，市场价格从50开始小幅反弹至55~60附近（见表5-11），但并未有很大的起色，此时做市商开始有买价的勇气。

周三晚间，公司组织了一场电话会议，境外融资负责人在会上并未透露实质的消息。市场仍然缺乏进一步的路标进行交易。几个重要的路标如下：

- 1月11日，华春快乐母公司有两笔债到期，偿付资金基本确认已于1月8日到款。
- 1月20日，到期的15亿元16华春债。
- 1月25日，华春快乐母公司有5亿元人民币债券到期。
- 2月28日，5.3亿美元的境外美元债到期。
- 政府、安全人寿、央企的进一步消息则比较随机。

在第五个路标出现前，如果前面四个路标都成功兑付，那么预计短期价格可能在75~85波动，长期价格（2022—2025）在50~60波动。华春快乐2021年1月13日的收盘价格及涨跌情况如表5-11所示。

表5-11　华春快乐2021年1月13日收盘价及涨跌情况

代码	剩余年限（年）	买入价	卖出价	中间价	当日净价变化	1周净价变化	1月净价变化	3月净价变化
CH 8.625 2021	0.07	79.23	81.04	80.14	5.58	−11.42	−18.42	−19.67
CH 9 2021	0.49	65.19	68.62	66.91	5.36	−17.64	−29.14	−32.89
CH 7.125 2022	1.17	55.70	56.98	56.34	3.79	−23.71	−36.21	−40.71
CH 6.92 2022	1.36	55.42	57.00	56.21	3.66	−22.84	−35.34	−39.84
CH 8.75 2022	1.65	55.40	56.45	55.93	3.38	−23.12	−37.12	−41.62
CH 6.9 2023	1.94	53.00	55.00	54.00	4.45	−22.05	−35.05	−39.05
CH 8.6 2024	3.18	53.94	55.30	54.62	5.07	−19.43	−33.93	−37.43
CH 8.05 2025	3.94	54.01	55.29	54.65	5.10	−14.40	−30.90	−33.40

5.2 刀口嗜血：恐慌还是贪婪

2021/01/14（周四）：山重水复疑无路，柳暗花明又一村

下午市场传闻，2021年1月20日回售16华春债的15亿元资金已准备妥当，境外媒体即发布消息，安全人寿回售了1 000万元。

同时市场上传出一则消息，华春快乐已准备好这笔资金，且消息说董事长内部会议商定华春快乐不会逃废债，正在与政府和安全人寿进行积极协商。受此利好，华春快乐债券价格走高，截至收盘，2022—2023年到期美元债价格从55附近反弹10块钱至65附近（见表5-12）。这也验证了上述价格50可能是短期底的交易策略。

表5-12 华春快乐2021年1月14日收盘价及涨跌情况

代码	剩余年限（年）	买入价	卖出价	中间价	当日净价变化	1周净价变化	1月净价变化	3月净价变化
CH 8.625 2021	0.07	84.67	86.43	85.55	4.50	−7.50	−13.00	−14.25
CH 9 2021	0.49	73.72	78.12	75.92	10.87	−8.13	−20.13	−23.88
CH 7.125 2022	1.17	64.40	66.35	65.37	9.32	−11.68	−27.68	−31.68
CH 6.92 2022	1.36	64.10	66.07	65.09	10.04	−11.46	−26.96	−30.96
CH 8.75 2022	1.65	64.10	66.07	65.09	10.04	−11.46	−28.46	−32.46
CH 6.9 2023	1.94	60.70	62.99	61.84	8.79	−12.21	−27.21	−31.21
CH 8.6 2024	3.18	60.25	62.59	61.42	8.37	−10.13	−27.63	−30.63
CH 8.05 2025	3.94	60.68	91.966	61.32	8.27	−5.23	−24.73	−26.73

市场传闻如下：

（1）13日晚间至14日凌晨，华春快乐董事长与部门负责人一对一开会（此前近一个月没开过会），原话转述如下。

- 关于对外沟通：所有对外沟通信息要跟他本人直接确认，因为所有信息每天都在变化（包括中央、政府）。
- 关于内部的几方沟通：双方股东跟政府的沟通都很顺畅，省市领导高度重视，经常直接沟通；问题解决需要政府背书，更高层也给了了全力支持。双方股东之间的沟通也很顺畅，双方股东的利益高度一致，也都在尽最大的努力。

（2）关于最终方案：在政府的统一领导下，内外一起努力，最终的方案要满足中央要求（未说具体要求）。如果最后形成最优方案，政府是必须输血的。关于中长期问题，所有利益相关方包括中介机构必须达成一致；关于短期问题，需要各方自行积极解决。

（3）老板要求员工：

- 保持积极沟通，乐观态度，不逃避投资人提问，24小时开机。
- 和公司战斗在一起。
- 本人绝不会逃废债。

（4）传递信息：

- 偿债意愿：华春快乐董事长首次站出来说不会逃废债。
- 偿债方案：未披露细节，但多方沟通顺畅、积极努力。
- 短期偿债：预计风险可控。

2021/01/15（周五）：冲冠一怒为红颜

周四晚上，境外媒体再次发布了一篇比较正面的报道；华春快乐内部会议表明政府和安全人寿正在进行紧急协商；早上媒体发文称，省政府提供的30亿元资金预计周末到款。

受到此消息的影响，华春快乐长期限美元债冲高至75附近，但市场始终不相信华春快乐能够长期解决问题，又开始快速出现止盈，价格快速回落至早盘水平65（见表5-13）。

表5-13 华春快乐2021年1月15日收盘价及涨跌情况

代码	剩余年限（年）	买入价	卖出价	中间价	当日净价变化	1周净价变化	1月净价变化	3月净价变化
CH 8.625 2021	0.07	88.72	90.33	89.53	4.48	3.48	−9.27	−10.27
CH 9 2021	0.49	72.25	77.12	74.69	0.64	0.64	−21.86	−25.11
CH 7.125 2022	1.17	66.10	68.90	67.50	1.45	3.45	−25.05	−29.30

续表

代码	剩余年限（年）	买入价	卖出价	中间价	当日净价变化	1周净价变化	1月净价变化	3月净价变化
CH 6.92 2022	1.36	66.16	67.98	67.07	1.02	3.02	−24.48	−28.73
CH 8.75 2022	1.65	66.16	67.98	67.07	1.02	3.02	−25.98	−30.72
CH 6.9 2023	1.94	61.50	65.30	63.40	0.35	1.35	−25.65	−29.40
CH 8.6 2024	3.18	61.00	64.10	62.55	−0.50	2.50	−26.50	−29.25
CH 8.05 2025	3.94	62.37	63.98	63.18	2.18	5.13	−22.87	−24.62

周五这一天的过山车行情可以用一句话来描述，即冲冠一怒为红颜（30亿元到款提振市场），但市场并不相信传闻，价格再度回落。

起点也是终点，一切归于平静。

此时的市场传闻有：

1月14日凌晨，华春快乐董事长与部门负责人一对一开会，传达了一些信息：事情每一天都在发生重大变化，双方股东沟通顺畅，债务问题的解决要在省级政府的领导下协调维护各方利益，不过这个方案的基础是"政府必须出钱，少一分钱都不行"。传达的信息还表明，华春快乐不会逃废债，而且会尽量协调贷款和非标的展期。

经协调的95亿资金已到账了30亿元，下周四行权的16华春债（行权规模15亿元）会动用这笔款项的一部分。另外，省政府考虑再协调120亿元资金和2 000亩大兴机场附近的土地，作为财政清算的欠款归还（尚在讨论中）。

安全人寿方面，14日下午，安全人寿下属各条线收到了归集资金的通知（安全人寿不动产等条线被通知停止在投项目，进行资金归集），但尚不明确归集资金是否用于救助华春快乐（后来被证实是假消息）。

在紧张之际，我们可以思考下一个交易策略的路标有什么：

- 15亿元债券的到期资金是否会在20号打款？
- 政府协调的95亿元资金中的30亿元是否真的到账？剩下的65亿元什么时候到？政府是否还有其他的利好消息？
- 安全人寿是否会释放利好的消息，比如资金归集是否属实？资金归集的目的是什么？

- 偶然性路标：非标是否违约？

2021/01/18（周一）：未违约前，50 可能是个短期底

2021 年 1 月 18 日，华春快乐收盘价及涨跌情况如表 5-14 所示。

表 5-14　华春快乐 2021 年 1 月 18 日收盘价及涨跌情况

代码	剩余年限（年）	买入价	卖出价	中间价	当日净价变化	1 周净价变化	1 月净价变化	3 月净价变化
CH 8.625 2021	0.07	81.50	83.10	82.30	−6.75	−1.75	−16.50	−17.50
CH 9 2021	0.49	68.65	72.63	70.64	−4.42	3.08	−25.67	−29.17
CH 7.125 2022	1.17	56.70	58.12	57.41	−9.64	−2.64	−35.14	−39.39
CH 6.92 2022	1.36	56.79	59.02	57.90	−9.15	−0.15	−33.65	−37.90
CH 8.75 2022	1.65	57.01	57.98	57.50	−9.55	−0.55	−35.55	−40.30
CH 6.9 2023	1.94	56.00	59.00	57.50	−5.55	2.95	−31.55	−35.30
CH 8.6 2024	3.18	55.38	57.90	56.65	−6.41	2.09	−31.91	−35.16
CH 8.05 2025	3.94	55.02	57.67	56.34	−6.71	1.79	−29.21	−31.46

上午，华春快乐从整体来看卖压较大，传闻境内中融信托有两笔 11 亿元非标违约，也有说是为了展期非标债务而保标（债券标准类不违约）。

以长期美元债的价格来看，因为非标违约传闻，部分实钱投资者可能已不能参与。从点位上来看，60、50、45 是三个关键支撑位置。上周 60～65 和 70～75 附近有部分抄底的投资者进去，这部分投资者的压力现在相对较大，如果有砍仓，会形成短期压力，或者在 60 附近再次介入。对冲基金的介入位置应该在 40～50，因此，投资者的支撑位置在 60，对冲基金的支撑位置在 50 附近。短期价格波动还是看投资者方向如何。

下午，华春快乐在 60 附近的价格支撑非常脆弱，从 60 到 50 附近基本上没有太大阻力。之前提到了 60、50、45 三个支撑位置，而当此次价格跌至 50～55 时，投资者再次出来抄底，支撑价格小幅反弹。因此从交易策略来看，在债券未违约之前，50 可能是个短期底，对冲基金可能会抄底，也可能会空头回补。

1 月 20 日，16 华春债的 15 亿资金到账，但已经被市场消化，因此价格不会有太大波动。短期市场价格可能在 50～60 进行波动。

后期需要关注信托违约对于标准债券来说是否有交叉违约风险。

2021/01/19（周二）：沉闷地随机游走

16华春债的本息全部到账，从公开债券的兑付情况来看，华春快乐还是在努力兑付。但信托20亿元还没付；从传递出来的消息来看，华春快乐公开债券兑付意愿强，非标兑付意愿弱。截至目前，随着公开债券逐笔兑付，大家在等待谈判的结果。

目前参与华春快乐的主要是投资者玩家，基本上在50和60附近都有一批投资者抄底。在价格行为上，一旦有利空消息，就有一些境内投资者斩仓，空头一般会在55~65附近斩仓，在50附近斩仓的意愿不太足。

在价格方面，华春快乐整体反弹3~4PT（见表5-15），主要因为投资者在55~60附近抄底，整体空头较少。在实锤消息出来之前，短期价格应该在55~65波动。

表5-15 华春快乐2021年1月19日收盘价及涨跌情况

代码	剩余年限（年）	买入价	卖出价	中间价	当日净价变化	1周净价变化	1月净价变化	3月净价变化
CH 8.625 2021	0.07	83.67	85.53	84.60	2.55	10.05	-13.95	-15.45
CH 9 2021	0.49	69.96	72.62	71.29	2.24	9.74	-24.26	-28.76
CH 7.125 2022	1.17	60.32	62.10	61.21	4.16	8.66	-30.84	-35.59
CH 6.92 2022	1.36	60.12	61.25	60.69	3.64	8.14	-30.36	-35.11
CH 8.75 2022	1.65	59.80	60.85	60.32	3.27	7.77	-32.23	-37.23
CH 6.9 2023	1.94	59.00	60.60	59.80	4.75	10.25	-28.75	-33.25
CH 8.6 2024	3.18	57.80	59.25	58.53	3.48	8.98	-29.52	-33.52
CH 8.05 2025	3.94	57.80	59.26	58.53	3.48	8.98	-26.52	-29.52

2021/01/20（周三）：困兽之斗

今日传出中融信托20亿元非标不同意展期，华春快乐受到了信托违约风波的影响，价格小幅走软。有消息传出，18号和19号的国务院、央行会议并未释放出什么实际内容。市场投资者对这个会议消息并不买单，并且还是保持比较悲观的态度。

目前市场的主线路标主要有以下两种：

- 首先，信托违约是否申请违约；其次，美元债或者人民币债券是否有25%宣布违约。查询境外12只美元债的债券发行说明书可知，华春快乐及其子公司的任何债务（包括信托）违约超过3 000万美元，显然会与20亿元人民币的信托违约构成交叉违约。但根据以往案例，大部分信托贷款后续都会展期，不申请违约。如果它们不同意展期，我们则需要进一步跟踪后续影响。
- 等待政府、安全人寿、央行、银保监会的协商结果。目前河北省政府的精力还放在抗击疫情和冀中能源的债务上，短时间内应该不会产生谈判结果。今日传出安全人寿撤回之前回售给华春快乐的1 000万元，但这个金额太小，不足以说明什么。

在价格方面，受到信托非标不同意展期和境内债卖压的影响，美元债价格整体下跌2~3PT，2022年的华春快乐债券价格在55~60，在没有谈判消息出来前，预计价格应该在55~65波动（见表5-16）。

表5-16　华春快乐2021年1月20日收盘价及涨跌情况

代码	剩余年限（年）	买入价	卖出价	中间价	当日净价变化	1周净价变化	1月净价变化	3月净价变化
CH 8.625 2021	0.07	81.83	83.91	82.87	-2.18	1.82	-15.68	-17.18
CH 9 2021	0.49	66.94	69.20	68.07	-1.98	3.02	-27.48	-31.98
CH 7.125 2022	1.17	56.31	57.81	57.06	-2.99	1.01	-34.99	-39.99
CH 6.92 2022	1.36	56.26	57.89	57.08	-2.97	2.03	-33.97	-38.97
CH 8.75 2022	1.65	55.88	57.96	56.92	-3.18	1.87	-35.63	-40.63
CH 6.9 2023	1.94	55.44	57.70	56.57	-1.48	3.52	-31.98	-35.68
CH 8.6 2024	3.18	55.84	56.91	56.37	-1.68	3.32	-31.18	-35.68
CH 8.05 2025	3.94	54.80	56.16	55.48	-2.57	2.43	-29.07	-32.57

2021/01/21（周四）：蜀道之难，难于上青天

今日市场传闻中融信托非标违约上报了央行征信报告，并把该笔信托款放入关注类贷款中，这说明华春快乐和中融信托谈崩或者二者关系并不太好。

这个负面消息在短期内让市场承压，因为以前我接触的诸多信托延期案例，都未将信托款放入关注类贷款中。

预计在安全人寿与河北省政府谈出实际结果之后，长期问题才能得以解决。短期的价格可能因为信托违约处理和到期债券偿付情况而波动。

市场投资人认为当前华春快乐受到监管关注的情况和当时北大清华违约前类似。因此，市场预期华春快乐的长期限美元债（2022年以后到期）会重组。为了不让组合中出现违约债券，一些境内机构仍然在不计成本地砍仓，境外美元债价格也整体下跌（见表5-17）。

表5-17 华春快乐2021年1月21日收盘价及涨跌情况

代码	剩余年限（年）	买入价	卖出价	中间价	当日净价变化	1周净价变化	1月净价变化	3月净价变化
CH 8.625 2021	0.07	77.00	79.10	78.05	−5.00	−7.00	−20.50	−22.00
CH 9 2021	0.49	61.87	64.75	63.31	−4.74	−10.74	−32.24	−36.74
CH 7.125 2022	1.17	52.77	54.25	53.51	−3.54	−12.54	−38.54	−43.29
CH 6.92 2022	1.36	52.80	54.43	53.61	−3.44	−12.44	−37.44	−42.44
CH 8.75 2022	1.65	52.75	54.41	53.58	−3.47	−12.47	−38.97	−43.97
CH 6.9 2023	1.94	51.83	54.59	53.21	−2.84	−9.84	−35.34	−39.84
CH 8.6 2024	3.18	51.01	53.00	52.01	−4.04	−11.04	−35.54	−40.04
CH 8.05 2025	3.94	49.62	52.54	51.08	−3.97	−9.92	−33.47	−36.97

2020/01/22~25（周五至周一）：该涨不涨便是跌，该跌不跌便是涨

之前市场传闻中融信托上报了央行征信报告，并把该笔信托款放入关注类贷款中，这说明华春快乐和中融信托谈崩，二者关系不太好。

周五（22日），市场焦点仍然在华春快乐的非标违约是否会造成美元债、人民币债券的交叉违约。

周末（23~24日），华春快乐通过网络渠道，向外界传达违约商票一定会兑付，且目前正在和安全人寿商议的消息，预计春节（2月12日）前后会有相关结果。

周末的利好消息，并未在周一（25号）给市场带来很大的提振效果（见表5-18），整体市场比较沉默安静，将孕育下一次大级别的行情。在利好消息下，市场承压，该涨不涨便是跌，因此投资者应该谨慎选择投资策略。

表 5-18　华春快乐 2021 年 1 月 25 日收盘价及涨跌情况

代码	剩余年限（年）	买入价	卖出价	中间价	当日净价变化	1 周净价变化	1 月净价变化	3 月净价变化
CH 8.625 2021	0.07	75.40	77.17	76.28	−0.77	−5.77	−22.27	−23.52
CH 9 2021	0.49	60.69	63.12	61.91	0.86	−7.14	−33.64	−37.89
CH 7.125 2022	1.17	52.30	53.92	53.11	0.06	−3.94	−38.94	−43.69
CH 6.92 2022	1.36	52.02	53.25	52.64	0.59	−4.41	−38.41	−43.41
CH 8.75 2022	1.65	51.37	52.98	52.18	0.13	−4.87	−40.37	−45.37
CH 6.9 2023	1.94	50.67	52.72	51.69	0.64	−3.36	−36.86	−41.36
CH 8.6 2024	3.18	51.02	51.99	51.50	1.45	−3.55	−36.05	−40.55
CH 8.05 2025	3.94	49.38	51.30	50.34	1.29	−4.71	−33.71	−37.71

2021/01/26（周二）：黑暗之神来袭

1 月 26 日，海外媒体一篇关于投行和律师事务所开始接触华春快乐并向华春快乐提供财务咨询顾问服务的消息不胫而走。市场一片哗然，华春快乐价格全天暴跌 10～15PT。

CH 8.625 02/28/21 > 60/65（−15.5）

CH 9 07/31/21 > 50/55（−11.0）

CH 7.125 04/08/22 > 43/47（−9.0）

CH 6.92 06/16/22 > 42.5/46.5（−8.5）

CH 8.75 09/28/22 > 42/47（−8.0）

CH 6.9 01/13/23 > 42/45（−9.5）

CH 8.6 04/08/24 > 42/45（−9.0）

CH 8.05 01/13/25 > 41/44（−9.0）

以上仅仅是意向价格，真实成交价格会更低。华春快乐 2021 年 2 月到期的债券价格暴跌且最低成交价为 51，2022—2025 年的做市商买价甚至跌破 40，很多做市商甚至报价 25。在华春快乐尚未违约的前提下，价格已经跌至违约价格附近，不得不说 26 日是华春快乐至今以来最黑暗的一天。

关于重组方案的展望：

华春快乐也有可能提出一个重组的方案，具体价格可能要看重组方案的定价方式。以佳兆业 2015 年的重组案例来看，本金没有折扣，票息减少。前几年，没有票息的方式属于很好的重组方案。还有以最近天津物产、青海的要约回购来看，华春快乐的债券价格基本在 35～60。

总之，作为房地产公司，华春快乐即使倒下了，其回收率也会普遍高于普通非地产类公司。如果违约后价格为 35 左右，那么 40 附近的长端价格实际上值得参与，净价边际上也是比较安全的。

大约下午 4 点，海外媒体同时发文指出，2021 年 7 月到期的华春快乐美元债在 31 号付息的钱已到位，这对市场来讲有一定提振效果，市场对冲基金开始入场抄底，做市商的卖出价也更加谨慎，整体报价提升 5～10PT（见表 5-19），2021 年 2 月，债券价格从低点回升约 15PT。

表 5-19　华春快乐 2021 年 1 月 26 日收盘价及涨跌情况

代码	剩余年限（年）	买入价	卖出价	中间价	当日净价变化	1 周净价变化	1 月净价变化	3 月净价变化
CH 8.625 2021	0.07	63.83	65.98	64.91	−10.64	−20.14	−33.14	−34.89
CH 9 2021	0.49	49.88	53.36	51.62	−8.94	−18.44	−43.44	−48.19
CH 7.125 2022	1.17	43.6.	45.13	44.36	−7.69	−15.69	−46.69	−52.44
CH 6.92 2022	1.36	43.00	44.35	43.67	−8.38	−16.38	−46.38	−52.63
CH 8.75 2022	1.65	43.00	44.62	43.81	−8.24	−16.24	−47.74	−53.99
CH 6.9 2023	1.94	42.33	44.09	43.21	−7.84	−14.84	−44.34	−49.84
CH 8.6 2024	3.18	42.02	43.41	42.72	−8.33	−15.33	−43.83	−49.08
CH 8.05 2025	3.94	42.02	43.41	42.72	−6.33	−15.33	−40.33	−45.33

2021/01/27（周三）：沉闷的惊雷

经过昨日狂泻之后，短期限 2021 年美元债市场的多空交织在 60 附近，长期限则在 42～45 区间波动。投行和律师事务所确实应该给华春快乐伸出"橄榄枝"，但也许华春快乐并未接下。在这个敏感的时刻，投资者的神经也变得异常紧张，稍有风吹草动就会控制不住情绪。做市商的风险也在下降，价差较大，流动性稀薄。

昨日，2021 年 7 月付息的资金已备好的消息传出来后，市场价格上扬 5～10PT，尤其是 2 月、7 月有较大变动，整体波动较为有限。

今日上午，整体市场相对平稳。下午，市场并未有更多消息，在没有更多利好消息冲击下，2月和7月出现4~6PT回调，这应该是昨天抄底的人在止盈。

CH 8.625 21　60.000/61.000　-5.000

CH 9.000 21　48.000/49.000　-4.000

CH 7.125 22　43.000/44.000　0.000

CH 6.920 22　43.000/44.000　0.000

CH 8.750 22　43.000/44.000　0.000

CH 6.900 23　43.000/44.000　0.000

CH 8.600 24　42.000/43.000　0.000

CH 8.050 25　42.000/43.000　0.000

临近收盘，彭博新闻社传出消息：华春快乐对外传达出可以兑付2月末到期的5.3亿美元债的消息。此消息放出后，因为市场已收盘，所以价格并未出现明显异动。

目前2月份到期的美元债的市场中间价格为60.52（见表5-20）。假设两种情景：情景1是2月份到期美元债违约，二级市场最终价格为30；情景2是2月份到期美元债正常兑付，二级市场最终价格为100。并且假设"华春快乐公司对外称可以兑付2月末到期的5.3亿美元债"的消息可信度为50%，那么情景1和情景2假设的概率分别为50%和50%，那么加权赢/赔率=（100-60.52）×50%+（30-60.52）×50%=4.48，赢率为正。

表5-20　华春快乐2021年1月27日收盘价及涨跌情况

代码	剩余年限（年）	买入价	卖出价	中间价	当日净价变化	1周净价变化	1月净价变化	3月净价变化
CH 8.625 2021	0.07	59.50	61.53	60.52	-4.54	-22.54	-37.54	-39.29
CH 9 2021	0.49	47.65	49.36	48.50	-3.58	-19.55	-46.55	-51.30
CH 7.125 2022	1.17	44.00	45.26	44.63	0.58	-12.42	-46.42	-52.42
CH 6.92 2022	1.36	43.66	45.90	44.78	0.73	-12.27	-45.27	-51.27
CH 8.75 2022	1.65	43.66	45.90	44.78	0.73	-12.27	-46.77	-53.27
CH 6.9 2023	1.94	42.50	44.20	43.35	0.30	-12.70	-44.20	-49.70
CH 8.6 2024	3.18	42.42	44.60	43.51	1.46	-12.54	-43.04	-48.29
CH 8.05 2025	3.94	42.42	43.48	42.98	0.90	-12.10	-40.10	-45.10

实际上，华春快乐此前已多次声明 2 月份资金准备到位，此时再次出来发声，也说明 2 月份的资金安排有可能会被落实。但其实华春快乐此时的资金面非常紧张，这一兑付消息的可信度值得怀疑：（1）5.3 亿美元到期资金来源于哪里？（2）即使兑付了 2 月份到期的 5.3 亿美元，今年剩余几百亿元到期偿付资金来源于哪里？如果不能兑付所有 2021 年的到期债务，为什么要单独兑付 2 月份的资金？

2021/01/28（周四）：惊闻重组

上午，整体市场出现止盈，在没有实锤消息出现之前，市场还是不相信华春快乐 2 月份到期美元债能够兑付，因此短期价格继续走低 2PT，长期价格维持在 40~43 的位置。

CH 9 07/31/21 45/46（-2）

CH 6.92 06/16/22 41/43（-1）

CH 7.125 04/08/22 41/43（-1）

下午，市场传闻华春快乐还是想刚兑，但其短期到期债务仍然较大。传闻已经组建了债委会，债委会商议最近春节前出方案，并于下周开第一次债委会大会。市场普遍预期，华春快乐未来可能债务重组，而不是破产清算。

市场传闻此次债委会由安全人寿、豫州银行牵头，包括另外三家金融机构，并且债委会成立了华春快乐工作小组。传出重组消息之后，市场开始承压，短期债券 2021 年 7 月和 2021 年 2 月的美元债价格继续承压（见表 5-21），因此债务重组其实也相对拉低了短期债券兑付的概率。

表 5-21 华春快乐 2021 年 1 月 28 日收盘价及涨跌情况

代码	剩余年限（年）	买入价	卖出价	中间价	当日净价变化	1 周净价变化	1 月净价变化	3 月净价变化
CH 8.625 2021	0.07	56.67	59.25	57.96	-3.09	-20.09	-40.09	-42.09
CH 9 2021	0.49	46.21	47.79	47.00	-1.05	-15.05	-48.05	-53.05
CH 7.125 2022	1.17	40.96	42.52	41.74	-2.31	-11.31	-49.31	-55.31
CH 6.92 2022	1.36	41.66	42.80	42.23	-0.82	-10.82	-47.82	-53.82

续表

代码	剩余年限（年）	买入价	卖出价	中间价	当日净价变化	1周净价变化	1月净价变化	3月净价变化
CH 8.75 2022	1.65	41.60	42.87	42.24	−0.81	−10.81	−49.31	−55.81
CH 6.9 2023	1.94	40.67	41.84	41.26	−1.79	−8.79	−46.30	−51.80
CH 8.6 2024	3.18	40.34	41.63	40.98	−1.07	−9.07	−45.57	−51.07
CH 8.05 2025	3.94	40.34	41.63	40.98	−1.07	−8.07	−42.07	−47.07

假设以 3 年和 5 年的展期重组，退出收益率（假设债务重组之后的到期回报）为 20%，票息打折一半，那么未来债务重组之后的价格区间为 40～70（3 年重组方案）或 30～50（5 年重组方案），如表 5-22 所示。

表 5-22　华春快乐展期的 3 年方案和 5 年方案

展期 3 年方案 50% coupon writeoff		PV under Discount rate		
		15%	20%	25%
4.31	CH 8.625 2021	75.42	66.72	59.35
4.50	CH 9 2021	73.95	64.72	57.00
4.50	CH 9 2021	73.27	63.87	56.04
3.56	CH 7.125 2022	69.59	60.13	52.33
3.46	CH 6.92 2022	62.35	51.73	43.36
4.38	CH 8.75 2022	66.55	55.83	47.29
3.45	CH 6.9 2023	57.07	45.84	37.33
4.30	CH 8.6 2024	57.28	45.39	36.59
4.03	CH 8.05 2025	56.60	44.59	35.78
展期 5 年方案 50% coupon writeoff		PV under Discount rate		
		15%	20%	25%
4.31	CH 8.625 2021	64.96	53.84	45.11
4.50	CH 9 2021	62.78	51.49	42.75
4.50	CH 9 2021	62.96	51.53	42.70
3.56	CH 7.125 2022	55.87	44.55	36.05
3.46	CH 6.92 2022	58.51	46.73	37.91
4.38	CH 8.75 2022	56.23	44.48	35.79
3.45	CH 6.9 2023	52.61	41.09	32.67
4.30	CH 8.6 2024	48.60	36.93	28.75
4.03	CH 8.05 2025	50.15	37.98	29.56

5.3　山雨欲来风满楼：谣言满天飞

2021/01/29（周五）：市场再度恐慌

继昨日传出重组方案的消息被海外媒体于晚上 11：45 发文之后，29 日上午，市场传出一份邀请境内债权人于下周一（2月1日）参加债权人大会的邀请函。在此名单的推波助澜下，市场再次陷入恐慌。

在昨日收盘价基础上，价格再次下探 5PT：

CH 8.625 21　52.500/53.500 −5.500

CH 9.000 21　40.500/41.500 −5.500

CH 7.125 22　37.500/38.500 −4.500

CH 6.920 22　37.500/38.500 −4.500

CH 8.750 22　37.500/38.500 −4.500

CH 6.900 23　36.500/37.500 −4.500

CH 8.600 24　36.500/37.500 −4.500

CH 8.050 25　36.500/37.500 −4.500

华春快乐当前的不同到期债券价格还不完全一样，但其实际价格离违约价格非常接近，从 2022—2025 年的价格来看，基本也说明未来扭转乾坤的概率在大幅下滑。华春快乐美元债预计有以下几种发展方向：

- 刚兑。
- 不违约，债务重组（可能展期）。
- 先违约（2 月份可能不偿付），再债务重组。
- 破产清算。

目前来看，"不违约债务重组"与"先违约，再债务重组"的概率较大，而"刚兑"与"破产清算"的概率都比较小。如果要赋予一个概率值，那么可能分别是 10%、35%、35%、20%。

对于不同方案，其价格推演的方式也不同。

（1）底线思维。如果进行破产清算，那么违约债券价格为30～35，可参考北大清华破产清算后的二级债券价格（普遍在25～35）。

（2）比较积极的观点。如果债务重组，且由安全人寿作为债委会主席，实际上安全人寿对华春快乐有超过800亿元的债务敞口，那么债务重组方案应该不会太差，关键要看重组方案如何，以及是否先违约再重组。

根据前面推算，如果本金不打折，票息打折50%，展期3～5年，那么对应的净价在40～70。即使悲观一些，也可能在30～60，具体还是要看债务重组方案如何，以及进展是否顺利。

（3）可能模仿上一年天津物产给出的两个方案：

- 现金折价回售给天津物产。
- 由天津市另外一个平台公司发行5～20年债券，实质上是债务展期。

华春快乐的重组方案可能出现以下可能：

- 市场传闻豫州银行可能以现金折价购买华春快乐债券或者其他人现金折价购买华春快乐债券。
- 债务重组也涉及几种变化的可能性：本金是否不打折（佳兆业当年的本金不打折）；展期年限（一般3～5年），以及展期期限是否在现有债券的期限上进行叠加，抑或统一期限（一般不会统一期限）；票息规则（佳兆业前期实行0票息）。

因此，基于上述的分析，我们可以采取以下策略：

- 债委会成立，严格来说2月份兑付概率大幅下行，价格在55以上可以做空。
- 如果2022—2025年债券价格下滑至35～38，从这个位置再大幅下滑的空间就有限了。如有空头仓位，在这个点位上应该要空头补进，因为谁也猜不到下周一的债委会出什么幺蛾子。

- 对于期限的看法，如果非破产重整，那么理论上 2022—2025 到期美元债的净价不应该完全一样。如果仓位集中于长端，在成本可控的前提下，将其移到短期。
- 有些债券的应计利息较高，可以挪到应计利息较低的债券（在交换成本可控的前提下）。

2021 年 1 月 29 日华春快乐的收盘价及涨跌情况如表 5-23 所示。

表 5-23　华春快乐 2021 年 1 月 29 日的收盘价及涨跌情况

代码	剩余年限（年）	买入价	卖出价	中间价	当日净价变化	1 周净价变化	1 月净价变化	3 月净价变化
CH 8.625 2021	0.07	47.93	49.34	48.64	−9.91	−28.42	−49.42	−51.42
CH 9 2021	0.49	39.88	42.13	41.00	−5.55	−20.05	−54.05	−59.05
CH 7.125 2022	1.17	38.05	39.26	38.65	−2.90	−14.40	−52.40	−58.40
CH 6.92 2022	1.36	37.82	39.27	38.55	−3.01	−13.51	−51.51	−57.51
CH 8.75 2022	1.65	37.73	39.16	38.45	−3.10	−13.60	−53.10	−59.60
CH 6.9 2023	1.94	37.40	38.40	37.90	−2.65	−13.15	−49.65	−55.15
CH 8.6 2024	3.18	36.62	39.90	38.26	−2.29	−11.79	−48.29	−53.79
CH 8.05 2025	3.94	36.62	39.90	38.26	−2.29	−10.79	−44.79	−49.79

2021/02/01（周一）：第一次债权人会议，提振市场信心

华春快乐于 2021 年 2 月 1 日上午 10 点在北京召开了第一次债权人会议，参会机构的级别很高，包括省委常委等，公司和政府表态积极。

第一，华春快乐董事长态度诚恳，并且恳请债权人加入债委会，在安全人寿和豫州银行组织下统一行动，稳定有序化解债务危机，以时间换空间。

第二，华春快乐三年来纳税 403 亿元，后续会提供政策支持，加快部分政府应收款的偿付，指导协调金融机构展期。其中，安全人寿已经带头展期。

第三，安全人寿资管风控部门表示，将配合政府共同推进债务风险化解工作，不抽贷，不断贷。

第四，省委常委及其他机构也表示，大家要顾全大局，讲政治。本次风险是系统性的区域性风险，债权机构要提高容忍度。

第五，债权人会议推选了安全人寿和豫州银行为债委会主席，中国农业银行、中信信托和光大证券等被选为债权人委员会副主席。

上述会议整体定调较为积极，提振市场信心。2月1日，华春快乐债券价格上涨10～15PT。

```
CH  8      28/02/21   57.000/ 59.000  1034.0/955.18  +10
CH  9      31/07/21   47.000/ 49.000  248.11/229.71  +7
CH  7      08/04/22   45.000/ 47.000  92.95/87.46    +7
CH  6.92   16/06/22   45.000/ 47.000  79.74/75.15    +7
CH  8.75   28/09/22   45.000/ 47.000  69.62/65.85    +7
CH  6.9    13/01/23   44.000/ 46.000  58.94/55.77    +6
CH  8.6    08/04/24   44.000/ 46.000  42.04/40.02    +6
CH  8.05   13/01/25   44.000/ 46.000  35.46/33.81    +6
```

2021年2月1日华春快乐的收盘价及涨跌情况如表5-24所示。

表5-24 华春快乐2021年2月1日的收盘价及涨跌情况

代码	剩余年限（年）	买入价	卖出价	中间价	当日净价变化	1周净价变化	1月净价变化	3月净价变化
CH 8.625 2021	0.07	52.00	53.50	52.75	4.25	−22.50	−44.50	−47.00
CH 9 2021	0.49	42.00	43.50	42.75	2.75	−18.25	−51.50	−56.88
CH 7.125 2022	1.17	40.50	42.00	41.25	3.25	−9.25	−49.75	−55.63
CH 6.92 2022	1.36	40.50	42.00	41.25	3.25	−8.25	−47.75	−55.00
CH 8.75 2022	1.65	40.50	42.00	41.25	3.75	−8.75	−48.50	−56.75
CH 6.9 2023	1.94	39.00	40.50	39.75	2.50	−11.25	−45.00	−53.00
CH 8.6 2024	3.18	39.00	40.50	39.75	2.75	−10.25	−44.50	−52.25
CH 8.05 2025	3.94	39.00	40.50	39.75	2.75	−8.75	−39.25	−47.75

对于这次会议，我的看法较为中性。

积极方面：出席会议的政府级别较高，且政府会着力提前偿付部分应收款；安全人寿带头展期；华春快乐明确表示，不逃废债。

情景 2：先违约，再重组

在此情景下，华春快乐美元债价格可能会大跌，然后慢慢涨回来。因为违约会造成市场的恐慌情绪蔓延（投资者账户不能显示违约信息），同时可能让很多银行基金等做出砍仓动作。

在此种情景下，价格如果跌至 25～30，这个区间适合做多；如果涨至 40～45 区间，应该卖出。

情景 3：破产重组（概率较小，但有这个可能）

破产清算有一定概率的主要原因是：首先，境内债权人分散，较多的是公募基金和券商，因此难以形成统一的展期方案，容易出现某个投资者要求破产求偿的情况；另外，美元债投资者远没有所谓的"政治大局观"，很多投资者可能是后期介入抄底的对冲基金等，他们或许会不同意展期而要求启动破产程序。如果 2 月份美元债违约，有可能启动求偿机制。

在上述情景中，情景 1 是较好方案，情景 2 次之，情景 3 最差。

总体来看，华春快乐美元债的不同期限的价格高点应该是：2021 年 2 月份为 60～65，2022—2025 年在 50～55。投资者可在相对应的高、低点实施卖出和买入策略。

2021/02/03（周三）：终于躺倒

华春快乐发布公告，从 2 月 3 日起将暂停所有的偿债付款，包含债券本息的兑付。该消息引发了市场一阵恐慌抛售，2021—2025 年债券被卖到 30 以下，市场朝着前日复盘的情景 2 或者情景 3 方向发展，先躺倒（违约）。全天下来，华春快乐美元债没有任何抵抗力，2021—2025 年美元债曲线价格暴跌至 30 左右。

2021/02/04（周四）：死灰复燃？重组或破产

2 月 3 日晚上传出一份华春快乐内部会议纪要，主要内容是董事长在华春快乐内部对 1000 名核心员工讲话，涉及以下几个方面：

- 干到今天这步，我愿赌服输。

- 千方百计保持有序经营。
- 大股东同时制订自身债务偿付方案，在此基础上，竭尽全力支持华春快乐。
- 积极配合做好整体风险化解方案。
- 可以不交房租，但是不可以不发大家工资，工资支付是排第一位的。

虽然想保持企业有序经营，但债务方面的违约避免不了。这次内部会议其实没有实质性内容，但可以看出目前债委会及安全人寿应该朝着重组展期的方向努力。

另外，市场上多家机构看涨华春快乐的回收率，回收率的计算存在很大弹性。在整体策略上，如果是类似昨日情景2的躺倒，那么美元债价格必然大跌后再慢慢涨回来。

今日华春快乐再次反弹4~5PT：

CH 8.625 21 >> 36/39（+5）

CH 9 21（JUNE）>> 32/34.5（+4）

CH 9 21（JULY）>> 32/34.5（+4）

CH 7.125 22 >> 31.5/34（+3.5）

CH 6.92 22 >> 31.5/34（+3.5）

CH 8.75 22 >> 31.5/34（+3.5）

CH 6.9 23 >> 31.5/34（+3.5）

CH 8.6 24 >> 31.5/34（+3.5）

CH 8.05 25 >> 31.5/34（+3.5）

今天也有安全人寿的业绩会，其中关于华春快乐的部分内容如下：

- 华春快乐的问题：环京经济政策调控收紧、受疫情的负面影响、管理粗放。
- 安全人寿是联席主席，能及时掌握债委会安排。
- 华春快乐是安全人寿8万亿元组合的一部分，股权投资180亿元，表内债权360亿元。根据进程拨备，敞口540亿元不代表损失540亿元。如果未来有相关情况，华春快乐会及时通报。

其他方面消息：华春快乐继续公布股票停牌 10 天；华春快乐今天境内债券成交活跃，价格仍然不高。

华春快乐最新消息是，要等尽调报告出具，再拟订后续方案。如果华春快乐最后采取了展期方案，那么根据测算，2021—2025 年的美元债价格为 40～60，但重组方案可能不会顺利。如果躺倒直接违约破产清算，美元债价格大概为 30～40。

在短期方案出来前，投资者可以在 25～30 这个位置做多，在 40～45 位置做空。在具体方案出来后，投资者要看方案的具体情况，以及债权人的反应。

5.4　除却巫山不是云：违约重组

2021/02/26（周五）：违约重组迹象出现

2 月 18～19 日，华春快乐分别向境内和境外投资者表达了债务处理的意愿及联系方式，并且在 2 月 26 日试探性地询问投资人对债务展期的态度。

2021/02/27（周六）：违约重组

临近 2 月 28 日，随着最近一只美元债到期，华春快乐宣布违约。市场也在传闻一份华春快乐违约之后的重组方案，其中很大可能会进行展期重组。总体情况如下：

- 交换股权：新控钢与华春快乐董事长进行股权交换。股权交换后，新控钢持有华春快乐 35.45% 的股份，成为其第一大股东；董事长持有新控钢 35.45% 的股份，不再持有华春快乐股份。
- 注资。按华春快乐每股净资产的价格，新控钢、安全人寿、花蕊集团各购买 10 亿股，债权人通过债转股获得 10 亿股。至此，华春快乐总股本约 80 亿股，其中新控钢持有约 25 亿股，占 30% 股权；安全人寿持有约 20 亿股，占 25% 股权；花蕊集团和债权人各持有约 10 亿股，占 12.5% 股权。同时，华春快乐获得现金约 360 亿元，有息负债下降约 120 亿元。
- 债务展期、降息。所有债务展期三年，利息减半。选择现金还债的，只支付本金，不支付利息，并且第一年支付 20%，第二年支付 30%，第三年支付

50%。
- 经营分治。华春快乐董事长的代理人管理产业新城板块；安全人寿向华春快乐指派经理人管理商业地产板块。南北分治正式形成。境内也即将有一只3月3日到期的人民币债券，华春快乐正在与投资人进行债务展期磋商，但方案需要由债权人投票决定是否通过。

境内短期即将到期的债务展期方案为：

- 到期本金兑付：不兑付到期本金。
- 到期利息支付：到期支付15%应付利息，剩余85%应付利息延期6个月支付，顺延期间兑付款项不另计利息。
- 本金展期期限：12个月。
- 兜底条款：后续国内债券或境外债券有更优解决方案或展期方案，可与更优解决方案保持一致。

此方案要与债权人协商，也要等他们投票，投票结果会再次发布公告通知。

虽然华春快乐最终重组方案未完待续，但大概率会走上违约重组的道路。本章复盘日志并非是站在当前时点回顾过去的复盘，而是作者每日根据市场波动于当日思考并记录下来的，对一些交易策略的思考也许不全面、不准确，只是希望给读者呈现一个活生生的境外违约美元债价格演化过程，以及在这个价格演化过程中，如何根据债券本身的基本面情况、市场消息传闻和技术层面（多空交织）来思考、总结和提炼自身的交易战术与实战策略。

第 6 章　投资实战必备技能

中资美元债境外和境内市场差异较大。境外美元债市场除了有活跃的一级市场，还有活跃的二级交易市场。近些年，仅中资美元债每年发行量都超过 2 000 亿美元。虽然没有官方统计的交易量数据，但从市场成交情况来看，每年二级市场交易量应该不低于 5 000 亿美元，二级市场的交易情况和境内人民币债券市场的差异较大。

境外一级市场的美元债定价流程和境内有很大差异，且二级市场交易方式（净价交易或者利差交易）和境内收益率交易法有着天壤之别。因此本章进入实战环节，会从境外一级市场投标方式、二级市场交易方式进行讲解，以期带动读者掌握美元债投资交易的基础实战技能。

6.1　跨墙制度

中资美元债市场的结构较为复杂，图 6-1 为美元债市场的生态图。下面我们从卖方和买方两个维度来进行分析，买方是在美元债市场上进行组合管理的投资方，卖方主要是围绕证券一级发行和二级交易的机构和角色。

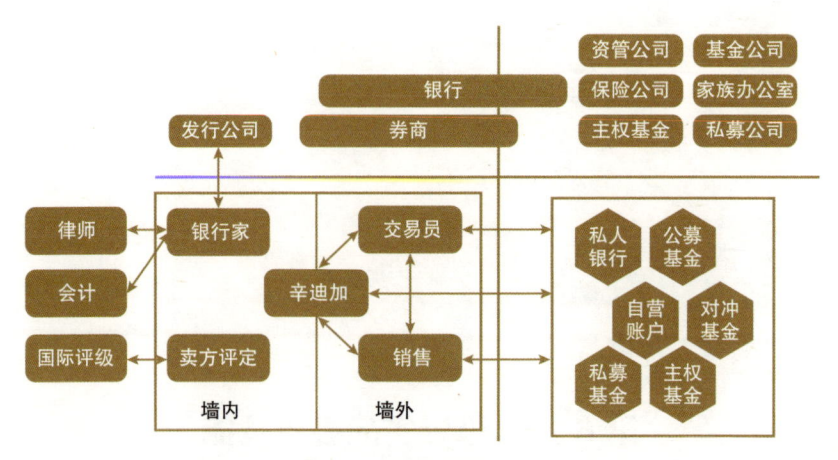

图 6-1 美元债市场生态圈

资料来源：根据公开资料整理。

6.1.1 跨墙制度秘密

所谓的跨墙是指买方和卖方之间有一堵"墙"（见图 6-2），用于防止非公开信息泄露。卖方机构在承揽新债时，投行团队是不能直接与投资者进行接触的，也不能把信息透露给买方机构。这是为了维持市场的公平性，避免该新债对应的存量债券价格被操控。

跨墙协议
图 6-2 跨墙协议

在项目完全成形前，投行人员不允许与投资者进行沟通。当新债准备妥当后，投行团队可以和辛迪加或者销售团队与市场投资者沟通价格、数量等关键信息。如果沟通需要保密，投行销售人员可以与投资者签订"跨墙协议"，以保证该发行信息不会泄露给市场,从而维持二级市场的价格稳定。

6.1.2 卖方机构及角色

在美元债市场上,不同机构扮演着不同的角色,有些机构是卖方机构,以提供服务为主;有些是买方机构,以资金管理为主。其中卖方机构以一、二级卖方业务为主(见表6-1),但并非只做卖方业务,比如某银国际可能也有自营投资和资产管理业务。

表6-1 美元债卖方机构

公司类别	举例
国际投行	境外外资Jefferies是著名的精品投行,以债券一、二级业务为主;浦银国际则是以投资银行业务为主
证券投行	中信里昂(CLSA)以卖方业务为主
评级机构	国际评级机构,分别为穆迪、惠誉和标普
法律机构	法律部门;针对债券、股票发行的法律顾问公司
审计和会计机构	审计或者会计公司

另外,在美元债市场上,尤其是在香港中资美元债市场上,不同从业人员持牌分为买方和卖方业务持牌,例如一般销售人员持1号牌照,投资经理、分析师持4号和9号牌照。不同角色在市场上参与方式也不同(见表6-2)。

表6-2 美元债卖方角色

卖方机构中的雇佣角色分类	市场角色
银行家	一般指一级市场的投行人员,主要指承揽人员
私人银行顾问	私人银行服务人员,主要服务私人银行投资者,可为私人银行投资者提供投资建议并执行客户交易
卖方评级顾问	投行的卖方评级顾问,主要在承做过程中协助公司进行投资评级材料的收集和整理等
辛迪加	介于卖方和买方机构之间的一类特殊人群,可以直接与投行人员沟通交流,也可以与买方机构交流,整合买卖双方资源
销售	在卖方机构销售的人员
卖方交易员	对债券价格进行买卖报价的交易员
律师	针对债券发行出具意见的律师
会计师	针对债券发行进行会计复核的会计师
审计师	针对债券发行出具审计意见的审计师
评级分析师	国际评级机构的评级分析师

如表 6-3 所示，卖方服务机构和角色众多，涉及美元债的卖方服务角色有主承销商、承销团律师、发行人律师、审计师、托管人等。境外美元债市场的卖方机构之间分工明确，例如投行团队内部分为银行家（又称为承揽者）、销售和辛迪加。其中，银行家只与发行人直接接触，销售、辛迪加与投资者直接接触。

在美元债发行之前，会计师、审计师、律师和评级顾问会与银行家一起做好前期顾问服务，包括前期财务报表审计、相关债券发行说明书的撰写、美元债的国际评级等方面。完成这个工作可能需要几个月到一年时间。

表 6-3 债券一级发行流程中的主要卖方机构及其职责详情

卖方服务机构	职责
主承销商	协调其他各个中介机构更好地发行新的美元债，包括： ■ 设计债券发行条款（发行金额、利率等） ■ 协调发行人进行尽职调查 ■ 编制路演推介材料 ■ 簿记建档和定价
承销团律师	为债券发行提供法律意见 起草尽职调查问卷 进行尽职调查，并发表修改意见 评估债券的发行通函
发行人律师	与公司管理层共同探讨债券发行的发行通函 尽职文件调查，发表法律意见 评估法律文件、债券说明书、认购协议、托管协议等，并发表法律意见
审计师	负责企业尽职调查，并且对潜在风险进行事前披露 审定销售备忘录中的财务数据，出具相关审计意见
托管人	保护债券资产，确保发行人履行债务的义务 代表债券持有人处理相关事务，包括但不限于债务违约时的相关行动、质押风险爆发下的相关处理等 托管和保管债券

6.1.3 买方机构及角色

香港的买方机构类型主要有银行资管、自营部门、券商资管、保险、主权基金等，这些机构的资金量相对较大，以持有到期策略为主，其账户在美元债市场上被称为实钱类账户。这些机构大多不能空仓，只能多仓。还有一部分投资者以交易为主要目标，这类账户被称为快钱账户，例如对冲基金或者机构的自营交易账户（见表6-4、表6-5）。

表6-4　美元债买方机构

公司类别	市场角色
资管公司	由银行、券商或者企业在香港设立的资产管理公司，主要持4号或9号牌照
基金公司	基金公司或者基金子公司，持4号或9号牌照
保险公司	在香港成立的保险公司的资管部门或者单独成立的保险资产管理公司
家族办公室	在香港成立的家族办公室，一般都是家族或者合伙人制度
主权基金	主权基金，一般为各大主权基金在香港设立的分支机构，主要投资境外债券或者权益市场
私募或对冲基金公司	一般能够实施多策略的私募对冲基金公司
银行资管部或自营部	银行的资产管理部和自营投资部门
券商资管部或自营部	券商的资产管理部和自营投资部门

表6-5　美元债买方角色

买方角色分类	市场角色
私人银行投资者	一般在私人银行开户并且参与投资的投资者；该类投资者的属性较为隐蔽
公募基金账户	公募基金成立的基金账户
私募基金账户	私募基金成立的基金账户
主权基金账户	国际主权基金成立的账户
银行资管户或自营户	银行资产管理部和自营部门的账户
券商资管户或自营户	券商资产管理部和自营部门的账户
家族办公室的账户	家族办公室的账户
对冲基金账户	在香港设立的对冲基金账户
定向资管专户	定向资管计划下的专户产品

　　香港有两类买方机构较为特殊，它们为中资美元债市场创造了极好的流动性，这两类机构分别是私人银行和对冲基金。私人银行是指在私人财富银行开设的个人或者机构账户（以开设的个人账户为主）；对冲基金因为可以做多也可以做空，因此为市场创造了波动性和流动性。

6.2　一级市场投标的玩法

6.2.1　发行及招标实战

　　中资美元债的一级市场只有场外交易市场，没有场内交易所市场，也没有成员资格规定和交易对手限制。债券合格投资者是经过认可的专业投资者，机构和个人均可参与中资美元债市场投资，专业投资者的认定由证券公司根据香港证监会的相关标准和证券公司内部规定自行裁定。

中资美元债一级市场发行方式采用荷兰式招标。荷兰式招标和美国式招标各有优缺点，其中荷兰式招标的所有投资者采用单一价格招标（见表6-6）。

表6-6 全球债券招标方式

债券类别	期限	招标方式	备注
美国国债	所有期限	荷兰式	当前美国所有的国债拍卖都使用单一价格制
中国国债	10年期（不含）以上	荷兰式	我国对10年期（不含）以上的记账式国债采用单一价格制
	1年期（不含）以下	美国式	1年期（不含）以下记账式国债采用多重价格制
	关键期限（1、3、5、7、10年）	混合式	关键期限（1、3、5、7、10年）的国债采用混合式招标方式
政策性金融债	所有期限	荷兰式	无
地方政府债券	所有期限	荷兰式	地方政府债券发行采用单一价格制
日本国债	除40年期外	美国式	除发行期限为40年的国债外，都采用多重价格制
韩国国债	所有期限	荷兰式	采用单一价格制
欧洲美元债	所有期限	荷兰式	采用单一价格制
中资美元债	所有期限	荷兰式	采用单一价格制

美元债一级市场发行流程包括投行团队跟发行人沟通，以及外部律师、会计师事务所确定发行的利率（或者利差）、发行金额等。在该过程中会确定全球联席协调人、牵头经办人、簿记管理人和簿记交割行（一般由全球联席协调人兼任）。各个角色相关职责如表6-7所示。

表6-7 承销团的分类及职责

角色	职责
全球联席协调人	在此次发行过程中担任最重要的角色
牵头经办人	辅助全球联席协调人共同承销该债券
簿记管理人	一般全球联席协调人和牵头经办人只要有账本记录功能都可以作为簿记管理人
簿记交割行	订单分配完成后，统一由簿记清算行进行簿记和交割

承销团（团内成员统称为承销商）一般分为两层架构或者一层架构。两层架构即全球联席协调人和牵头经办人，全球联席协调人负责相关发行安排和市场营销，一般会兼职担任簿记交割行；牵头经办人主要负责新债的市场营销。在两层架构中，全球联席协调人一般会全程协助发行人发行美元债，包括联系律师、撰写发行说明书，以及后期安排投资者路演、债券发行、交割等。因此，全球联席协调人往往在一级市场中担任最重要的角色，在订单投标分配中也占有更大的话语权。

一层架构即所有承销团成员的重要性一样。一般采用这种架构的发行人会在美元债市场上频繁发行美元债，且比较受市场追捧，因此发行人一般给予投行比较平等的角色和权力。

在发行人选择全球联席协调人之后，全球联席协调人负责准备债券发行说明书及相关协议，之后根据市场情况选定牵头经办人、簿记管理人等，宣布开始交易并发布债券发行说明书。宣布定价当日，全球联席协调人根据市场情况给出初始指导价（IPG），最终由投资者和发行人博弈出最终定价（FPG）。整个发行流程如图6-3和表6-8所示，美元债新债的法律文书列表如表6-9所示。

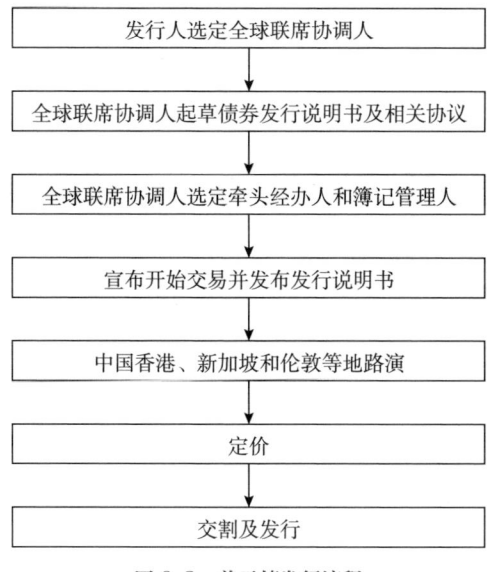

图6-3 美元债发行流程

表 6-8　美元债一级市场发行新债的完整流程

主要事项		所需时间
法律及发行文件准备	任命全球联席协调人和法律顾问	3~4周
	启动相关会议	
	准备债券发行说明书及相关文件（债券条款、认购协议、担保函或安慰函、法律意见草稿及销售条款书等）	
	准备发行通函	
	尽职调查	
	准备债券发行公告	
路演及销售	准备路演材料	2~3周
	交易前确定性尽职调查	
	宣布债券发行	
	向联交所递交交易公告	
	到不同地区路演	
	簿记建档	
	市场定价与分配	
	签署认购协议	
	向联交所递交定价并结束交易公告	
交割	发行通函公布	1周
	交割备忘录确定	
	交割前确定性尽职调查	
	出具安慰函及法律意见书	
	交割付款	

表 6-9　美元债新债的法律文书列表

法律文件	主要条款
发行通函	包括但不限于： ■ 美元债关键条款描述 ■ 发行风险及评估意见 ■ 发行人的主营业务、股东介绍、财务信息 ■ 发行时间规划 ■ 相关会议讨论纪要
路演材料	■ 路演 PPT（演示文稿）和债券发行说明书等文件 ■ 其他辅助路演材料，包括中文和英文版本
托管协议	托管协议相关的法律文件
认购协议	承销商认购发行人的认购法律文件
承销协议	发行人与承销团之间的承销协议

续表

法律文件	主要条款
费用协议	包括承销商与发行人之间协商的相关承销费用协议等
法律意见	关于债券发行说明中的文件的合规性及法律效应的意见 如果使用 144A 规则发行美元债，还需要美国律师的意见
安慰函	审计师发出的意见文件，确保所有财务报表的完备性

全球联席协调人准备好前期发行工作之后，宣布债券发行的公告如下：

** 发行宣布 – ×××× 公司 **

×××× 公司，评级为穆迪 Baa1（稳定）和惠誉 BBB（稳定），已经委任兴业银行香港分行、交银国际、华侨永亨银行、建设银行香港分行为联合协调人、联合簿记人和联合承销商。

上方的宣布债券发行的英文原本如下：

** MANDATE ANNOUNCEMENT – ×××× DEVELOPMENT & INVESTMENT **

×××× Development & Investment Holdings (Group) Co., Ltd. (the "Company"), rated Baa1 (stable) by Moody's and BBB (stable) by Fitch, has mandated Industrial Bank Co., Ltd. Hong Kong Branch, BOCOM International, OCBC Bank and CCB HK Branch as Joint Global Coordinators, Joint Bookrunners and Joint Lead Managers.

在发债过程中，销售会通过彭博或者其他媒介向投资者通告发行新债，一般新债会有初始指导价。

如果发行人的国际评级为投资级，那么初始指导价一般对应期限国债利率加信用利差（例如 T5+200bps），表 6-10 和表 6-11 所示为某个投资级发行人的新债初始指导价及相关信息。

表 6-10 一级市场发行投资级美元债的宣传实例（中文版本）

信息分类	具体示例
发行人	某公司
发行评级	BBB+ 稳定（惠誉）
债项期望评级	BBB+（惠誉）
发行规则	S 条例
发行层级	高级无担保固定票据
发行量	标准基准量

续表

信息分类	具体示例
发行期限	5 年
初始指导价	T5+200bps
资金用途	境外再融资
条款	香港联合交易所上市等
清算	欧洲清算所/明讯银行
交割日	2019 年 8 月 25 日（T+6）
发行日	今天

表 6-11　一级市场发行投资级美元债的宣传实例（英文原版）

信息分类	具体示例
ISSUER	×××Co., Ltd.
ISSUER RATINGS	BBB+ Stable（Fitch）
EXPECTED ISSUE RATINGS	BBB+（Fitch）
FORMAT	Regulation S（Category 1），Registered Form
STATUS	Senior Unsecured Fixed-rate Note
SIZE	USD Benchmark
TENOR	5 Years
INITIAL PRICE GUIDANCE	T5+200bps
USE OF PROCEEDS	Refinancing Certain Existing Offshore Indebtedness
TERMS	SEHK Listing, etc.
CLEARING	Euroclear / Clearstream
SETTLEMENT DATE	August 25, 2019（T+6）
TIMING	As Early As Today's Business

如果发行人的国际评级为高收益，那么初始指导价是到期收益率。表 6-12 和表 6-13 所示为某高收益发行人的新债初始指导价及相关信息。

表 6-12　一级市场发行高收益美元债的宣传实例（中文版本）

信息分类	具体示例
发行人	某公司
发行评级	BB+ 稳定（惠誉）
债项期望评级	BB+（惠誉）
发行规则	S 条例

续表

信息分类	具体示例
发行层级	高级无担保债券
发行量	标准基准量
发行期限	3 年
初始指导价	6.30%
资金用途	境外再融资
控制权变更	投资人可以按价格的 10% 卖出给发行人
条款	香港联合交易所上市等
清算	欧洲清算所 / 明讯银行
交割日	2019 年 8 月 26 日（T+6）
发行日	今天

表 6-13　一级市场发行高收益美元债的宣传实例（英文原版）

信息分类	具体示例
ISSUER	×××Co., Ltd.
ISSUER RATINGS	BB+ Stable（Fitch）
EXPECTED ISSUE RATINGS	BB+（Fitch）
FORMAT	Regulation S（Category 1），Registered Form
STATUS	Senior Unsecured Fixed-rate Note
SIZE	USD Benchmark
TENOR	3 Years
INITIAL PRICE GUIDANCE	6.30% area
USE OF PROCEEDS	Refinancing Certain Existing Offshore Indebtedness
CHANGE OF CONTROL	10% put
TERMS	SEHK Listing, etc.
CLEARING	Euroclear / Clearstream
SETTLEMENT DATE	August 26, 2019（T+6）
TIMING	As Early As Today's Business

6.2.2　发行定价机制与标准流程

一般来说，投标都是在彭博的窗口中与销售直接进行沟通。值得注意的是，当前认购量（包括投资者和承销商的订单）每隔一段时间或者达到一定量之后都会进行公布。在整个投标过程中，投资者大多只能通过销售或者同业来获得新债的投标信息，以此判断是否值得投标。对新债的投标像是一个黑匣子，投资者无法打开这个黑匣子窥探其内部构成。

一级市场投标截止时间通常在亚洲时间 16：00 到 18：00，有些一级市场订单可能根据投资者情况较早截标，也有一些订单可能由于需要向欧洲或者美国投资者销售，因此截标时间会考虑投资者类型以及发行的安排。

投标截止时间分为第一次出价截标时间和第二次确认截标时间。在第一次出价截标之前，投资者根据承销商的初始指导价表达投资意愿（包括价格和投资数量）；在第一次出价截标之后，根据收集的投资者信息，协调发行人给出最终指导价，投资者根据最终指导价决定是否继续保留订单（见图 6-4）。

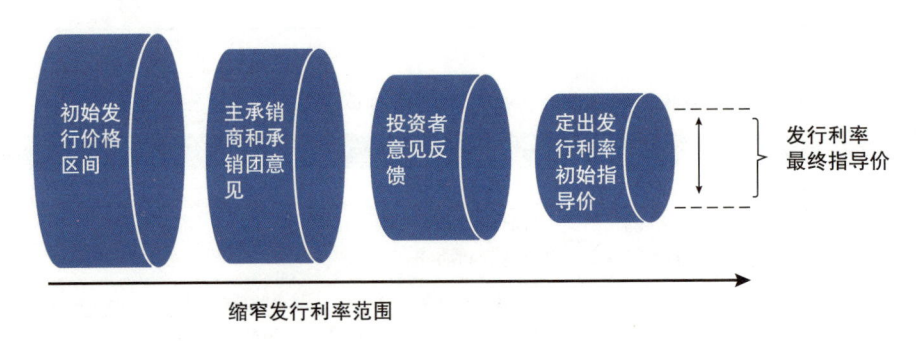

图 6-4　美元债定价过程

资料来源：根据公开资料整理。

6.2.3　投标实战及案例详解

一条完整有效的订单可以让投资者少犯错误，并有效获得订单分配。一条信息完整的订单需要有订单初始兴趣、订单价格限制（刚开始也可以不设置价格限制）、订单类型（独家订单还是共享订单）及其他邀请。

一条投行订单的实例如下：

Put sole order 40m to YuXX new issue @ reoffer cap size 300m

上述实战订单包括五个关键信息：

- 这是一条独家订单，即这个订单只下给指定的承销商。独家订单通常有几个优势：首先，当投行需要收集更多投资者订单时，采用独家订单在后期可获得订单分配保护；其次，独家订单一般登记在承销商的个人账簿上，不对外公开，因此可以隐藏保护投资者的身份。投资者给承销商下订单的方式主要分为两种：独家订单只下给指定的承销商，也只有指定的承销商才能看到该订单；共享订单是下给所有的主承销和分销商的，所有承销商都能看到该笔订单。

- 订单量是4 000万美元。注意在境外表达数量时，一般用M、MIL或MIO，它们都表示百万。
- 这个订单是下给某个新债的，当然在实际下订单过程中用该新债券命名会更加具体一些。
- 该订单是市价单，并未做出价格限制，这表示无论最终价格在什么位置，该投行都会参与该新债发行。实际上，这表达了一种非常积极的投标意向，该投行在订单分配过程中可能获得承销商或者发行人更多的照顾。无价格限制的订单在最终指导价出来之后还可再次修改价格。除了市价单，市场上还有限价单。限价单只有在一级市场定价高于限价时才会生效，低于该限价时自动失效。限价单可以从价格方面给出投资者的心理预期。
- 该订单生效的前提是这次发行的总量不超过3亿美元，因为有些发行人可能为了寻求更多发行量而导致第二天二级市场价格大跌。这种条件限制可以有效避免参与的新发债券第二日出现大跌。

在实际的一级市场投标过程中，还有很多其他的专业投标用语（见表6-14）。

表6-14 一级市场投标专业术语

术语	术语说明
独家订单	只下单给某一家承销商
共享订单	下单给所有承销商
限价单	有价格限制
市价单	没有价格限制
膨胀单	超出实际兴趣
实际兴趣	投资者实际想买入的数量
发行量限制	限制发行人的实际发行量
确认单	需要再次与投资者确认的确认订单

6.2.4 一级市场投标实战定价

一级市场投标过程中需要对新债进行定价，因此在投资过程中，我们可以对二级市场债券的收益率曲线进行拟合，估算对应期限的新发美元债的到期收益率。图 6-5 所示为恒大地产美元债的到期收益率曲线点（图中的发行人横线点）。我们可对这些到期收益率点进行不同函数拟合，包括线性函数和对数函数拟合。

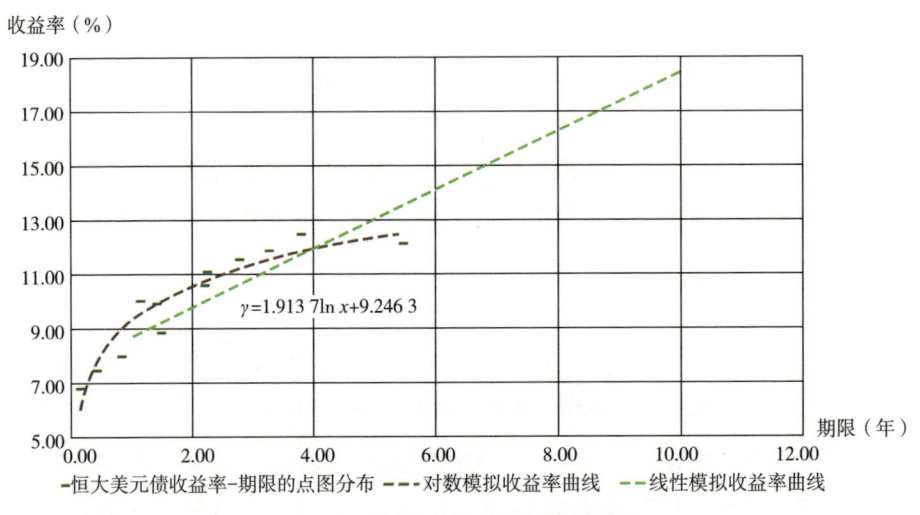

收益率（%）

$y = 1.913\,7\ln x + 9.246\,3$

期限（年）

—— 恒大美元债收益率-期限的点图分布　---- 对数模拟收益率曲线　—— 线性模拟收益率曲线

图 6-5　恒大地产美元债收益率曲线点

资料来源：彭博。

从拟合结果来看，对数函数的拟合效果更好，主要原因是恒大 2024—2025 年长端美元债的流动性较好，因此远期更需要流动性溢价，即更低的收益率或信用利差）。假设恒大地产新发美元债的流动性延续二级市场流动性的线性外推，那么采用对数拟合收益率曲线对恒大新发美元债进行定价更合理（见表 6-15）。

表 6-15　恒大地产美元债线性拟合收益率与对数拟合收益率对比

期限（年）	年份	线性拟合收益率（%）	对数拟合收益率（%）
1	2021	8.82	9.25
2	2022	9.90	10.57
3	2023	10.97	11.35
4	2024	12.05	11.90

续表

期限（年）	年份	线性拟合收益率（%）	对数拟合收益率（%）
5	2025	13.13	12.33
6	2026	14.20	12.68
7	2027	15.28	12.97
8	2028	16.35	13.23
9	2029	17.43	13.45
10	2030	18.51	13.65

资料来源：彭博。

根据表6-15可知，恒大2年、3年、5年和7年期的理论收益率为10.57%、11.35%、12.33%和12.97%，这可以作为投资者进行新债投标的价格参考，当然还要结合市场实际情况进行调整。

投行在定价过程中，通常也会给出一些可比较的二级市场美元债，包括当前新发美元债发行人的存量二级美元债，或者和当前发行人类似的发行人美元债，供投资者参考。给出的二级市场债券价格可能遵循相同发行人曲线，也有可能遵循相似发行人曲线。

例如在新美元债发行时，投行会给出可比较的债券信息（见红色部分KEY COMPS）：

***CHINA NATIONAL BLUESTAR US$ 3.875% SUBORDINATED PERP NC2023 TAP – UPDATE #1**

** REOPENING OF EXISTING CHINA NATIONAL BLUESTAR US$500MM 3.875% PERP NC 06/23（ISIN：XS2183820617）

** INITIAL PRICE GUIDANCE：4.05% AREA

** EXPECTED SIZE：US$ 300 MM（CAPPED）

** RESET & 300BPS STEP-UP ON FIRST CALL DATE

** GUARANTOR'S RATINGS：Baa2/BBB/A-（M/S/F）

** EXPECTED ISSUE RATING：Baa3/—/BBB（M/S/F）

** TIMING：TODAY'S BUSINESS

** KEY COMPS：

Security　　Nxt Call B GSpd　B Px B YTNC Amt Iss Moody S&P Fitch

CNBG $3^{7}/_{8}$ PERP　06/24/23　343 100.57　3.643 500MM　Baa3　N.A. BBB

HAOHUA 3.35 PERP 09/22/23　329　99.54　3.519 600MM　Baa3　N.A. BBB

SINOCH 3 PERP　10/29/23　288　99.68　3.114 500MM　Baa1　N.A. BBB+

6.2.5 如何识别投标陷阱

美元债投标具有较多"陷阱"，因为一级市场采用的是"黑匣子"投标机制，且参与机构众多。如果是交易盘，那么我们可能需要深入观察投标过程，并结合二级市场的估值情况来判断此单新发美元债在二级市场上能否上涨。同时，在投标过程中，我们还要观察市场订单背后的构成。

（1）投标质量和数量

在一级市场投标过程中，卖方会每隔一段时间公布某订单的大概投标量。我们需要注意以下几点。

首先，并非所公布的订单就是真实的订单数量，这个订单数量可能会有承销商的虚单，从而造成订单倍数被放大。如果存在这种情况，那么投资者需要谨慎投标，市场上往往存在"硬包销"；如果该类虚单（硬包销）占比过大，那么第二日新债往往会出现较大幅度的调整，即使不调整，未来上涨空间也将受到限制。

其次，投资者可能因为某些情形故意放大或者缩小自己的投标量，目的是在订单分配过程中占据优势。这种情况需要结合市场投资者对该订单发行量的反应来分析，如果定价明显偏贵的新债投标仍然火热，那么我们就需要了解是否有投资者作为基石投资者故意支持这种新债。

最后，很多投资者可能是跟风投资者，并非是坚定的基石投资者，如果这种投资者占有比例较大，那么第二日二级市场价格往往会出现下跌。

因此，在投标过程中，新债的投标量和投标倍数是非常重要的信号指标，但是订单的质量往往更加重要，这决定了该新债的后续表现，以及市场对其公允价值的判断。

（2）销售套路

根据心理学分析，市场具有羊群效应。在投标过程中，投资者容易盲目跟随市场，例如卖方可能营造该只美元债投标火爆的假象而促使其他投资者跟随投资。因此，投资者要保持清醒的判断和认识，识别真正有价值的投资标的。

首先，要从基本面对新债的相对估值全面把握，相对价值的比较包括与二级市场存量债券的比较和与同类型债券的比较；其次，要结合市场技术面来判断该新债是否具有投资价值。

（3）私人银行

私人银行订单常常是决定新债二级市场表现的边际变量因子。私人银行之所以如此重要，首先是因为私人银行订单往往占据了投标量的较大部分；其次是因为私人银行的订单往往较为稳定，不会像对冲基金等热钱（Fast Money）快速卖出新债；再次是因为私人银行订单往往具有连续性和持续性，新债受到私人银行偏好的影响，未来交易行为（买或者卖）会持续一段时间，例如私人银行往往会在二级市场增加新债仓位；最后，私人银行给投资者提供杠杆买入新债，因此对新债的二级市场表现往往具有支持作用。

分析私人银行订单，有一个重要的变量需要注意，那就是私人银行风险对于新债的杠杆率。杠杆是私人银行提供给高净值投资客户的，较高的杠杆率意味着私人银行投资者可以用较少的本金投资更多的新债标的，因此，较高的杠杆率往往意味着市场对这个新债的认可。

6.3 估值模型的选择及二级实战案例

6.3.1 二级交易的三种方式

针对不同评级的美元债，买卖双方的报价方式不同。投资级美元债采用信用利差报价，高收益美元债采用净价方式报价，还有一些中资投资机构沿用境内人民币债券的收益率报价。在询价过程中，我们可以要求卖方机构给出对应的收益率报价。

（1）净价交易

高收益美元债一般采用净价报价，其中净价并不包括该债券的应计利息。

报价可以采用单边报价，也可以采用双边报价，单边报价一般会在报价专业术语中增加关键名词 Offer 或 Bid。Offer 表示卖方机构有实际卖出意愿，Bid 表示卖方机构有实际买入需求，例如：CHJXXX 4 Perp offer 97.0 表示卖方机构可以在 97 美元的净价卖出 CHJXXX 债券；双边报价，例如 ICBXXX 6 PERP 100.6/100.7，表示卖方机构可以在 100.7 美元卖出该债券，也可以在 100.6 美元买入该债券，该债券的做市价差为 0.1 美元。

一般来讲，流动性较好的高收益债券的 Offer 和 Bid 价差在 0.5 美元之内，随着时间的推移，不同债券的流动性也会有所变化。当债券市场流动性变得极差时，Dffer 和 Bid 价差甚至可以达到 5～10 美元。

（2）信用利差报价

投资级债券一般采用信用利差报价，理解信用利差的类型和区别对交易投资级债券至关重要。不同的信用利差介绍见表 6-16。

表 6-16　不同信用利差分类和含义

信用利差分类	含义
Normal Spread（又称 G-Spread）	Normal Spread= 债券到期收益率－无风险债券到期收益率 G Spread= Yc－Yt Yc：目标企业债券到期收益率 Yt：同一期限的国债收益率
Interpolated Spread（I-Spread）	在 G-Spread 中，基准国债的久期往往与信用债的期限并非绝对匹配，因此采用 I-spread。I-Spread 是信用债到期收益率与期限相同的掉期利率之差，掉期利率的期限能与信用债券的期限相匹配，通过对掉期曲线采用插值法可以精确算出对应期限的无风险利率 I-Spread= Yc－Swap Rate Yc：信用债券到期收益率 Swap Rate：无风险利率的标准掉期利率
Zero-Volatility Spread（Z-Spread，零波动价差）	假设利率波动率为零，远期现金流的折现利率为即期利率（Spot Rate）+ 利差（Z-Spread）。Z-Spread 能够使得远期现金流的现值（NPV）等于当前的债券价格。该价差与前述价差不一样的地方在于，基准利率不是国债到期收益率或者掉期利率，而是即期利率
Option adjusted spread（OAS 期权调整价差）	OAS 是相对无风险利率的价差。以即期利率曲线为基准，在此基准上水平浮动一定利差，综合考虑利率的波动，将期权调整后的现金流进行折现，得到含权债券的理论价格 OAS=Z-spread－期权价值 （若是赎回权，投资者要求额外收益率补偿，则 Z-Spread>OAS；若是回售权，发行人要求降低债券收益率，则 Z-Spread < OAS）

美元债信用利差报价一般采用 G-Spread。TENXXX 29 +139/+137 表示×××

公司 2029 年到期的美元债的买、卖利差分别为 T10+139 和 T10+137。如果要表示当天或者最近价格的大幅变动，还可以在报价后面加上价格变动，例如 TEN×××29 dn +149/+147（+9bps）表示当前的价格在短时间或者当日信用利差走阔 9bps。

（3）收益率报价

由于大部分资产管理机构（非交易性机构）的特点是采用资产负债管理方法（Asset–Liability Management，简称 ALM），投资者进行资产配置时更在乎资产的收益率能否覆盖负债成本。因此在询价和报价环节，买方投资者可能要求卖方交易员采用收益率进行报价，投资者自己也可以利用彭博的债券估值计算器（YAS）或信用利差与到期收益率的相互转换来进行净价。

> YUXXX 21 offer@7.1%

该实例表示，卖方机构可以以到期收益率 7.1% 卖出 YUXXX 21 美元债（21 表示该美元债 2021 年到期）。

6.3.2 二级交易的三级架构

二级市场美元债交易的三个步骤为询价、报价和成交，交易一般采用彭博的客户端达成初步协议，之后通过其他媒介（例如邮件）再次确认交易。

境外美元债的二级交易路径可以用一个三级架构来概括。三级分为买方投资者、经纪商和做市商，其中，买方投资者代表实际投资者，包括银行、保险、基金、主权基金、家族办公室等；做市商主要是投行机构的卖方交易部门；经纪商主要对接不同做市商的需求。三级机构的架构如图 6-6 所示。

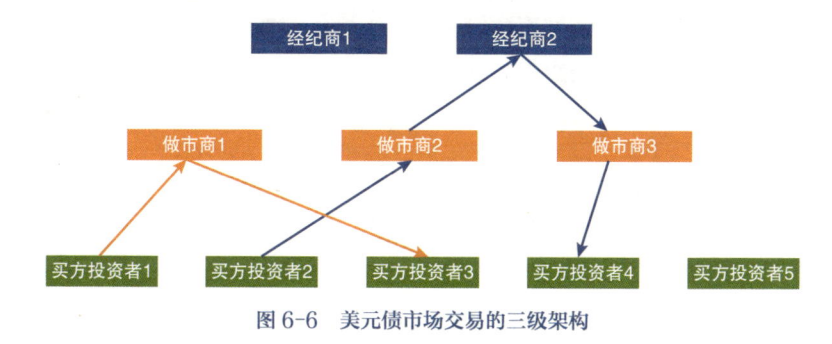

图 6-6　美元债市场交易的三级架构

一般机构的买入－卖出成交路径有两种：

- **红色路径**。买方投资者 1 向做市商 1 发出需求，由做市商进行需求匹配，匹配到买方投资者 3，于是买方投资者 1 和买方投资者 3 的交易需求通过做市商 1 达成，但买方投资者 1 和买方投资者 3 并不知道与哪家交易对手达成了交易。做市商 1 对这种交易信息也需要进行严格保密，否则有失市场公平原则。
- **蓝色路径**。买方投资者 2 向做市商 2 发出需求，但做市商查询不到匹配对象，于是向上一层的经纪商 2 发起询价，经纪商 2 发现做市商 3 具有相对应的需求匹配，需求来源于买方投资者 4。因此，通过这个交易链条，买方投资者 2 和买方投资者 4 之间达成了交易。值得注意的是，做市商 2 和做市商 3 之间不能直接沟通，也不知道双方之间进行交易；另外，买方投资者 2 和买方投资者 4 之间虽然达成了交易，但并不知道交易对手是谁。

上述红色和蓝色的交易路径是背对背的交易路径。但在实际市场中，做市商可以选择更加主动的交易方式，例如买方投资者 1 向做市商 1 询价，做市商 1 根据市场判断，不需要在市场上寻找实际匹配的需求，可以直接拿下买方投资者 1 的订单，然后择机在市场上平掉。这种交易方式可以提高做市商的灵敏性、做市能力和市场地位。

在这种三级交易架构中，市场往往会存在漏洞，因此需要辨别卖方机构（经纪商和做市商）和买方机构（买方投资者）的不同投资与交易行为，例如熟悉不同卖方机构的做市偏好有助于理解非理性下跌或者上涨。当前中资美元债的做市商更多的是与普通买方（买方投资者）方向一致，而不是互相博弈，因此存在单边市的情况——追涨的时候做市商没有货，下跌的时候做市商接货意愿较低。市场往往会出现因为流动性稀缺而超跌的情况，因为市场挤兑或者追涨而出现非理性上涨。

6.3.3 美元债六种估值模型及应用

中资美元债估值有六种不同的模型，分别是 CBBT、BVAL、BMRK、BGN、MSG 和 TRAC（见表 6–17）。从报价来源来看，一般使用较多的是 CBBT、BGN、

BVAL 三种模型，而 ALLQ（所有报价）页面会标明估值的类型（见图 6–17）。

表 6-17　美元债彭博估值模型

序号	估值模型	估值逻辑
1	CBBT	CBBT 是采用最近执行的交易价格或者可执行价格综合计算的模型
2	BVAL	BVAL 报价资料源于各个资源，BVAL 的报价并非是最实时的报价，而是每日结束的报价
3	BMRK	BMRK 是一个强大的交易前分析价格发现工具，是基于最新的市场数据、波动性和价格驱动因子建立的价格模型，也是在没有报价和没有市场交易的情况下提供给投资者的一个价格参考模型
4	BGN	BGN 是基于多个资料来源的实时报价，包括实际可执行报价和意向报价
5	MSG	MSG 基于卖方发给买方投资者的彭博邮件或者报价内容而抓取美元债报价
6	TRAC	TRAC 是来自做市商的价格发布服务，欲获取实时的债券价格信息，需要申请授权和付费订阅

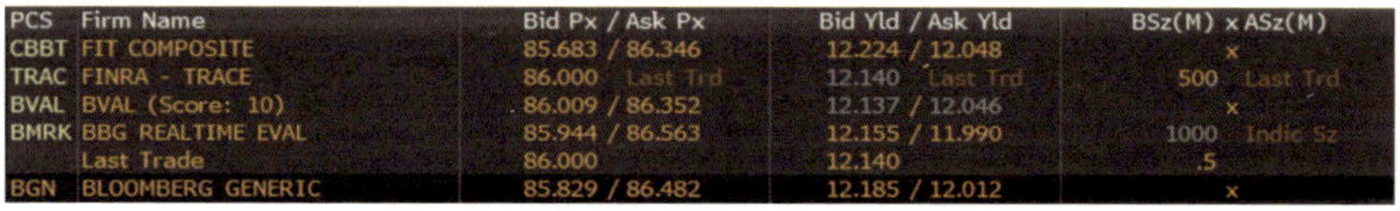

PCS	Firm Name	Bid Px / Ask Px	Bid Yld / Ask Yld	BSz(M) x ASz(M)
CBBT	FIT COMPOSITE	85.683 / 86.346	12.224 / 12.048	x
TRAC	FINRA - TRACE	86.000 Last Trd	12.140 Last Trd	500 Last Trd
BVAL	BVAL (Score: 10)	86.009 / 86.352	12.137 / 12.046	x
BMRK	BBG REALTIME EVAL	85.944 / 86.563	12.155 / 11.990	1000 Indic Sz
	Last Trade	86.000	12.140	.5
BGN	BLOOMBERG GENERIC	85.829 / 86.482	12.185 / 12.012	x

图 6-7　基于彭博系统的债券估值报价

资料来源：彭博。

上述几种估值模型的区别如下：

MSG：MSG 是卖方交易员或者销售发送给买方投资者的邮箱或者报价。一般 MSG 是价格最为及时的报价，但也是覆盖范围最小的报价（没有成交或者成交意向的美元债就没有 MSG 报价）。

CBBT：该估值模型采用市场上可执行的价格进行计算，得到的价格能较为准确地反映市场可成交价格，但该价格并不是最优报价。

BGN：这个估值模型采用可执行报价或者意向报价。其价格来源比 CBBT 更丰富，但是意向报价往往可能不是可执行价格，因此该价格的真实性较 CBBT 更差。

BVAL：这个价格源于多个数据源，但该价格的频率一般是日终根据各种资料来源计算而得到的，因此流动性通常较差的债券也有 BVAL 估值价格，历史价格序列更加连续。

BMRK：通过模型计算得出的报价，因此一般没有成交的美元债也会有 BMRK 的估值。

总结上述估值模型，从估值效率和精确度来看，MSG > CBBT > BGN > BVAL/BMRK。从报价及时性来看，MSG、CBBT、BGN、BMRK 是实时估值，BVAL 的估值频率最高。投资者可以根据实际情况选择不同的估值模型，一般的原则是将准确性和及时性作为选择估值模型的标准。

境外美元债彭博的交易价格采用实时变动方式进行计算，这一点比境内中债估值的实时性更强，且彭博给出的单券报价源可以采用上述六种方式，一般采用 CBBT 或者 BGN 价格来源作为日内价格变动参考，有时候没有 CBBT 或者 BGN 价格，也可以采用 BVAL、BMRK 进行参考。然而 BVAL 和 BMRK 的价格并非市场真实有效成交价格，因此后两种价格源经常作为中长期价格分析。

6.4 发行说明书"猫腻"及投资者保护条款

投资美元债必须对发行说明书了如指掌，很多风险就源于对发行说明书阅读地不够仔细，不会阅读债券发行说明书的基金经理不是好的基金经理。阅读债券发行说明书对于给出投资决策的支持理由至关重要，可以规避掉发行说明书中的陷阱（或者"猫腻"）。有些关键条款（利息调整方式、投资者保护条款）会对投资产生非常重大的影响。例如有一个发行人，曾经在债券发行说明书中写明发行人在三个月之后可以随时赎回该美元债的条款。该条款明显表明：债券带有一个美式定价权，当市场利率水平处于高位时，该美式期权应该有很高的溢价才合理。基金经理如果未仔细阅读债券发行说明书而遗漏此条款，将导致对该只债券的定价估值失误。

6.4.1 快速抓取关键条款

境外美元债的招标书一般包括发行条款、法律条款、会计和审计条款，这些条款加在一起有几百页纯英文，如果全部逐条阅读，必然会耗费大量的精力和时间，因此需要掌握如何在短时间快速抓取关键信息的方法。

对于新债的招标，投资者往往最关注该债券的发行人、发行结构、发行利率、发行金额及其他信息，这些信息一般归集在项目概览（Summary of the Programme）。某个中资美元债债券发行说明书的项目概览章节如下，投资者在阅读其他新债债券发行说明书时，如果时间紧迫，可以检索项目概览这个章节，直接阅读新债发行的关键条款。

SUMMARY OF THE PROGRAMME

Below is a summary of the terms and conditions, as amended, supplemented and/or replaced by the relevant Pricing Supplement, applicable to each Series of Notes issued on or after the date of this Offering Circular, which are different from the terms and conditions which, as amended, supplemented and/or replaced by the relevant Pricing Supplement, are applicable to each Series of Notes issued prior to the date of this Offering Circular and contained herein under "*Original Terms and Conditions of the Notes*". This summary must be read as an introduction to this Offering Circular and any decision to invest in the Notes should be based on a consideration of the Offering Circular as a whole, including any information incorporated by reference. Words and expressions defined in the "*Terms and Conditions of the Notes*" below or elsewhere in this Offering Circular have the same meanings in this summary.

Issuer.. Holdings Limited.

Programme Size....................... Up to US$20,000,000,000 (or the equivalent in other currencies calculated as described in the Dealer Agreement (as defined in "*Subscription and Sale*")) outstanding at any time. The Issuer may increase the amount of the Programme in accordance with the terms of the Dealer Agreement.

6.4.2 权利选择条款

在项目概览条款中，除了发行人、担保人、发行量等关键条款外，我们还需要关注该项目的权利选择条款，包括赎回、回售及其他选择性条款。这些条款在该债券的二级市场定价，以及特定市场情况下的价格剧烈波动、投资者的权利保护等方面都发挥着举足轻重的作用。中资美元债债券发行说明书中的权利选择条款示例如下（对特殊条款的说明如表6-18所示）：

Redemption............................ Notes may be redeemable at par or at such other Redemption Amount (detailed in a formula, index or otherwise) as may be specified in the relevant Pricing Supplement. Notes may also be redeemable in two or more instalments on such dates and in such manner as may be specified in the relevant Pricing Supplement.

Optional Redemption............ Notes may be redeemed before their stated maturity at the option of the Issuer (either in whole or in part) as described in Condition 10(c) (*Redemption at the option of the Issuer*) and/or the Noteholders to the extent (if at all) specified in the condition 10(e) (*Redemption at the option of the Noteholders*).

表 6-18 新债发行过程中的特殊条款

权利名称	说明
赎回权	该权利表示新债发行完成后，发行人可以根据市场情况，在一定时间之后，按照某个价格赎回该债券。例如：5NC3，表示债券发行期限为 5 年，在第 3 年年末发行人具有一次赎回该债券的权利
回售权	该权利表示新债发行完成后，投资者可以根据市场情况，在一定时间之后，按照某个价格回售该债券。例如：5NP3，表示债券发行期限为 5 年，在第 3 年年末投资者具有一次回售该债券的权利
票息重置	票息重置条款一般适用于浮息债、永续债和优先股 ■ 浮息债。一般会规定 3、6、12 个月重置一次票面利息，一般票面利息重置的规则是 3 个月拆借利率加利差 ■ 永续债。永续债的存在往往是由于企业需要进行"明股实债"的融资，优化资产负债结构。永续债在企业会计报表中算作权益，但企业发行的美元永续债，往往会在票息设定一段时间后跳升 500bps ■ 优先股。优先股是巴塞尔协议框架下的附属资本工具，可以在 5 年后选择重置票息
对赌条款	对赌条款一般存在于收并购案例中，债券发行中也会有对赌条款。对赌条款往往与该债券发行人的资产规模、杠杆率和盈利等挂钩

6.4.3 保护条款

保护条款主要是针对投资者而言的，一般的债券发行说明书都会为投资者设置此条款。保护条款主要对该债券发行人可能发生的收并购事件和控股权变更做出规定。

收并购保护条款可能会规定发行人在债券存续期间不能参与其他企业的收并购，这是为了避免企业资金转移或者非理性扩张导致公司产生流动性危机和债务违约风险。

控制权变更主要是指企业的控股股东（包括直接或间接控股股东）的控制权和持股比例发生变化。控股股东控制权的转移或变更往往意味着企业的经营决策出现重大转变，会对企业的盈利、债务风险产生很大影响，因此控制权变更是投资者需要重点关注的内容。中资美元债债券发行说明书中的保护条款示例如下：

Covenants............................ The Notes will contain certain covenants including Condition 5(a) (*Negative Pledge*), Condition 5(b) (*Consolidation, Merger and Sale of Assets*) and Condition 5(c) (*Reports*). See the relevant Conditions under "*Terms and Conditions of the Notes*" for more details.

5. Certain Covenants

(a) Negative Pledge

So long as any Note remains outstanding, the Issuer will not create or have outstanding, and the Issuer will ensure that none of its Material Controlled Entities will create or have outstanding, any Lien upon the whole or any part of their respective present or future undertaking, assets or revenues (including any uncalled capital) securing any Relevant Indebtedness, or any guarantee or indemnity in respect of any Relevant Indebtedness of either of the Issuer or any Material Controlled Entities, without (a) at the same time or prior thereto securing the Notes equally and rateably therewith to the satisfaction of the Trustee or (b) providing such other security for the Notes as the Trustee may in its absolute discretion consider to be not materially less beneficial to the interests of the Noteholders or as may be approved by an Extraordinary Resolution of Noteholders.

(b) Consolidation, Merger and Sale of Assets

The Issuer will not consolidate with or merge into any other Person in a transaction in which the Issuer is not the surviving entity, or sell, assign, convey, transfer, lease or otherwise dispose its properties and assets substantially as an entirety to any Person unless.

6.4.4　违约条款

债券违约包括债券的利息和本金违约，还包括债券之外的其他债务违约。一般来讲，债券利息和本金违约会有宽限期，中资美元债的宽限期一般为一个月。投资者需要重点关注债券发行说明书中的违约事件定义及违约宽限期，这涉及后续违约事件的定性以及债务处理流程。中资美元债债券发行说明书中的违约条款示例如下：

14. Events of Default

Each of the following events constitute an event of default (each, an "**Event of Default**") with respect to any Note:

(a) **Non-Payment of principal**: the Issuer fails to pay the principal or premiun (if any) of any of the Notes when due; or

(b) **Non-Payment of interest**: the Issuer fails to pay the interest of any of the Notes when due and such failure continues for a period of 30 days; or

(c) **Breach of Consolidation, Merger and Sale of Assets Covenant**: the Issuer defaults in the performance of, or breaches, its obligations under Condition 5(b) (*Consolidation, Merger and Sale of Assets*); or

(d) **Breach of other obligations**: the Issuer defaults in the performance or observance of any of its other obligations under or in respect of the Notes (other than a default specified in clauses (a), (b) or (c) above), the Agency Agreement or Trust Deed and such default remains unremedied for 30 days after written notice by the Trustee has been delivered to the Issuer; or

6.4.5 交叉违约

境外美元债的债券发行说明书对交叉违约事件有详细的说明。债券违约可能是债券自身违约，也可能是由于其他债券或者贷款违约造成的交叉违约。交叉违约条款对于债券投资者至关重要，同一个发行人的不同债券发行说明书对于交叉违约的定义可能不同。出现交叉违约对于债券发行人而言往往意味着短期流动性风险的陡然上升。中资美元债债券发行说明书中的交叉违约条款示例如下：

(e) **Cross-acceleration**:

(i) any Indebtedness of the Issuer is not paid when due or (as the case may be) within any originally applicable grace period;

(ii) any such Indebtedness becomes due and payable prior to its stated maturity otherwise than at the option of the Issuer or (provided that no event of default, howsoever described, has occurred) any person entitled to such Indebtedness; or

(iii) the Issuer fails to pay when due any amount payable by it under any guarantee of any Indebtedness, *provided that* the amount of Indebtedness referred to in sub-paragraph (i) and/or sub paragraph (ii) above and/or the amount payable under any guarantee referred to in sub-paragraph (iii) above, individually or in the aggregate, exceeds the greater of (y) US$100 million (or its equivalent in any other Currency or currencies) and (z) 2.5 per cent. of the Issuer's Total Equity; or

6.5 交易工具百宝箱

在中资美元债的投资实战中，很多交易需要借助彭博的可视化工具进行查询、估值计算等。虽然这些工具不一定能完全满足投资实战的需求，但我们把一些常见的和实用的工具整理出来，以期大家能够快速借用彭博终端掌握必备投资技能。已经对彭博功能非常熟练的读者可以跳过此小节。

6.5.1 查询美元债基础信息

通过彭博的描述页面，我们可以浏览美元债的基本信息，其中包括债券基本条款、附加信息、保护条款、发行人评级、上市交易所、相关机构（含债券承销商、清算机构等）、票息规则等（见图6-8）。

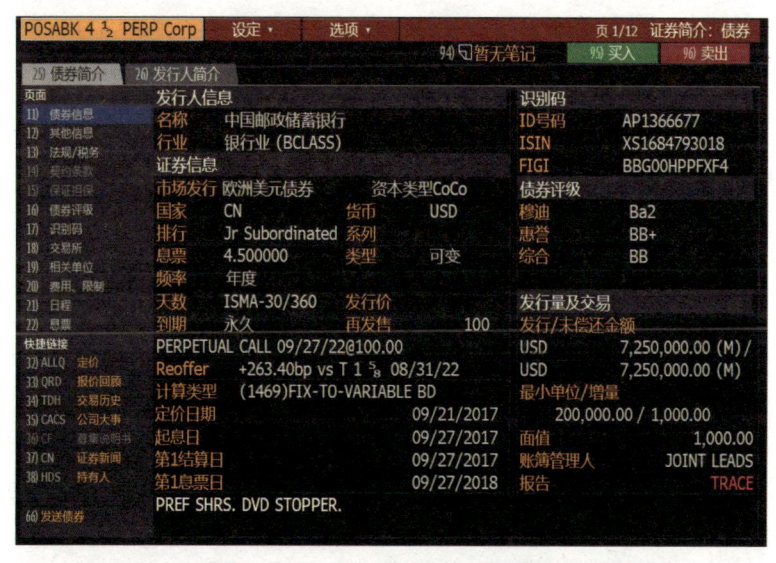

图6-8 中国邮储银行美元债/AT1的基础信息页面（DES命令）

资料来源：彭博，2020年10月。

在基础信息页面中，最重要的是债券信息页，这个页面包含该债券的发行人名称、行业、所属国家、币种、付息时间、发行净价、定价日、付息日、彭博ISIN代码、发行量、发行评级等信息。

在彭博的基础信息页面中，有几个地方需要读者重点关注，例如债券评级和发行人评级。在债券评级和发行人评级中，我们可以观察到该美元债的评级变动，以及发行人当前的三大国际评级（见图6-9）。

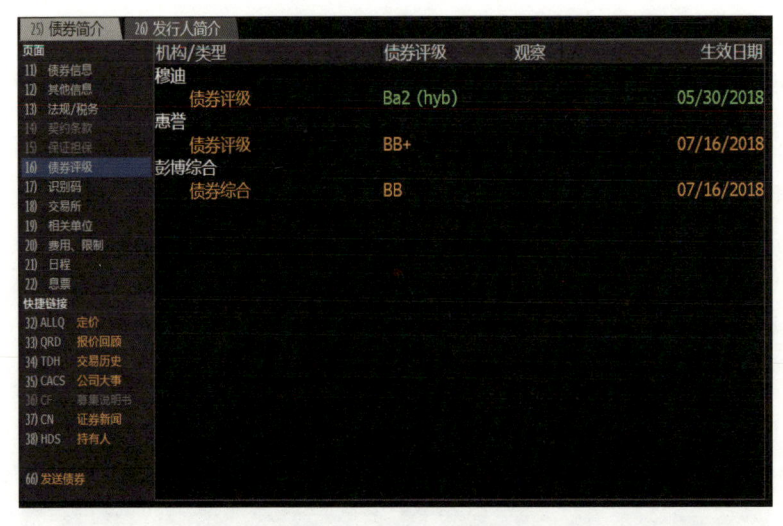

图 6-9　中国邮储银行美元债 /AT1 的国际评级信息页面（DES 命令）

基础信息页面中的票息规则也十分重要，尤其是对于永续债或者优先股而言。在一般情况下，如果未来偿付利息的顺序不同，那么这将影响永续债或者优先股的定价（见图 6-10）。

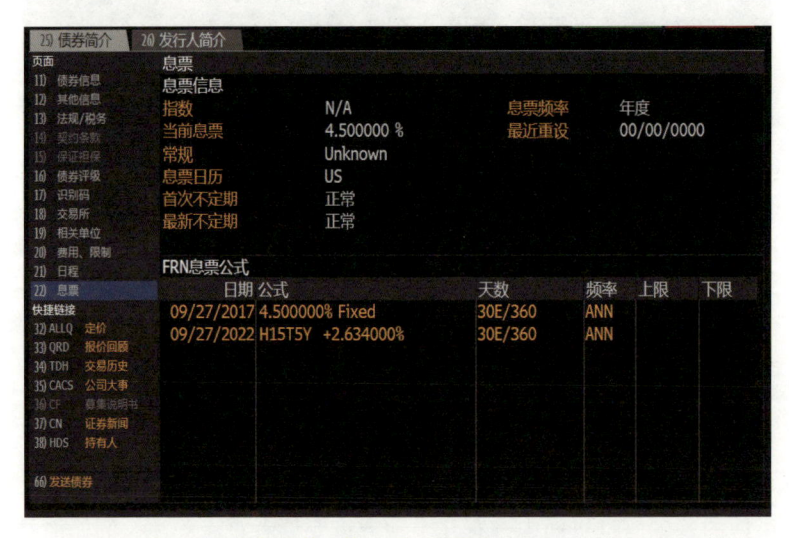

图 6-10　中国邮储银行美元债 /AT1 的承销商信息页面（DES 命令）

另外包括赎回日期安排等在内的其他信息也非常关键，如图 6-11 所示。

图 6-11　中国邮储银行美元债/AT1 的赎回日期安排信息页面（DES 命令）

发行人的三大国际评级，包括本币和外币评级、短期和中期评级，在基础信息页面中也非常重要，读者在投资美元债过程中需要保持对国际评级的敏感性。虽然国际评级不一定准确，也未必能完全反映市场的评级定位，但如果评级机构对发行人或者债券的评级展望与评级发生改变，那么这将造成该美元债价格的大幅波动（见图 6-12）。

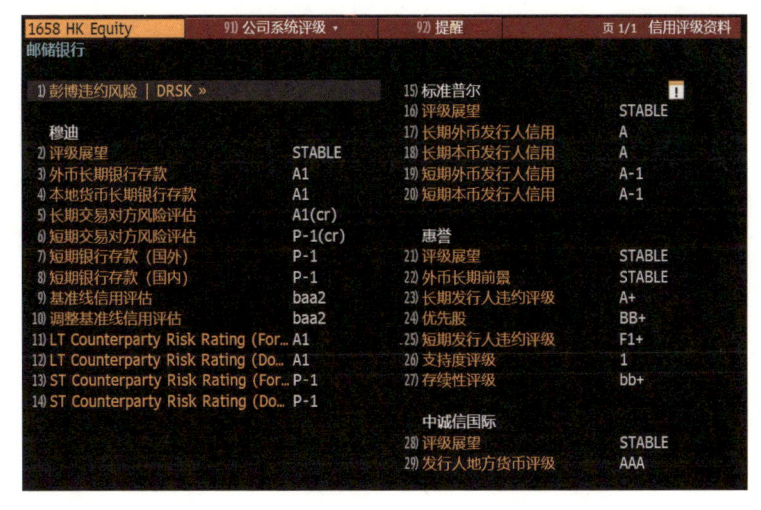

图 6-12　彭博基础信息页面展示发行人本外币、中短期的国际评级及展望

第 6 章　投资实战必备技能

6.5.2 估值计算器

前文介绍过债券价格报价有净价法和收益率法，投资者可以利用彭博估值计算器功能（见图6-13），通过修改信用利差、净价或者收益率中任意一个参数，从而自动计算出另外两个值。

图6-13 彭博美元债估值计算器

资料来源：彭博。

值得注意的是，信用利差的基准可以选择某只国债，一般来说，彭博默认将与该信用债同期限的活跃国债收益率作为基准，基准随着时间推移也会发生变化。另外，收益率可以选择到期收益率、最差收益率和赎回收益率。彭博通常会默认选择到期收益率，这是根据当前市场情景模拟出来的最差收益率，一般也最接近市场真实成交的收益率。

6.5.3 债券价格、收效、利差序列工具（GP）

彭博的债券价格历史序列可以正常展示历史上价格变化情况（见图6-14），这也是我们在实战过程中会经常用的功能。但需要注意的是，彭博的估值方法有很多种，因此我们在跟踪价格序列变化过程中，可以选择对应的价格估值源，例如参考 CBBT 或 BGN 等其他估值源。

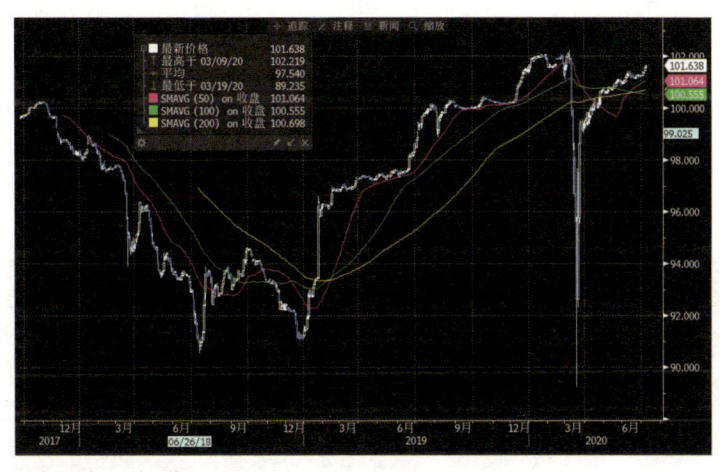

图 6-14　债券价格、收效、利差序列工具

6.5.4　期权定价模型

期权定价模型是针对某只债券的期权定价模型（见图 6-15）。该功能在普通的实际债券投资过程中可能并不重要，但是对于需要做债券期权定价，或者基于该只信用债的期权时，它将变得十分重要。例如投行人员需要定价一只 3NC2（整体发行期限是 3 年，第二年结束时发行人有权赎回）的美元债时，需要计算 2 年的赎回期权的定价如何。

图 6-15　债券期权定价模型

6.5.5 相对价值功能

在债券投资功能中，使用比较多的功能是相对价值功能，本书的后续章节会详细介绍相对价值功能的方法论。相对价值功能中使用较多的是彭博的两个功能：RV（见图6-16）和HS（见图6-17），RV主要用于投资级债券的利差价值比较，HS主要用于比较两只不同美元债的收益率利差。通过RV或者HS功能，我们能够判断该利差或者收益率利差在历史上属于什么水平。

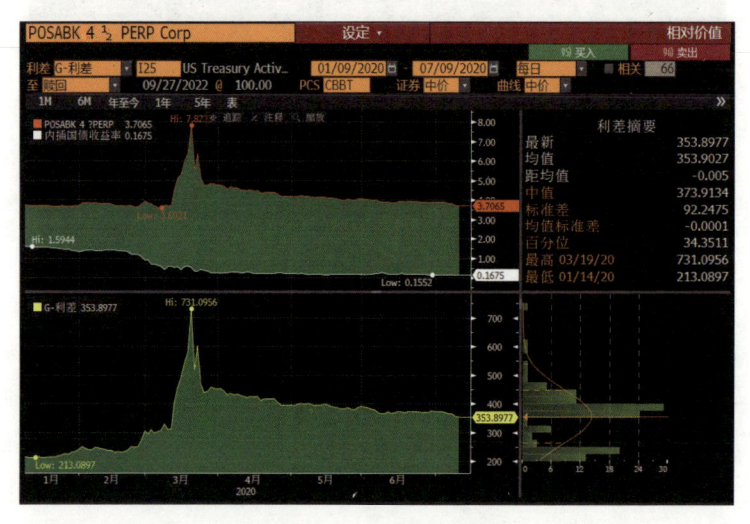

图6-16 RV信用利差"神器"

资料来源：彭博。

图6-17 HS收益率利差"神器"

资料来源：彭博。

如果遵循均值回归理论，那么该信用利差或收益率利差可以作为相对价值的参考。

图 6–16 所示的，是利用 RV 来观察中国银行 5 年期信用债与对应期限国债的信用利差走势。从利差走势来看，中国银行信用利差短期上升 18bps，主要原因是美国国债收益率短期大幅下行。从历史上看，该利差处于相对高位水平。

图 6–17 所示的，是利用 HS 来跟踪恒大集团和佳兆业的相同期限美元债利差走势。从利差来看，恒大和佳兆业利差介于 –35bps 和 +69bps 之间波动，这与佳兆业和恒大集团的整体信用风险变化有关。根据这种信用利差，我们可以做更多利差交易策略，例如预计未来利差缩窄，可做多利差收窄，反之则做空利差走阔。

6.5.6　价格追踪（ALLQ）

彭博价格追踪页面是债券报价最重要的来源，中资美元债的价格跟踪多用彭博的价格追踪页面（见图 6–18）。通过价格追踪页面我们能查询到不同做市商的美元债报价。价格追踪的默认页面通常为高收益和投资级报价页面，高收益报价页面一般显示净价的买卖报价，投资级报价页面一般显示信用利差的买卖报价。除了上述价格外，该页面还会显示买卖的双边可成交量，但价格和成交量都并非最新值。

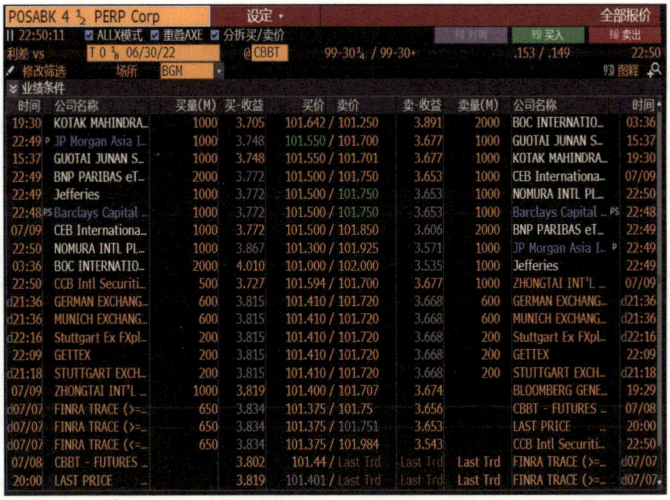

时间	公司名称	买量(M)	买-收益	买价 / 卖价	卖-收益	卖量(M)	公司名称	时间
19:30	KOTAK MAHINDRA...	1000	3.705	101.642 / 101.250	3.891	2000	BOC INTERNATIO...	03:36
22:49 P	JP Morgan Asia I...	1000	3.748	101.550 / 101.700	3.677	1000	GUOTAI JUNAN S...	15:37
15:37	GUOTAI JUNAN S...	1000	3.748	101.550 / 101.701	3.677	1000	KOTAK MAHINDRA...	19:30
22:49	BNP PARIBAS eT...	2000	3.772	101.500 / 101.750	3.653	1000	CEB Internationa...	07/09
22:49	Jefferies	1000	3.772	101.500 / 101.750	3.653	1000	NOMURA INTL PL...	22:50
22:48 PS	Barclays Capital ...	1000	3.772	101.500 / 101.750	3.653	1000	Barclays Capital ... PS	22:48
07/09	CEB Internationa...	1000	3.772	101.500 / 101.850	3.606	2000	BNP PARIBAS eT...	22:49
22:50	NOMURA INTL PL...	1000	3.867	101.300 / 101.925	3.571	1000	JP Morgan Asia I... P	22:49
03:36	BOC INTERNATIO...	2000	4.010	101.000 / 102.000	3.535	1000	Jefferies	22:49
22:50	CCB Intl Securiti...	500	3.727	101.594 / 101.700	3.677	1000	ZHONGTAI INT'L ...	07/09
d21:36	GERMAN EXCHANG...	600	3.815	101.410 / 101.720	3.668	600	GERMAN EXCHANG...	d21:36
d21:36	MUNICH EXCHANG...	600	3.815	101.410 / 101.720	3.668	600	MUNICH EXCHANG...	d21:36
d22:16	Stuttgart Ex FXpl...	200	3.815	101.410 / 101.720	3.668	200	Stuttgart Ex FXpl...	d22:16
22:09	GETTEX	200	3.815	101.410 / 101.720	3.668	200	GETTEX	22:09
d21:18	STUTTGART EXCH...	200	3.815	101.410 / 101.720	3.668	200	STUTTGART EXCH...	d21:18
07/09	ZHONGTAI INT'L ...	1000	3.819	101.400 / 101.707	3.674		BLOOMBERG GENE...	19:29
d07/07	FINRA TRACE (>=...	650	3.834	101.375 / 101.75	3.656		CBBT - FUTURES ...	07/08
d07/07	FINRA TRACE (>=...	650	3.834	101.375 / 101.751	3.653		LAST PRICE ...	20:00
d07/07	FINRA TRACE (<=...	650	3.834	101.375 / 101.984	3.543		CCB Intl Securiti...	22:50
07/08	CBBT - FUTURES ...		3.802	101.44 / Last Trd	Last Trd	Last Trd	FINRA TRACE (>=...	d07/07
20:00	LAST PRICE ...		3.819	101.401 / Last Trd	Last Trd	Last Trd	FINRA TRACE (>=...	d07/07

图 6–18　邮储银行 AT1 美元债价格追踪页面

资料来源：彭博。

针对价格追踪页面，投资者需要注意几点：

- 价格追踪页面的报价，需要卖方机构开通买方权限才能看到。
- 如果卖方机构开通了可以直接点击成交的权限，那么该功能就会显示绿色，投资者可以通过点击价格追踪页面的价格进入成交页面。一般来讲，美国国债或者流动性高的债券大多通过价格追踪页面点击成交（有一些价格追踪页面的价格可以直接点击询价成交，无须线下再与投行销售交流），而对于高收益或者流动性不佳的债券，价格追踪页面的价格就只是一个参考。
- 价格追踪页面的报价并非真实可靠的交易价格，投资者需要分析价格追踪报价背后的原因。

6.5.7 集成报价系统（IMGR）

集成报价功能也是投资实战中经常会用到的功能，集成报价相当于把所有报价信息做一个汇总。汇总之后，我们可以查询某段时间内市场所有成交记录（见图 6–19）。投资者还可以根据单只债券、单个代码以及报价商（券商）进行筛选，筛选出对应的报价信息。

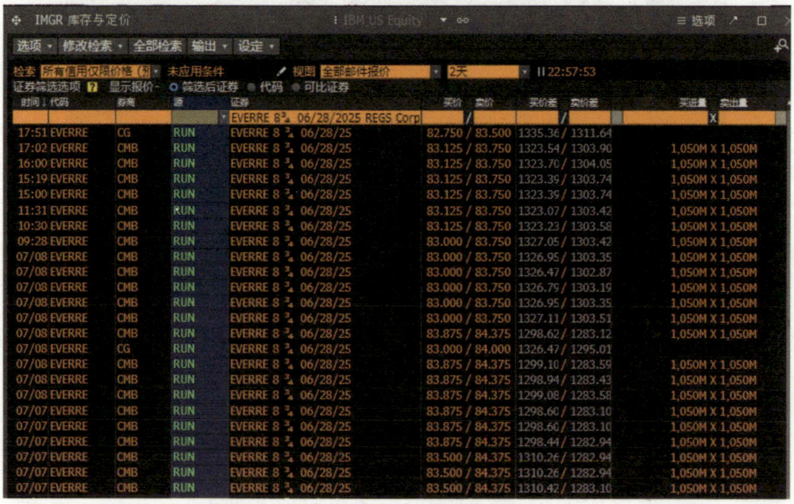

时间	代码	券商	源	证券	买价 / 卖价	买价差 / 卖价差	买进量 X 卖出量
17:51	EVERRE	CG	RUN	EVERRE 8 ¾ 06/28/25	82.750 / 83.500	1335.36 / 1311.64	
17:02	EVERRE	CMB	RUN	EVERRE 8 ¾ 06/28/25	83.125 / 83.750	1323.54 / 1303.90	1,050M X 1,050M
16:00	EVERRE	CMB	RUN	EVERRE 8 ¾ 06/28/25	83.125 / 83.750	1323.70 / 1304.05	1,050M X 1,050M
15:19	EVERRE	CMB	RUN	EVERRE 8 ¾ 06/28/25	83.125 / 83.750	1323.39 / 1303.74	1,050M X 1,050M
15:00	EVERRE	CMB	RUN	EVERRE 8 ¾ 06/28/25	83.125 / 83.750	1323.39 / 1303.74	1,050M X 1,050M
11:31	EVERRE	CMB	RUN	EVERRE 8 ¾ 06/28/25	83.125 / 83.750	1323.07 / 1303.42	1,050M X 1,050M
10:30	EVERRE	CMB	RUN	EVERRE 8 ¾ 06/28/25	83.125 / 83.750	1323.23 / 1303.58	1,050M X 1,050M
09:28	EVERRE	CMB	RUN	EVERRE 8 ¾ 06/28/25	83.000 / 83.750	1327.05 / 1303.42	1,050M X 1,050M
07/08	EVERRE	CMB	RUN	EVERRE 8 ¾ 06/28/25	83.000 / 83.750	1326.95 / 1303.35	1,050M X 1,050M
07/08	EVERRE	CMB	RUN	EVERRE 8 ¾ 06/28/25	83.000 / 83.750	1326.47 / 1302.87	1,050M X 1,050M
07/08	EVERRE	CMB	RUN	EVERRE 8 ¾ 06/28/25	83.000 / 83.750	1326.79 / 1303.19	1,050M X 1,050M
07/08	EVERRE	CMB	RUN	EVERRE 8 ¾ 06/28/25	83.000 / 83.750	1326.95 / 1303.35	1,050M X 1,050M
07/08	EVERRE	CMB	RUN	EVERRE 8 ¾ 06/28/25	83.000 / 83.750	1327.11 / 1303.51	1,050M X 1,050M
07/08	EVERRE	CMB	RUN	EVERRE 8 ¾ 06/28/25	83.875 / 84.375	1298.62 / 1283.12	1,050M X 1,050M
07/08	EVERRE	CG	RUN	EVERRE 8 ¾ 06/28/25	83.000 / 84.000	1326.47 / 1295.01	
07/08	EVERRE	CMB	RUN	EVERRE 8 ¾ 06/28/25	83.875 / 84.375	1299.10 / 1283.59	1,050M X 1,050M
07/08	EVERRE	CMB	RUN	EVERRE 8 ¾ 06/28/25	83.875 / 84.375	1298.94 / 1283.43	1,050M X 1,050M
07/08	EVERRE	CMB	RUN	EVERRE 8 ¾ 06/28/25	83.875 / 84.375	1299.08 / 1283.58	1,050M X 1,050M
07/07	EVERRE	CMB	RUN	EVERRE 8 ¾ 06/28/25	83.875 / 84.375	1298.60 / 1283.10	1,050M X 1,050M
07/07	EVERRE	CMB	RUN	EVERRE 8 ¾ 06/28/25	83.875 / 84.375	1298.60 / 1283.10	1,050M X 1,050M
07/07	EVERRE	CMB	RUN	EVERRE 8 ¾ 06/28/25	83.875 / 84.375	1298.44 / 1282.94	1,050M X 1,050M
07/07	EVERRE	CMB	RUN	EVERRE 8 ¾ 06/28/25	83.500 / 84.375	1310.26 / 1282.94	1,050M X 1,050M
07/07	EVERRE	CMB	RUN	EVERRE 8 ¾ 06/28/25	83.500 / 84.375	1310.26 / 1282.94	1,050M X 1,050M
07/07	EVERRE	CMB	RUN	EVERRE 8 ¾ 06/28/25	83.500 / 84.375	1310.42 / 1283.10	1,050M X 1,050M

图 6–19 彭博集成报价系统

第 7 章　中资美元债十年实战复盘

本章复盘 2010—2020 年中资美元债的历史业绩表现和背后原因，以及与美国、欧洲、亚洲等其他国家和地区波动率、收益率的对比情况。

7.1　收益回顾及国际大比拼

7.1.1　2010—2020 年的历史收益回顾

从 2010 年到 2020 年，中资投资级美元债的平均年化收益率为 5.7%，比亚洲投资级美元债 5.6% 的收益率高，低于美国投资级美元债表现（见图 7-1）。

回顾 2010—2020 年，中资投资级美元债表现较差的年份有：

- 2013 年，中资投资级美元债指数下跌 3.4%，主要是因为 2013 年境内钱荒导致境内信用利差大幅走阔，流动性危机情绪传染到境外市场。
- 2018 年，中资投资级美元债指数仅上涨 0.5%，如果扣除债券的票息收益，那么中资投资级美元债的净价出现下跌。主要原因是 2018 年美联储加息 4 次，美国国债利率全年上升约 100 基点。2018 年是全球美元债是自 2008 年以来表现最差的一年，美国投资级美元债指数下跌 2.5%。

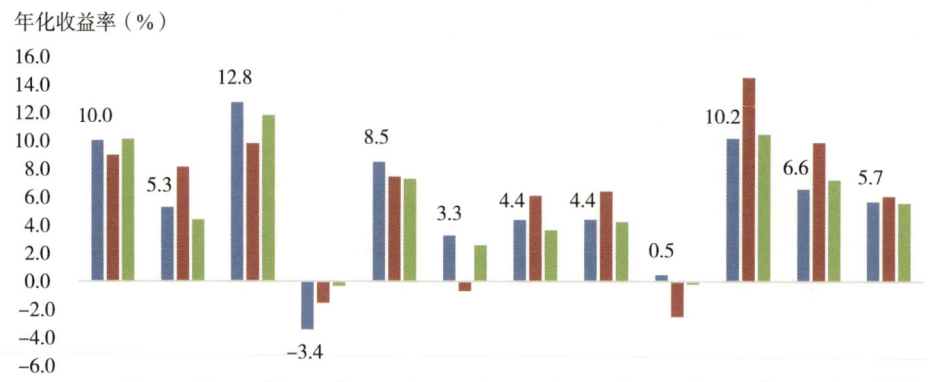

图 7-1 全球投资级美元债收益回顾与比较

资料来源：彭博，2020年。

表现较好的年份有：

- 2010年和2012年，受益于2010年的中国经济刺激计划，信用环境大幅好转。2012年欧债危机逐步缓解，中资投资级美元债表现优异。
- 2015—2017年，受到2015年"811汇改"的影响，境内银行等机构开始增加境外中资美元债的需求配置，使得中资投资级美元债的表现优异。
- 2020年，受到疫情影响，美元货币大幅放水，中资美元债投资级和高收益虽然经历3月份史诗级大跌，但全年收官回报仍然表现优异。

总体来看，中资投资级美元债业绩表现优于亚洲美元债的平均值，弱于美国投资级美元债平均年化收益。

中资高收益美元债2010—2020年的平均年化收益率为9.0%，高于亚洲高收益美元债8.2%的收益率、美国高收益美元债7.8%的收益率和欧洲高收益美元债9.0%的收益率（见图7-2）。

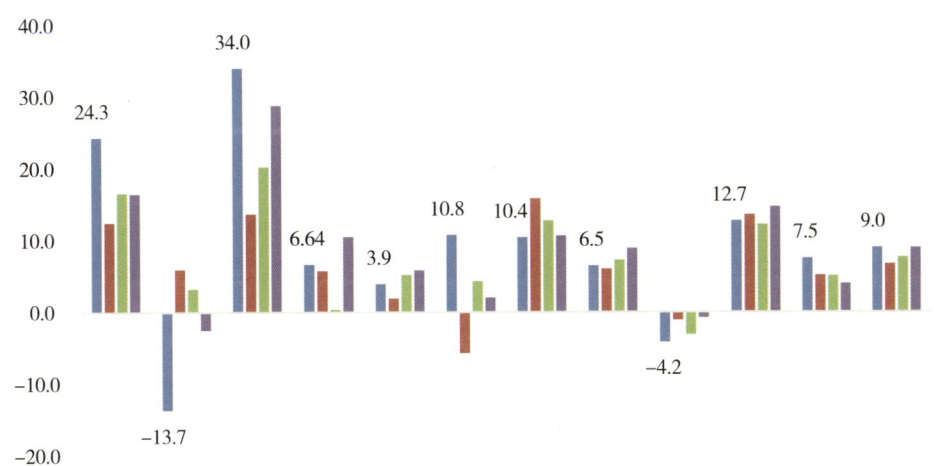

图 7-2 全球高收益美元债收益回顾与比较

资料来源：彭博，2020 年。

2010—2020 年，表现较差的年份有：

- 2011 年，欧债危机期间，中资高收益美元债指数下跌 13.7%。
- 2018 年，中资信用风险爆发危机，中资高收益美元债指数下跌 4.2%。
- 2014 年，受到佳兆业美元债违约影响，中资高收益美元债涨幅仅有 3.9%。

表现较好的年份有：

- 2010 年，受益于当时中国 4 万亿元的经济刺激，流动性宽松，中资高收益美元债大幅上涨 24.3%。
- 2012 年，中资高收益美元债上涨 34%，一方面是由于欧债危机自 2012 年开始逐步解决，获得国际货币基金组织支持，另一方面是因为 2011 年下跌幅度过大，2012 年估值修复。
- 2015—2017 年，中资高收益美元债分别上涨 10.8%、10.4% 和 6.5%，这主要得益于在 2015 年"811 汇改"情况下，境内大量资金开始跨境配置境外美元资产。

从中资投资级和高收益美元债收益对比来看（见图 7-3），2010—2020 年，中资高收益美元债的平均年化收益超过中资投资级美元债，只有 2011 年、2014 年和 2018 年中资高收益美元债跑输投资级美元债，这三年分别对应着欧债危机、佳兆业违约危机、中资信用债违约爆发危机三大主要信用风险事件。因此，在没有发生特殊的信用风险事件的前提下，高收益美元债的投资回报明显优于投资级美元债。

图 7-3　中资高收益和投资级美元债回顾与比较

资料来源：彭博，2020 年。

7.1.2　全球市场的比较回顾

因为 2010—2012 年中资美元债的回报波动较大，因此取 2013—2020 年的数据进行全球横向对比。亚洲、中国与美国投资级美元债的历史收益存在几个特点：

- 从平均收益来看，美国 > 亚洲 > 中国，分别为 5.0%、4.4% 和 4.3%，**中资投**

资级美元债的平均收益基本持平于亚洲投资级美元债的平均收益，弱于欧美国家的平均收益（见表7-1）。
- 从收益波动率来看，美国＞中国＞亚洲。亚洲区域包含多个国家和地区，因此风险充分分散后的波动性小于美国和中国单个国家的波动性。
- 亚洲投资级美元债的收益率和波动性特征与中资投资级美元债相似，主要原因是中资美元债占亚洲美元债存量的比例大。

表7-1 全球投资级美元债的收益比较

年份	美国	欧洲	亚洲	中国内地	澳大利亚	中国香港	韩国	印度尼西亚	印度	新加坡	马来西亚	菲律宾
2020	9.9%	5.8%	7.2%	6.6%	9.4%	8.0%	6.4%	9.8%	7.2%	7.3%	10.7%	7.2%
2019	14.5%	9.0%	10.5%	10.2%	9.9%	8.7%	7.3%	−6.1%	10.1%	7.6%	8.9%	13.3%
2018	−2.5%	3.0%	−0.1%	0.5%	—	1.2%	1.9%	0.0%	−0.9%	0.9%	0.0%	−0.6%
2017	6.4%	2.8%	4.3%	4.4%	—	4.2%	2.5%	0.0%	5.5%	3.7%	6.8%	5.8%
2016	6.1%	5.8%	3.7%	4.4%	—	2.9%	1.7%	0.0%	3.7%	3.2%	4.1%	2.8%
2015	−0.7%	1.0%	2.6%	3.3%	—	1.7%	2.0%	0.0%	3.3%	2.1%	0.0%	2.8%
2014	7.5%	11.2%	7.3%	8.5%	—	7.1%	4.2%	0.0%	9.8%	5.4%	6.8%	12.8%
2013	−1.5%	1.2%	−0.3%	−3.4%	—	0.0%	0.9%	51.4%	0.8%	−0.7%	−2.4%	−3.0%
平均	5.0%	5.0%	4.4%	4.3%	9.7%	4.2%	3.4%	6.9%	4.9%	3.7%	4.4%	5.1%

2013—2020年，从美国、欧洲、亚洲高收益美元债收益率来看（见表7-2），中资高收益、亚洲高收益、欧洲高收益、美国高收益美元债的到期收益率分别为6.8%、5.5%、7.0%和5.2%，中资高收益美元债的收益率平均表现好于美国和亚洲水平，弱于欧洲水平，好于亚洲其他国家的收益回报。

表7-2 全球高收益美元债收益率特征

年份	美国	欧洲	亚洲	中国	澳大利亚	中国香港	韩国	印度	印度尼西亚	新加坡	马来西亚	菲律宾
2020	5.1%	4.0%	5.1%	7.5%	−18.6%	5.9%	6.1%	7.5%	5.3%	4.5%	8.2%	3.9%
2019	13.6%	14.7%	12.2%	12.7%	7.9%	10.2%	8.9%	14.4%	12.2%	12.0%	14.4%	11.7%
2018	−1.1%	−0.8%	−3.1%	−4.2%	−3.2%	0.7%	2.5%	−6.2%	−2.4%	−4.1%	−5.0%	−0.5%
2017	6.0%	8.9%	7.3%	6.5%	14.8%	−0.5%	6.1%	12.9%	6.4%	7.0%	—	3.3%
2016	15.9%	10.6%	12.8%	10.4%	11.6%	9.4%	4.8%	22.6%	21.8%	10.3%	—	3.6%

续表

年份	美国	欧洲	亚洲	中国	澳大利亚	中国香港	韩国	印度	印度尼西亚	新加坡	马来西亚	菲律宾
2015	-5.7%	2.0%	4.3%	10.8%	-2.1%	4.0%	3.6%	0.4%	-8.4%	2.8%	—	3.3%
2014	1.9%	5.8%	5.2%	3.9%	1.7%	7.8%	4.8%	1.6%	9.4%	13.0%	—	4.8%
2013	5.7%	10.5%	0.4%	6.6%	-4.2%	4.3%	5.6%	-3.7%	1.2%	-1.5%	—	-3.3%
平均	5.2%	7.0%	5.5%	6.8%	1.0%	5.2%	5.3%	6.2%	5.7%	5.5%	5.9%	3.4%

资料来源：彭博，2020年。

在亚洲范围内，中资高收益美元债平均收益率明显最高，且波动性明显低于其他国家和地区，中资高收益美元债的夏普比率较高，具有很高的配置价值。

中资高收益美元债投资收益并非绝对优于其他国家，例如2014年、2018年和2020年，明显跑输全球其他国家美元债资产。2014年因为佳兆业违约事件导致高收益美元债板块收益较差，2018年中国境内人民币债券信用危机（永泰能源违约等事件）。

截至2020年，中资美元债违约率为1.2%，低于亚洲美元债的平均违约率（1.9%），也低于国际平均违约率（约1.7%）。大多数时候，中资高收益美元债的收益稳定性要好于其他国家，例如比印度、印尼等国家表现要好。但随着中国宏观信贷环境的收缩，未来中资美元债违约率和波动率都有可能上升。

7.2 十年波动性特征及演变

过去10年（2010—2020年），中资美元债的波动率经历了大幅下降又缓慢抬升的过程。中资美元债波动性最高点出现在2011年，最低点出现在2017年。2010—2017年波动率缓慢下降，2018—2019年维持低波动性，2020年波动性上升。

2020年，中资美元债的投资级和高收益指数的月平均波动率分别为1.2%和3.8%，高于2019年的0.6%和1.3%（见图7-4）。2010—2020年波动性经历过以下几个阶段的变化：

- 2010—2011年，受欧债危机的负面冲击影响，中资美元债的波动性显著上升。
- 2011—2014年，随着欧债危机的缓解，中资美元债市场容量、发行人种类逐步扩大，波动性缓慢下降，中资美元债市场稳定性逐步增强。
- 2014—2015 年，人民币汇率大幅波动，中资美元债受到冲击，波动性上升。
- 2015—2017 年，波动性缓慢趋于下降，主要原因是 2015 年"811 汇改"之后，越来越多的中资机构跨境投资中资美元债，而中资机构普遍以持有到期策略为主，因此市场波动性逐年下降，2017 年中资投资级和高收益美元债月度波动率低至 0.4% 和 0.6%。
- 2018 年，中资美元债月度波动率再次攀升至 1.4%，主要是受到 2018 年中国金融供给侧改革的影响。中国信用风险爆发导致境外美元债违约也出现攀升，波动性上升。
- 2019 年，中资信用违约边际稳定，中资美元债波动性边际稳定，且趋于下降。
- 2020 年 3 月，全球美元流动性危机及中资信用风险逐步上升，导致中资美元债波动性上升。

图 7-4 中资美元债的历史波动性演变

资料来源：彭博。

7.3 重大事件冲击及月度实战复盘

7.3.1 2010—2012 年：萌芽期

2010 年之前，中资企业在境外发行美元债较少。2010 年之后，中资企业开始逐步走向国际舞台,在境外发行中资美元债。2010—2012年,中资美元债处于萌芽期,具有存量小、波动性高等特征。2011年欧债危机期间,中资美元债指数的单月涨跌幅度高达20%,例如2011年9月和10月中资美元债指数分别暴跌20.6%和暴涨21.3%,此时中资美元债的股性较强。

复盘2011年中资美元债(见表7-3和图7-5),其单月涨跌幅是惊心动魄的。2011年欧债危机的信用危机从欧洲传到亚洲美元债市场,导致中资美元债也大幅震荡。

表7-3 欧债危机对中资美元债的影响

时间	欧债危机进程	中资美元债表现
2011年8月	8月8日,市场传闻称法国AAA顶级信贷评级可能遭调降	中资美元债暴跌6.8%
2011年9月	欧债危机持续发酵,世界银行行长佐立克发表公开演讲,称欧洲主权债务危机对欧元和该地区金融机构造成威胁	中资美元债大幅暴跌20.6%
2011年10月	国际货币基金组织和欧洲金融稳定基金开始实施救助,欧元反弹。2011年10月11日,由欧盟、国际货币基金组织和欧洲央行代表组成的三方组织宣布,希腊有望在11月初获得下一笔80亿欧元的贷款,其中欧元区成员国提供58亿欧元,国际货币基金组织提供22亿欧元。2011年10月27日,标普确认了"欧盟金融稳定机制"的"AAA"长期发行人信用评级,授予该基金"A-1+"短期评级	中资美元债空头平仓,带动指数暴力反弹21.3%

图7-5 2010—2011年的中资美元债月度收益复盘

资料来源:彭博。

2010—2011年，中资投资级美元债波动性明显低于高收益美元债。2010—2012年，在境外发行的中资投资级美元债主要是中国主权美元债以及国开行、中国银行、中海油等信用资质优良的投资级美元债，因此受到欧债危机影响较小。而高收益美元债主要是雅居乐等地产公司，外资也有所参与，因此受到欧债危机影响很大，震荡明显。

7.3.2 2012—2014年：发展初期

2012—2014年是中资美元债发展初期，中资美元债发行量开始缓慢增长，市场存量从1 442亿美元增长到2014年的3 418亿美元。占亚洲美元债市场存量的比例也从2012年的17.9%上升到27.8%，中资美元债存量规模有加速增长趋势（见图7-6）。

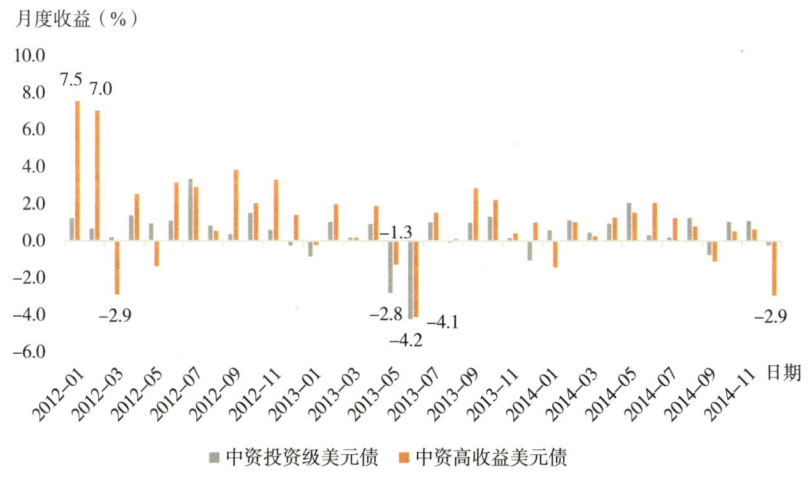

图7-6 2012—2014年的中资美元债月度收益复盘

资料来源：彭博。

2012年1~2月，中资高收益美元债连续暴涨7.5%和7.0%，主要是因为自2012年以来欧债危机事件逐步缓解，市场做多热情再次显现。2012年全年，受益于国际救助欧洲债务危机的利好消息，投资级和高收益债券单月涨幅较大。

2013年5~6月，投资级中资美元债再次转跌2.8%和4.2%，高收益中资美元债转跌 1.3% 和 4.1%。从表现来看，投资级美元债下跌幅度大于高收益中资美元债，主要是因为 2013 年的钱荒影响到境外中资投资级美元债。

2013 年 6 月，境内爆发钱荒，质押式回购隔夜、7 天、14 天加权利率飙升至 11.74%、11.62% 和 9.26%，质押式回购隔夜利率更是不可思议地高达 30%。境内人民币流动性危机共振下的境外投资级和高收益美元债也受到牵连而分别暴跌 4.2% 和 4.1%。

2014 年 12 月是中资美元债的"黑色 12 月"，高收益板块单月跌幅达到 2.9%。2014 年 11 月底，佳兆业"房源被锁"事件持续发酵：多个物业项目被限制转让，同时多个处于开发中的项目被暂停办理相关手续，佳兆业在深圳的业务全面陷入停滞。爆发的债务违约事件则被业界称为佳兆业成立 15 年来"最大的一次危机"。

从复盘来看，中资投资级美元债易受到流动性（境内人民币钱荒）的影响，中资高收益美元债易受到信用风险事件（欧债危机或者中资企业自身信用风险事件）牵连。

7.3.3　2015-2017：供需两旺

2015 年，发改委 2044 号文件，规定中资企业境外发行中资美元债无须注册审批，而采用备案登记制度，中资企业到境外发债的条件大幅放松。2015 年"811 汇改"也使得境内金融机构开始关注海外美元债配置机会，通过 QDII 等渠道开始大量配置境外中资美元债。2015—2017 年是中资美元债供需两旺的三年，中资高收益和投资级美元债指数平均上涨 9.23% 和 4.03%，其中高收益板块表现更加抢眼（见图 7-7）。

2015 年 8 月，中资高收益和投资级美元债分别下跌 2% 和 0.7%，主要是汇率大幅贬值引起跨资产品种的传染性下跌，即人民币汇率急跌→对中国资产担忧→中资美元债被抛售，价格暴跌。

2015 年 10 月，随着人民币汇率贬值风波被隐含，市场开始关注境内人民币资产的贬值风险，并且开始增配境外中资美元债，而中资美元债成为境内机构跨境投资的首选品种，中资美元债需求大幅增长。从市场客观数据可以看到，2015 年之后，QDII 的"额度费"也水涨船高，当月中资投资级和高收益美元债分别上涨 0.7% 和 4.9%。

图 7-7　2015—2017 年的中资美元债月度收益复盘

资料来源：彭博。

2016 年 3~7 月，中资投资级和高收益美元债单月涨幅都较大。人民币持续贬值刺激境内中资机构增配境外具有相对价值的中资美元债。

2016 年 11 月，美国总统大选，特朗普获胜，美元指数从 97 飙升至 101。美国国债收益率从 1.83% 上涨至 11 月底的 2.37%，大幅上升 54bps，引发中资投资级美元债出现大幅回调，单月大幅下跌 2.1%，中资高收益美元债则相对平稳。

2017 年 6 月，恒大集团宣布发行美元债，发行量达到数十亿美元，这大大超出当时市场的实际需求量，导致 2017 年 6 月高收益美元债板块下跌 0.6%。

7.3.4　2018 年：沉沦的信用

2018 年是中资美元债熊市，其中，投资级板块仅上涨 0.5%，高收益板块下跌 4.2%（见图 7-8）。主要有几大因素（见表 7-4）导致中资美元债在 2018 年出现大幅下跌。

- 美联储加息 4 次，美国国债收益大幅攀升，美元流动性收紧。
- 中国企业信用风险大幅上升，中资人民币债券违约率达到 1.88%，中资美元债违约率为 0.5%。
- 大量结构化杠杆票据因为无法承担加息带来的杠杆成本飙升风险而爆仓，导致票据被强制止损，中资美元债被卖出。
- 中资金融机构海外业务收缩，包括一些产品账户在 2018 年陆续到期使得中资美元债的卖压加大。
- 境内融资政策收紧，城投危机和地产融资政策一度使得市场承压。
- 境外美元债额度审批宽松，导致中资美元债境外供给压力上升，2018 年中资美元债供给虽然较 2017 年有所下降，但仍然较高。

以上多重利空因素，共同导致了中资美元债尤其是高收益美元债在 2018 年表现较差。

图 7-8　2018 年的中资美元债月度收益复盘

资料来源：彭博。

表 7-4　2018 年中资美元债复盘

时间	复盘事件
2018 年 4 月	受到美联储加息影响，境外中资美元优先股开始缓慢下跌，到后续杠杆票据提前解掉（unwind），中资美元优先股开始被无差别大量抛售，价格开始暴跌
2018 年 5 月	国储能源违约，带动高收益账户开始大量不计成本卖出高收益美元债
2018 年 6 月	境内市场传闻城投平台与政府信用脱钩，此外有发文要求境内城投平台在境外发行的美元债不能有政府担保等字样，城投美元债受到冲击，高收益板块继续大幅下跌

续表

时间	复盘事件
2018年7月	资管新规细则发布,比市场预期的更加宽松,尤其是公募基金产品仍然可以投资非标产品(投资比例的限额可参照之前的8号文),城投和地产对于非标融资依赖较大的高收益美元债开始出现大幅反弹
2018年10月	受到某些中资资管公司的账户收缩、主动卖出以及外资大量做空的影响,中资高收益美元债板块单月出现3.0%跌幅
2018年11~12月	中资美元债市场利空消息出尽,很多交易商开始主动加仓,并且开始增配中资美元债,市场出现反弹

7.3.5 2019年:估值牛及资金牛

2019年中资美元债开始新一轮牛市(见图7-9),主要是估值修复和资金推动。中资美元债大幅反弹的原因如表7-5所示。

图7-9 2019年的中资美元债月度收益复盘

资料来源:彭博。

- 2019年年初,美联储由2018年年底的偏鹰转向偏鸽。2019年年初受到鲍威尔鸽派言论的影响,美联储进入降息周期;2019年6月美联储降息25bps。在降息预期下,2019年上半年美国国债10年利率大幅下行,使得中资美元债走出估值牛行情。
- 2019 年上半年，中国境内出台一系列中小企业贷款扶持政策，包括 2019 年 1 月份的全面降准，以及各地房地产限购政策的逐步放宽，使得中资高收益美元债的信用环境大幅改善，中资高收益美元债开始出现反弹。
- 2019 年上半年估值修复。2018 年中资美元债大幅下跌，2018 年年底，中资美元债的到期收益率在全亚洲最高。在相对价值凸显的情况下，外资和境内中资机构开始增配中资美元债，中资美元债估值得到修复。

表 7-5　2019 年中资美元债复盘

时间	复盘事件
2019 年 1 月	中国人民银行全面降准，鲍威尔的言论开始由鹰派转向鸽派，这导致后面几个月的美元债大牛市
2019 年 2~3 月	房地产政策开始逐步放松，一级土拍市场火爆，苏州、南京、深圳等土地一级市场拍卖溢价率大幅回升。中资美元债的到期收益率具有极大吸引力，外资和中资开始增配中国信用，中资美元债估值得到大幅修复
2019 年 4~5 月	房地产融资政策开始收紧，土拍市场溢价率下降，中资美元债涨幅收窄
2019 年 6 月	美联储降息 25bps，中资投资级美元债受到利率下行影响，估值出现大幅上涨，与高收益美元债基本持平
2019 年 7 月	贸易风险开始上升，境内结构化融资产品被叫停导致境内高收益人民币债券暴跌，同时房地产和城投境外发债监管收紧，导致信用风险上升。中资高收益美元债开始下跌，投资级美元债因利率持续下行和风险偏好下降而上涨
2019 年 8 月	贸易风险上涨，且上半年涨幅过大，2019 年 8 月高收益美元债出现回调，月度回调 1.4%
2019 年 9~12 月	美元债市场开始逐步企稳，重新恢复上涨

7.3.6　2020 年：黑色 3 月

2020 年是不平凡的一年，整体中资美元债市场波动剧烈，经历黑色 3 月和 9 月恒大信用危机，市场演化和收益如表 7-6 和图 7-10 所示。2020 年 3 月是 10 年来中资美元债的最黑暗月份，美国和中资美元债在短短几周内跌幅均达到 15% 以上，这主要是由美国流动性危机引发的。

表 7-6　2020 年中资美元债市场行情复盘

时间	复盘事件
2020 年 1～2 月	进入 2020 年，美元债市场继续延续 2019 年的牛市市场，信用利差缩小，投资者加杠杆追涨
2020 年 3 月	2020 年 3 月份经历了历史上罕见的美元流动性慌，中资美元债投资级和高收益指数单月下跌幅度超过 10%
2020 年 4～8 月	经历 3 月份的大跌之后，美联储紧急流动性政策支持下，市场开始复苏，美元债快速上涨。其中 4 月份更是强劲反弹幅度达到 4.82%
2020 年 9 月	2020 年 9 月，市场传闻的"恒大求救信"（后被辟谣），引发市场大幅担忧恒大地产美元债的违约，恒大地产美元债出现恐慌性下跌，并且带动了高收益板块的全面下跌，包括恒大、佳兆业、融创等美元债下跌幅度明显。中资高收益指数下跌 –1.46%
2020 年 10 月	10 月，缓慢从恒大地产的危机中逐步缓解过来，但市场并未大幅反弹
2020 年 11～12 月	11～12 月，中资美元债高收益走出恒大危机，并继续创造出单月超过 1% 的月度良好表现。其中 12 月份的单月上涨幅度更是超过接近 2%

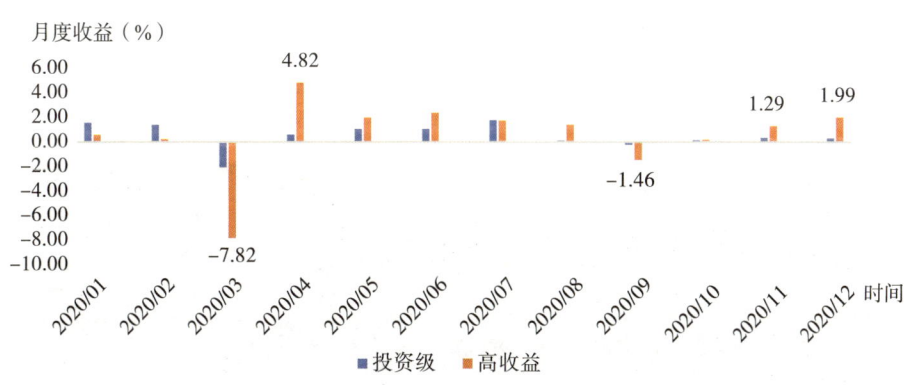

图 7-10　2020 年的中资美元债月度收益复盘

资料来源：根据彭博资料整理。

3 月份全球美元流动性危机的复盘回顾：

2020 年 3 月，美元流动性危机导致全球风险资产暴跌，全球美元债都难逃一劫。3 月 18 日的海外基金经理复盘记录：

这是近 10 天以来美股第四次熔断，盘中道指一度下跌 10%，最终收跌 5.7%。纳指、标普分别收跌 4.7%、5.2%。中资美元债市场继续走弱，投资级和高收益指数分别下跌 1.43%、2.26%，美国投资级、高收益指数单日分别下跌 1.11%、3.53%。年初至今，所有美国、中资美元债指数收益全部转负，美国高收益美元债年初至今的跌幅更是接近 17%。当日美联储紧急恢复商业票据融资机制（CPFF），市场认为这是缓解市场"美元荒"的有效措施。

黑色 3 月，全球美元债指数在短短两周之内暴跌 10% 以上，中资美元债和美国投资级美元债多数暴跌 20% 以上，其下跌惨烈程度不亚于 2008 年金融危机。

3 月份美元流动性危机背后的原因可大致归纳如下：随着 2 月底新冠肺炎疫情开始在美国蔓延、美股暴跌、原油价格暴跌（沙特与俄罗斯谈判破裂），全球风险偏好情绪骤然下降，美联储一级交易商（资金融出方）为了保护自身资产安全，大量削减向美联储逆回购操作的量，美元流动性传导链条断裂，危机降临。

3 月份美元债市场的暴跌，先是美国 iShares 投资级美元债直接从高点暴跌20%，暴跌幅度甚至超过高收益债（见图 7-11）。很显然，这一拨暴跌出乎意料。

图 7-11　iShares 投资级美元债暴跌超过 20%

资料来源：彭博。

在美元流动性危机导火索下，全球美元债都在瀑布式下跌：印尼、印度高收益美元债净价直接腰斩，一些欧洲 Cocos 美元债的净价直接打七折。在中资美元债市场中，很多地产美元债因为流动性好，也被强制卖出（见图 7-12），很多长期地产美元债打五六折，短期打七八折，例如恒大、融创长端地产美元债价格跌到 50～60，真是大甩卖。

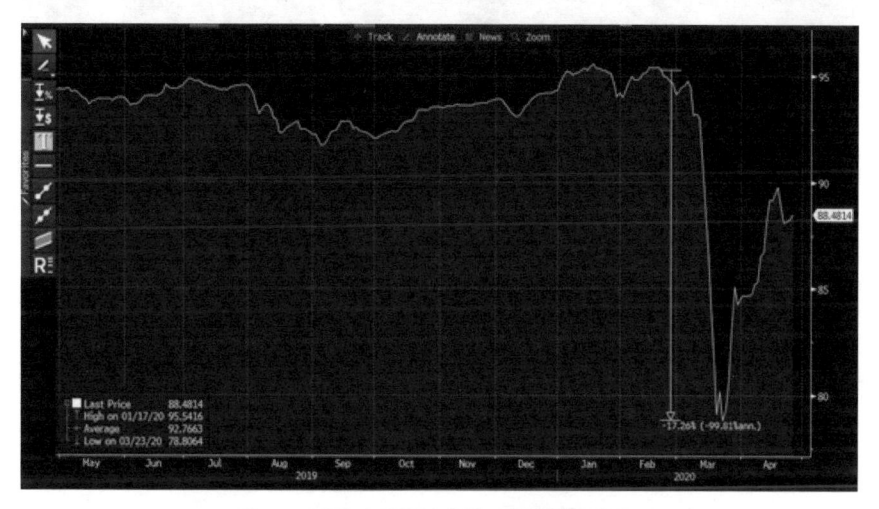

图 7-12　中资高收益地产美元债指数暴跌 17%

从图形复盘来看，美国投资级美元债的暴跌领先中资美元债一些时间，反弹亦然（见图 7-13）。3 月份全球美元债（包括中资美元债）暴跌的真正元凶是美元流动的枯竭。流动性危机这颗定时炸弹始于 2019 年 11 月，美国银行间隔夜回购利率大幅飙升，短期利率高于长期利率，利率曲线倒挂。美联储紧急启动逆回购，但机构杠杆资金高企，美股、黄金、美债普遍暴跌引发杠杆破裂。传闻，很多大型基金被迫平仓（基金被迫卖出美股或者美债）以获得流动性，很多买方机构被催魂夺命赎回。在这种情况下，一级交易商普遍不愿意从美联储借美元并融出美元，这也进一步加剧了全球美元债危机。从实际市场反应来看，很多中资地产美元债六七折大甩卖，一年内到期的甚至被砍仓到 80～90 块，而收益率狂飙升至 20% 以上。2020 年 3 月的美元流动性危机确实让很多只能做多基金发生重大亏损。

前面 3.5 小节也详细分析了美元货币市场，流动性危机发生的根源主要是 24

家一级交易商向美联储融入美元的动力减弱。因为在3月份流动性危机过程中，24家一级交易商担心市场系统性风险，不愿意融出美元给其他二线或者三线金融机构（包括基金、保险、银行等），流动性链条发生断裂，美元流动性风险发生。

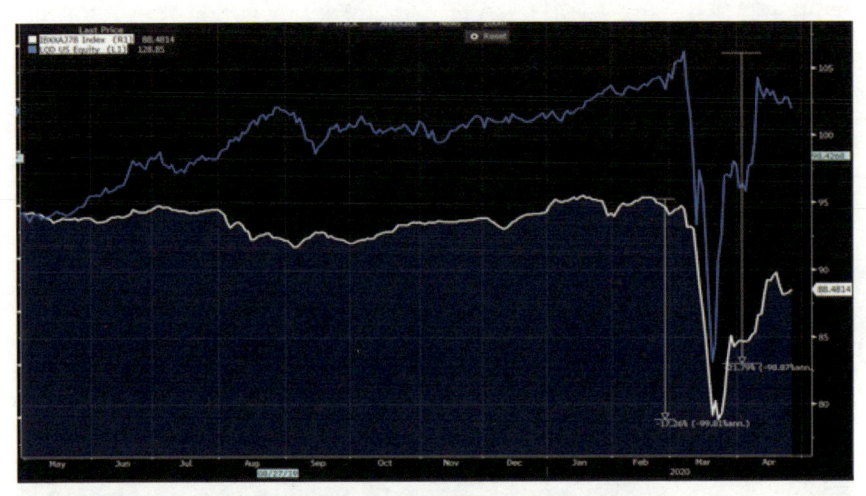

图7-13 美国市场暴跌领先中资美元债

注：蓝色线是美国投资级美元债指数，白色线是中资地产美元债指数。

为了解决流动性链条断裂问题，保证终端机构或者基金的流动性，美联储除了紧急降息，同时推出了一级交易商信贷便利机制（PDCF）、货币市场共同基金流动性工具（MMLF）等流动性补充工具（见表7-7），通过这些流动性工具使美元跳过一级交易商，直接灌注到最需要的机构，防止流动性危机的进一步扩大。

表7-7 3月份流动性危机下的紧急政策

日期	美联储采取的货币政策
3月3日	紧急降息50bps至1%~1.25%
3月13日	提高回购上限至5 000亿美元，计划开展5.5万亿美元回购操作
3月16日	降息100bps至0~0.25%区间，重启7 000亿美元购买计划；下调贴现利率至0.25%，延长窗口期限至90天
3月17日	重启商业票据融资机制（CPFF），绕过银行直接向公司提供流动性支持
3月18日	计划从3月20日启动一级交易商信贷便利机制
3月19日	批准货币市场共同基金流动性工具
3月20日	与六大央行货币互换操作由每周提高至每天，新增九家央行货币互换

第 8 章　美元债三周期价值投资实战

投资是人性的修炼，落子无悔。

—— 2021 年

第 8 章和第 9 章将主要从价值投资和技术投资两个维度来分别讲解我个人的投资理念和心得。投资是人性的修炼，我们要在不断的修炼中提炼和升华自己的投资心得。每一个决策都要思考清楚，落子无悔，更要清楚钱从哪里赚。

- 选出伟大的公司，赚公司长期成长的钱（信用利差收窄）。
- 识别正确的市场风险定价，赚市场的钱（Beta）。
- 人性是贪婪和恐惧的，逆向投资，赚人性的钱（估值错杀）。

长期来看，债券可以看作卖出期权（到期执行价格为 100），拿着微薄的票息，承担到期本金长期资本损失的风险，因此选出伟大的公司并坚定持有显得颇为重要。短期来看，债券到期前，债券净价理论上可以是任何数字（甚至有可能低于回收率），这可能是债券市场 Beta 和公司基本面恶化导致的；净价波动性可能急速放大，尤其是境外高收益债券市场，单日净价波动性可高达 20% 以上，投资债券的短期风险等同于短期 Gamma 风险。

价值投资的核心是发现"好公司"+"好价格"。什么是"好公司"？好公司必然是更适应当前全球经济周期、产业周期和信贷周期的公司，并且在该周期之下，业务发展良好，融资渠道稳健。什么是"好价格"？"好价格"意味着债券的信用利差无论是与同类行业、同行业还是自身的历史信用利差相比较，都处于低估状态。

如何发现"好公司"+"好价格"？在经济周期、产业周期和信贷周期下，什么公司最受益？什么公司能走得更长久？什么公司的信用利差可能收窄？什么公司可能产能过剩而被淘汰？经济周期择利率基准时点（控制组合杠杆和久期），行业周期择行业配置（重配什么行业，轻配什么行业），信贷周期择评级高低（是否信用下沉）。

下面，我将遵从自顶向下的价值投资理念，从经济周期、行业周期和信贷周期三个周期的角度来阐述我的美元债价值投资理念。虽然当前有较多理论把价值投资定义为专注于公司自身基本面研究，长期持有和穿越牛熊，但本书对美元债价值投资定义建立在经济周期、行业周期和信贷周期三周期的基础上，发现价值洼地并加以投资，首次提出"**美元债三周期价值投资**"。美元债三周期价值投资从中长期角度把握美元债投资组合的久期、杠杆、行业和信用资质等关键问题，可以自顶向下，也可以自底向上（见图8-1）。

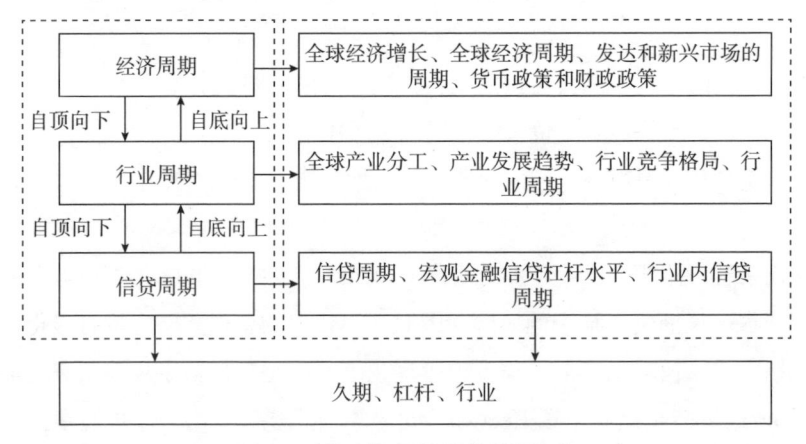

图 8-1 美元债三周期价值投资体系

8.1 经济周期：美林时钟

宏观经济周期研究主要涉及全球经济增长规律、全球经济周期、发达和新兴市场的经济周期以及与经济周期对应的政策周期等。中资美元债投资过程中最重要的宏观研究主体是中国和美国经济周期。这主要是因为中国的宏观经济环境直接影响着中资美元债发行人的信用融资环境，美国的宏观经济周期直接影响着中资美元债的基准利率水平（杠杆成本、基准利率）。除此之外，欧洲经济体的宏观研究也非常重要，例如欧元区的经济强弱直接影响美元走势，也会影响美元流动性，从而间接影响中资美元债的估值和流动性。

在不同的经济周期中，中资美元债的投资策略不同。下面对经济周期进行探讨，并且提出基于经济周期的美元债美林时钟理论框架。

8.1.1 宏观研究

与美元债投资相关的国际宏观研究主要有美国宏观、中国宏观、发达国家宏观（例如欧洲、英国、加拿大、日本等）、新兴市场宏观等。与中资美元债息息相关的经济体是中美两国经济体，因此对这两个经济体进行跟踪至关重要。

中美经济结构不同，宏观经济指标不同，因此研究方法论不尽相同。表 8-1 从中美不同的经济结构以及美元债实战的角度出发，对中美宏观经济研究中重要的经济指标进行梳理和对比。总体来看，中国更注重投资和外贸出口、工业增加值方面的数据，美国更注重消费、就业和通胀方面的数据。

表 8-1 中美宏观经济数据对比

经济数据分类	中国	美国	对比
经济增长	GDP	GDP	差异不大
	工业增长值	—	中国特有
	规模以上利率增长	—	中国特有
消费	社会零售总额	零售数据	表达方式不同
投资	房地产投资增速	房地产新开工	差异不大
	基建增速	—	中国特有
	制造业投资增速	耐用品订单增速	差异较大
进出口	进出口	进出口	差异不大

续表

经济数据分类	中国	美国	对比
就业	城镇失业率	失业率	美国更加完善
	—	工资时薪	美国更加完善
	—	劳动参与率	美国更加完善
	—	非农就业数据	美国更加完善
	—	小非农（ADP）	美国更加完善
	—	初次失业申请	美国更加完善
通胀	CPI 或者核心 CPI	CPI 或者核心 CPI	美国更加完善
	—	PCE 或者核心 PCE	美国更加完善
货币量	M0～M2	M0～M2	差异不大
	社会融资	—	中国特有
	信贷数据	—	中国特有
其他	PPI	PPI	差异不大
	PMI	PMI	差异不大

注：CPI 是指居民消费价格指数，PCE 是指个人消费支出，PPI 是指生产价格指数，PMI 是指采购经理人指数。

8.1.2 周期研究

经济周期研究站在一个较长期的维度进行美元债配置。全球不同区域的经济发展程度并不相同，区域经济体里面不同国家拥有的资源、技术和人力也不同。从全球分工来看，产业链条从上游到下游分为资源、生产加工、消费。其中资源类国家有拉丁美洲、中东、俄罗斯等新兴市场国家，生产加工类国家有中国、东南亚国家，消费类国家以美国为代表。处在不同产业链位置的国家，其经济结构必然不同，经济外在数据体现也不尽相同。

全球经济周期并非步调一致，就像产业链上不同国家的经济所处的阶段并不相同，但随着全球一体化和分工协作的深化，全球经济周期越来越统一协调、相互影响。例如，如果美国经济衰退或者发生金融危机，那么危机可能向全球产业链上游国家（包括中国、拉美国家）传导。2008 年的金融危机就快速传导至亚洲地区，危机是具有传染性的。另外，研究全球经济结构和产业链有助于理解全球经济周期，经济周期既可能是由供给也可能是由需求引发的震荡波动。从全球分工来看，消费端经济周期往往起着引领作用，这也体现了当前全球经济周期主要是由消费需求驱动的（例如美国的经济周期往往引领其他区域）。

从经济周期来看，复苏→过热→滞涨→衰退→复苏，周而复始，经济周期不同阶段的宏观经济数据、政策周期也不同。政策周期对应经济周期的不同阶段，例如当前全球央行都在实施逆周期货币政策（政策周期），以适度平衡经济周期的波动（经常周期）。

从政策来看，中资美元债的政策研究切入点最重要的是美联储和中国央行的货币政策，以及中美财政政策。后面单列两章对美联储货币政策及美国财政政策进行详细讲解。一般来讲，不同的货币政策和财政政策组合，会对利率曲线造成不同的影响（见表8-2）。

表8-2 货币和财政政策对利率曲线的组合影响

货币政策	财政政策	利率曲线结构
宽松	宽松	曲线陡峭化，短端下行，长端上行
宽松	收紧	曲线影响未知，短端下行，长端下行
收紧	宽松	曲线影响未知，短端上行，长端上行
收紧	收紧	曲线平坦化，短端上行，长端下行

当宽松的货币政策和宽松的财政政策组合时，利率曲线陡峭化。此种政策组合一般出现在经济周期的衰退期。第一，宽松的货币政策会使市场流动性充足，短端利率下降，例如在美联储降息周期时，短端公开市场委员会隔夜政策利率趋于下行；第二，宽松的财政政策可能从多个方面传导到利率曲线。一方面，政府可能供给长期政府债券，导致长端收益率上行，例如中国2019年以来的宽松政策，供给大量地方债（对国债或政策性金融债具有很强的可替代性）导致长端收益率高企不下；另一方面，宽松的财政政策通过经济预期上涨、通胀预期上涨（可能采用减税刺激经济）等途径来影响长端利率，使得长期利率上行。这种货币政策和财政政策的组合往往导致长端利率大幅上行，利率曲线陡峭化。这种政策组合利空长久期的美元债，由于宽松的货币政策始终压住短期利率，提供充足流动性，因此对于债券市场而言也意味着充裕的资金流动性和杠杆水平。在此种政策组合下，需要小心利率过快上行导致投资级美元债的回调，同时中短久期的美元债可能受益于宽松的货币政策。

当宽松的货币政策和收紧的财政政策组合时，长短端利率均下行，利率曲线结构未知。这种政策组合通常出现在经济周期的转换期，政策往往会进行微调，包括对市场流动性和长期财政政策微调。

当收紧的货币政策和宽松的财政政策组合时，长短端利率均上行，利率曲线结构未知。第一，收紧的货币政策会导致市场流动性降低，短期利率上行；第二，宽松的财政政策从通胀、长期国债供给方面推升长端利率。此种政策组合一般在对经济结构进行调整时出现。例如，自2019年以来，中国金融供给侧改革采用"紧货币＋宽财政"的组合政策，这有利于降低民营企业和居民杠杆率，控制金融系统性风险。从政策影响来看，一方面收紧了市场流动性，另一方面加大了财政刺激。

当收紧的货币政策和收紧的财政政策组合时，利率曲线平坦化，短端利率上行，长端利率下行。此种政策组合往往应用于经济的过热阶段，通过政策组合来有效降低居民、企业和政府的开支，降低市场流动性，从而给经济或者金融市场降温。收紧的货币政策可以减少市场多余的流动性，使得短端利率上行；收紧的财政政策则从降低通胀预期和减少长端国债供给的途径来压低长端利率。

不同的经济周期有着不同的政策周期，而不同的政策周期下形成了美元债不同的中长期投资策略，因此本书提出"美元债美林时钟理论"。需要注意的是，本书所提的经济周期以美国经济周期为主，中国经济周期为辅。因为中资美元债的基准利率通常参考的是美国国债，不同的美国经济周期对应着不同的政策周期，因此这里的经济周期更多描述的是美国经济周期。

全球大类资产品种主要分为股票、债券、大宗商品、外汇等几种类别，中资美元债属于债券种类，但与人民币债券有很大区别。在不同的经济周期，大类资产轮动表现并不相同。

从三大国际评级来划分，中资美元债可以分为投资级和高收益两个板块，投资级美元债更偏向于避险属性，高收益美元债更趋向于风险资产（类股票）。在经济周期的衰退期，我们应拉长久期配置投资级美元债，因为经济衰退周期对应着宽松的货币政策，利率大幅下行会利好长久期美元债，但衰退经济周期也伴随着企业盈利下滑、资金链断裂危机和融资风险，因此不适合过度下沉信用风险。

如图8-2所示，按照美林时钟对中资美元债进行四个象限的分类，不同象限中中资美元债的久期策略并不相同。

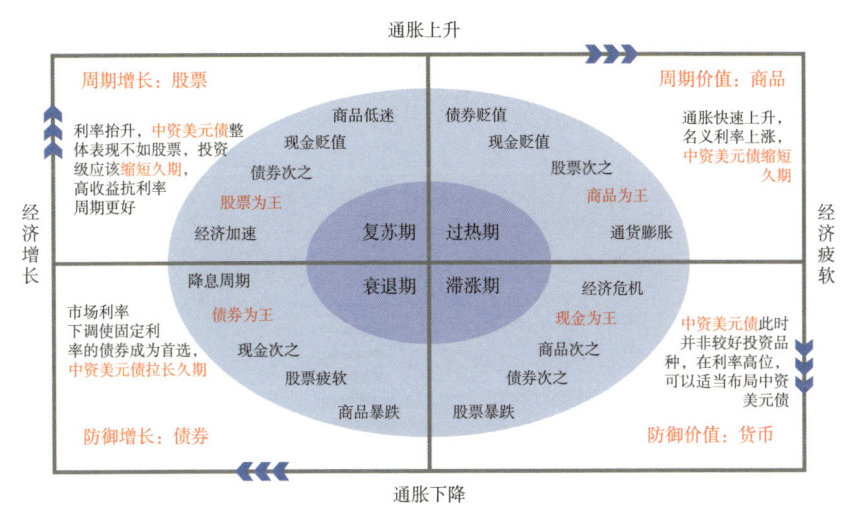

图8-2 中资美元债的美林时钟（经济周期对应美国经济周期）

资料来源：根据公开资料整理。

（1）衰退期

经济衰退期，宏观经济低迷，股票疲软，商品价格因为社会总需求不佳而下跌。为抑制经济走弱，央行通常采取降息和量化宽松政策，国债收益率曲线快速下行，此时债券是最佳投资品种，拉长久期投资。

总体来看，在衰退期，中资投资级美元债表现好于高收益美元债，投资级可拉长久期，高收益需要注意经济危机带来的企业违约风险攀升，信用利差走阔速度超过无风险利率下行速度，不宜过度下沉信用风险。当然，高收益美元债内部也存在分化。

例如2019年1~6月非美经济增长下滑较大，欧洲经济出现严重衰退迹象。2019年6~12月美国经济也被反向拖累，2019年美联储开始预防性降息。

从美林时钟来看，这个阶段类似于衰退期，此阶段投资级债券价格大幅反弹（受益于降息和利率下降利好），股票价格坚挺（货币政策流动性支持，加上并非经济或者金融危机模式导致衰退）。2019年全球美元债大幅上涨，中资美元债投资级和高收益分别获得8.7%和10.5%的收益，投资级美元债和历年相比涨幅惊人（见图8-3）。

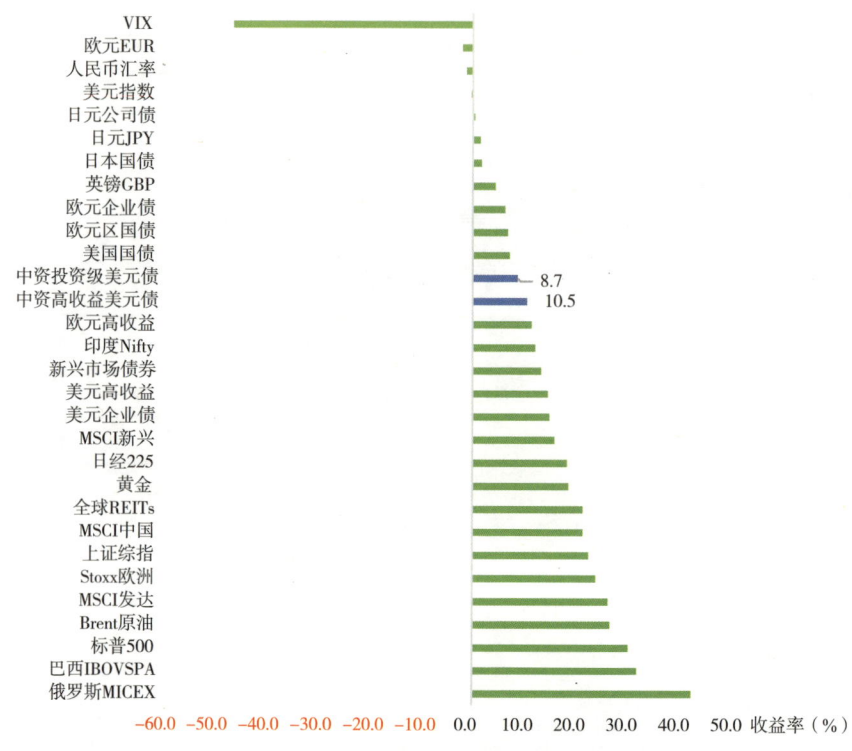

图 8-3　2019年全球大类资产及中资美元债表现

资料来源：彭博。

（2）复苏期

在经过衰退期的宽松货币政策或者财政政策刺激后，经济开始逐步走出泥潭复苏，股票价格作为经济先行指标开始上涨，债券作为较为稳健资产在复苏早期还可以获得正收益，商品在复苏早期仍然会持续低迷。

此时仍然适合投资中资美元债。在经济复苏早期，一般来讲，央行货币政策可能处于边际收紧或者收紧预期开始凸显，此阶段投资级美元债表现往往不如高收益美元债。此时，我们应适当控制投资级久期，缩短组合久期。

例如在经历2011—2012年欧债危机之后，美国经济受到的影响逐步得到控制。2013年，美联储宣布退出宽松政策，开始升息预期，中资投资级美元债指数下跌3%，而高收益美元债指数则上涨7%。2015—2017年美国经济**逐步复苏**，美联储在 2015 年年底进行此轮经济周期的首次加息，但由于总需求不佳，加息步伐缓慢。此阶段，中资高收益美元债年收益率分别录得 11%、10% 和 6%；投资级美元债表现稍逊，录得 3%、4% 和 4% 的年收益。

2016 年全球经济处于**复苏早期**。美联储从 2015 年 12 月首次加息后，核心通胀仍然偏低，低于美联储设定的通胀目标水平，失业率缓慢下行。从 2016 年开始，美联储缓慢加息。从美元债的美林时钟来看，在经济处于复苏中前期，股票、债券表现相对较好，此阶段应该缩短久期，其中中资高收益美元债表现更优于投资级美元债。2016 年中资投资级美元债和高收益美元债分别上涨 4.7% 和 11.8%，高收益美元债表现惊艳（见图 8-4）。

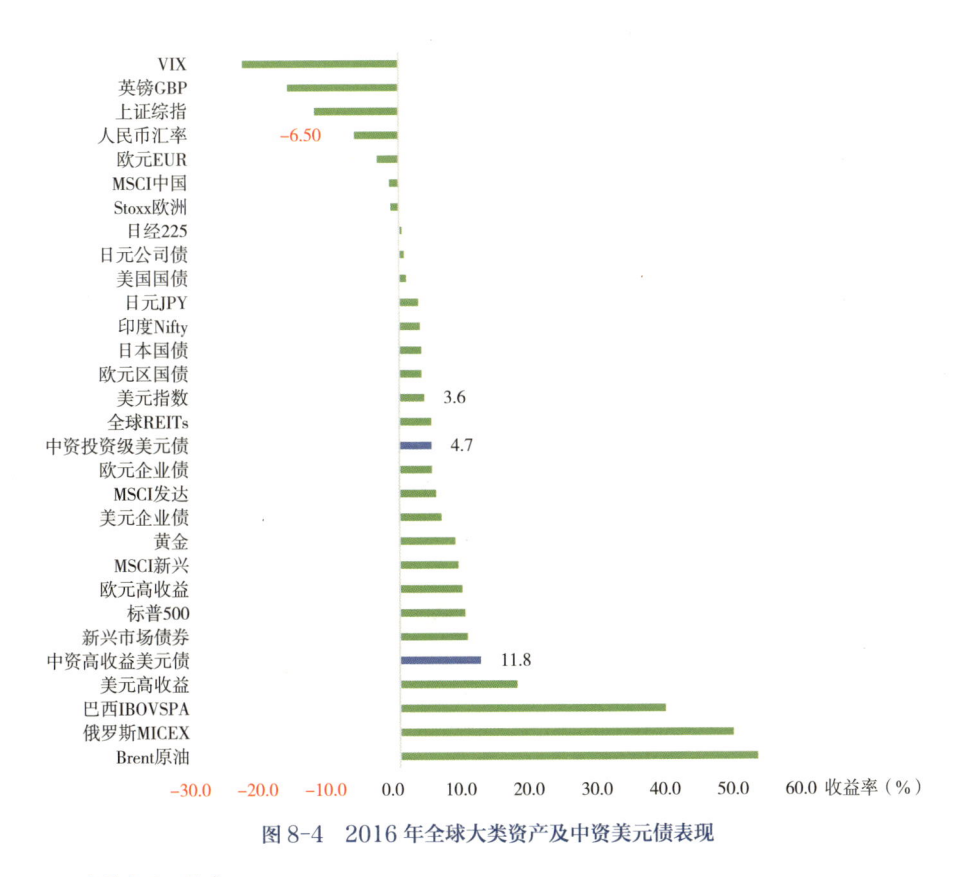

图 8-4　2016 年全球大类资产及中资美元债表现

资料来源：彭博。

（3）过热期

经过复苏之后，经济开始逐步过热。通胀有可能开始超过央行既定的通胀目标，商品价格出现上涨，股票表现因为通胀过高（名义利率上升）而估值下跌，债券在此阶段因为通胀上涨、名义利率上涨而下跌。这个阶段的表现往往是，通胀快速飙升或者通胀具有上涨压力。央行在这个阶段可能会加快加息步伐，利率也会快速攀升。因此，该阶段其实不太适合投资中资美元债，需要控制美元债的投资久期。

2018年，美国经济恢复较快，通胀上行压力较大，美联储的加息态度从偏鸽转向偏鹰。2018年，美联储加息四次，导致美国国债利率大幅攀升，美元指数大幅上涨4.69%。从美元债美林时钟来看，此阶段应该缩短久期，减少美债头寸。2018年是中资美元债在近10年来表现最差的一年。

（4）滞涨期

此阶段经济增长停滞或者缓慢，但通胀维持高位震荡。此时经过前几个阶段上涨之后，各大类资产价格均处于高位水平，一旦某类风险触发金融或者经济市场而出现危机，那么所有大类资产均出现下降。此阶段，市场的倾向通常是现金为王。美元债在该阶段往往表现不佳，但我们可以在滞涨期的中后期（利率的相对高点）布局一些中长期美元债。

上述的美林时钟经济周期更多是指美国经济周期，中资美元债基准利率为美元无风险利率，因此美元债的美林时钟更多地依赖于美国经济周期下的货币政策和利率周期。

8.2 行业周期：行业轮动和更替

行业周期研究对于投资美元债也非常重要，行业周期研究包括：首先，研究单个行业的生命周期，根据行业周期阶段选择不同规模效应的公司进行投资，根据行业周期维度配置行业公司久期；其次，比较不同行业的周期阶段，优先配置行业周期符合国家政策方向的公司，选择行业景气度上升的行业投资，能从行业信用风险下降和信用利差收窄中获益。行业研究主要包括竞争格局、行业周期、行业政策周期等方面。

8.2.1 不同行业的选择：竞争格局

从竞争格局来看，不同产业的竞争地位存在差别，可能是由于历史发展形成的行业壁垒，也可能是政策垄断地位使得准入或者进入门槛非常高。

行业竞争格局从优势到劣势，主要有垄断、寡头、竞争和充分竞争。垄断是指该行业的进入成本太高，进入壁垒较强，包括政府垄断，例如关系民生的公用事业多为政府所垄断，不参与市场竞争。寡头一般是指该行业经过多年的充分竞争发展后，市场份额由主要的几家公司或者企业占据，例如互联网行业的腾讯和阿里巴巴。竞争和充分竞争的行业需要警惕，该行业的公司可能面临较大的市场竞争压力，**新生公司往往存在发展机会，但公司的迭代更替也非常快，投资其美元债亦面临迭代风险**，例如新能源公司的快速崛起和后期美元债违约就值得警惕。

行业的竞争格局也存在迁移变化，从市场蓝海阶段的充分竞争到红海阶段的残酷竞争，龙头聚集效应逐步提升，直到寡头出现并垄断行业。在投资美元债的过程中，根据组合的投资要求，在充分竞争或者竞争市场中投资那些行业地位提升或者有机会成长为行业龙头的公司美元债，其业务增长和利率都将随行业集中度提升而受益，信用利差随着行业地位提升而收窄。

8.2.2 行业内配置：行业周期

行业发展也存在周期，大致可以分为萌芽期、成长期、成熟期和衰退期。

萌芽期：行业市场容量逐步提升，行业内企业发展空间巨大，企业间尚不存在强烈竞争关系，行业总量快速上升，吸引大量资本和人才的风险投资（VC）和私募股权投资（PE）在该阶段也最活跃。

成长期：行业相关规范等都逐步成熟，并形成一些行业标准；行业竞争充分，企业趋向于使用股权类工具来融资，也有部分企业开始使用债券、银行贷款等渠道融资。

成熟期：行业规范进一步明晰，行业龙头效应开始逐步显现，行业内的服务质量和企业质量开始显著上升。在该阶段，企业普遍具有较大的资产规模、稳定的现金流和较强的盈利收益，也普遍采用丰富的融资工具进行融资，融资渠道丰富且畅通。美元债可以成为该阶段企业直接融资工具之一。

衰退期：行业周期末端，行业总量急速萎缩，行业面临需求下降、供给也相应下降的衰退阶段。该阶段的企业可能面临行业的残酷淘汰。

根据上述各阶段的行业周期特征，行业成长期和成熟期属于投资的较佳时机，这时候企业的盈利相对稳定，企业抗经济周期波动风险的能力更强。在衰退期和萌芽期投资美元债则需要谨慎；首先，在萌芽期，该行业刚起步或者出现，行业内企业属于初创企业，很可能出现资金流问题，因此投资债券容易亏损本金；其次，投资衰退期的行业，也容易面临违约风险，例如新能源行业在 2018 年出现政策调整，在行业过剩产能调整的衰退期，大量前期发行的美元债出现违约，兴业太阳能、协鑫新能源等公司发行的美元债便是典型案例。

不同行业周期下的美元债投资策略如表 8-3 所示。行业周期及对应的美元债投资策略如表 8-4 所示。

表 8-3　不同行业周期下的美元债投资策略

行业周期	美元债投资策略
萌芽期	一般该阶段美元债发行较少，如若有新发也是以私募债或者非公开募集为主。该阶段趋向于投资具有增长前景的公司。风险高，收益回报要求也会较高
成长期	■ 一般该阶段的企业开始涉足成熟的资本市场，包括股权 IPO（首次公开募股）、债券融资等。在该阶段的策略仍然是，坚持投资具有增长前景和未来可能成为寡头的公司，收益回报要求比萌芽期低 ■ 该阶段美元债可能会成为企业融资的通道之一，但成长期企业的前景往往相对不确定，因此在投资过程中需要仔细分析该行业格局和未来趋势，选对有潜力的公司很重要。**选对有潜力成为行业龙头发行的美元债，往往意味着未来信用利差的缩窄和资本利得增加**
成熟期	一般该阶段的企业已经较为广泛地涉足资本市场，尤其是债券市场和银行贷款。该阶段投资美元债的可选择范围较广，投资策略也趋于多样化，可以根据客户的投资要求进行投资，且一般该阶段在行业内部可选择标的较多，**一般采用相对价值策略进行美元债投资**
衰退期	衰退期的美元债投资策略以投资现金流稳定的龙头企业为主，扛过行业衰退周期的残酷淘汰。该阶段面临行业过剩产能淘汰的残酷现实，只有少数行业龙头或者政策扶持的企业能够生存下来。例如 2015 年中国供给侧改革，淘汰地条钢等落后产能导致相关行业的产能急速萎缩，落后产能公司迅速没落甚至债券违约、破产清算

表 8-4　行业周期及对应的美元债投资策略

行业周期	萌芽期	成长期	成熟期	衰退期
市场增长率	高	很高	低	下降
技术增长	技术革新快	技术形成主流	技术成熟	技术被模仿，出现替代产品
技术壁垒	低	提高	很高	过剩
市场参与者数量	很少	增多	稳定	减少
美元债策略	趋向于投资具有增长前景的公司。观望为主，不建议重仓新兴行业	选对有潜力的公司，往往意味着未来信用利差的缩窄和资本利得增加	采用相对价值策略进行美元债投资。选择行业龙头	少数行业龙头或者政策扶持的企业能够生存下来。选择行业龙头

综上所述，行业周期研究有助于在行业轮动和更替中重点配置优质行业，规避夕阳和潜在违约行业。例如，2017—2018 年如果把大量筹码押注在民营非地产行业，2018 年则面临很大的违约风险。

在投资美元债的过程中，把握行业未来发展的征兆十分重要。行业发展往往需要技术、资本和人力等多重生产要素支持，当行业出现新生技术并带动了后续资本和人力的涌入时，我们应警惕传统行业衰退风险。一个行业能够蓬勃发展，可能是因为某项技术更替或者发明导致该行业迅速崛起，例如 20 世纪 90 年代互联网技术崛起带动电商企业大发展。此外，资本和人力也是行业发展至关重要的因素，当某一行业出现人才和资本聚集时，该行业的未来发展会蓬勃繁荣。

在选择行业进行中长期配置过程中，我们要把握该行业的生命周期，在不同周期需要进行不同的信用风险定价。如果把行业周期的长短分为短、中和长，那么长周期行业往往对应着品牌效应，具有较强的行业壁垒，例如国企或央企往往属于长周期行业，信用利差通常较为稳定。短周期行业往往意味着更替很快，在大量资本和人力的推动下容易形成竞争优势，行业壁垒相对较弱，例如互联网行业等。中周期行业则是渐变行业。在美元债投资过程中，我们要把握行业的轮动周期，选择长周期行业进行长期配置，选择短周期行业进行信用利差交易。

8.3　信贷周期：扩张与收缩

中资美元债信用决定于内，波动决定于外，因此中资美元债的信用利差其实受到境内信贷环境的影响。其中，中资高收益美元债更容易受到信贷周期的影响。在信用扩张阶段，增配高收益债券较为适宜，此阶段信用链条传导顺畅，高收益违约风险大幅下降，却能获得更好的收益回报。在信用收缩阶段，高收益美元债发行人往往因为信用收缩、资金流动性趋紧，容易发生资金周转不过来的违约情况，因此该阶段更适合提升信用评级。例如自2020年年底以来的地产"三道红线"政策，实际上变相收紧了地产行业的信用融资环境，地产行业从前期较为宽松的信贷周期过渡到收紧的信贷周期。与之对应，中资地产美元债的信用利差也大幅走阔。

信贷周期主要从信用评级方面对投资组合造成影响。一般在信用宽松的大环境下，我们适宜做信用下沉；在信用收紧阶段，我们需要提升投资的评级。因此，信贷周期的前半段（信用扩张阶段）应该下沉信用，后半段（信用收缩阶段）应该提升投资的信用资质。同样，由于同一时期不同行业的信贷政策可能不同，因此，信贷周期还需要结合行业具体分析。

信贷周期和经济周期对中资美元债的影响同等重要，从经验来看，投资级美元债对经济周期更加敏感，高收益美元债对信贷周期更加敏感。

第 9 章　美元债技术投资实战

第 8 章讲述了个人的价值投资理念，从三周期角度来分析美元债价值投资实战的择时、久期、杠杆和信用评级等。本章将主要讲述技术层面的美元债实战，包括大类资产回归分析、均值回归技术实战、趋势动能技术实战战术和应用举例。

9.1　大类资产回归分析

在实战中，其他大类资产与美元债的相关性也可以用来辅助预判美元债的趋势。美股、恒生指数、美国国债和美元债、人民币汇率、VIX 指数（恐慌指数）等都对中资美元债的走势存在较强相关性和相互传染的影响，影响主要反映在情绪、资金等方面，例如：隔夜美股大跌可能从风险情绪面导致中资高收益美元债开盘下跌；2020 年 3 月，美股、黄金同时大跌，导致平衡性基金的杠杆破裂，资金面趋紧导致美元债也被牵连暴跌。分析大类资产与中资美元债的相关性，有助于辅助判断中资美元债的走势。本章不仅从数据技术层面进行回归分析，也对背后的经济关联性做出仔细探讨。

9.1.1　美股

美股与中资高收益美元债指数呈正相关性，与中资高收益美元债指数利差呈负相关性（见图 9-1、图 9-2）。在投资实战过程中，隔夜美股表现往往对第二天中资高收益美元债开盘有着重要的影响，如果隔夜美股大跌，那么第二日中资高收益美元债的全球风险资产（含中资高收益美元债）的风险偏好往往较差，出现低开。

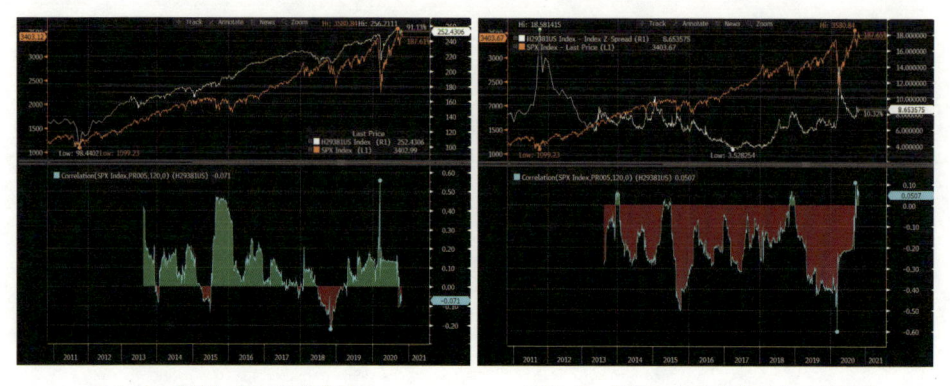

图 9-1　美股与中资高收益美元债指数的相关性

图 9-2　美股与中资高收益美元债指数利差的相关性

美股与中资投资级美元债指数呈明显的负相关性，与中资投资级美元债利差呈明显的负相关性（见图 9-3、图 9-4）。利差与美股的相关性表现与高收益美元债指数相同，但指数与美股的相关性表现与高收益指数却不同。这种差异性主要源于美国国债收益率（无风险收益率），无风险利率对于中资投资级美元债影响权重更大一些。在隔夜风险偏好上升、美股上涨的情况下，投资级大概率表现为利差缩窄，但对应无风险利率可能上升。两者对冲之后可能的结果是整体收益率上行，因此投资级指数下跌。

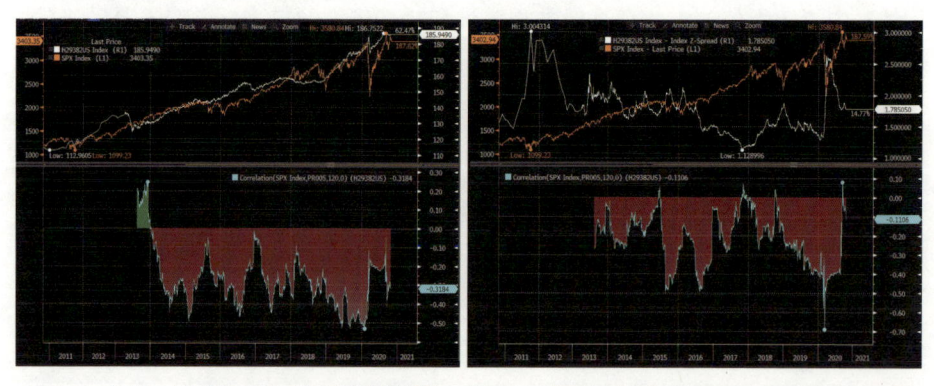

图 9-3　美股与中资投资级美元债指数的相关性　　图 9-4　美股与中资投资级美元债指数利差的相关性

需要注意的是，美股交易时段和中资美元债的交易时段是错开的，因此美股隔夜涨跌对于第二日中资美元债开盘有很强的预示作用。

9.1.2 恒生指数

恒生指数与中资高收益美元债的相关性较强，原因在于：

- 恒生指数与中资美元债除了风险情绪面比较一致以外，很多港交所上市公司与中资美元债发行主体重合，例如恒大、佳兆业等港股上市H股公司也在香港大量发行中资美元债。
- 恒生指数的交易时段和中资美元债交易时段大部分重合，因此恒生指数与中资美元债具有比较好的相关性（见图9-5、图9-6）。

图9-5 恒生指数与中资高收益美元债指数的相关性（60日）

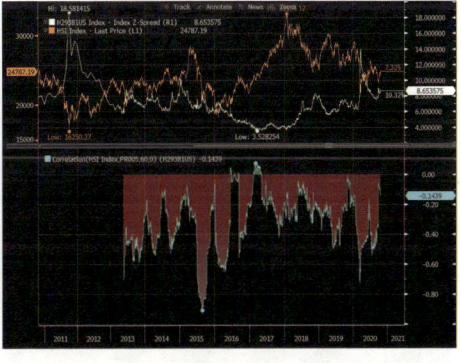

图9-6 恒生指数与中资高收益美元债指数利差的相关性（60日）

在策略方面，恒生指数日间如果大幅下跌，往往也会引起中资高收益美元债指数的下跌。在实际操作中，细心读者会发现，日间港交所的上市类房股出现大幅下跌，通常会引发一拨地产美元债的下跌。

但恒生指数与中资投资级美元债的相关性则不强，主要原因在于恒生指数上市公司与中资投资级美元债指数成分的重合度较低（见图9-7、图9-8）。

图 9-7　恒生指数与中资投资级美元债
指数的相关性

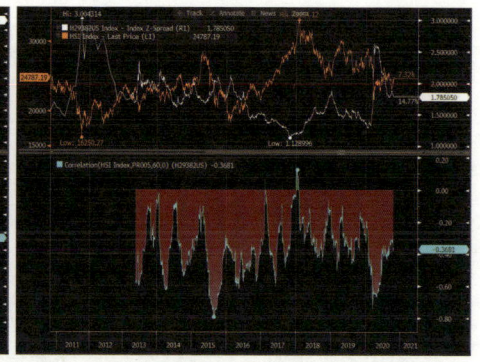

图 9-8　恒生指数与中资投资级美元债
指数利差的相关性

9.1.3　沪深 300 指数

过去 10 年，沪深 300 指数与中资美元债指数的相关性比港股、美股要弱很多。究其原因，沪深 300 和中资美元债一个位于境内市场，一个位于境外市场，两个市场资本流动较为割裂；且沪深 300 指数更容易受到境内资金面、政策等相关影响；港股、美股与中资美元债反而同时受到美联储的货币政策、海外全球资本流的影响（见图 9-9、图 9-10）。

图 9-9　沪深 300 指数与中资高收益美元债
指数的相关性

图 9-10　沪深 300 指数与中资高收益美元债
指数利差的相关性

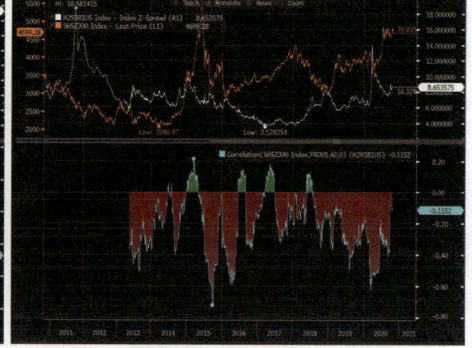

即使其相关性要弱于港股和美股，从相关性分析来看，沪深 300 指数与中资

高收益美元债指数呈弱正相关关系，与高收益指数利差呈负相关关系。沪深300指数与中资投资级美元债的相关性规律并不明显，与投资级指数利差呈现负相关（见图9-11、图9-12）。

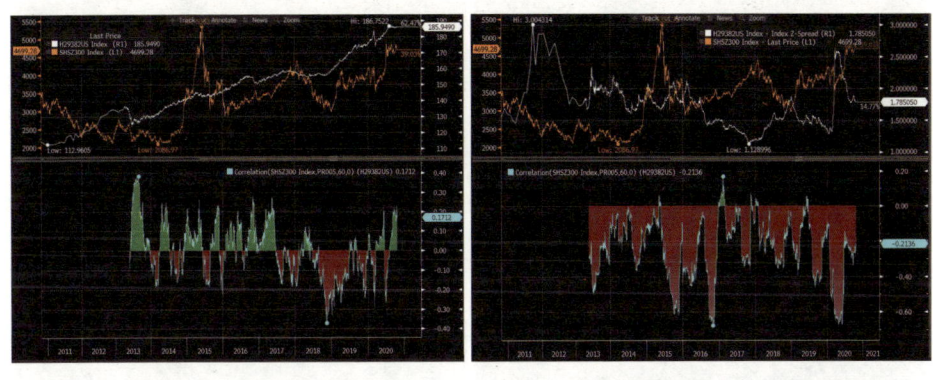

图9-11 沪深300指数与中资投资级美元债指数的相关性（60日）

图9-12 沪深300指数与中资投资级美元债指数利差的相关性（60日）

在实战中，参考沪深300指数的时候较少，当然在有些美元债发行人的境内股票出现异动的时候，投资者往往应该对境外美元债加以关注。

9.1.4 美国国债收益率

美国国债收益率（UST）与中资美元债指数（无论是投资级还是高收益指数）的利差都存在较强的负相关性；国债收益率与中资投资级美元债指数呈较强负相关性，与中资高收益美元债指数无明显相关性（见图9-13～图9-16）。

投资级美元债市场由于基本面稳定，其收益的较大组成部分源于无风险利率，因此市场表现也比较依赖于美国国债市场的表现。例如：2013年美联储宣布退出量化宽松政策，美国国债收益率大幅攀升，中资投资级美元债大幅下跌；2016年特朗普当选总统之后，在财政政策刺激预期下，美元债收益率大幅攀升100个基点，中资投资级美元债指数回撤；从2017年年底开始美联储加快加息步伐，10年美债收益率大幅攀升（超过3%），"债王"甚至预测美国国债收益率可能超过3.5%，市场恐慌情绪蔓延，中资投资级美元债指数大跌。

图 9-13　美国国债与中资高收益美元债指数的相关性（60 日）

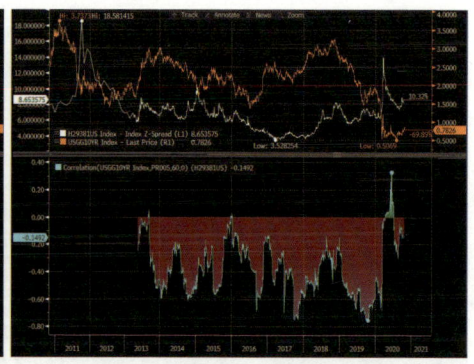

图 9-14　美国国债与中资高收益美元债指数利差的相关性（60 日）

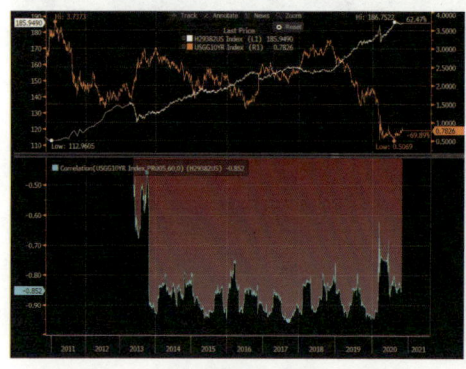

图 9-15　美国国债与中资投资级美元债指数的相关性（60 日）

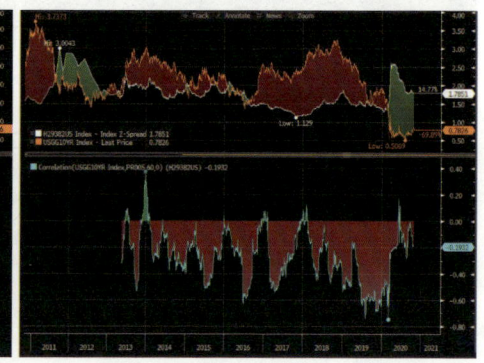

图 9-16　美国国债与中资投资级美元债指数利差的相关性（60 日）

9.1.5　VIX 指数

VIX 指数与中资投资级美元债指数利差、中资高收益美元债指数利差均存在很强的正相关性，当市场波动性上升时，无论是投资级美元债还是高收益美元债的信用利差均出现上行；VIX 指数与中资高收益美元债指数相关性不强，但与中资投资级美元债指数呈较强正相关性，因为当市场波动率上升时，市场避险情绪上升，无风险利率下行带动投资级板块上涨，但高收益板块信用利差往往可能上行幅度更大，对冲了无风险利率的下行（见图 9-17～图 9-20）。

图 9-17　VIX 指数与中资高收益美元债指数的相关性

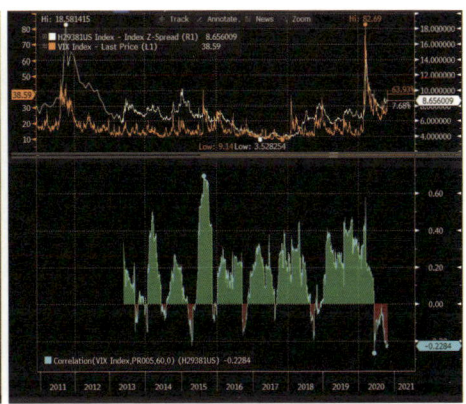

图 9-18　VIX 指数与中资高收益美元债指数利差的相关性

图 9-19　VIX 指数与中资投资级美元债指数的相关性

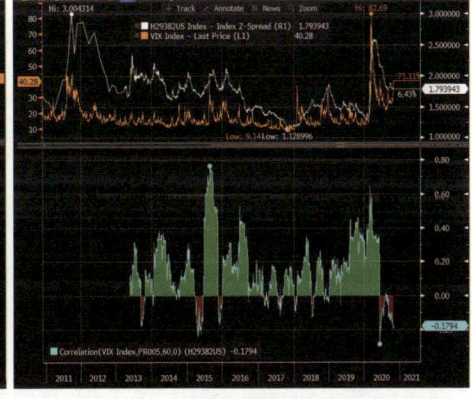

图 9-20　VIX 指数与中资投资级美元债指数利差的相关性

VIX 指数对于交易高收益美元债利差或者投资级美元债指数（或利差）都具有一定的指引作用。当 VIX 指数连续多日攀升超过一定阈值时，市场情绪面往往较差，中资投资级美元债利差一般会走阔，高收益净价也会出现下跌。

9.1.6 人民币汇率

（1）人民币即期汇率对中资美元债的影响

直观上，人民币汇率与中资美元债有比较强的相关性，但从过去10年的相关性分析来看，人民币即期汇率与中资美元债利差或者指数的相关性较弱，在某些时候呈正相关性，在某些时候呈负相关性（见图9-21～图9-24）。

图9-21　人民币即期汇率与中资高收益美元债指数的相关性

图9-22　人民币即期汇率与中资高收益美元债指数利差的相关性

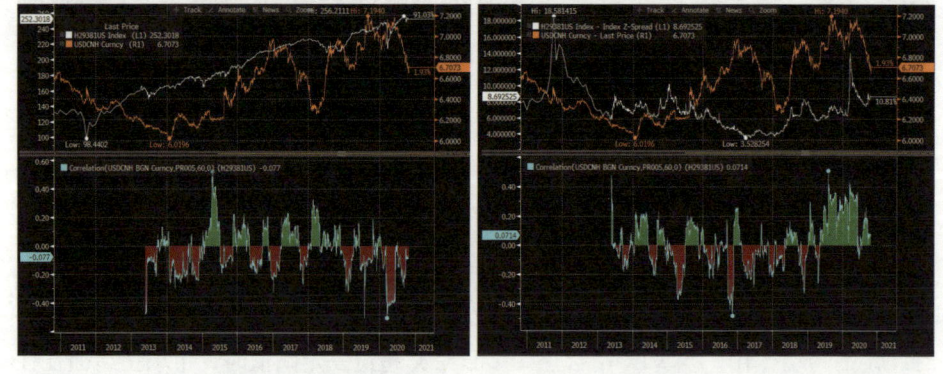

图9-23　人民币即期汇率与中资投资级美元债指数的相关性

图9-24　人民币即期汇率与中资投资级美元债指数利差的相关性

从实际投资情况来看，人民币即期汇率对中资美元债存在短期和长期影响。短期影响是，当人民币汇率短期出现大幅贬值时，可能引发中资美元债的避险情况,中资美元债指数跟随下跌。例如 2015 年的 "811 汇改",人民币汇率短期大幅贬值引发中资美元债指数单周下跌达到 2%。长期影响是,人民币汇率长期处于连续贬值通道,可能引发境内资金出境配置美元债资产,增加中资美元债的需求。例如 2015—2017 年,在人民币汇率贬值过程中,中资美元债也经历了难得的三年大牛市。

实战中,人民币汇率远期点数(贬值预期)对中资美元债的投资影响更大。

(2)远期汇率对中资美元债的影响

中资美元债的投资者有很大部分是境内投资者,尤其是境内银行,分为两类主流机构,一类是银行自营资金类投资者,一类是 QDII 类型投资者。

首先,对于银行自营资金类投资者,因其可以通过掉期获得美元资金,即通过外汇掉期把人民币换成美元资金,进而投资美元债,所以当美元债收益 + 外汇掉期收益 > 境内人民币债券收益时,理论上银行自营资金类投资者会趋向于通过掉期配置部分美元债资产来提高资产组合收益。例如在 2015 年汇改之后,人民币汇率贬值预期非常高,1 年期外汇掉期点(FX SWAP Points)甚至超过 2 500 个基点,外汇掉期的收益利差高达 2.5%~3%,如果算上境外美元债收益,其收益大幅高于境内人民币债券收益。因此在这种情境下,银行自营类投资者可以通过掉期来获得美元资金和更高收益。

案例:

2015 年 "811 汇改" 时,假设:

- 境内中国银行 3 年期人民币债券收益率 3.5%
- 境外中国银行 3 年期美元债债券收益率 2.5%
- 1 年期掉期点差 2 500 点
- 人民币即期汇率为 6.4

那么,基于美元债,如果对冲 1 年期汇率风险,获得的对冲收益为 3.91%(大致计算公式为 1 年期外汇掉期点 / 人民币即期汇率 /10 000)。美元债 + 掉期收益的综合收益为 6.41%,相对境内人民币债券高出 2.91%(见表 9-1)。

表 9-1 经过外汇掉期之后的境内外收益率对比

项目	美元债对应人民币收益	人民币债券收益	利差（美元债-人民币债券收益）
人民币即期汇率	6.4	—	—
1年期外汇掉期点	2 500	—	—
对冲收益	3.91%	—	—
3年期中国银行美元债	2.50%	—	—
美元债+掉期收益	6.41%	3.50%	2.91%

其次，对于QDII资金类型投资者而言，由于QDII资金可以选择对冲或不对冲汇率风险，因此人民币即期汇率的变化对QDII资金类型投资者更加重要。需要注意的是，这里和境内自营资金投资者的考虑角度不一样，自营资金类型投资者站在远期已经对冲的基础上，考虑的是对冲之后的综合收益与人民币债券收益高低对比。

QDII类型投资者需要对比的是，对冲或者不对冲情形下的收益。如果对冲，那么未来通过汇率获得的收益较为固定，风险也被锁定；如果不对冲，那么未来获得的收益是人民币汇率贬值的程度，风险是人民币汇率升值的幅度。因此，QDII类型投资者需要考虑人民币贬值空间与当前市场预期空间（FX SWAP Points）。投资者如果认为未来一段时间人民币贬值空间大于当前市场隐含的贬值预期，就不会对冲汇率。

9.2 均值回归：28法则和偏离度

债券与股票的估值和投资方法不尽相同，例如，债券（非违约）有100的价格终点，而股票没有价格终点。因此，在没有违约或者转股等特殊情况下，债券收益率、利差、净价具有均值回归现象，即利差走阔了会缩窄，利差太窄了会走宽。但均值回归并非一成不变，有时候偏离均值之后可能持续一段时间，有时候会很快回归。随着债券市场环境变化，均值也可能发生变化，即债券投资受到市场情绪或者其他技术性因素影响会出现新趋势，打破现有区间震荡格局（脱离原有历史均值）。

美元债的技术分析在投资过程中并不常见，但细致分析却能够对投资起到非常好的帮助。本书仅介绍两种重要的技术分析实战技巧：**均值回归理论和趋势动能投资**，其中趋势动能投资分为**中长期趋势和短期趋势动能实战技巧**。

历史不代表未来，但未来可能会与历史押韵，因此均值回归在某些时候其实也存在合理性。

在投资实战过程中，在观察中资投资级和高收益信用利差历史序列时，我们往往会问以下问题：

- 当前中资美元债（投资级或者高收益）利差水平相对于过去而言处于什么水平？
- 当前利差水平与过去 1 年、2 年、10 年的波动率（标准差）相比如何？
- 当前利差水平相对于过去 1 年平均利差偏离了几个正或者负的标准差？

通过回答第一个问题，我们能够了解到基于过去某段（1 年、3 年或者 5 年）历史行情，当前利差水平所处分位数水平。分位数水平是否过高，在一定程度上表明当前利差对比历史均值水平是否具有吸引力，一般高于 80% 可认为具有吸引力，低于 20% 可认为缺乏吸引力，所谓 28 法则。

假设当前投资级美元债的信用利差处于过去 3 年的 80% 分位数水平之上，未来 3 年的信用利差环境与过去 3 年保持一致（当然市场实际情况并非一样，需要根据实际情况做调整），那么 80% 分位数水平意味着当前信用利差其实处于相对高位。假设当前信用利差处于过去 3 年的 30% 分位数水平之下，基于过去 3 年的信用利差来解释未来一段时间信用利差特征，那么 30% 分位数水平意味着当前信用利差其实处于相对低位。

通过回答第二个问题，我们能够了解到过去一段时间信用利差的波动性情况。波动性越高通常意味着利差偏离均值的幅度会越大，偏离时间也会越持久。反之，波动性越低意味着利差偏离均值的幅度越小且会越快回归均值。

通过回答第三个问题，我们能够了解到当前利差水平已偏离历史均值多少个标准差（历史波动率）。偏离标准差的范围越大，均值回归的概率越大，例如偏离均值水平两个标准差，说明当前市场行情严重偏离了历史均值。偏离标准越大，从经验来看，朝着均值收敛的趋势越强。

9.2.1　28法则

信用利差是衡量估值的核心标准。如何衡量？可以与历史利差进行比较，也可以与同行业、相似行业的信用利差进行比较。将当前利差与自身历史利差进行比较时，如果位于历史平均利差的80%分位数以上，则当前利差偏便宜（利差较高）；如果位于历史平均利差的20%分位数以下，则当前利差偏贵（利差较低）。当然，对于衡量的标准，读者可以根据自身的投资理念和对市场估值的理解自行设定。

上述中资投资级和高收益美元债利差，以及中资投资级和高收益美元债的相对利差走势图如图9-25所示。我们对上述利差过去5年的数据按照周频率进行回测分析，得出回测表格（见表9-2）。

图9-25　中资投资级和高收益美元债信用利差

资料来源：彭博，2020年10月。

表 9-2　中资投资级和高收益美元债信用利差及回测分析

指数 1	中资高收益美元债信用利差
指数 2	中资投资级美元债信用利差
区间期限	5 年
起始时间	2015-10-27
截止时间	2020-10-25
数据频率	每周
当前利差	680.79
最高利差	1 103.04
最低利差	183.93
利差分位水平	54.06%
当前中资高收益信用利差	856.48　51.81%（历史分位数）
当前中资投资级信用利差	175.69　41.60%（历史分位数）
最低中资高收益信用利差	309.25
平均中资高收益信用利差	589.83
最高中资高收益信用利差	1 365.43
最低中资投资级信用利差	183.93
平均中资投资级信用利差	431.37
最高中资投资级信用利差	1 103.04

资料来源：彭博。

由表 9-2 的回测结果可知：

（1）当前中资高收益美元债信用利差水平在过去 5 年利差历史序列中处于 51.81% 的分位数水平，从分位数 28 法则来看，处于中间水平之上，但并未有很强的吸引力。当前中资投资级美元债利差水平在过去 5 年利差历史序列中处于 41.60% 的分位数水平，从分位数来看，处于 20%~80% 的分位数水平。

这种均值分位数的假设前提是，过去能够部分解释未来，因此需要检查过去数据对未来行情的解释有效性。例如，2020 年 3 月中资高收益美元债利差走阔高达 1 400bps 及以上，这在历史上属于非常罕见的暴跌模式。这种暴跌模式主要是由美元流动性危机导致的，而美元流动性危机在未来一段时间发生的概率极低。因此，如果预期未来一段时间不会出现美元流动性危机引发的暴跌模式，那么剔除 2020 年 3 月暴跌历史数据序列点，则可筛选出真实的历史数据序列点。剔除 2020 年 3 月的特殊行情，我们可以发现，中资美元债的信用利差在历史上属于相对高分位水平。因此，在利用均值回归理论时，读者需要结合过去利差走阔的原因，判断未来是否会出现相似行情以及概率如何，从最相似模拟的出发点筛选最合适的历史数据序列进行均值回归分析。

（2）当前中资高收益与投资级美元债的相对利差为680.79bps，在过去5年历史序列中处于54.06%的分位水平，属于中间偏上水平。但如同上述分析，如果剔除2020年3月特殊行情序列，那么当前中资高收益与投资级美元债的信用利差水平处于历史上的高位。

通过上述分析，在一定假设前提的基础上，信用利差的历史水平在一定程度上能解释未来一段时间信用利差的变化。我们可以根据数据分析得出以下结论：

- 中资高收益美元债当前信用利差水平具有相对吸引力（分位数较高51.81%）。
- 中资投资级美元债当前信用利差水平吸引力较为一般（分位数较低41.60%）。
- 当前中资高收益与投资级美元债的相对利差具有一定吸引力（相对利差的分位数水平为54.0%），从策略上来看可以做多高收益，做空投资级。

当然，上述分析仅从数据层面得出一些结论，我们只有根据未来实际情况，结合历史数据序列做一些对比实证分析，才能更好地把握相对价值和均值理论精髓。

9.2.2 标准差偏离度

分位数指标表达了当前信用利差相对于历史数据行情的静态水平，通过28法则表达了该利差相对于历史平均利差是否具有吸引力，偏离度指标则主要用来表达这种吸引力的程度。

实战案例1：中资高收益美元债信用利差的偏离度回测

我们对中资高收益美元债利差过去3年的时间序列进行回测分析，采用5日、10日、20日和60日的波动率进行回测分析后发现，中资高收益美元债的信用利差走势基本涵盖在2倍标准差（20日历史波动率）的范围之内（5日、10日和60日的标准差效果较差）。通过观察历史序列走势（见图9-26～图9-29），当信用利差水平向上偏离2倍标准差（20日历史波动率）时，信用利差大概率缩窄；当信用利差水平向下偏离2倍标准差（20日历史波动率）时，信用利差大概率走阔。

在实战过程中，2倍标准差的偏离度系数能够更好地解释当前利差与价格的偏离程度，以及均值回归压力系数。

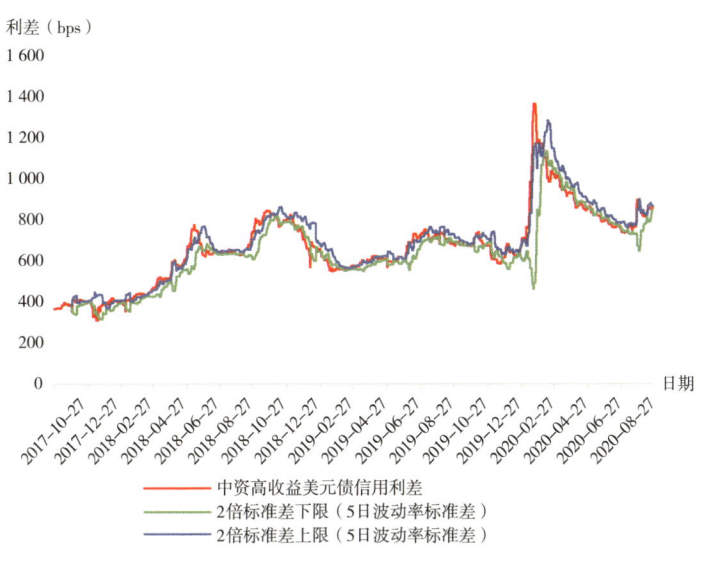

图9-26　中资高收益美元债信用利差历史走势和2倍标准差上下包络线（5日波动率代表1个标准差）

资料来源：彭博。

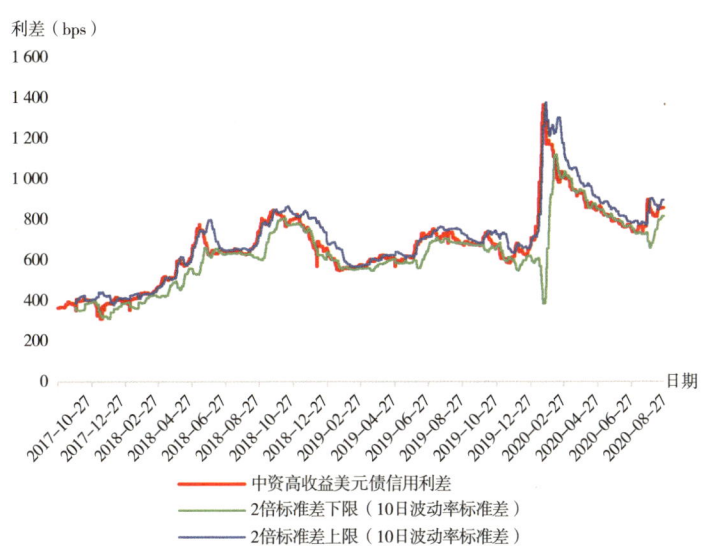

图9-27　中资高收益美元债信用利差历史走势和2倍标准差上下包络线（10日波动率代表1个标准差）

资料来源：彭博。

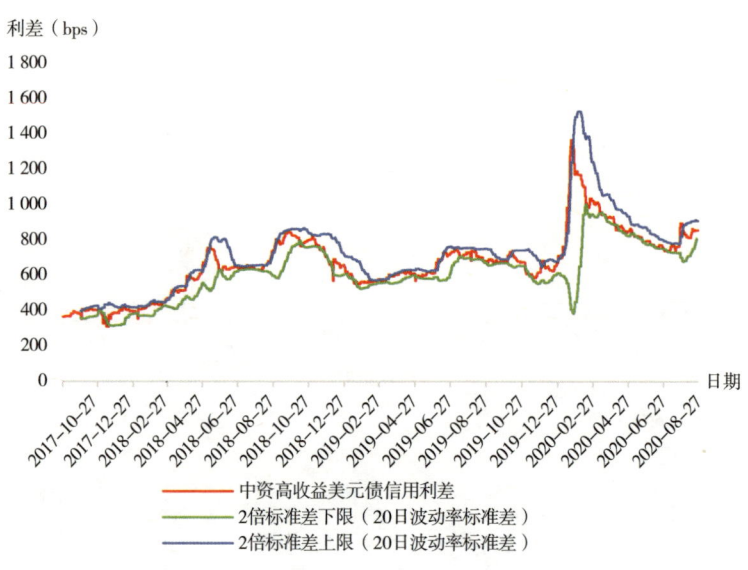

图 9-28　中资高收益美元债信用利差历史走势和 2 倍标准差上下包络线
（20 日波动率代表 1 个标准差）

资料来源：彭博。

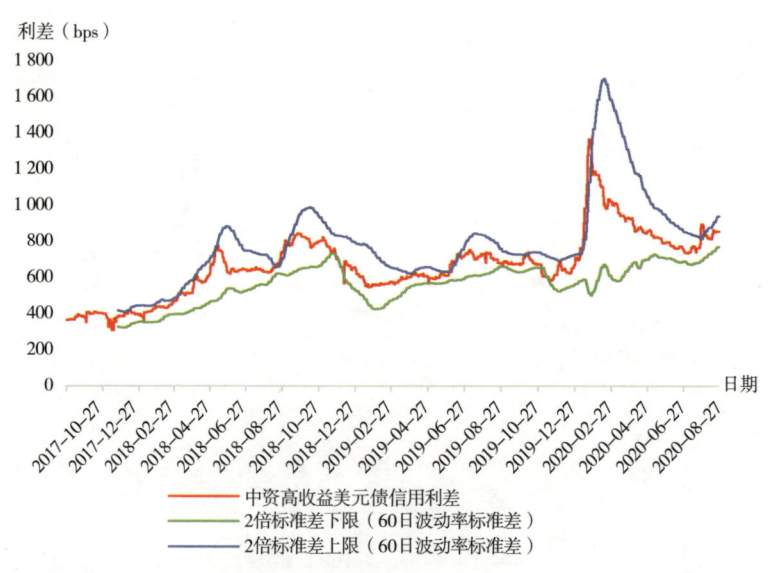

图 9-29　中资高收益美元债信用利差历史走势和 2 倍标准差上下包络线
（60 日波动率代表 1 个标准差）

资料来源：彭博。

当然，上述 2 倍标准差（20 日波动率为 1 个标准差）是对 3 年历史的偏离度及均值回归更好的解释，读者也可以尝试 X 倍标准差（Y 日波动率为 1 个标准差），通过不断优化 X 和 Y 的系数来构建更好的模型。另外随着时间的推移，X 和 Y 也可能会发生变化，因此模型每隔一段时间需要优化参数。

例如，把 X 设定为 2，Y 设定为 20 周，对中资高收益美元债的信用利差水平过去 5 年的历史数据进行回测分析，回测结果表明，中资高收益美元债的历史信用利差均在 2 倍数据标准差范围内（见图 9-30）。这种预测对较长趋势的均值回归有一定指引作用。

图 9-30　中资高收益美元债信用利差历史走势和 2 倍标准差上下包络线
（20 周波动率代表 1 个标准差）

资料来源：彭博。

除了历史数据的纵向比较之外，我们还可以比较当前利差与不同历史波动率（例如 5 日、10 日、20 日、60 日波动率），横向推导出当前中资高收益美元债信用利差的偏离度（见表 9-3）。

表 9-3　信用利差的均值偏离度

情景	1 个标准差对应周期	偏离度	实验结果
情景 1	5 日	−0.03	当前利差水平中等略微偏低，基本处于过去 5 日平均水平
情景 2	10 日	0.56	当前利差水平偏高
情景 3	20 日	3.32	当前利差水平极度偏高
情景 4	60 日	2.16	当前利差水平相对偏高

资料来源：根据公开资料整理。

- 过去 5 日历史波动率的 −0.03 倍，即相对于过去 5 日均值，当前利差水平中等略微偏低。
- 过去 10 日历史波动率的 0.56 倍，即相对于过去 10 日均值，当前利差水平偏高。
- 过去 20 日历史波动率的 3.32 倍，即相对于过去 20 日均值，当前利差水平极度偏高。
- 过去 60 日历史波动率的 2.16 倍，即相对于过去 60 日均值，当前利差水平相对偏高。

综上所述，基于 20 日的历史均值与偏离程度，当前中资高收益美元债信用利差具有较大收窄压力。

通过上述回测，我们可以看到当前中资高收益美元债信用利差的水平偏离度（见表 9-4）。

- 过去 5 周历史波动率的 0.66 倍，即相对于过去 5 周均值，当前利差水平偏高。
- 过去 10 周历史波动率的 0.75 倍，即相对于过去 10 周均值，当前利差水平相对偏高。
- 过去 20 周历史波动率的 1.11 倍，即相对于过去 20 周均值，当前利差水平比较偏高。
- 过去 60 周历史波动率的 5.07 倍，即相对于过去 60 周均值，当前利差水平极度偏高。

表 9-4 中资高收益美元债信用利差的偏离度实验

情景	1个标准差对应周期	偏离度	实验结果
情景1	5周	0.66	当前利差水平偏高
情景2	10周	0.75	当前利差水平相对偏高
情景3	20周	1.11	当前利差水平比较偏高
情景4	60周	5.07	当前利差水平极度偏高

资料来源：根据公开资料整理。

综上所述，基于过去20周的均值与偏离程度，当前中资高收益美元债信用利差具有缩窄压力，但距离2倍标准差还有一定空间。也就是说，随着市场情绪推动，继续偏离历史均值的概率也是存在的。

实战案例2：中资高收益和投资级美元债信用利差的偏离度回测

在投资实战中经常会遇到以下问题：当前究竟是投资级美元债更有吸引力还是高收益美元债更有吸引力？我们对中资高收益美元债与投资级美元债的相对利差水平也做了相同的历史回测。通过上述高收益美元债实战经验的启发，我们也可以对相对利差的X个标准差（Y日代表1个标准差）进行4种历史回测实验。从回测结果来看，2个标准差（20日代表1个标准差）的回测效果是最好的（见图9-31～图9-34）。

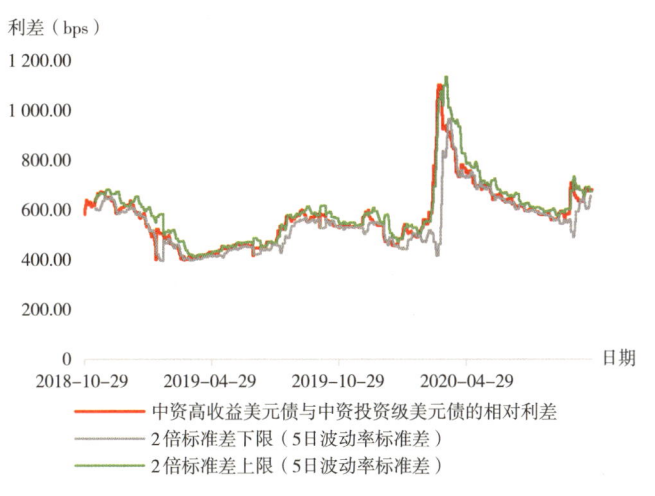

图 9-31 中资高收益和投资级美元债信用利差历史走势和2倍标准差上下包络线
（5日波动率代表1个标准差）

资料来源：彭博。

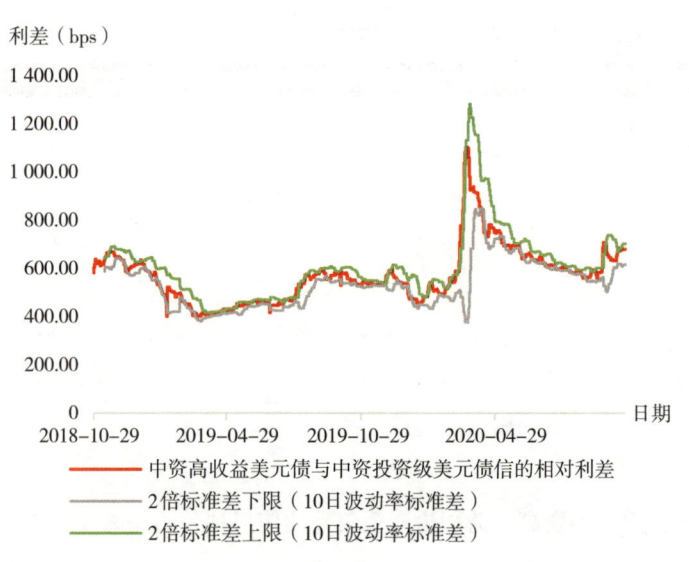

图 9-32　中资高收益和投资级美元债信用利差历史走势和 2 倍标准差上下包络线
（10 日波动率代表 1 个标准差）

资料来源：彭博。

图 9-33　中资高收益和投资级美元债信用利差历史走势和 2 倍标准差上下包络线
（20 日波动率代表 1 个标准差）

资料来源：彭博。

利差（bps）

图 9-34 中资高收益和投资级美元债信用利差历史走势和 2 倍标准差上下包络线
（60 日波动率代表 1 个标准差）

资料来源：彭博。

同样，横向比较当前利差水平与 Y 日标准差（波动率）偏离度，结果如表 9-5、表 9-6 所示。

表 9-5 中资高收益美元债信用利差与投资级美元债信用利差的偏离度实验

指数/债券	利差	偏离度（多少个标准差）
当前单位标准差	42.66	—
当前利差水平	680.79	—
5 日平均利差	664.44	0.38
10 日平均利差	664.14	0.39
20 日平均利差	610.70	1.64
60 日平均利差	628.30	1.23

资料来源：根据公开资料整理。

表 9-6 中资高收益美元债利差的偏离度实验

实验	1 个标准差对应周期	偏离度	实验结果
实验 1	5 日	0.38	当前利差水平细微偏高

续表

实验	1个标准差对应周期	偏离度	实验结果
实验2	10日	0.39	当前利差水平细微偏高
实验3	20日	1.64	当前利差水平非常偏高
实验4	60日	1.23	当前利差水平较大偏高

资料来源：根据公开资料整理。

- 过去5日历史波动率的0.38倍，即相对于过去5日均值，当前利差水平细微偏高。
- 过去10日历史波动率的0.39倍，即相对于过去10日均值，当前利差水平细微偏高。
- 过去20日历史波动率的1.64倍，即相对于过去20日均值，当前利差水平非常偏高。
- 过去60日历史波动率的1.23倍，即相对于过去60日均值，当前利差水平较大偏高。

综上所述，基于过去20日的均值与偏离程度，当前中资高收益和投资级美元债的相对信用利差具有微弱收窄空间，但收窄的动力并不是很强。

上述均值回归理论重心在两个监控指标：28原则和标准差偏离度。虽然在本书的实测过程中我们发现2倍标准差（20日历史波动率）具有较好的效果和指导作用，但在实际投资过程中，市场在时刻发生变化，市场引入新的因素、新的形式都会使不同的参数发生变化，读者可以根据最新市场发展来优化和调节参数，使得均值回归实战技能更加贴合美元债市场。

9.3 趋势动能：均线与脉冲

上述均值回归假设美元债利差（或收益率等）在未来会出现均值回归，但随着基本面的变化，市场呈现出新的趋势（隐含新的均值和波动率），即一段时间内利差可能维持走阔的趋势，波动率也可能发生实质性变化。趋势可能是短期的陡然变化，也可能是中长期发生的变化。

9.3.1 均线交叉

根据回测中资投资级美元债信用利差的历史趋势，我们可以看出：

（1）自 2020 年 3 月以来，中资美元债的长期均值（250 日均线）发生较大改变，即 2020 年 3 月的全球美元债指数暴跌使得中资投资级美元债信用利差长期均值发生改变。这种变化是否稳定有待进一步观察，但从 2020 年 7~9 月来看，这种长期均值变得相对稳定，形成中资美元债利差的新均值（新趋势）。

（2）均线交叉理论在股票等技术分析中十分流行，而在美元债分析过程中则用得相对较少，但如果应用到实战案例中，当 10 日均线向下穿过 20 日均线时，中期来看，利差将大概率走缩；当 20 日均线向下穿过 60 日均线时，长期来看，利差将大概率走缩（见图 9-35）。均线交叉理论在很多著作中都有描述，回测发现，将其应用到美元债的连续历史数据序列中也有一定的指导效果。

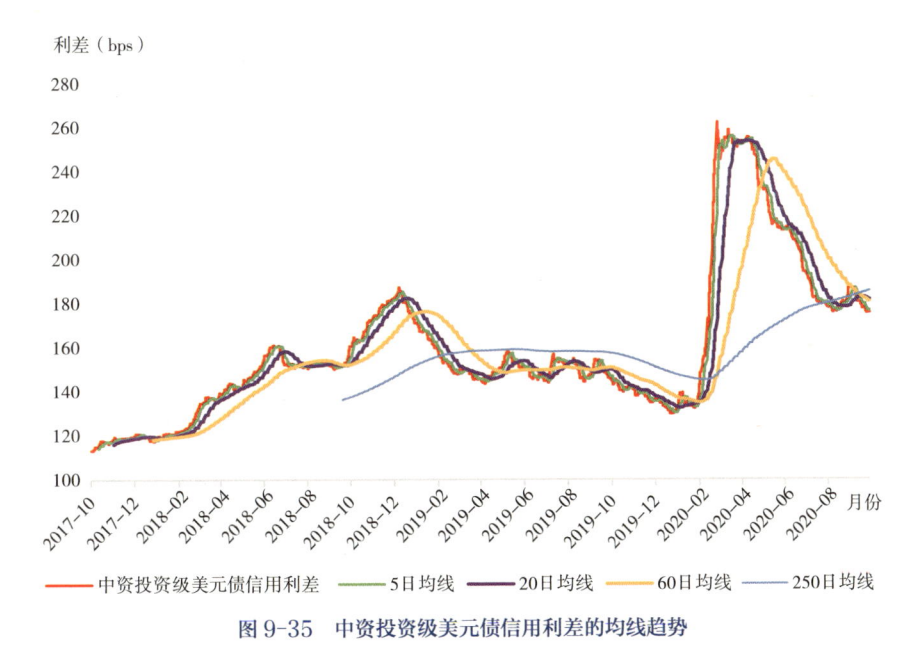

图 9-35 中资投资级美元债信用利差的均线趋势

资料来源：彭博。

9.3.2 脉冲指标

在实战过程中，我们可以寻找一些领先指标对美元债投资进行短期意外波动预测。前文提到的恐慌指数VIX具有很好的脉冲预测效果，对中资美元债投资具有短期偶然性波动的前瞻或者同步效果。除了VIX指数能够进行部分预测外，中资美元债本身的波动性陡然变化也具有部分预测功能。

资产波动性与资产价格趋势往往呈负相关关系。从中资美元债波动率与利差走势来看，当中资美元债自身波动率上升，中资美元债出现价格下跌、波动率下降时，中资美元债价格上涨。从图9-36～图9-43来看，5日、10日、20日和60日波动率对中资美元债（投资级或者高收益）的利差走势具有非常好的拟合效果，其中20日波动率的实际拟合效果更能拟合中资美元债走势。在实战中，可能5日波动率和10日波动率指数过于敏感，60日波动率指标反应较为迟钝和滞后，20日波动率指数回测效果和预测效果较佳。在投资实战中，我们需要动态地根据实测结果进行参数调节。

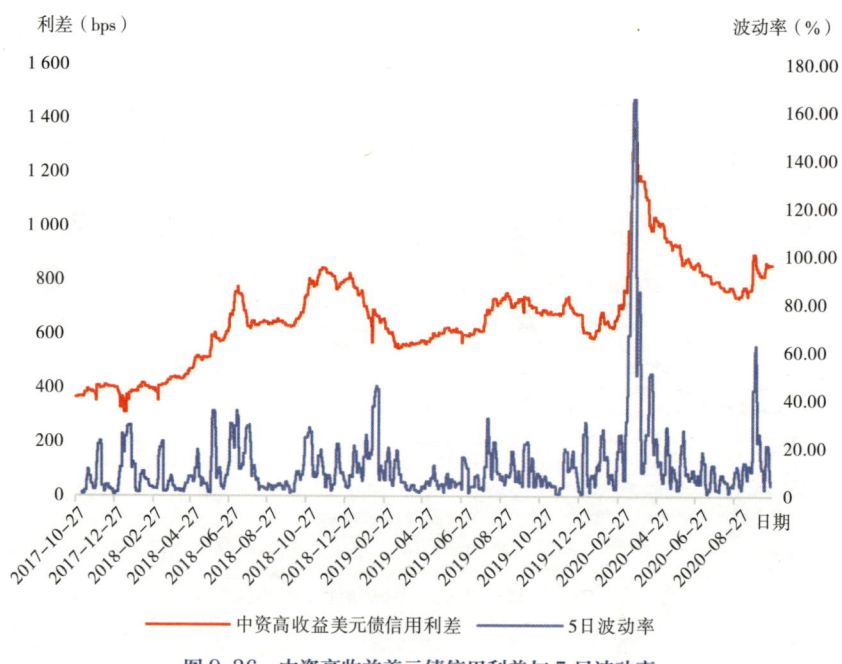

图9-36 中资高收益美元债信用利差与5日波动率

资料来源：彭博。

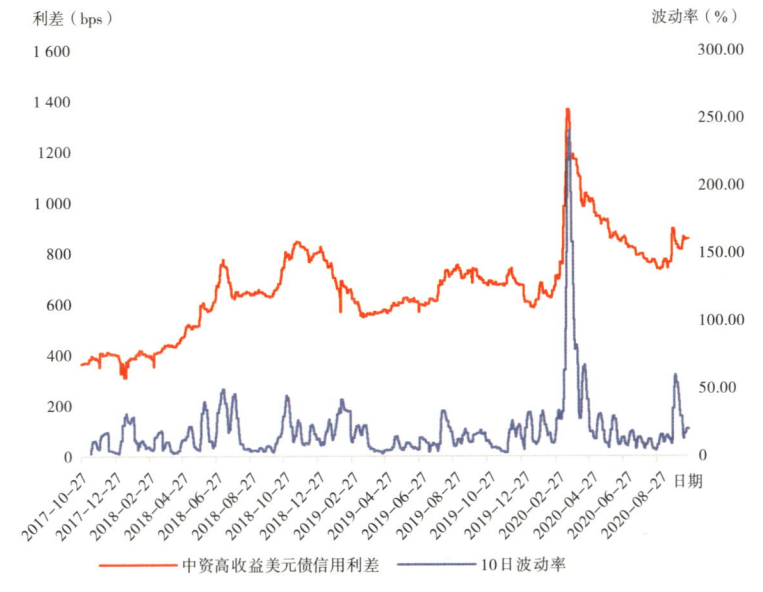

图 9-37　中资高收益美元债信用利差与 10 日波动率

资料来源：彭博。

图 9-38　中资高收益美元债信用利差与 20 日波动率

资料来源：彭博。

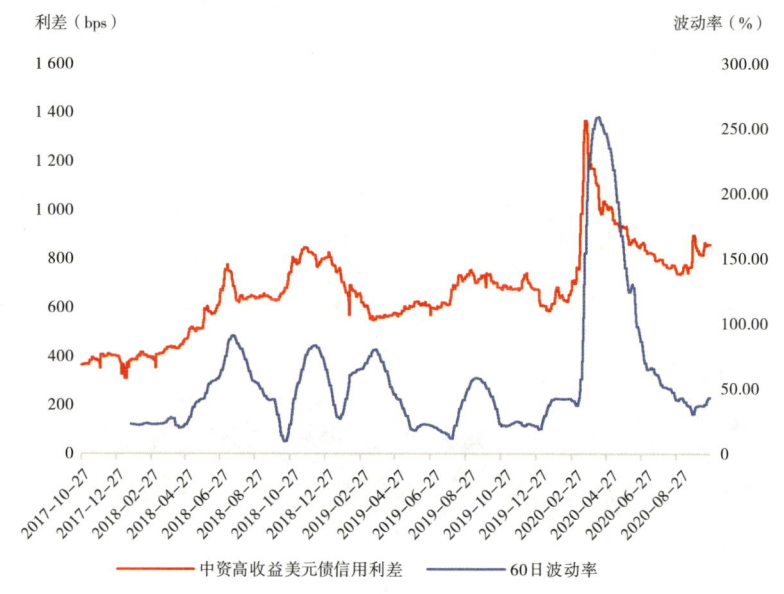

图 9-39 中资高收益美元债信用利差与 60 日波动率

资料来源：彭博。

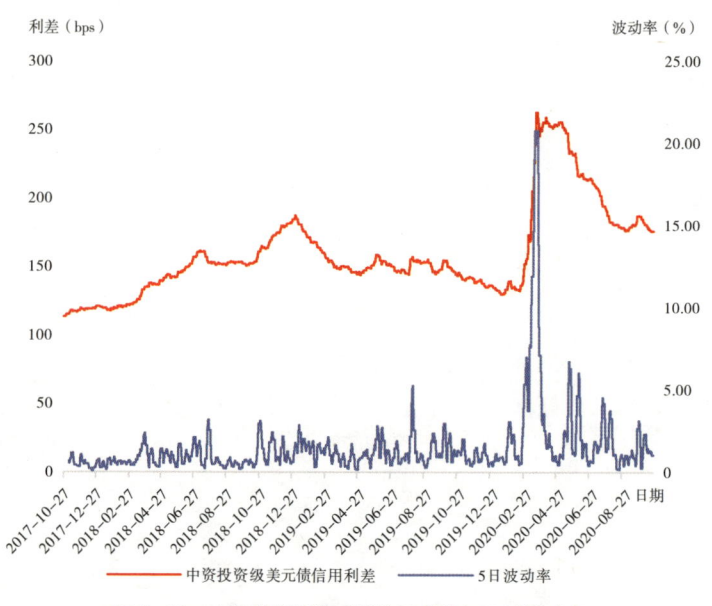

图 9-40 中资投资级美元债信用利差与 5 日波动率

资料来源：彭博。

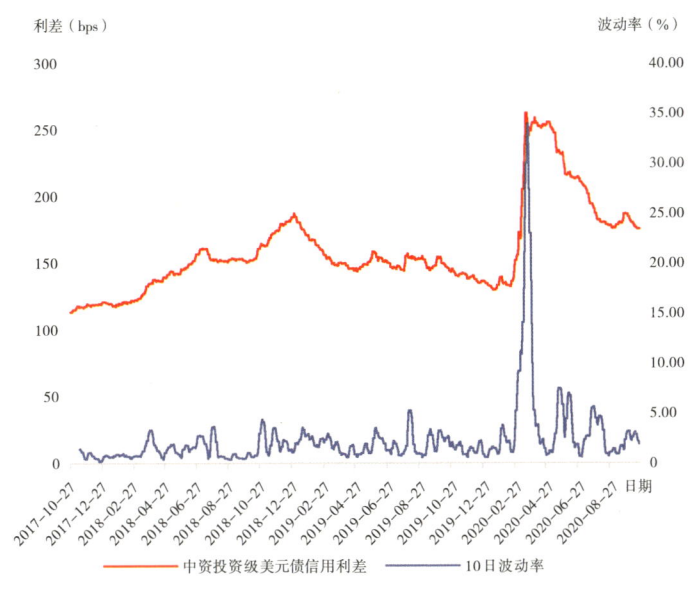

图 9-41　中资投资级美元债信用利差与 10 日波动率

资料来源：彭博。

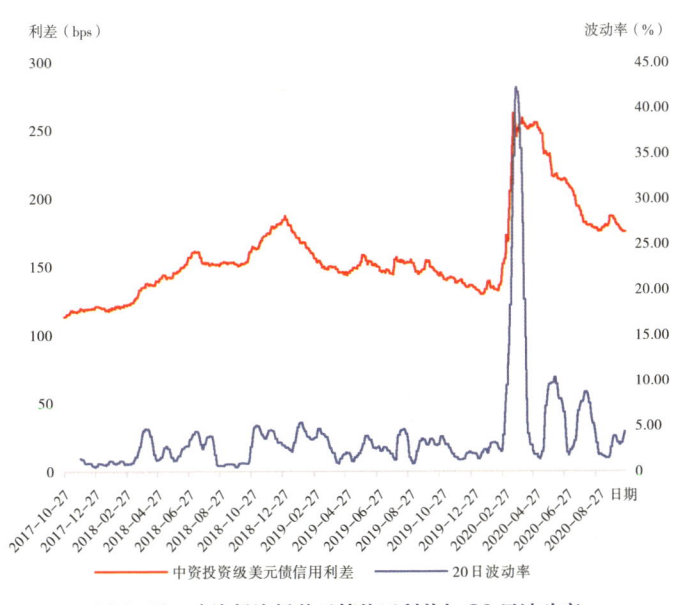

图 9-42　中资投资级美元债信用利差与 20 日波动率

资料来源：彭博。

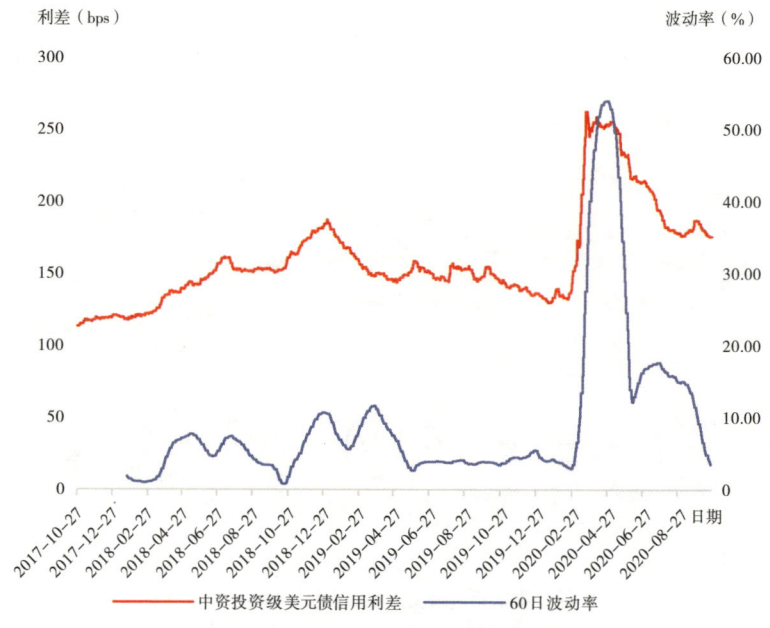

图 9-43 中资投资级美元债信用利差与 60 日波动率

资料来源：彭博。

9.4 趋势与均值的博弈

在均值回归和趋势投资中寻求博弈，寻找市场的波动方向，经常会遇到当前中资高收益美元债与投资级美元债利差高于过去 3 年的平均利差。那么，这种利差水平是否还会持续，抑或会均值回归？这是一种博弈。

上述实战均是对指数进行分解阐述，下面针对个券进行实战举例。在投资过程中，我们或许会遇到以下类似问题：

- 佳兆业 2024 年到期美元债（Kaisag 24）的收益率是否有足够吸引力？
- 佳兆业 2021 年到期美元债（Kaisag 21）和佳兆业 2024 年（Kaisag 24）两只美元债的利差如何？偏高还是偏低？

我们选择 Kaisag 21 和 Kaisag 24 的历史信用利差做数据回测，如图 9-44 ~ 图 9-47 所示。

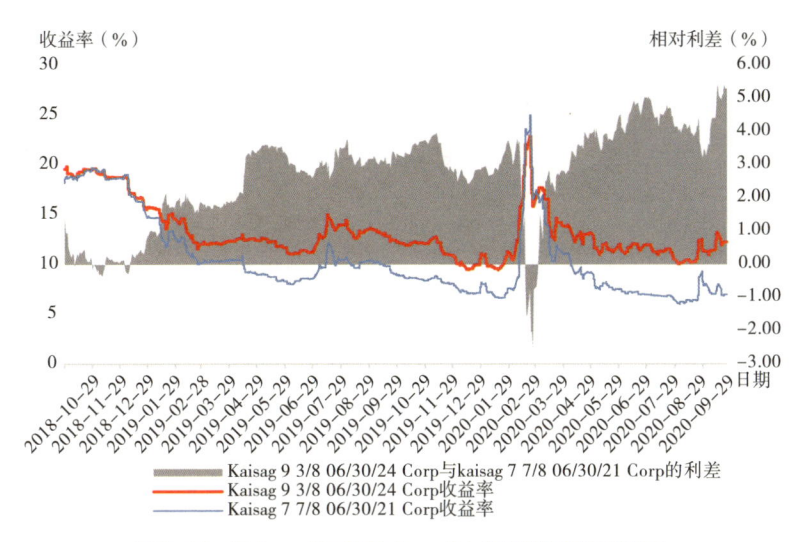

图 9-44　Kaisag 21 和 Kaisag 24 信用利差和相对利差

资料来源：彭博。

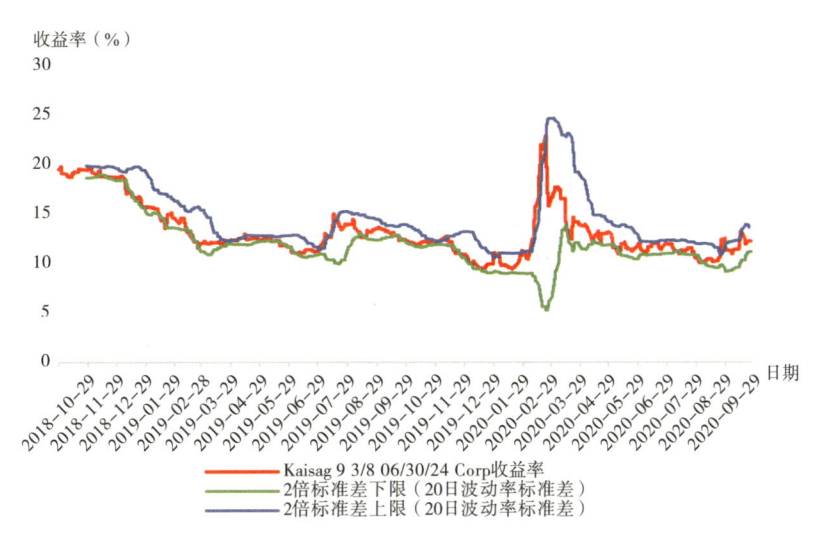

图 9-45　Kaisag 24 信用利差和 2 倍标准差上下限

资料来源：彭博。

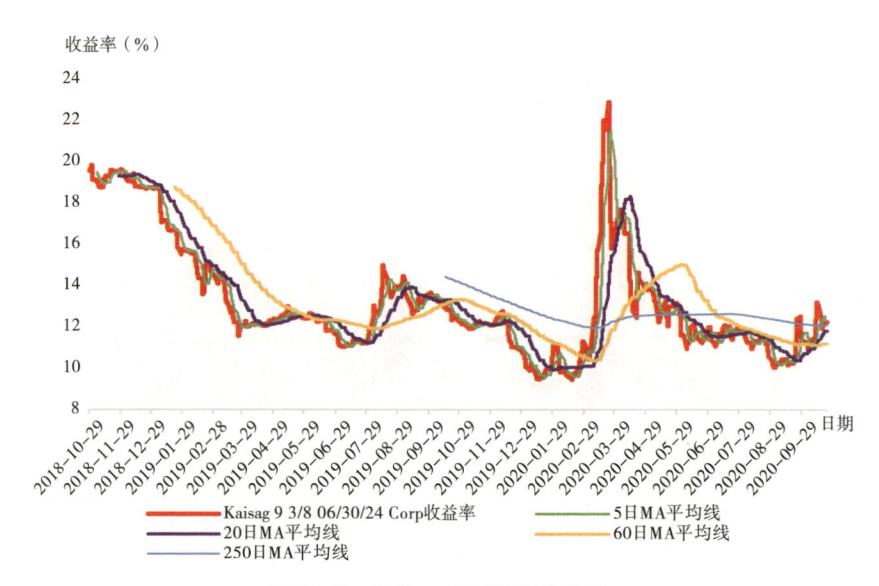

图9-46 Kaisag 24 不同均线趋势

资料来源：彭博。

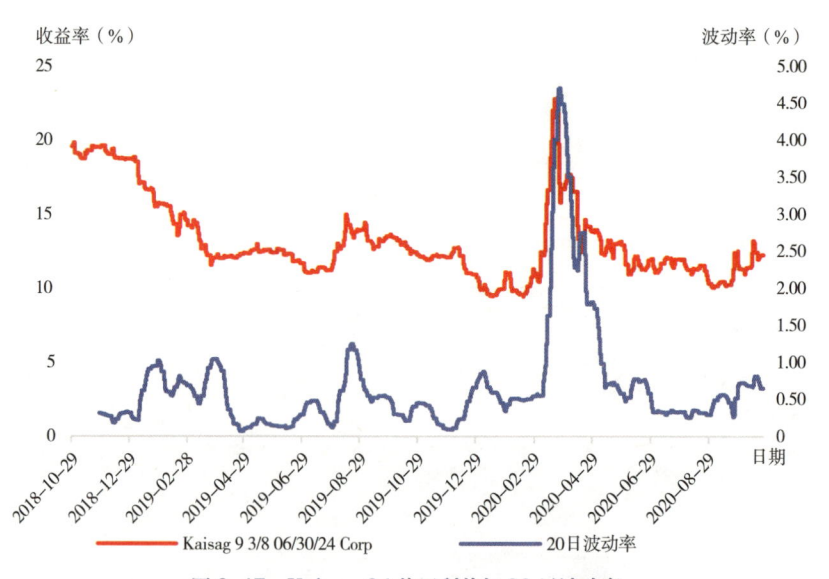

图9-47 Kaisag 24 信用利差与20日波动率

资料来源：彭博。

问题 1：佳兆业 2024 年到期美元债（Kaisag 24）的收益率与历史平均比较是否有吸引力？

从上述的历史回测结果来看，我们可以看到当前 Kaisag 24 信用利差的偏离度（见表 9-7）。

- 过去 5 日波动率的 -0.12 倍，即相对于过去 5 日均值，当前利差水平稍微偏低。
- 过去 20 日波动率的 0.60 倍，即相对于过去 20 日均值，当前利差水平稍微偏高。
- 过去 60 日波动率的 1.62 倍，即相对于过去 60 日均值，当前利差水平非常偏高。
- 过去 250 日波动率的 0.22 倍，即相对于过去 250 日均值，当前利差水平细微偏高。

表 9-7 Kaisag 24 收益率偏离度回测

指数/债券	Kaisag 9 3/8 06/30/24 Corp	偏离度（多少个标准差）
当前单位标准差	0.64	—
当前利差水平	12.25	—
5 日平均利差	12.32	-0.12
20 日平均利差	11.86	0.60
60 日平均利差	11.21	1.62
250 日平均利差	12.11	0.22

资料来源：彭博。

从上述案例来看，基于 60 日的均值偏离度，当前佳兆业的信用利差偏离度为 1.62 倍标准差。从本书介绍的均值回归理论来看，当前收益率还是十分具有吸引力的。

问题 2：佳兆业到期美元债收益率曲线当前是陡峭还是过于平坦？

在考察佳兆业到期美元债收益率曲线陡峭程度时，我们先把佳兆业（KAISAG）和合景泰富（KWGPRO）美元债的收益率曲线做一个对比分析（见图 9-48）。我们可以看到，佳兆业到期美元债收益率曲线比合景泰富的曲线更加陡峭。那么事实上，佳兆业到期美元债收益率曲线当前的陡峭性与历史陡峭性相比如何？

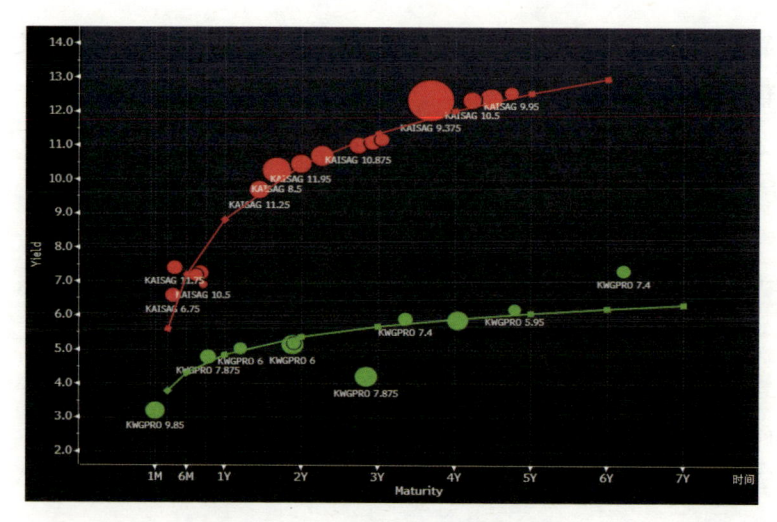

图 9-48 佳兆业和合景泰富收益率曲线

资料来源：彭博。

从历史回测的数据来看（见图 9-49、图 9-50），当前 Kaisag 21 和 Kaisag 24 的利差触及了 2 倍标准差上限（20 日波动率为 1 个标准差）。从这个角度来看，当前佳兆业到期美元债收益率曲线偏陡峭。也就是说，2024 年到期的佳兆业美元债的到期收益率更有吸引力。

图 9-49 Kaisag 24 与 Kaisag 21 的利差及 2 倍标准差上下限

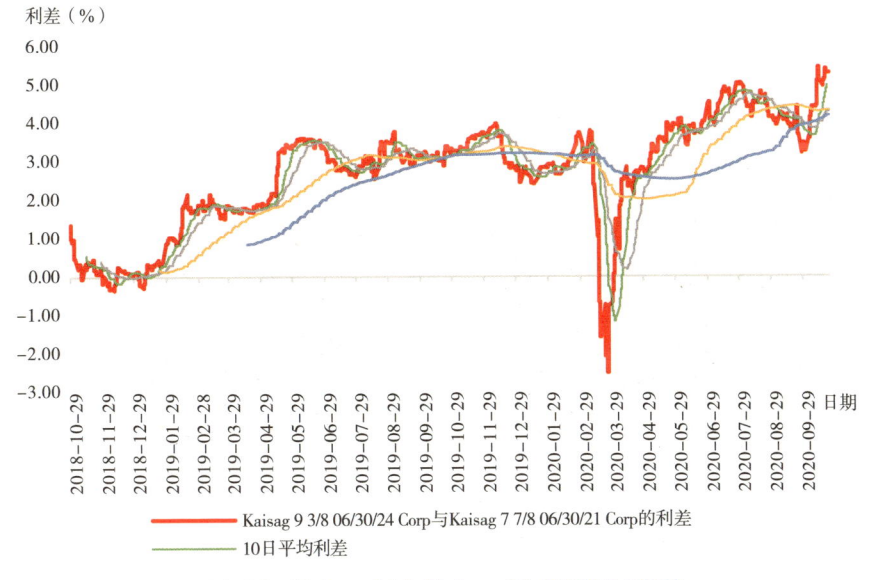

图 9-50　Kaisag 24 与 Kaisag 21 的利差及平均线

从历史均值来看，10 日均线穿过 20 日均线、60 日均线，说明佳兆业的信用利差走阔可能会持续一段时间，如果保持这种趋势，有可能形成新的利差均值；反之，如果均线出现死叉（短期均线向下穿过长期均线）、利差偏高，那么未来佳兆业到期美元债收益率曲线有可能会趋于扁平化。

当然，上述只是从均值回归和均线理论出发得到的分析结果，实际交易还必须结合佳兆业信用基本面变化和市场资金对久期风险偏好进行把握。

问题 3：佳兆业期限利差短期是否有大幅走阔的风险？

如指数分析一样，我们也可以用 Kaisag 24 与 Kaisag 21 的信用利差的波动率来预测未来佳兆业的期限利差短期脉冲趋势。从图 9-51～图 9-54 的波动率来看，如果采用 20 日波动率脉冲，那么 20 日利差波动率持续上升，对应着佳兆业期限利差的上升，且 20 日波动率脉冲并未有下降趋势。因此从短期来看，这种期限利差极有可能会保持一段时间。佳兆业 10 日波动率脉冲出现下降苗头，这在一定程度上说明 20 日波动率脉冲有可能会下降，而 10 日波动率脉冲较为敏感，因此其可持续性有待观察。

图 9-51 Kaisag 24 和 Kaisag 21 的利差与 5 日波动率

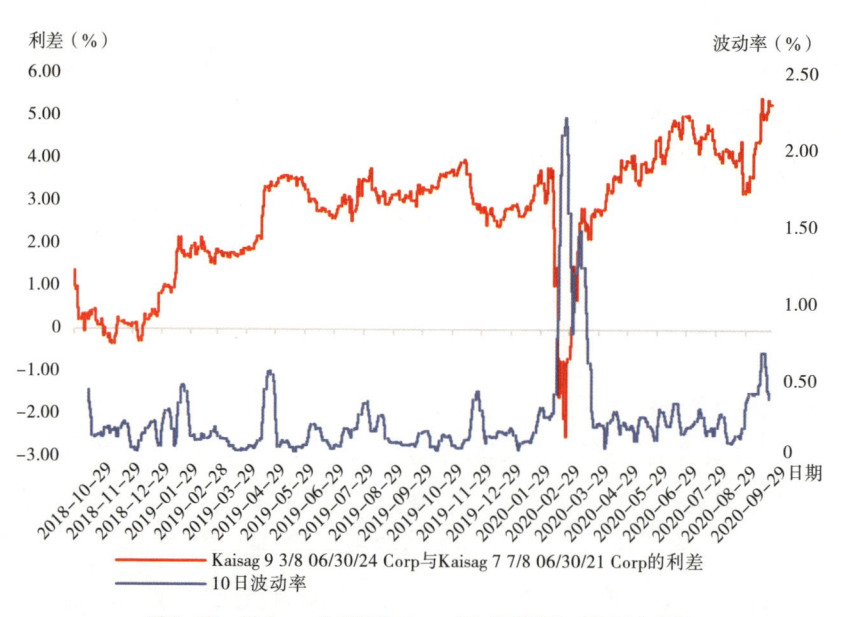

资料来源：彭博。

图 9-52 Kaisag 24 和 Kaisag 21 的利差与 10 日波动率

资料来源：彭博。

图9-53 Kaisag 24和Kaisag 21的利差与20日波动率

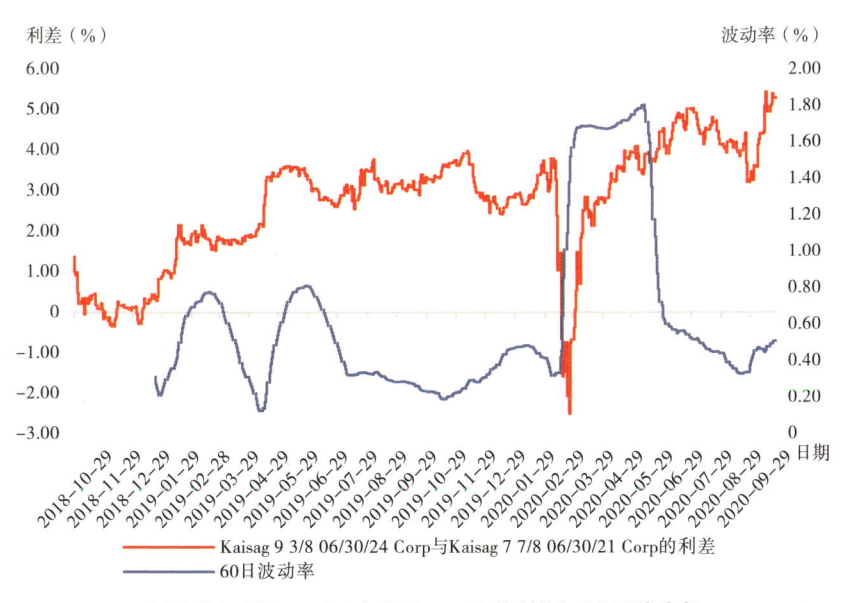

资料来源：彭博。

图9-54 Kaisag 24和Kaisag 21的利差与60日波动率

资料来源：彭博。

上述 20 日波动率脉冲其实也代表了市场的风险情绪：风险情绪越差，Kaisag 24 被卖出的概率越高。Kaisag 21 相对更稳定，因此波动率脉冲上升，对应利差走阔。这也是通过波动率脉冲来预测利差的基本原理。

从图 9-51~图 9-54 中我们可以看出，短期（5 日和 10 日）信用利差波动率指标下行，佳兆业的期限利差短期内可能缩窄，而中长期（20 日和 60 日）的信用利差波动率指标上行，因此佳兆业的期限利差中长期内可能走陡。

9.5 市场监控之量化指标

如何量化和判断估值水平？虽然市场的动能和趋势往往是感性的，但我们仍然需要基于一些客观中立的数据来判断估值水平。

除城投美元债之外，境外美元债的二级市场交易比境内人民币债券二级市场交易更加活跃，因此对该市场进行全面监控显得十分必要，也能更好地跟踪美元债投资实战。下面从市场等维度给大家介绍一些美元债常用的监控方法：

- 全球美元债市场涨跌监控，可以从全球美元债指数的涨跌图谱来进行监控。
- 市场 Beta 监控或者波动率监控，有利于掌握市场不同板块的波动性、流动性。
- 评级维度波动监控，有利于观察不同评级维度的价格、收益率、利差的变化，有利于监控市场近期不同评级走势、利差、相对价值及不同评级之间的优劣势等。
- 行业监控，有助于发现不同行业的价格、收益率、利差变动，有助于监控市场近期不同行业的走势、相对利差和相对价值。
- 从评级和久期维度进行全方位监控，利用不同评级与不同久期的散点图，通过曲线拟合，找出具有市场相对价值的奇点。
- 从行业和久期维度进行全方位监控，利用不同行业与不同久期的散点图，通过曲线拟合，找出具有相对价值的行业。

———

从收益率、利差、净价、波动率、Beta 的口径对全球美元债指数、行业、评级等方面进行多维度监控，有助于全方位掌握美元债市场的变动。请注意，以下监控方案，除了指数监控是目前市场现存的指数方案，其他监控方案都是根据行业经验进行分类而建立的，以期通过这些监控方案让读者建立起市场宏观和微观视角。

9.5.1 全球指数监控

中资美元债的相关指数有巴克莱、IBOXX、JACI 和 ABBI 指数等（见表9-8）。图 9-55 是巴克莱中资高收益美元债指数的详情页面，我们从该页面可以大致看到该指数的持仓组合、指数的业绩、久期、到期收益率等基本信息。

表 9-8 中资美元债相关指数列表和对比分析

指数分类	细分指数	指数说明	是否可看构成成分	是否免费
Bloomberg Barclays	巴克莱中资美元债指数	所有中资美元债指数	彭博可看	彭博客户免费
	巴克莱中资投资级美元债指数	只包括投资级的中资美元债	彭博可看	彭博客户免费
	巴克莱中资高收益美元债指数	只包括高收益或者无评级的中资美元债	彭博可看	彭博客户免费
	巴克莱亚洲（除日本）美元债指数	只包括亚洲国家（除日本）发行的美元债	彭博可看	彭博客户免费
Markit IBOXX	Markit IBOXX 中国高收益美元债指数	中资高收益美元债指数	彭博、Wind 可看	免费，看指数成分需要收费
	Markit IBOXX 中国投资级美元债指数	中资投资级美元债指数	彭博、Wind 可看	免费，看指数成分需要收费
	Markit IBOXX 中资地产美元债指数	中资地产美元债指数	彭博、Wind 可看	免费，看指数成分需要收费
	Markit IBOXX 高收益地产美元债指数	中资地产高收益美元债指数	彭博、Wind 可看	免费，看指数成分需要收费
	Markit IBOXX 投资级地产美元债指数	中资地产投资级美元债指数	彭博、Wind 可看	免费，看指数成分需要收费
J.P. Morgan Index	JACI 中资高收益美元债指数	中资高收益美元债指数	需要开通	需要开通
	JACI 中资投资级美元债指数	中资投资级美元债指数	需要开通	需要开通

续表

指数分类	细分指数	指数说明	是否可看构成成分	是否免费
CITI ABBI	中资美元债的细分指数较多，包括评级、期限、行业三个维度的细分指数	需要在 CITI VELOCITY 上使用	需要开通	免费

图 9-55　巴克莱中资高收益美元债指数

　　巴克莱美元债指数被彭博收购之后，实行免费制，因此使用的投资者较多。IBOXX 指数的浏览和数据下载也是免费的，但你如果要查看指数的成分构成，则需要付费。另外，IBOXX 和 ABBI 指数相对于 JACI 和 Barclays 指数更加细分化，例如 IBOXX 指数会细分到房地产行业，ABBI 指数会细分到行业、久期和评级等。JACI 指数创建较早，因此市场上也有较多机构使用 JACI 指数作为基准，例如图 9-56 便是巴克莱中资高收益美元债和投资级美元债指数的走势图。

图 9-56 巴克莱中资高收益美元债和投资级美元债指数的走势图

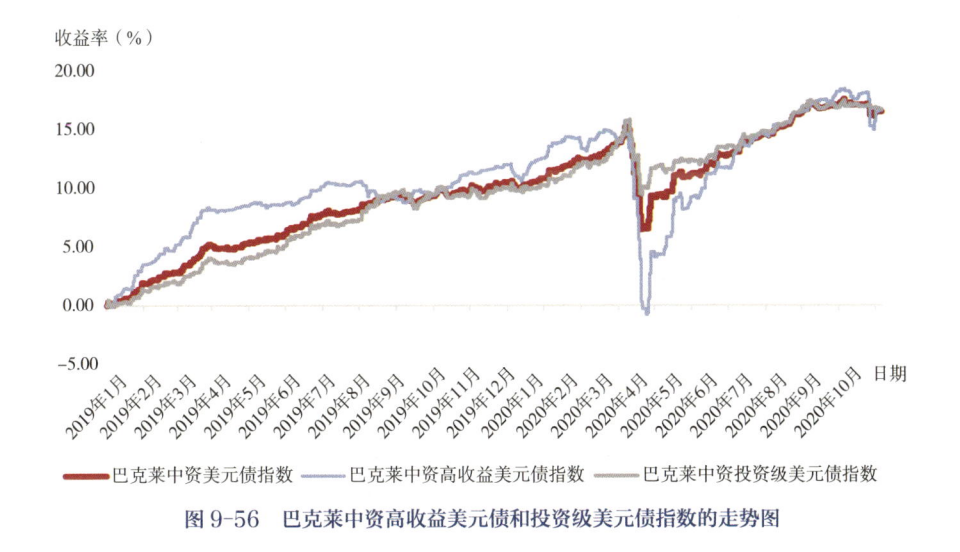

在对组合投资管理的过程中，我们可建立相关指数的实时走势跟踪列表，从而有效把握过去、当前并判断未来市场趋势（见表 9-9）。

表 9-9 美元债指数可跟踪列表

指数	成分只数	到期收益率（%）	信用利差（bps）	收益表现	指数久期（年）	指数成分（亿美元）	是否汇率对冲
巴克莱全球债券指数	15 733	2.9	251.2	−5.20%	6.7	137 370.0	否
巴克莱中国美元债指数	962	5.6	518.5	−1.33%	4.0	5 353.0	否
巴克莱亚洲投资级指数	426	3.3	277.7	−0.47%	4.6	2 416.0	否
巴克莱中国高收益指数	382	12.1	1 170.8	−7.20%	2.4	1 580.0	是
巴克莱中国投资级指数	580	2.9	245.2	1.36%	4.7	3 773.0	是
巴克莱欧洲高收益指数	703	9.7	802.1	−15.65%	4.2	3 131.0	否
巴克莱美国高收益指数	2 009	9.9	921.2	−13.97%	4.5	11 624.0	否
巴克莱亚洲（除日本）高收益指数	536	12.0	1 159.7	−10.20%	2.7	2 136.0	否
巴克莱印度指数	130	8.7	818.8	−14.43%	4.4	615.0	否
巴克莱印尼高收益指数	40	15.9	1538.9	−20.75%	3.4	109.0	否
巴克莱欧洲投资级指数	219	1.9	249.6	−5.90%	5.9	2 182.0	是
巴克莱澳大利亚指数	138	2.2	167.9	−12.90%	3.9	367.0	否
巴克莱新西兰指数	42	1.1	30.9	2.87%	5.4	970.0	否
巴克莱美国投资级指数	6 179	3.7	295.1	−5.11%	7.9	56 071.0	否

续表

指数	成分只数	到期收益率（%）	信用利差（bps）	收益表现	指数久期（年）	指数成分（亿美元）	是否汇率对冲
巴克莱新兴市场指数	2 080	7.1	648.9	−9.35%	6.1	19 907.0	否
IBOXX 中国高收益指数				−6.89%			
IBOXX 中国投资级指数				0.73%			
IBOXX 中国地产高收益指数				−7.76%			
IBOXX 中国地产投资级指数				−1.69%			
IBOXX 亚洲（除日本）高收益指数				−11.12%			
IBOXX 美国高流动性高收益指数				−13.80%			
IBOXX 美国高流动性投资级指数				−2.49%			

资料来源：彭博，整理。

投资者可利用上述巴克莱、IBOXX 和 JACI 指数对全球美元债的财富值、收益率和信用利差进行全面监控。监控时间维度可以是周、月、季度、年度以及年度至今变动（见表 9-10）。

图 9-10　全球美元债指数监控

项目	值	周变动（%）	月变动（%）	季度变动（%）	年度变动（%）	年度至今变动（%）
中资美元债	245.5	−0.03%	0.4%	0.0%	5.6%	4.8%
中国高收益	324.8	0.37%	1.2%	0.2%	4.6%	3.6%
中国投资级	218.8	−0.19%	0.1%	−0.1%	6.2%	5.4%
中国高收益地产	383.1	0.44%	1.5%	−0.2%	6.0%	4.0%
中国投资级地产	243.8	−0.08%	0.5%	0.9%	6.1%	5.2%
亚洲高收益	277.5	0.06%	0.3%	0.2%	2.2%	1.3%
亚洲投资级	195.1	−0.21%	0.1%	0.2%	6.7%	5.6%
美国高收益	227.1	0.11%	2.5%	0.9%	2.7%	0.7%
美国投资级	134.7	0.00%	0.3%	0.2%	4.7%	4.1%
Ishare 美国投资级 ETF	134.6	−0.53%	2.3%	−2.7%	7.1%	5.2%
Ishare 美国高收益 ETF	84.9	0.28%	9	−0.6%	−2.3%	−3.5%
亚洲高收益信用利差	773	3	−13	66	277	280
亚洲投资级信用利差	163	−2	−24	−17	37	42
新兴市场利差	382	4	−18	−20	12	104
中国高收益信用利差	856	−9	−11	60	181	185

续表

项目	值	周变动（%）	月变动（%）	季度变动（%）	年度变动（%）	年度至今变动（%）
中国投资级信用利差	176	−2	−67	−15	35	40
美国高收益信用利差	425	−1	−19	−16	103	130
美国投资级信用利差	131	−3	−23	−8	16	30
亚洲高收益收益率	7.82%	−10	0	16	35	47
亚洲投资级收益率	2.34%	3	−5	−7	−92	−81
新兴市场收益率	4.98%	15	−17	6	−20	10
中国高收益收益率	8.78%	−7	−2	64	30	43
中国投资级收益率	2.20%	2	−69	−1	−101	−89
美国高收益收益率	4.89%	3	−3	−1	−31	12
美国投资级收益率	2.19%	6	−9	20	−96	−78
新兴市场收益率	4.01%	6	52	−23	−101	−85
中美高收益率利差	389	−10	1	65	61	31
中美投资级利差	1	−4	76	−21	−5	−11
亚洲美国高收益利差	348	4	6	8	174	150
亚洲美国投资级利差	36	1	—	−10	22	14
美国国债加权收益率	0.57	7	14	22	−126	−122

资料来源：彭博。

9.5.2 Beta 视角监控

仅监控收益率、利差还不够，我们还需要监控美元债除价格收益第一阶变动之外的二阶变动，例如波动率和 Beta：监控波动率，可得出单位风险最高的行业板块；监控 Beta，可以得出哪些板块、哪些评级之间可以在短期进行风险对冲或者隔离市场波动风险，同时兼备收益。如表 9-11 所示，B- 评级的单位波动风险收益（Yld/Vol）为 1.94，比 B 和 B+ 都要更高一些，这在 2020 年 3 月流动性大跌时或许更能说明问题——投资 B- 低波动率资产比投资 B/B+ 评级资产更加有利。

单位波动风险并非越高越好，但是波动风险越高，往往意味着流动性越好。例如，BB+ 评级的单位波动风险收益为 1.02，这主要是因为 BB+ 评级债券的流动性更好，更容易被市场接受。当投资资金需要流动性时，投资 BB+ 资产或许更合适。

表 9-11　中资美元债 Beta 监控

评级／期限	存量（亿美元）	平均收益率	Vol＿30D	Y1d/Vol	Beta系数	利差变化（bps）	净价变动（PT）
中资美元债 A+ 评级	2 465.5	1.5%	3.94	0.38	1.41	3.16	−0.39
中资美元债 A 评级	1 184.3	1.6%	2.59	0.61	0.63	0.62	−0.11
中资美元债 A− 评级	970.3	2.2%	2.12	1.03	0.89	2.43	−0.14
中资美元债 BBB+ 评级	813.0	2.6%	2.67	0.97	0.74	−2.26	−0.10
中资美元债 BBB 评级	784.9	3.2%	2.71	1.17	0.48	−5.42	−0.06
中资美元债 BBB− 评级	758.2	2.9%	2.66	1.09	0.34	−31.96	−0.00
中资美元债 BB+ 评级	163.7	4.5%	4.38	1.02	0.16	−4.35	−0.10
中资美元债 BB 评级	336.6	5.5%	4.54	1.21	0.21	−15.98	−0.00
中资美元债 BB− 评级	565.7	6.8%	5.92	1.14	0.47	−9.57	0.11
中资美元债 B+ 评级	249.7	7.7%	9.04	0.85	0.36	0.05	−0.24
中资美元债 B 评级	560.4	13.3%	14.73	0.90	1.02	31.21	0.34
中资美元债 B− 评级	97.9	13.8%	7.09	1.94	0.17	−36.98	0.17
中资美元债 CCC 评级	53.3	50.0%	9.42	5.31	−0.15	242.68	−0.22
中资美元债 D 评级	21.2	26.5%	6.92	3.82	0.04	−7.25	0.91

资料来源：彭博。

9.5.3　评级视角监控

从不同评级来看，根据市场评级构建 B− ~ A+ 的不同细分评级指数，有利于监控不同评级的收益率、信用利差变动和历史序列走势（见图 9-57、图 9-58）。近期投资级收益率（信用利差）整体保持平稳下行。再从高收益不同评级表现来看，收益率（或者信用利差）出现分化，其中 B 评级的收益率上行，BB 评级的收益率保持相对平稳，BB 和 B 评级曲线利差扩大。有兴趣的读者还可以利用前面介绍的均值回归和趋势理论指标对 BB 和 B 评级的地产美元债的信用利差进行分析，从而找到以下问题的答案：当前 BB 和 B 评级的收益率、利差的历史分位数如何？当前 B 与 BB 评级曲线的利差处于过去平均的多个标准差，是否有吸引力？B 评级曲线与 BB 评级曲线的利差扩大是否有趋势动能，抑或会出现利差的均值回归？

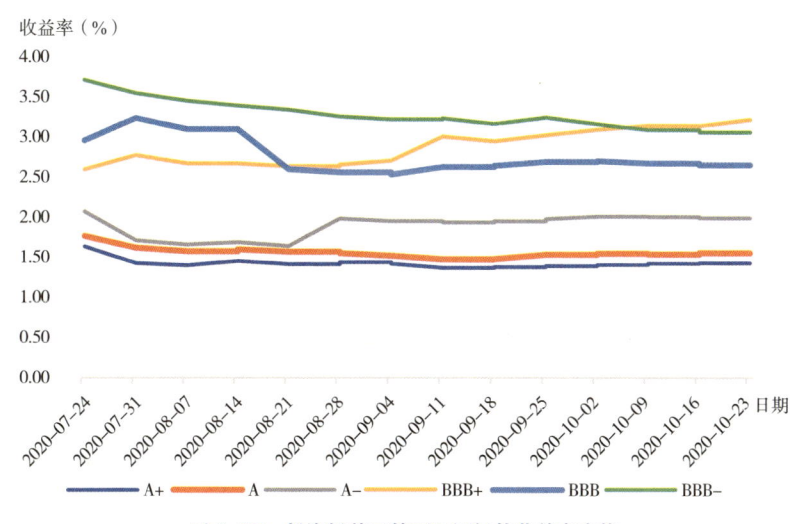

图 9-57　投资级美元债不同评级的收益率走势

资料来源：彭博。

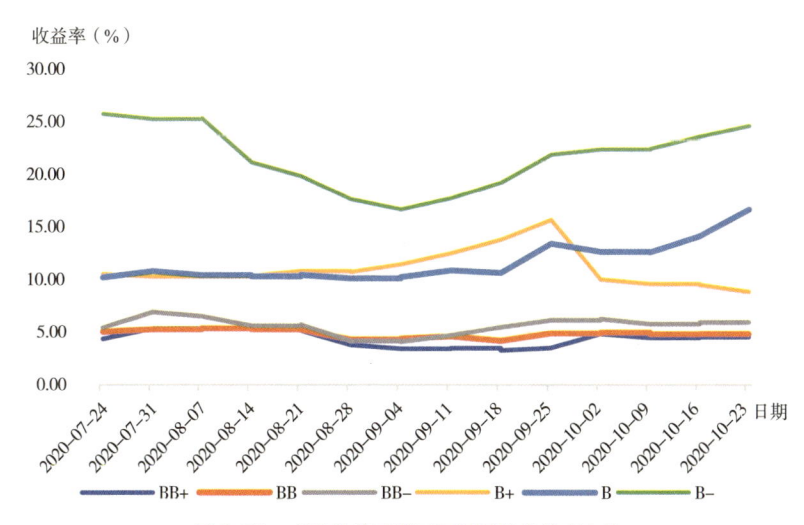

图 9-58　高收益美元债不同评级的收益率走势

资料来源：彭博。

另外，在图 9-57、图 9-58 的评级与收益率图例中，理论上评级越高收益率越低，但是 BBB+ 评级的收益率曲线比 BBB 评级的还低，这跟发债期限或者部分发行人可能发生了信用风险而拉高整体收益率有关。

9.5.4 行业视角监控

从不同行业来看，根据市场评级构建不同行业指数，有利于监控不同行业的收益率、信用利差变动和历史序列走势，还可将不同行业细分为投资级和高收益两个维度。

从投资级不同行业的收益率来看（见图 9-59），城投投资级行业的收益率出现明显下降，且城投投资级行业美元债在投资级板块中的收益率仍具有相对价值，这也是近期资金追逐城投板块美元债的主要原因。

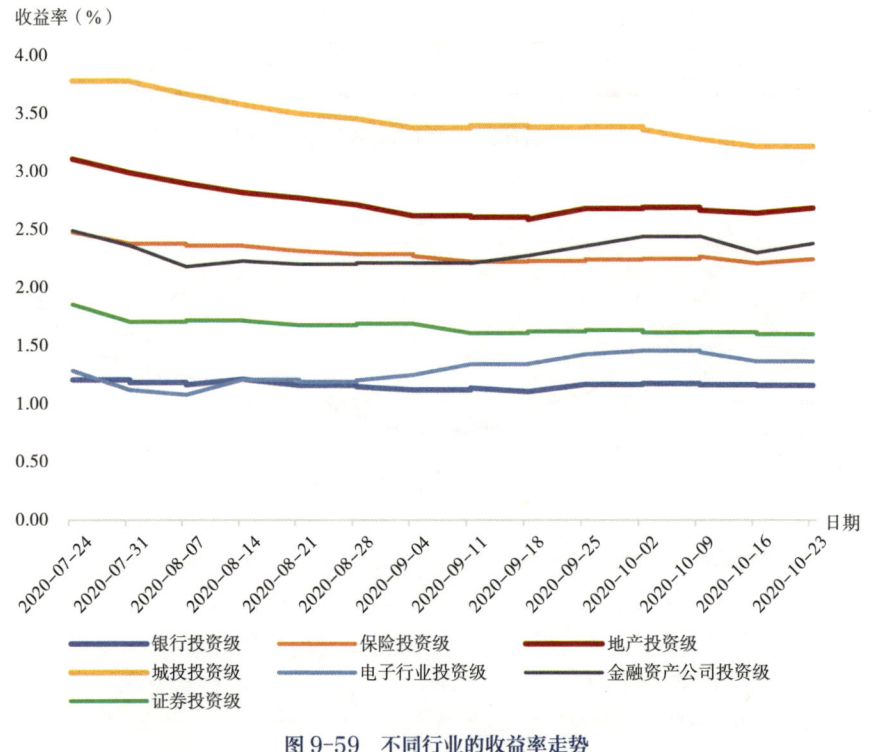

图 9-59　不同行业的收益率走势

资料来源：彭博。

从高收益不同行业的收益率来看（见图 9-60），最近地产 B 高收益和地产 BB 高收益的收益率利差扩大。地产行业信用利差分化，同时高收益城投行业、优先股的收益率稳步下行，使得地产行业的收益率上行。

图 9-60　不同行业的收益率走势

资料来源：彭博。

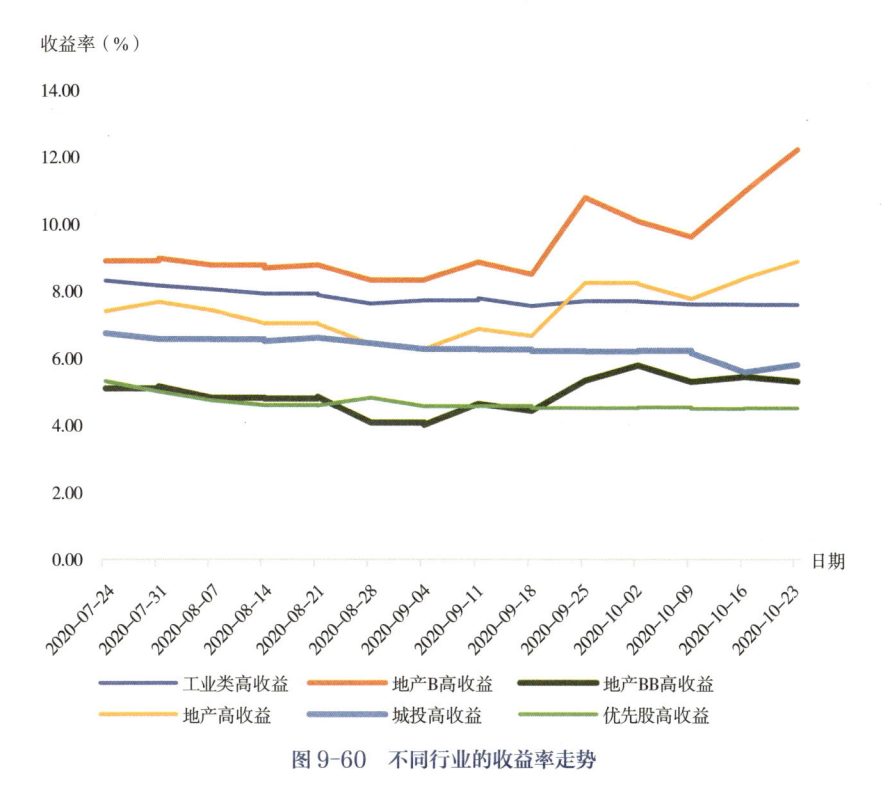

9.5.5　多维监控

不同评级对应的不同关键久期的到期收益矩阵如表 9-12 所示。通过这个收益率矩阵，我们可观察出同一期限不同评级利差，也可以观察出不同评级的期限利差。

表 9-12　不同评级、不同久期的收益监控

| 中资美元债评级 - 久期监控 ||||||||||
评级	平均收益率	1 年	3 年	5 年	7 年	10 年	20 年	30 年
中资美元债 A+ 评级	1.4%	0.8%	0.9%	1.4%	1.7%	2.1%		3.0%
中资美元债 A 评级	1.6%	1.1%	1.4%	1.6%	2.1%	2.1%		
中资美元债 A− 评级	2.1%	1.7%	1.5%	1.8%	2.3%	2.6%	3.3%	
中资美元债 BBB+ 评级	2.5%	2.0%	1.9%	2.6%	3.3%	2.8%	3.7%	
中资美元债 BBB 评级	3.1%	2.1%	2.1%	2.6%	2.7%	4.5%		3.6%
中资美元债 BBB− 评级	3.0%	3.3%	2.2%	2.9%	2.7%	3.4%		

续表

评级	平均收益率	1年	3年	5年	7年	10年	20年	30年
中资美元债 BB+ 评级	4.5%	4.5%		3.1%	3.5%	3.6%		
中资美元债 BB 评级	5.4%	6.0%	4.9%	5.4%	4.7%			
中资美元债 BB− 评级	6.6%	4.6%	7.0%	5.7%				
中资美元债 B+ 评级	8.0%	7.3%	8.6%	5.5%	6.0%			
中资美元债 B 评级	12.9%	10.2%	12.2%	12.4%				
中资美元债 B− 评级	13.8%	14.0%	12.8%					
中资美元债 CCC 评级	50.0%	18.8%						
中资美元债 D 评级	26.5%	33.6%						

资料来源：彭博。

针对不同评级、不同期限的到期收益率矩阵图，我们可以通过回归线来判断出具有相对价值的评级曲线。例如，通过下面的二维矩阵（见图 9-61），我们可以大致看出 B− 评级的收益向上，较大偏离回归线。值得注意的是，这种相对价值是静态的，我们需要辩证地看待相对价值的动态变化。

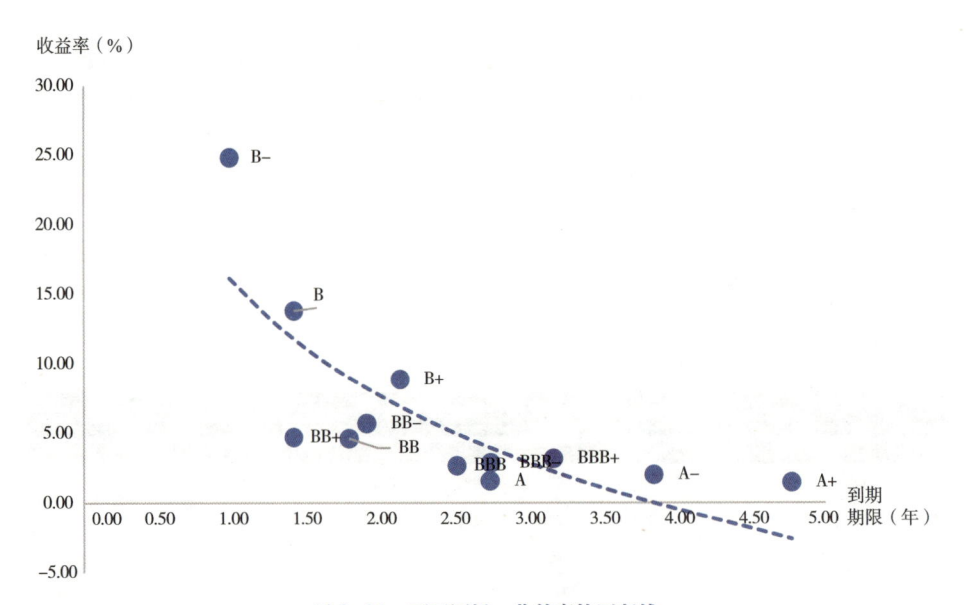

图 9-61　不同评级、收益率的回归线

资料来源：彭博。

9.5.6 行业细分监控

地产和城投是境外两大投资板块，其中地产是中资美元债行业占比最高的板块，流动性非常好，因此建立中资地产美元债行业深度跟踪十分必要。城投板块也是非常值得研究的：城投美元债存量较大，且大多数投资者持有稳定资金，因此从配置角度来看，值得跟踪。读者也可以根据自身经验来建立其他细分行业的跟踪。

地产美元债最高评级基本为 BBB，因此我们建立 BBB 评级、BB 评级、B 评级和 B-/CCC 评级，以及无评级的收益率曲线（见图 9-62 ~ 图 9-67）。

除地产美元债的收益率曲线、不同评级-久期的变动之外，我们还可以给出城投行业不同评级和久期的监控思路。读者可以根据自己的需求来建立不同监控方案。只有完善的监控方案，才能具备一些量化判断前提，我们才能根据本书提出的投资实战技巧进行跟踪和前瞻预判。

图 9-62 地产美元债不同评级的收益曲线

资料来源：彭博。

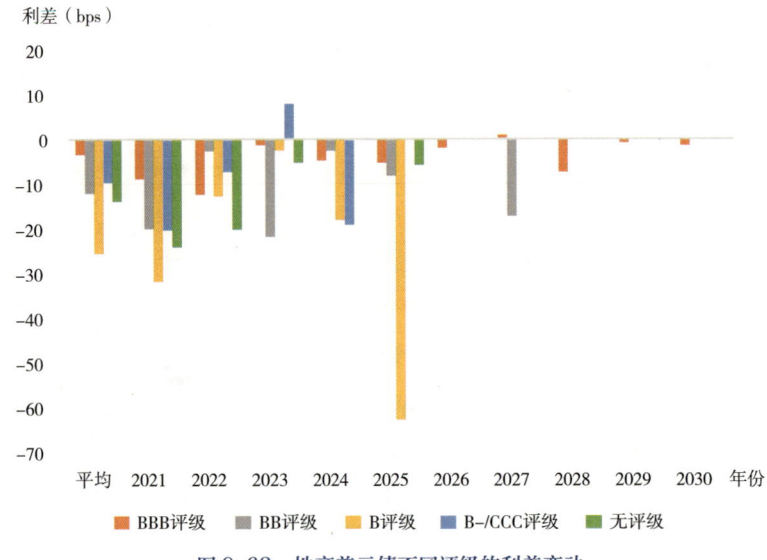

图 9-63　地产美元债不同评级的利差变动

资料来源：彭博。

图 9-64　地产美元债 BB 评级的收益曲线

资料来源：彭博。

图 9-65　地产美元债 B 评级的收益曲线

资料来源：彭博。

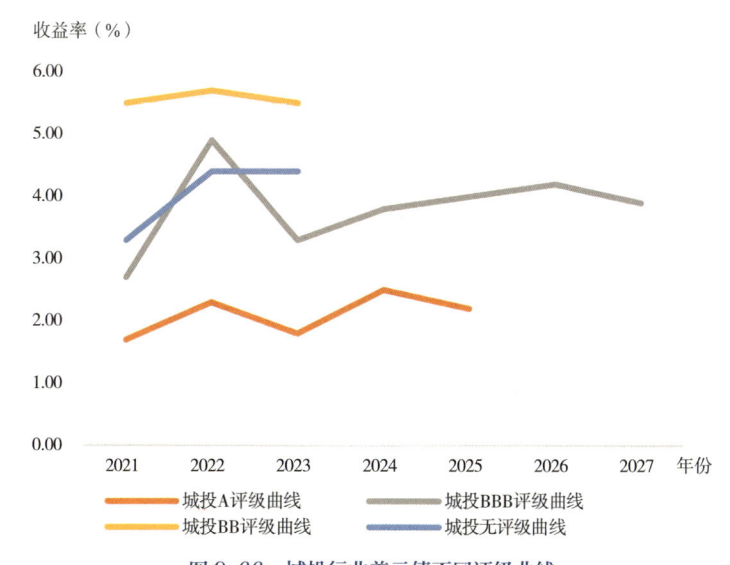

图 9-66　城投行业美元债不同评级曲线

资料来源：彭博。

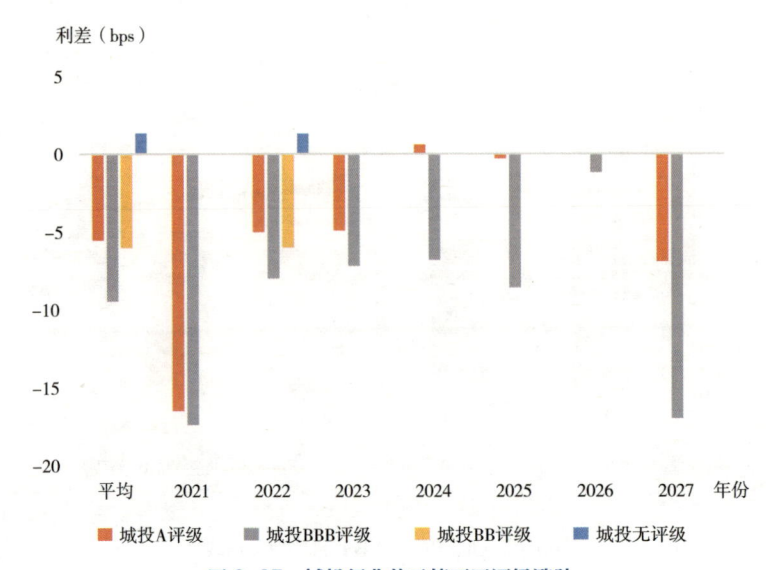

图 9-67　城投行业美元债不同评级涨跌

资料来源：彭博。

第 10 章　十大经典交易实战策略

本章将创造性地根据境外美元债独特的市场环境、交易特征提出美元债十大经典交易实战策略。这十大经典策略是建立在境外美元债市场之上的，当然某些策略也可以被应用于境内债券市场。

由于境外美元债市场与境内人民币债券市场差异巨大，境外美元债的投资和交易策略相对于境内人民币债券有所不同。对比来看，境内外市场的区别主要有以下几点。

- 境外美元债信用市场的二级市场流动性更强。中资美元债的投资者较为多样，不仅持有到期账户，还持有很多交易性账户。因此，虽然中资美元债大部分都是信用债，但其二级市场的流动性和换手率非常高。例如，中国恒大集团（EVERRE）和子公司恒大地产（TIANHL）的美元债期限覆盖 1~6 年（到期年份分布有 2021 年、2022 年、2023 年、2024 年和 2025 年），具有一条完整的信用债曲线，其交易活跃度不亚于境内利率债，对中资美元债高收益板块具有定价指导作用。
- 境外美元债的做空机制更加灵活。美元债市场不仅可以做多，还可以做空。境内人民币债券主要通过债券借贷对国债或者利率债进行做空，信用债普遍缺乏做空机制。美元债市场具有成熟的信用债借贷和做空机制。

- 境外美元债市场的参与主体更加多样化，包括中资和外资、银行保险长线资金及对冲基金等短线资金，因此市场并非单边市场，而是趋于周期波动的。
- 境外美元债市场上的场外衍生品（包括汇率、利率、信用衍生品和可转债）比境内市场更加丰富，有利于制定丰富的美元债策略。

因此，基于上述优势，中资美元债市场的交易策略比境内人民币债券市场更加丰富。本书总结并提出美元债投资交易的十大经典策略（见表10-1），辅以实战案例，以飨读者。

表10-1　美元债的常用交易策略

策略	子策略	应用场景说明	举例
打新策略	—	通过一级市场投标买入、二级市场高价抛售的获利策略	根据倍数、订单质量和市场情绪进行打新策略
事件驱动策略	—	围绕美元债发行人的重大舆情事件而采取的交易策略	针对北大方正、清华紫光、青海、广汇、新城等信用违约事件的舆情发展而进行的一种交易策略
曲线下滑策略	—	随着时间的推移，长久期债券信用利差收窄，净价上涨，从而获得资本利得	买入曲线上最陡峭的点，随着时间的推移，久期变短，到期收益率会下滑，从而获得资本利得收益
钓鱼策略	—	由于市场缺乏流动性或者超出预期风险等，价格突然暴跌情形下采取低吸策略，即买入被错杀的策略	当市场缺乏流动性或者债券本身缺乏流动性时，或当债券价格断崖下跌时，采用此策略可用很好的价格成交。例如当前市场状况，可逢低买入错杀的债券标的
波段策略	宏观交易策略	根据宏观经济数据或政策（例如货币政策、财政政策、产业政策或者融资政策）等变化趋势而采取的波段操作策略	这种策略的前瞻性指标可能是多样的，一般从宏观经济政策、货币政策、财政政策和行业政策几个方面进行 - 根据房地产政策或者融资周期对恒大或者佳兆业长端债券进行中长期交易的策略 - 根据隔夜美股或者全球风险偏好进行多空交易 - 根据人民币即期或者远期汇率等形成Beta交易策略
波段策略	微观交易策略	根据做市商或者市场的多空力量进行做多或做空的波段操作	获取市场资金流方向，跟随做市商进行做多或做空。掌握某只债券的市场信息，包括全市场配置大概情况、是否有杠杆、杠杆率如何等

续表

策略	子策略	应用场景说明	举例
相对价值策略	全市场换仓操作策略	比较全市场上不同债券的相对价值，选择具有潜在投资价值的美元债	根据全市场债券的收益、风险分布，选择具有相对价值的债券
	行业间相对价值策略	比较不同行业的信用利差，选择配置被低估或者具有相对价值的行业	在不同行业的数据点中选择具有相对价值的债券，例如国企和城投，两者在不同时期的相对价值不同。随着2020年北大方正违约，国企信仰破灭之后，城投信仰仍在，城投的市场认可度高于国企
	行业内相对价值策略	比较同一行业内不同发行人的美元债曲线，选择具有相对投资价值的发行人的美元债	在地产行业中，恒大和佳兆业的相对价值其实经历过一些变化。相对利差（恒大-佳兆业）从2017年到2020年也经历过缩窄倒挂，再到正向扩大的过程
	曲线操作策略	根据单个发行人发行的美元债曲线，选择曲线上被低估的特定期限美元债	针对恒大地产美元债的收益率或净价曲线，做多低估点和做空高估点
多空策略	多空不同评级	做多、做空等级利差	做多、做空等级利差，根据不同评级利差的均值及未来判断，例如BBB与BB+、B与BB评级利差均值回归策略
	多空不同结构	做多、做空不同结构	做多、做空不同结构，例如高级或次级的信用利差、担保或维好协议的信用利差
	多空不同行业	做多A行业有代表性的债券或者一揽子组合，做空B行业有代表性的债券或者一揽子组合	选择最具有相对投资价值的行业，可绝对收益率、单位风险收益的衡量标准。例如2020年3月，地产美元债具有相对价值，绝大部分BB评级地产债券价格的暴跌是流动性枯竭下的错杀。危机初期选择做多短久期，做空长久期；危机后期，反向操作
	多空策略（行业内）	可选择同一行业内的两个不同发行人的信用利差	■ 投资级可参考不同发行人的利差均值，例如信达（CCAMCL）与华融（HRINTL）的信用利差均值，再如四大行和城商行的信用利差均值等 ■ 高收益一般根据利差均值或者信用基本面变化，选择做空或做多，目的可能为对冲信用风险的同时获得极大短期回报
	信用利差策略（单一发行人）	选择同一发行人的信用曲线，做陡或者做平信用曲线	■ 一级市场新发和二级市场利差。新发前一般做空二级市场 ■ 根据活跃美元债曲线利差均值，以及对远期利率判断来制定交易策略。预期远期风险和远期利率上升时，可做陡曲线；预期市场进入牛市时，情绪高涨做平信用曲线

续表

策略	子策略	应用场景说明	举例
抄底买入策略	—	美元债越跌越买入的策略	摊低成本，逐步建仓
套息策略	—	适当采用回购协议或者杠杆票据，获得息差（美元债票息与杠杆成本的利差）的策略	在利率和流动性充沛的时点上，采用该策略可以获得不错的收益回报
免疫策略	利率免疫	通过国债期货对冲利率风险策略	做空或者做多信用利差，对利率波动进行大致预测的信用利差策略。
	信用免疫	通过权益市场对冲信用风险的策略	利用股票期货或者期权进行宏观交易的策略。例如当前可以认沽股市期权或者期货，有些时候，欧洲股市也是较为确定的宏观对冲标的

下面我将会对上述十种经典策略进行详细案例讲解。

10.1 打新策略及实战

10.1.1 打新策略的决策系统

打新策略为从一级市场买入新发的美元债，在二级市场抛售。与之相关的订单情况和市场订单倍数等信息，可以作为打新策略的关键指标。

打新策略之所以具有超额收益，主要原因有以下方面。

- 资金的使用效率非常高。通过一级市场到二级市场的高频率换手，资金使用效率得到提高，打新资金的使用效率可达到 100%。如果使用境外的资金杠杆，使用效率甚至可以更高。
- 从一级市场到二级市场有着天然的发行溢价。发行人普遍会给出一定溢价（有人称之为 Juice）以吸引市场投资者参与。在牛市周期中，新债上市后的二级市场价格上涨概率高。在熊市周期中，发行人需要给出高于二级市场的收益率以吸引投资人，所以新债的二级市场价格在发行之后往往会出现上涨。

因此，基于一级和二级市场的打新策略具有天然的超额收益。

在打新策略中，我们可以通过一些明显的市场信号来提高打新策略的胜率和超额收益：加入事前判断信号（见表10-2），打新债完成后再采取事后卖出决策（见表10-3），这一方面可提高打新的中签率，另一方面能提高打新后的单只债券赢利幅度。

表10-2　打新策略的事前判断信号

事前判断信号	作用
订单倍数	一般而言，订单倍数（投标量/发行量）越大，订单越受欢迎
订单的私人银行杠杆率	私人银行的杠杆率越高，该新债受到私人银行的支持越强
订单质量	■ 实钱占比越高，热钱占比越低，订单的投标者以持有和配置该新债为主，则订单的质量越高 ■ 如果新债的投标中含有大量"滥竽充数"的承销商订单，就代表该订单主要是以硬包销方式发行的，第二日或者未来在二级市场上卖出的可能性越大
相对价值	新债定价相对于二级市场是否有溢价空间
膨胀订单	可以通过膨胀订单来提高新债的中签率
市场趋势	如果当前美元债处于牛市当中，那么我们可适当放松新债的一级市场定价要求
美国国债利率	美国隔夜利率走势对于新债表现十分重要，例如美联储议息会议或者全球其他央行议息会议可能影响美债收益率走势，会对新债的表现造成影响
其他宏观因素	例如贸易摩擦、地缘政治风险等对于第二日新债走势至关重要的因素

表10-3　打新策略的事后卖出决策

事后主动卖出策略	作用
择时卖出	可以利用大数据回归分析不同时点卖出对于新债表现的影响： ■ 次日后立即卖出 ■ 次日收盘结束前主动卖出 ■ 上市交易后一周内择机卖出 ■ 上市交易后一个月内择机卖出 通过不同时点的回归分析，我们可选择在不同时点卖出，提高打新策略中单只债券的盈利
择价卖出	根据市场趋势，判断未来债券估值的可能位置。通过市场挂单方式在对应的价格卖出，实现最大盈利

10.1.2 打新策略实战

在历史回测中，对债券做简单无差别的筛选，这种筛选也可以在投资打新前进行。筛选标准（见表10-4）主要有：2016年1月至2020年11月发行、发行金额在2亿美元以上、二级市场具有流动性（第二个工作日上市后有交易）。满足上述条件的中资美元债总数为1 900只，其中投资级美元债有897只，高收益（含无评级）美元债有1 003只。

表10-4　打新策略模拟组合的筛选标准

分项	择券标准
发行金额	2亿美元以上（一般2亿美元以上的美元债具有较好的流动性，也是公募债券）
债券属性	公募
时间区间	2016年1月至2020年11月

2016年1月至2020年11月，满足上述要求的所有一级市场发行的美元债，构建出三个高流动性投资策略组合，分别是中资美元债高流动性投资策略组合、投资级中资美元债高流动性投资策略组合和高收益中资美元债高流动性投资策略组合。最保守的方式是，在高流动性投资策略组合中采取第二天被动卖出。从测试结果来看，打新策略能产生超越基准的超额收益，并且具有更加优秀的夏普比率。

（1）中资美元债高流动性投资策略组合

构建两个不同的高流动性投资策略组合（净值走势见图10-1），其中一个扣除交易成本、加上一级市场收入，另外一个扣除交易成本、不加一级市场收入。考虑新债上市后的卖出交易成本是非常保守的一种做法（这里假设卖出交易成本为0.15PT，实际上新债上市后流动性往往很好，交易成本没有这么高）。中资美元债高流动性投资策略组合（加一级市场收入）的年化收益率为33.17%，远超巴克莱中资美元债指数的5.50%（见表10-5）。模拟组合的夏普比率3.43，也高于巴克莱中资美元债指数1.63。

收益率（%）

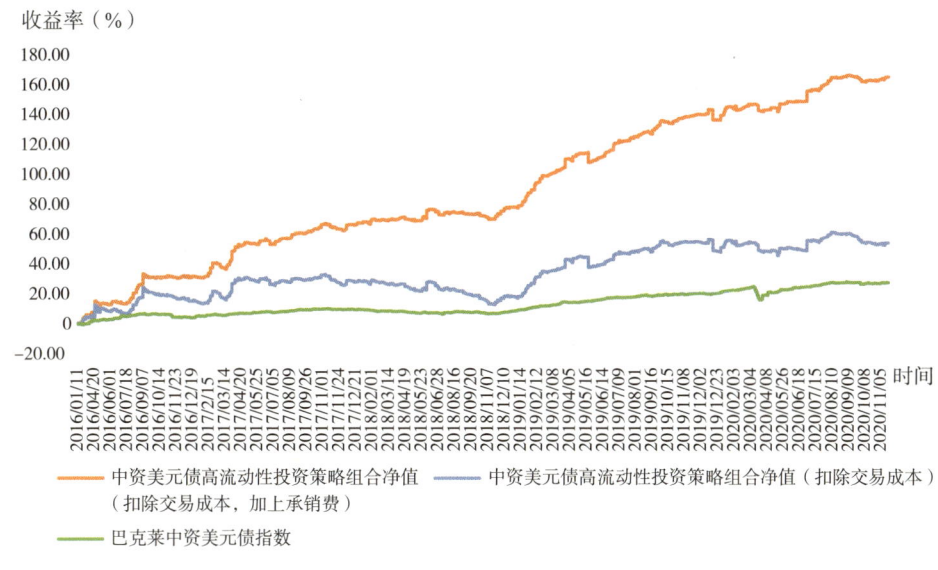

图 10-1 中资美元债高流动性投资策略组合的净值走势

资料来源：彭博，2020年11月。

表 10-5 中资美元债高流动性投资策略组合与巴克莱基准的比较

项目	年份	收益率	波动率	夏普比率	超额收益
中资美元债高流动性投资策略组合（扣除交易成本，加上承销费）	累计收益	165.61%	—	—	145.8%
	2016 年	31.94%	17.85%	1.79	27.5%
	2017 年	35.18%	9.47%	3.71	29.6%
	2018 年	11.01%	6.70%	1.64	11.9%
	2019 年	58.37%	8.09%	7.21	46.4%
	2020 年 1~11 月	29.35%	6.19%	4.74	22.9%
	期间平均	33.17%	9.66%	3.43	27.7%
巴克莱中资美元债指数	累计收益	19.76%	—	—	
	2016 年	4.39%	4.12%	1.06	—
	2017 年	5.54%	2.30%	2.41	—
	2018 年	−0.91%	2.33%	−0.39	—
	2019 年	12.00%	2.27%	5.28	—
	2020 年 1~11 月	6.48%	5.88%	1.10	—
	期间平均	5.50%	3.38%	1.63	

续表

项目	年份	收益率	波动率	夏普比率	超额收益
中资美元债高流动性投资策略组合（扣除交易成本）	累计收益	54.31%	—	—	34.5%
	2016 年	15.89%	20.50%	0.77	11.5%
	2017 年	12.68%	13.90%	0.91	7.1%
	2018 年	−10.59%	11.48%	−0.92	−9.7%
	2019 年	31.07%	17.51%	1.77	19.1%
	2020 年 1~11 月	6.25%	15.33%	0.41	−0.2%
	期间平均	11.06%	15.75%	0.70	5.6%
样本区间	2016 年 1 月至 2020 年 11 月
样本只数	1 900 只
交易成本	0.15PT
承销费	0.15PT（或者 0.15%）

资料来源：彭博。

（2）投资级中资美元债高流动性投资策略组合

同样，在投资级的范围内，构建两个不同的高流动性投资策略组合（净值走势见图 10-2），其中一个扣除交易成本、加上一级市场收入，另外一个扣除交易

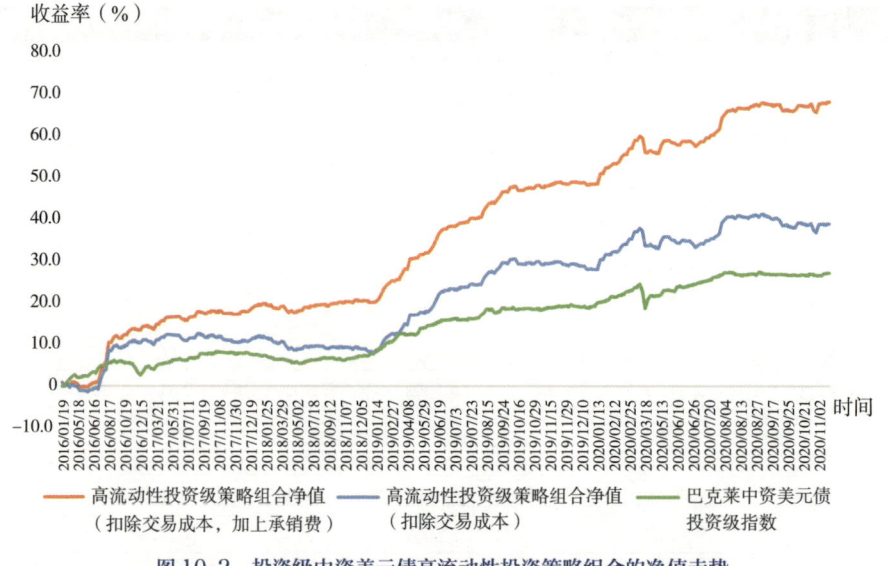

图 10-2 投资级中资美元债高流动性投资策略组合的净值走势

资料来源：彭博，2020 年 11 月。

成本、不加一级市场收入。考虑新债上市后的卖出交易成本是非常保守的一种做法（假设卖出交易成本为0.1PT，如果平均久期为2~5年，那么其交易基点为2~5bp，实际上新债上市后流动性往往很好，交易成本为1~2bp）。高流动性投资级策略组合的年化收益率为13.57%（见表10-6），远超巴克莱投资级中资美元债指数的5.40%。从夏普比率来看，高流动性投资级策略组合为3.27，也优于巴克莱基准指数的2.95。

表10-6 投资级中资美元债高流动性投资策略组合与巴克莱基准的比较

项目	年份	收益率	波动率	夏普比率	超额收益
高流动性投资级策略组合年化收益（扣除交易成本，加上承销费）	累计收益	67.84%	—	—	40.83%
	2016年	13.47%	6.05%	2.23	10.86%
	2017年	5.81%	3.07%	1.89	0.88%
	2018年	0.93%	3.12%	0.30	0.58%
	2019年	28.21%	4.07%	6.92	16.62%
	2020年1~11月	19.43%	4.41%	4.41	14.02%
	期间平均	13.57%	4.14%	3.27	8.17%
巴克莱投资级中资美元债指数	累计收益	27.01%	—	—	—
	2016年	2.61%	2.70%	0.97	—
	2017年	4.93%	1.29%	3.82	—
	2018年	0.34%	1.07%	0.32	—
	2019年	11.59%	2.08%	5.59	—
	2020年1~11月	7.54%	2.01%	3.75	—
	期间平均	5.40%	1.83%	2.95	—
投资级中资美元债高流动性投资策略组合（扣除交易成本）	累计收益	38.54%	—	—	11.53%
	2016年	10.37%	6.14%	1.69	7.76%
	2017年	1.41%	3.43%	0.41	-3.52%
	2018年	-3.57%	3.90%	-0.92	-3.92%
	2019年	19.81%	5.47%	3.62	8.22%
	2020年1~11月	10.53%	7.02%	1.50	2.98%
	期间平均	7.71%	5.19%	1.48	2.31%
样本区间	2016年1月至2020年11月				
样本只数	897只				
交易成本	0.1PT				
承销费	0.1PT（或者0.1%）				

资料来源：彭博。

（3）高收益中资美元债高流动性投资策略组合

同样，构建两个不同的高收益中资美元债高流动性投资策略组合（净值走势见图10-3），其中一个扣除交易成本、加上一级市场收入，另外一个扣除交易成本、不加一级市场收入。考虑新债上市后的卖出交易成本是非常保守的一种做法（假设卖出交易成本为0.2PT，实际上交易成本可能更低）。

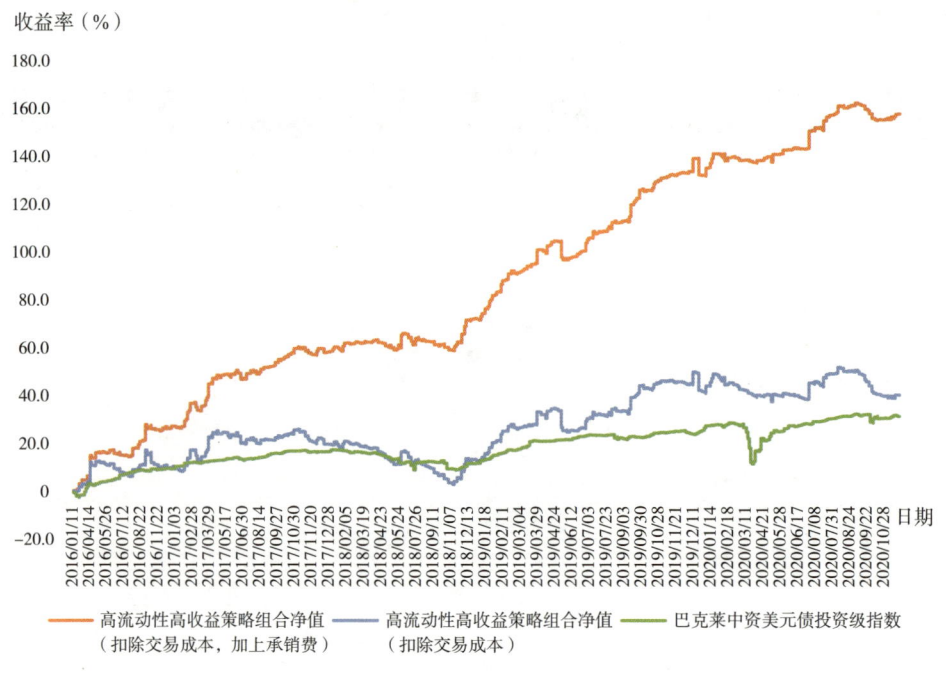

图10-3　高收益中资美元债高流动性投资策略组合的净值走势

资料来源：彭博，2020年11月。

从表10-7来看，高收益中资美元债高流动性投资策略组合的年化收益率为31.46%，远超巴克莱高收益中资美元债指数的6.32%；模拟组合的夏普比率2.70，也高于巴克莱高收益中资美元债指数的1.01。

实验结果显示，被动的打新策略能获得超额收益，原因主要是提高了资金的使用效率。

表 10-7　高收益中资美元债高流动性投资策略组合与巴克莱基准的比较

项目	年份	收益率	波动率	夏普比率	超额收益
高流动性高收益策略组合（扣除交易成本，加上承销费）	累计收益	158.13%	—	—	126.18%
	2016 年	26.72%	19.78%	1.35	16.87%
	2017 年	31.34%	11.54%	2.72	24.06%
	2018 年	13.47%	9.78%	1.38	18.44%
	2019 年	59.98%	10.23%	5.87	46.01%
	2020 年 1~11 月	25.78%	6.93%	3.72	19.39%
	期间平均	31.46%	11.65%	2.70	25.07%
巴克莱高收益中资美元债指数	累计收益	31.94%	—	—	
	2016 年	9.85%	4.81%	2.05	
	2017 年	7.28%	2.56%	2.84	
	2018 年	−4.97%	7.39%	−0.67	
	2019 年	13.97%	3.62%	3.86	
	2020 年 1~11 月	5.81%	13.21%	0.44	
	期间平均	6.39%	6.32%	1.01	
高流动性高收益策略组合年化收益（扣除交易成本）	累计收益	40.53%	—	—	8.59%
	2016 年	9.92%	22.53%	0.44	0.07%
	2017 年	9.54%	16.48%	0.58	2.26%
	2018 年	−6.93%	15.88%	−0.44	−1.96%
	2019 年	28.58%	21.50%	1.33	14.61%
	2020 年 1~11 月	−1.22%	16.94%	−0.07	−7.03%
	期间平均年化	7.98%	18.67%	0.43	1.59%
样本区间	2016 年 1 月至 2020 年 11 月				
样本只数	1 003 只				
交易成本	0.2PT				
承销费	0.2PT（或者 0.2%）				

资料来源：彭博。

从策略组合的回测收益走势来看，高流动性投资策略组合确实能够产生超额收益，并且基本具有更高的夏普比率。这里构建了三个高流动性投资策略组合，而且采用了被动策略，即假设每单都参与，第二天完全卖出。如果在策略中加入一些事前判断信号和事后卖出决策，我们就可以通过主动甄别并决定是否参与打新来提高参与优质打新标的的概率，以及选择更好的时点卖出新债，从而提高打新策略的收益，创造更高的超额业绩。

10.2 事件驱动策略及实战

10.2.1 事件驱动策略理论

美元债可能会因特殊事件的影响（见表10-8），出现价格大幅异动。当出现价格大幅波动时，投资者如何做出投资应对之策？这种以事件发展为驱动的投资策略叫事件驱动策略。

表10-8 常见的特殊事件及影响

特殊事件	事件影响
收并购事件	收并购事件往往涉及控股股东变化。控股股东变化会直接导致债券信用风险刻度发生极大转变，造成债券市场价格大幅异动
实际控制人风险	实际控制人出现风险，例如涉及一些刑事案件、民事事件，可能会导致公司实际控制人发生转移
股权质押	股票价格发生暴跌，可能触发公司实际控制的股权质押爆仓风险
流动性陷阱	由于流动性问题，受到市场抛售的影响，债券价格大幅异动
票据强平	结构化票据往往是加杠杆购买的债券。结构化票据收益无法覆盖成本，往往会导致强平
强制止损	当某些美元债价格出现较大变动，触发该债券持有者的强制止损操作时，价格将发生大幅跳水

10.2.2 事件驱动策略实战

事件驱动策略多涉及股权变更（无论是主动还是被动）。这里以某家境内公司的董事长2019年涉嫌刑事案件，导致该公司在境外发行的美元债价格暴跌为例，探讨事件驱动策略的实战。

在该债券价格大幅下跌的过程中，很多投资者抄底或者卖出。在分析这类事件对债券价格的影响时，最主要的分析逻辑是：

- 公司的信贷资产可能会受到影响：实际控制权发生转移，可能影响银行与公司的关系，即银行出于谨慎可能会暂停公司的信贷或者提前抽贷。
- 公司的债券可能会受到影响：实际控制人发生变更，可能会触发公司债券的投资者保护条款，导致短期公司美元债或者境内债券集中到期，公司资金偿付压力加大。

我们一般可以按照如下步骤分析事件冲击对于债券信用定价的影响（以该公司为例）。

第一步：分析该公司的股权架构（见图10-4），从而了解公司的实际控制关系是否会因为实际控制风险而发生变化。

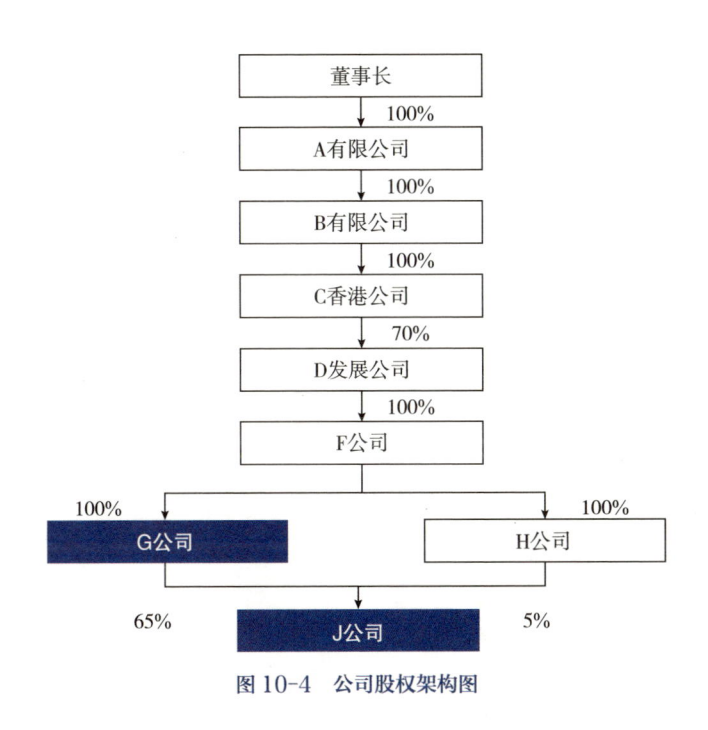

```
            董事长
              ↓ 100%
           A有限公司
              ↓ 100%
           B有限公司
              ↓ 100%
           C香港公司
              ↓ 70%
           D发展公司
              ↓ 100%
             F公司
        ↙ 100%      ↓ 100%
      G公司          H公司
        ↓ 65%        ↓ 5%
              J公司
```

图10-4　公司股权架构图

从该公司的股权架构来看，董事长被刑事拘留，可能会导致其失去董事会主席职位，并且董事长的持股可能因为丑闻发生转移。如果该公司股权架构发生变化，那么这可能会触发债券的提前到期，导致公司债务集中到期，出现流动性危机。

该董事长通过香港的 A 有限公司持有 G 发展公司 70% 的股权，并间接持有 J 公司 49% 的股份。G 发展公司和 J 公司是具有实际业务的实体公司，G 发展公司上市主体在香港，J 公司上市主体在境内。G 发展公司和 J 公司都在香港市场发行过美元债。如果董事长对于 G 发展公司和 J 公司的控股股权发生了变化，那么这是否会触发债券的提前赎回？

如果单纯基于上述股权架构，那么董事长被刑事拘留极有可能导致股权架构不稳，但如果继续深度查阅该公司年报，我们就会发现董事长并非自己直接控股香港 A 有限公司，而是通过一个家族信托来控股 A 有限公司，再控股 G 发展公司和 J 公司。如果考虑家族信托，那么完整的股权架构如图 10-5 所示。

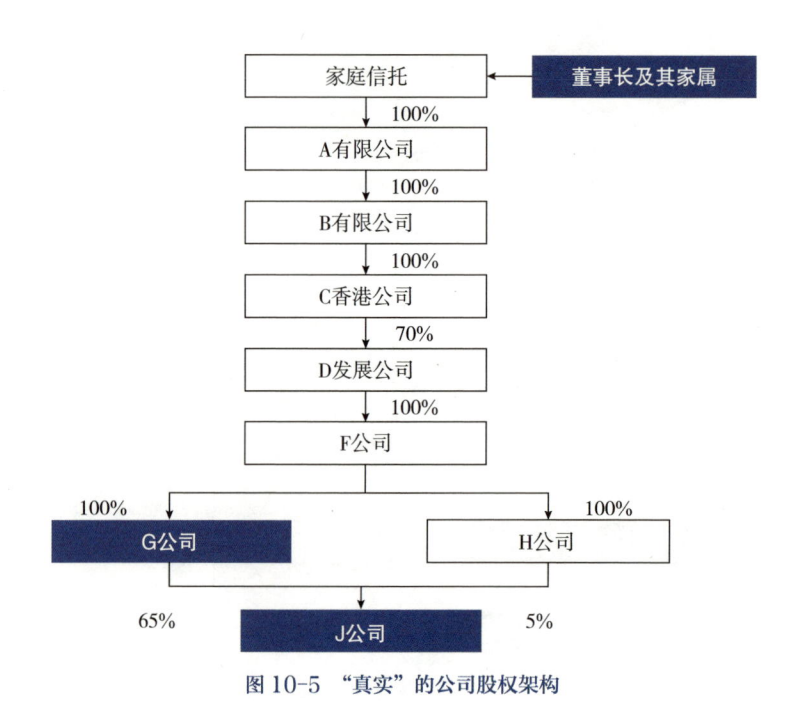

图 10-5 "真实"的公司股权架构

从该股权架构来看，即使董事长涉嫌刑事案件，该信托对于 G 发展公司和 J 公司的控股权也不会发生变化，且该家族信托的最终受益人依旧是董事长及其家属。现在的问题是，如果董事长因为刑事案件失去信托受益人资格，那么这是否会触发债券的提前赎回？接下来，我们就需要详细考察债券的发行说明书。

第二步：分析该债券对应的债券发行说明书，判断是否可能触发控制权变更。

这里仅翻看该公司境外美元债和境内人民币债券的发行说明书作为示例。首先，我们来看境外美元债的投资者保护条款：

| Repurchase of Notes Upon a Change of Control Triggering Event............................ | Upon the occurrence of a Change of Control Triggering Event, the Issuer or the Company will make an offer to repurchase all outstanding Notes at a purchase price equal to 101% of the principal amount of the Notes, plus accrued and unpaid interest, if any, to (but not including) the repurchase date. |

（3）the Permitted Holders are the beneficial owners of less than 35.0% of the total voting power of the Voting Stock of the Company;

从该发行说明书来看，只有当合格持有者（Permitted Holders）对于G发展公司和J公司的投票权少于35%时，债券的控制权变更才会被触发，从而导致债券提前被赎回。从第一步的分析得知，信托控股架构不会发生变化，重点是信托受益人是否和这里的合格持有者是相同人群。我们继续来看境外美元债的投资者保护条款：

Permitted Holder means any of all of the following：
（1）Mr. ××（Chairman of the company）；
（2）Any affiliate（other than an Affiliate as defined in clause（2）or（3）of the definition of Affiliate）of Person specified in clause（1）；
（3）The trust of the Person specified in clause（1）or the legal representative thereof;

从该条款的第二条和第三条可看出，合格持有者包括董事长、董事长亲属以及家族信托的受益人。这也表明，即使董事长因为刑事案件失去了信托收益人资格，也不会触发债券的提前赎回。

我们再来看境内人民币债券的投资者保护条款。境内控制权变更条款规定相对宽泛，也并未有实质或者量化的规定。相对于境外，境内人民币债券的投资者保护条款从2017年才开始关注这一方面。

八、控制权变更条款

8.1【触发情形】按照《公司法》等相关法律法规规定，结合企业实际情况，根据发行人律师认定和发行人在募集说明书中确认，发行人的控股股东为富域发展集团有限公司，实际控制人为王振华。在本期债务融资工具存续期内，出现以下控制权变更情形之一：

（1）控制权变更
①控股股东发生变更；
②实际控制人发生变更。

第三步：分析其他债务（例如贷款、信托等）是否会受到牵连影响。

当董事长涉嫌刑事案件之后，从公司的处理流程来看，公司在事件发生当天就任命了新的董事长，并且与银行保持紧密沟通，稳定银行信贷，避免银行抽贷。

投资者可与其最大的信贷银行进行沟通，了解银行信贷部门对该事件影响的分析。大部分银行此时也处于观察阶段。

投资者可以做出一些情景假设分析（见表10-9），通过模拟银行信贷行为来估算未来半年或者一年公司的流动性情况。

表10-9 事件驱动策略的情景假设

情景假设	情景具体内容
最差情景	假设1：未来一年到期的银行贷款无法续贷
	假设2：未来一年到期的所有债券（包括可回售债券）无法再融资
第二差情景	假设1：未来一年到期的银行贷款有50%无法续贷
	假设2：未来一年到期的债券（包括可回售债券）有50%无法再融资

第四步：分析其他影响，比如公司财务报表现金真实性、表外杠杆暴露等。

当公司出现一些特殊事件之后，之前没有暴露的财务问题（包括财务报表的现金真实性以及公司的表外隐性杠杆等信息）可能会被重新关注。

第五步：分析市场技术面，包括持仓者的决策机制及动作。

通过上述分析可知，该董事长涉嫌刑事案件并不会导致公司股权架构发生变化，更不会引发存量债券的控制权变更。

我们再来分析公司其他流动性风险，包括银行贷款的情景模拟。即使公司全部一年内到期贷款无法续贷，公司的现金支出和收入也能基本持平。另外，银行信贷并非全部不能续贷，因此该风险相对可控。

最后，我们还需分析该公司股票价格大幅下跌是否会触发股权质押爆仓风险，以及当前市场投资者对于该负面新闻的反应，进而做出相应的操作选择。

通过上述一系列的分析，我们可知公司的股权架构不会改变，债券被强制回销的风险较小，公司股价也基本稳定在平仓线之上，因此在该美元债价格大幅下跌时，投资者可择机抄底该美元债。

10.3 曲线下滑策略及实战

10.3.1 曲线下滑策略理论

曲线下滑策略属于所有策略中较为常用的策略，又称为骑乘策略。

所谓的曲线下滑策略是指，投资者选择持有收益率曲线比较陡峭的债券，随着持有时间延长，债券的剩余期限将变短，收益率的降幅也十分明显，债券的净价也将大幅走高，而这一期间的美元债涨幅将高于其他期限债券，从而提供丰富的资本利得。

10.3.2 曲线下滑策略实战

市场的甜蜜点主要是指，在当前市场情况下，投资者更加趋向于投资何种久期债券。投资者可以基于市场的甜蜜点，采取针对性的曲线下滑策略。

- 临界点曲线下滑策略。受到境内人民币债券违约影响，2018年境外美元债的投资也相对保守，市场的久期甜蜜点是1~2年，大部分投资者只选择投资1~2年久期的美元债，因此2年是市场投资者的临界点。这导致2~3年久期的债券曲线非常陡峭。如果在2018年年底建仓3年久期债券的组合，那么翻过2018年到2019年，很多之前不被市场接受的3年久期债券就变成了2年久期债券，成为市场的甜蜜点。
- 风险转移曲线下滑策略。市场在不同的时刻有不同的久期甜蜜点，而且随着时间的推移，市场的甜蜜点也会不同，这也体现在市场不同债券曲线结构变化上。例如，2018年11月前后，市场前后的风险偏好不同：11月前，市场风险偏好相对更弱；11月之后，市场风险偏好上行。因此，2018年11月前，投资者可实施曲线下滑策略，提前拉长久期投资美元债。随着时间的推移，市场投资者的甜蜜点开始转变为长久期债券，从而使得组合收益超越基准指数涨幅。

再以利率互换为例（见图10-6），4~7年是曲线最为陡峭的一段。根据市场情绪变化，投资者可选择买入7年期限债券，持有一段时间之后，会获得资本利得。

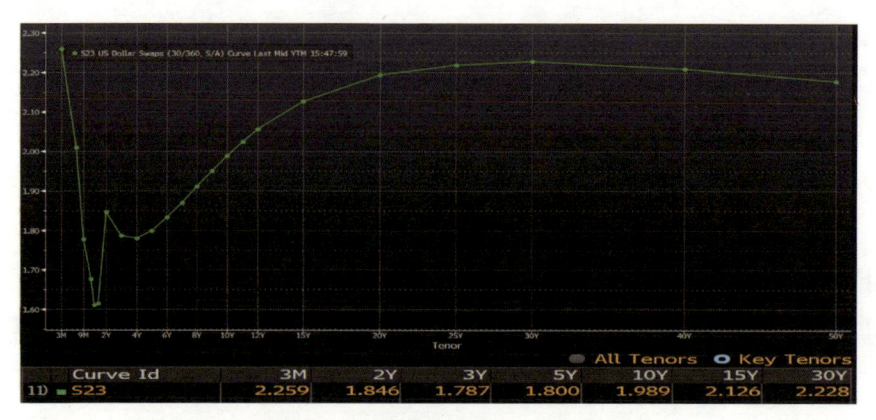

图 10-6　曲线下滑策略实战示例

资料来源：彭博。

对于美元信用债而言，4 年或者 7 年一般是很多高评级债券的关键期限。这两个点上做出的曲线下滑策略效果也更佳。对于高收益美元债而言，曲线下滑策略可能需要往曲线的前端靠拢。而且随着市场情绪变化，曲线下滑策略的实施方案也有所不同。另外，针对有些流动性不太好的债券，曲线下滑策略的实施效果更佳。

10.4　钓鱼策略及实战

采用钓鱼策略的投资者称为钓鱼者（Bottom Fisher）。顾名思义，钓鱼策略是投资者（钓鱼者）在一个价格非常低的位置进行抄底并获得成功，就像钓鱼一样，钓鱼者需要从一个较深的位置钓起鱼来。

当价格出现大幅大跌时，一些钓鱼者往往会在某个极低的价格位置放置限价单，如果市场出现非理性下跌，该订单就可能在极短的时间内被执行，之后价格出现快速反弹，投资者实现获利。当然，投资者也可以实时根据市场的资本流来做出钓鱼策略。这种操作需要投资者紧跟市场价格变化，并且对价格变化做出非常灵敏的反应。

图 10-7 所示为某一美元债的价格走势图，由于受到该债券永续债流动性抛售的关联影响，其价格短期出现非理性下跌。如果投资者提前在低位价格附近埋

伏好限价购买订单，那么等到债券价格短时间跌破限价，订单就可能会立即成交。相反，如果不提前埋伏购买订单，由于市场价格成交机会转瞬即逝，投资者可能无法在该价格购买到该美元债。

图 10-7　钓鱼策略实战示例

资料来源：彭博。

"别人恐惧时我贪婪，别人贪婪时我恐惧。"当出现大幅下跌时，市场往往是非理性的，市场的价格也往往会在极短的时间内出现反弹。市场非理性下跌过程，往往是市场恐惧情绪发酵的过程，此时市场情绪面主导市场的价格变化。钓鱼策略的实施过程一般会经历如下几个阶段：

- 市场价格因为消息或者其他技术性因素开始恐慌性下跌。
- 市场悲观情绪继续蔓延，价格进一步非理性下跌。
- 前两个过程可能会触发部分止损盘和做空盘出现，导致价格大幅度偏离基本面。
- 当价格下跌到一定幅度后，开始有对冲基金或秃鹫基金关注这个债券的当期收益率（计算公式为票息/净价）。一般在当期收益率达到 20% 以上时，对冲基金开始关注，并且择机介入。
- 价格下跌到一定程度后，市场恐慌情绪得到充分的释放，市场卖压开始衰竭，价格应该会逐步企稳。
- 做空盘和抄底盘开始涌入市场进行抄底。
- 价格急速反弹。

上述过程可能在极短的时间内，甚至可能在一分钟内就完成。在这种情况下，依靠传统的抄底策略或者基本面研究策略难以做到短期内抄底成功。

10.5　波段策略及实战

交易活跃的行业或者单券经常用到波段策略。波段策略可以采用技术分析法，也可以采用基本面分析法。美元债波动的影响因子主要有：

- 宏观因素，例如全球货币政策，尤其是美联储货币政策和利率变化。
- 信用事件冲击，例如违约事件冲击。
- 行业政策影响，例如房地产销售政策、贷款政策。
- 需求影响，比如产品到期或者结构化爆仓都可能导致债券价格下跌。
- 供给影响，比如债券新发或者增发。

从某债券的二级市场价格走势来看（见图10-8），该债券价格基本在 80~98 美元区间波动。基于历史价格波动，我们可制定以下波段策略：

- 80~85 美元为买入区域，95~100 美元为卖出区域。
- 根据债券基本面的变化（包括上述提到的几个因子）做出波段操作。
- 合理选择波段标的，标的美元债存量必须足够大，同时市场上具有大量浮盘交易，参与的投资者足够多，能够代表市场 Beta。

波段操作需要投资者了解该债券的技术属性、持有者分布情况，通过技术面分析来掌握该债券的走势特征。这需要投资者时刻通过盘面跟踪来掌握该债券的技术特征。

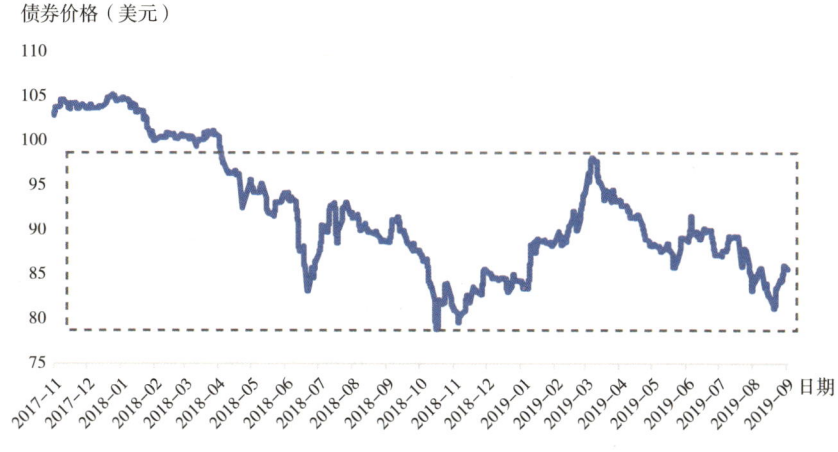

图 10-8　波动策略实战示例

资料来源：彭博。

10.6　相对价值策略及实战

10.6.1　相对价值策略理论

相对价值策略是基于比较不同资产的相对价值而买入具有相对优势的标的。主流的相对价值策略可分为全市场换仓操作策略、行业间相对价值策略、行业内相对价值策略和曲线操作策略四个种类。

- **全市场换仓操作策略**：比较全市场上所有美元债的相对价值，选择具有潜在投资价值的美元债。该策略可以基于某一种标准，例如基于理论信用利差曲线，市场交易信用利差高于理论信用利差的标的可以选择做多，市场交易信用利差低于理论信用利差的标的可以选择做空。
- **行业间相对价值策略**：比较不同行业的信用利差，选择配置被低估或者具有相对价值的行业进行投资。
- **行业内相对价值策略**：比较同一行业内不同发行人的美元债曲线，选择具有相对投资价值的发行人的美元债。
- **曲线操作策略**：根据单个发行人发行的美元债曲线，选择曲线上被低估的特定期限的美元债。

10.6.2 相对价值策略实战

实战案例 1：行业内相对价值策略

如表 10-10 所示，中国恒大、佳兆业和融创中国是中国地产行业的三家房地产公司，从各项财务指标来看，三家公司具有相似的财务状况（或者信用基本面）。

表 10-10 相似地产公司的指标对比

指标	中国恒大	佳兆业	融创中国
时间	2019/6/30	2019/6/30	2019/6/30
2018 年合约销售（流量金额，亿元）	5 511.00	866.10	4 600.00
2019 年 1～10 月合约销售（亿元，克尔瑞公布的全口径金额）	5 461.80	833.50	4 337.00
主营毛利率（%）	34.04	33.36	25.19
主营净利润率（%）	11.87	13.81	14.44
资产负债率（%）	83.55	82.67	90.84
净负债率（%）	1.76	2.11	2.55
现金 / 短债	0.55	0.94	0.82
现金 / 有息债务	0.25	0.18	0.33
现金流量利息保障倍数	-6.26	-16.15	56.87
税息折旧及摊销前利润 / 利息费用倍数	18.50	20.43	28.39
发行主体境内评级	AAA	—	AAA
标普	B	—	B+
穆迪	B2	B2	B1
惠誉	B	B	BB
流动比率	1.40	1.57	1.16
货币资金 / 流动负债	0.16	0.18	0.17
有息债务（亿元）	8 132.26	1 156.34	3 020.83
归属于母公司股东的权益 / 带息债务	0.18	0.21	0.21
有形资产 / 负债合计	1.18	1.19	1.09
有形资产 / 带息债务	2.55	2.21	2.86
有形资产 / 净债务	3.42	2.71	4.26
已获利息倍数（税息前利润 / 利息费用）	7.89	12.35	18.22
货币资金（亿元）	2 068.33	210.44	992.35
短期债务（含非流动负债即期部分，亿元）	3 758.45	224.47	1 212.80
税息前利润（亿元）	575.71	46.60	138.04
利息费用（亿元）	72.94	3.77	7.57
税息折旧及摊销前利润（TTM）（亿元）	1 349.63	77.12	215.05

续表

指标	中国恒大	佳兆业	融创中国
总资产（亿元）	20 985.40	2 590.13	8 703.18
主营收入（亿元）	2 269.76	201.06	768.38

资料来源：Wind，彭博。

如图 10-9 所示，从相对价值来看，白色曲线是佳兆业美元债的拟合曲线，红色曲线是中国恒大美元债的拟合曲线，绿色的点是融创中国美元债。从基本面来看，中国恒大、佳兆业和融创中国具有相似的基本面，但中国恒大的美元债曲线具有最高的到期收益率，其收益率曲线比佳兆业平均高出 150～300bps，比融创中国平均高出 300～500bps。如果仅从相似的财务数据基本面比较来看，中国恒大具有潜在的相对投资价值。

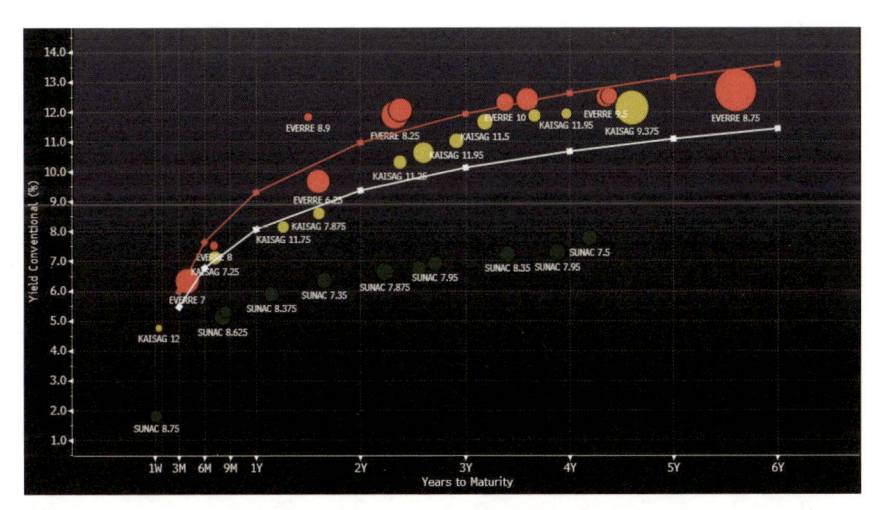

图 10-9　中国恒大、佳兆业和融创中国的美元债曲线示例

资料来源：彭博。

当然，市场基本面不仅仅是财务数据分析，还包括更多深入的分析，市场交易价格（或者收益率）也不仅仅由基本面决定，还受技术面和其他因素影响。因此，投资者在进行相对价值策略过程中要具体案例具体分析，这里仅以财务数据的分析比较作为案例。

实战案例 2：全市场换仓操作相对价值策略

在全市场范围内，我们对多个发行人的不同美元债组成的篮子进行相对价值比较，选择具有相对投资优势的美元债。

在全市场范围内，如何判断哪些美元债的价值被低估、哪些美元债的价值被高估十分关键。这里假设：如果美元债的实际市场交易信用利差高于该债券的理论信用利差，那么该债券被低估，反之则被高估；美元债的实际市场交易信用利差围绕理论信用价差进行波动。

如何对债券的理论信用利差进行定价是全市场换仓操作相对价值策略的核心。债券的理论信用利差取决于多个因子，其中两个非常重要的因子是违约率（Default Rate）和回收率（Recovery Ratio），因为信用利差与违约率和回收率在理论上具有强相关性。那么接下来，我们尝试构建信用利差与违约率和回收率的关系函数。

定义两个函数：

- 信用利差 =f1（信用损失）
- 信用损失 =f2（违约率，回收率）

f2 函数为：信用损失 = 违约率 × (1– 回收率)。

可见，本书采用信用损失作为函数中间变量。

f1 函数是拟合信用损失（X）与信用利差（Y）的函数。在所有中资地产美元债中选择样本，筛选标准为：所有中资地产美元债；期限为 1~2 年；具有流动性。满足本研究的样本数量为 63 只。之所以选择地产美元债作为样本标的，是因为境外中资地产美元债的流动性较好，市场信用利差定价较为充分，更利于相对价值策略的实施和模拟。你也可以选择全市场美元债或根据不同标准划分的美元债群组作为样本输入到这里提出的模型中。函数模型的结果如图 10-10 所示。

从模拟结果来看，样本分布的标准差较大，但对于通过信用损失估算美元债的理论信用利差具有一定的参考意义。拟合曲线上面的点代表其当前的市场信用利差高于理论信用利差，投资者可以做多这些美元债。拟合曲线下面的点代表其当前的市场信用利差低于理论信用利差，投资者可以做空这些美元债。

超额信用利差（信用利差–信用损失）（bps）

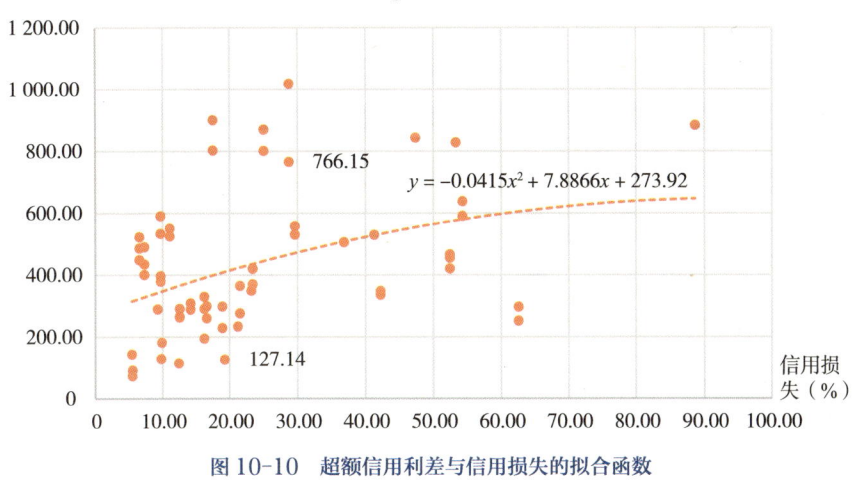

图 10-10　超额信用利差与信用损失的拟合函数

资料来源：彭博。

图中拟合函数：$y = -0.0415x^2 + 7.8866x + 273.92$

另外，相对价值策略需要输入违约率和回收率两个参数，其中违约率可以通过公司资产质量、负债结构、资产负债率、股票价值走势等因子来进行度量。很多机构（包括彭博、评级机构）都有完善的模型来测算不同公司的违约率。

在回收率方面，三大国际评级机构都对公司的回收率做过测算，但难有统一的标准进行衡量，这里只是初步给读者呈现如何计算公司回收率的模型。

债券回收率模型的逻辑是：债券回收率 =（清算价值 – 优先于债券的负债）/ 债券及同等偿付顺序的其他债务余额。

如表 10-11 所示，我们采用瀑布模型（Waterfall Model），把公司的资产通过分类拆解进行估值，不同资产采用不同的估值方式——如果采用成本法估值，那么需要调整为市值法进行估值。把所有估值方法调整为市值法之后，还需要在市值基础上，根据实际资产质量或者流动性情况进行打折，例如：应收账款可能只有 70% 的清算率，现金及现金等价物有 90% 的清算率。根据上述方式，最后计算出公司破产清算后的清算价值。

公司负债可分为多层偿付顺序：第一层是工资、税金等；第二层是具有担保的高级债务，例如银行抵押贷款往往能够在债券偿付之前得到偿付；第三层是高级无担保债券；第四层是优先股、附属资本债等。而本书中，我们计算的高级无担保债券的回收率主要放在第三层偿付顺序上。

表 10-11　回收率模型（以某家地产公司美元债为例）

资产负债分类	1H 2019	调整	清算率	清算价值	债务类型	偿付顺序
资产总计						
非流动资产合计						
固定资产 – 物业、厂房及设备	52 109		50%	26 0 4.50		
有使用权资产 – 非流动资产	11 966		60%	7 179.60		
投资性房地产	161 602		70%	113 121.40		
无形资产	7 293		0	—		
权益法投资 – 非流动资产						
联营：盛京银行	32 164		70%	22 514.80		
合营：恒大人寿保险	36.103		50%	18 051.50		
长期预付款	1 943		0	—		
递延所得税资产 – 非流动资产	4 576		0	—		
商誉	7 771		0	—		
流动资产合计						
存货	565		50%	282.50		
发展中物业						
建造成本及资本化开支	418 540		50%	209 255.00		
资本化利息	112 276		0	—		
土地使用权	523 736	680 56.8	80%	544 685.44		
可供出售之物业	130 273		70%	91 191.10		
预付款项	137 785		0	—		
合约成本 – 流动资产	2 993		0	—		
可收回所得税	11 475		90%	10 327.50		
受限制现金	81 185		0	—		
货币资金	206 833		100%	206 833.00		
应收账款与其他应收款（流动＋非流动）						
90 天以内	35 214		80%	28 171.20		
90～180	4 251		80%	3 400.80		
180～365	8 389		60%	5 033.40		
>365 天	8 569		50%	4 284.50		

续表

资产负债分类	1H 2019	调整	清算率	清算价值	债务类型	偿付顺序
其他应收账款（流动＋非流动）	91 904		50%	45 952.00		
按公平值计入其他全面收益之金融资产						
第一级	823		80%	658.40		
第三级	852		50%	426.00		
按公允值计入损益的金融资产（流动资产＋非流动资产）						
第一级	417		80%	658.40		
第三级	8 697		50%	4 348.50		
清算资产合计				1 342 104.74		
负债合计						
非流动负债合计						
衍生金融负债－非流动负债						
股份补偿安排的嵌入式金融衍生工具	3 166		0	—		
可转债的嵌入式金融衍生工具	2 336		0	—		
租赁－非流动负债	883		100%	883.00	高级无担保	第二偿付顺序
递延所得税负债－非流动	49 180		0	—		
流动负债合计						
合同负债－流动负债	120 534		100%	120 534.00	高级无担保	第二偿付顺序
租赁－流动负债	797		100%	797.00	高级无担保	第二偿付顺序
应交所得税－流动负债	118 353		100%	118 353.00	税金，优先偿付	第一偿付顺序
长期借款（流动＋非流动）						
优先票据	128 511		100%	128 511.00	高级无担保	第一偿付顺序
中国企业债券	63 664		100%	63 664.00	高级无担保	第二偿付顺序
可转换债券	12 829		100%	12 829.00	次级	第三偿付顺序
银行及其他借款－非流动	451 341		100%	451 341.00	高级有担保	第一偿付顺序
银行及其他借款－流动	156 826		100%	156 826.00	高级有担保	第一偿付顺序
应付贸易账款及其他付款项（流动＋非流动）						
应付贸易账款－第三方	495 499		100%	495 499.00	高级无担保	第二偿付顺序
其他应付款项	117 332		100%	117 332.00	高级无担保	第二偿付顺序
应付薪金	1 597		80%	1 277.60	高级无担保	第一偿付顺序

续表

资产负债分类	1H 2019	调整	清算率	清算价值	债务类型	偿付顺序
应计费用	6 110		100%	6 110.00	高级无担保	第二偿付顺序
辅助递延收入	1 648		100%	1 648.00	高级无担保	第二偿付顺序
其他应付税项	22 641		100%	22 641.00	税金，优先偿付	第一偿付顺序
清偿剩余价值				463 155.14		
行政管理求偿权				46 315.51		
调整后企业清偿价值				416 839.63		
一般债券余额				63 664.00		
其他债项余额				742 803.00		
回收率				51.69%		

资料来源：Wind 和公开财务报表。

10.7 多空策略及实战

10.7.1 多空策略理论

多空策略是以单个发行人的债券曲线或者相似信用基本面的债券曲线为基础，进行一买一卖的配对交易的策略，又称 L/S 策略。

严格来说，多空策略几乎可以做到风险平价，主要博取市场交易情绪变化过程中微妙的资金流结构性差异的钱。多空策略的主要应用场景如表 10-12 所示。

表 10-12 常见多空策略汇总

类型	多空策略	超额收益来源
利差多空策略	多空信用债/利率债	做多信用利差
	多空利率债/信用债	做空信用利差
	多空 A/B 债券	做多 A 与 B 美元债的利差
曲线多空策略	多空远端/近端利率债	做多期限利差，做平利率债券曲线
	多空近端/远端利率债	做空期限利差，做陡利率债券曲线
	多空远端/近端信用债	做多期限利差，做平信用债券曲线
	多空近端/远端信用债	做空期限利差，做陡信用债券曲线

续表

类型	多空策略	超额收益来源
关联品种多空策略	多空债券/股票	买入债券避险资产，卖出股票风险资产，在市场避险过程中博取超额收益
	多空股票/债券	买入股票风险资产，卖出债券避险资产，在市场风险偏好上升过程中博取超额收益

10.7.2 多空策略实战

思考一个问题：在什么情况下某个发行人的债券收益率曲线会倒挂？

在正常情况下，债券收益率曲线是一条期限越长收益率越高的曲线，因为期限越长，风险越高，需要补偿的风险收益越高。但当一个发行人出现信用危机时，短期债券的收益率往往大幅高于长期债券的收益率，这时候债券收益率曲线出现倒挂。这是因为当发生债务危机时，近期债券和远期债券皆具有违约风险，债券的风险不再是基于收益率进行补偿，而是基于该债券的回收率进行补偿，以至近端和远端的美元债交易净价往往都接近于面值的回收值（100×回收率）。因此在净价相近的情况下，短期债券的到期收益率显得更高，曲线由此出现倒挂。如图10-11所示，绿线是发行人在正常情况下的曲线，黄线是在可能出现违约或者具有违约风险的情形下的倒挂曲线。

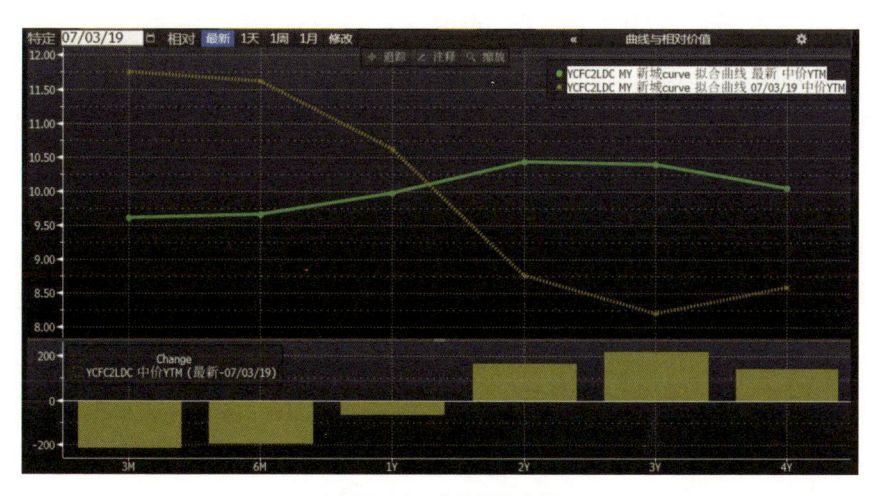

图 10-11 曲线倒挂实例

资料来源：彭博。

多空策略不仅仅是基于已经违约美元债的策略，还可以用于信用风险事件。

在信用风险导致市场震荡过程中，多空策略可以分为几个实施阶段：（1）市场发酵初期，即出现信用风险事件初期，由于受到市场情绪影响，投资者往往选择卖出长期和保留短期，因此可以空长端、多短端；（2）发酵中期，长端美元债的价格下跌往往对短端价格具有向下牵引效果，即短期美元债价格下跌跟随长期，因此当信用风险发酵快要达到最悲观时，投资者可以做空短端；（3）发酵中后期，当债券价格跌至较低水平（比如 50 以下）时，投资者可以换边做多长端，博取空头回补的机会。整个建仓过程是动态的，以最小化交易成本。

10.8　抄底买入策略及实战

抄底买入策略又被称为越跌越买策略，是建立在长期看好债券且对该债券价格短期下跌持有正面看法基础上的策略。

该策略实施需要具备如下条件：

- 对债券发行人的基本面具有很深刻的研究，并且理解其所发债券并非由于基本面恶化而下跌，而是由于其他非基本面因素影响而下跌。
- 基于基本面研究，估算该债券的市场公允价格。
- 判断债券超调原因、持续时间和后续调整空间。
- 估算债券下跌和上行的概率。
- 基于上述判断，实施抄底买入策略。

某只债券的价格波动曲线（见图 10-12）显示，2018 年 6 月该债券价格大幅下跌，7 月出现大幅反弹（在这极短时间里适合采用钓鱼策略）。之后，受到整体市场环境影响，债券价格又开始下跌。从 90 美元到 85 美元这一区间，债券价格下跌并非是由发行人的基本面发生恶化而引起的，因此适合采取抄底买入策略，越跌越买。2018 年 12 月，随着市场整体环境好转，该债券价格开始出现恢复和反弹。

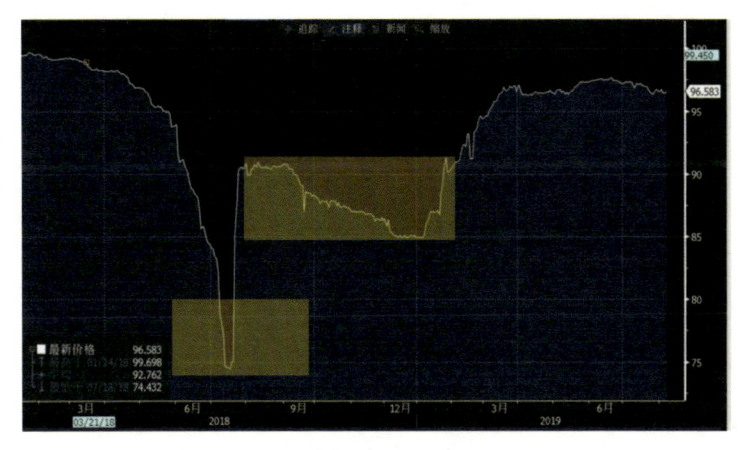

图 10-12 抄底买入某只美元债的示例

资料来源：彭博。

10.9 套息策略及实战

套息策略简单来说就是加杠杆策略（Carry Strategy），即持有高票息的信用债，加杠杆获得更多资金再投资信用债。只要保证该信用债的票息收入和资本利得收益高于杠杆资金成本，那么套息策略就是有效的。假设底层资产收益率是 R1，杠杆融资成本是 F1，融资资金再投资收益率是 R2，那么套息策略的息差收益为 R2–F1。

从市场的行业管理来看，套息策略的成本 F1 是基于三个月拆借利率加利差进行估算的。不同债券组合的拆借利率不同，一般而言，拆借利率定价为 100~300bps。定价是投行风控团队采用黑匣子方式进行的，依赖于表 10-13 所示一些指标。

表 10-13 套息策略的成本定价指标

定价指标	说明
组合分散度	组合越分散，资金成本越低。因为对于资金融出方来讲，分散度越高，单券违约对于组合净值影响越低；集中度越高，违约损失风险越大
流动性指标	组合中债券流动性越高，理论上该组合融资的资金成本越低。因为对于投行来讲，流动性越高，出现亏损时越容易实现砍仓，以降低流动性危机下投行优先资金的亏损概率

掌握利率周期对于套息策略而言非常重要。

- 利率下行周期适合做套息策略。利率下行，三个月拆借利率也下行，R2-F1的息差越大，套息策略越有效。另外，在无风险利率下行周期，企业信用往往会因为融资宽松而改善，债券净价上涨。因此，加杠杆策略不仅带来息差收益，还带来更多的资本利得收益。
- 利率上行周期不适合做套息策略。利率上行，三个月拆借利率也上行，F1也跟随拆借利率上涨而上涨，因此R2-F1的息差收窄，套息策略效用变小。在极端情形下，F1甚至可能超过R2，导致杠杆爆仓。例如，2018年美联储加息4次，导致美国国债收益率和拆借利率收益率大幅上升并击穿很多中资美元优先股的票息，而很多杠杆票据的大部分仓位都是中资美元优先股，因此利率大幅攀升导致杠杆票据爆仓。

如图10-13所示，2019年1～12月，当利率处于下行周期时，随着杠杆资金进一步配置美元债，息差从高位回落，这使得套息策略不仅获得高息差，而且获得息差回落的资本利得。因此在利率下行周期，套息策略更加有效。

图10-13　中资高收益美元债与三个月拆借利率的息差走势

资料来源：彭博。

10.10　免疫策略及实战

美元债主要的两个风险是利率风险和信用风险。免疫策略是在组合管理中常用的风险对冲经典策略，分为利率免疫策略和信用免疫策略。其中，利率免疫策略用于对冲利率上行风险，可通过国债期货非常便捷地管理组合久期。实践表明，国债期货在组合久期管理过程中更加灵活，交易成本也更小。信用免疫策略用于对冲信用风险。

10.10.1　利率免疫策略实战

如果对10年期美国国债和中资美元债指数进行回归分析，我们会发现两者具有强烈的正相关关系，且相关系数达到80%以上（见图10-14、图10-15），因此利用利率期货来对冲组合的利率风险具有明显的风险对冲效果。利率免疫一般应用于利率上升周期，例如在2015—2018年美联储加息周期过程中，利用利率免疫策略可以有效对冲利率上行风险。

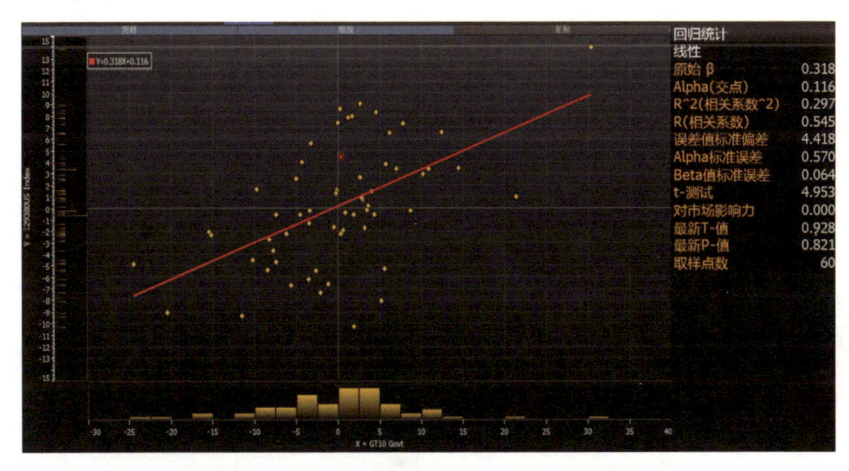

图10-14　中资美元债指数与美国国债利率的回归统计分析

资料来源：彭博。

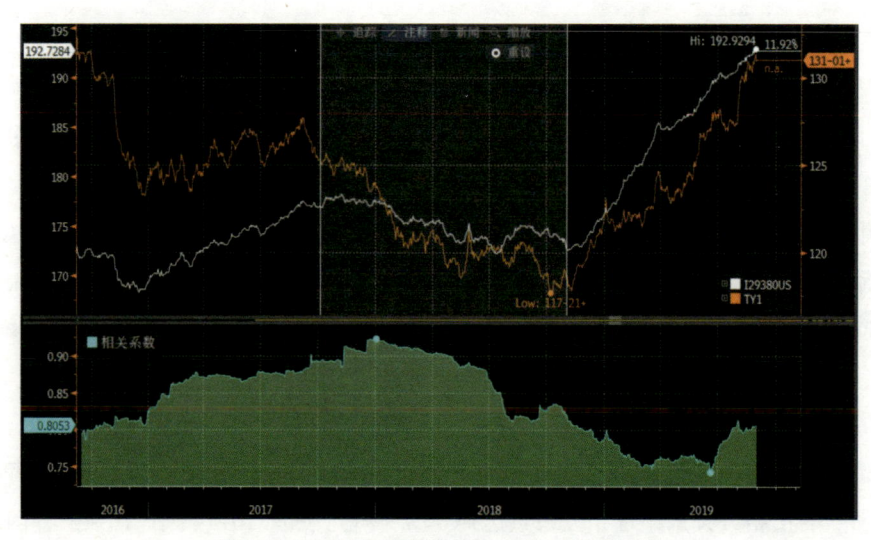

图 10-15 美国国债期货和中资美元债的相关性

资料来源：彭博。

2018 年，如果采用被动 100% 对冲组合利率风险，那么对冲组合跑赢非对冲组合 1.6%（见图 10-16）；2018 年，如果采用主动 100% 对冲组合利率风险（10 月份反向解掉对冲头寸），那么对冲组合最多跑赢非对冲组合 5.0%。

图 10-16 对冲与不对冲的组合的实盘对比

资料来源：彭博。

2018年，美联储加息4次，美元债市场流动性欠缺，如果仅仅依靠卖出现券，市场会付出高昂的借券交易成本（买卖成本可能高达5~10PT）。例如，2018年做市商都在借券做空，因此市场上有些券很难借到，即使借到，付出的借券成本也相对较高。

10.10.2 信用免疫策略实战

信用免疫策略主要用于对冲美元债的信用风险。在香港市场上，针对中资美元债的信用风险对冲工具，市场采用比较多的是：

- 中国银行CDS或者中国主权CDS，该对冲工具可以部分对冲中国主权信用风险，但因为中国主权或者中国银行违约风险相对较低，所以该对冲工具适合用于长期信用风险对冲，对短期市场信用违约风险急速上升的对冲不利。
- 与投行定制指定债券的信用风险CDS，例如可以与CDS做市商商量针对某只美元债的信用风险定制CDS（买入碧桂园或者恒大CDS）来对冲组合中的美元债信用。这种方式较为常用，而且针对性很强。但该定制化的CDS对冲工具流动性不强，具有买卖价差较大的缺点，因此不适合做短期对冲。
- 其他信用关联品种对冲方式，比较常用或有效的是用港股股指期货对冲债券投资组合的信用风险。从图10-17来看，港股股指期货和中资高收益美元债的相关性系数达到30%，在某些国际宏观大事件发生时，其相关性系数更高。该对冲工具对于中资高收益美元债板块的对冲效果很好，但对于中资投资级美元债板块的对冲效果却不太好（见图10-18）。究其原因主要是：中资高收益美元债板块绝大部分是港股上市的地产公司，且高收益债券的股性相对较强，因此对冲效果较好；而投资级债券并未有中资高收益美元债这两个特性，因此其走势与港股相关性较差，导致对冲效果也较差。

上述十大经典交易实战策略是作者多年美元债投资的经验总结，在组合管理中，不同的组合适用于不同的策略，例如：高流动性组合适合采用打新策略、波段策略，持有到期组合适合采用套息策略等。当然每种策略的应用需要多方掌握各种变量因子，小心求证和验证。

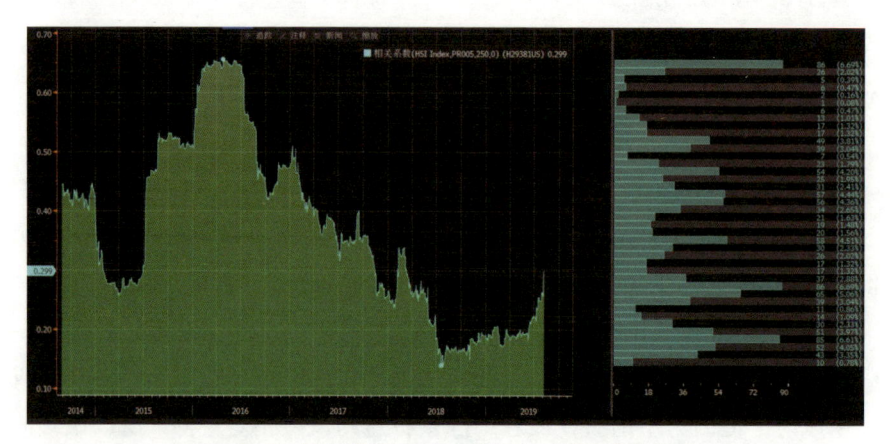

图 10-17　恒生指数与中资高收益美元债指数的相关性

资料来源：彭博。

图 10-18　恒生指数与中资投资级美元债指数的相关性

资料来源：彭博。

第 11 章 经典违约案例及处置全回顾

随着中国宏观去杠杆，中国信用债（包括境内人民币债和境外中资美元债）在 2017 年之后开始出现较大范围违约，尤其 2018 年是中国信用债违约高峰年份，中资美元债违约金额首次超过 20 亿美元，而且金额还在持续增加，违约行业也多样化，国企信仰相继被打破。中国境内人民币债券违约金额也超过千亿元。因此，违约债券或者接近违约债券的研究显得十分重要。通过学习和研究违约债券，投资者将得到以下收获。

- 学习总结违约债券，至少可以提高避雷技巧。
- 了解学习这个板块，可以尝试投资和交易这个资产板块。
- 相信随着违约市场的逐步扩大，信用违约债券将会是非常重要的投资交易板块。

本章首先介绍中资美元债的所有历史违约概况，其次从三个不同典型违约案例入手，分别是违约要约收购案例（青海省投）、违约破产重组（北大方正）和违约债务重组（佳兆业），给读者讲解这三种不同违约处置案例下的违约先兆、违约原因、违约处置进程及市场价格变化维度。

11.1　历史违约概况及趋势

1997年前，亚洲美元债并未出现过违约（从存量违约金额来看）；1998年10月，广国投破产清算成为境外中资美元债首例违约；截至2020年10月，亚洲美元债违约总金额约为481亿美元。

从过去历史违约年份来看（见图11-1），2001年、2009年、2012年和2018—2020年四个时间段是违约高峰。

- 2001年，很多亚洲公司的资产负债表出现恶化而违约，其中印度违约23亿美元，违约金额较大。
- 2009年，美国次贷金融危机导致亚洲美元债受到牵连而违约金额上升。
- 2011年，欧债危机导致亚洲违约金额也非常高。
- 2018—2020年，中国民营企业集中违约导致亚洲违约金额和违约率上升。

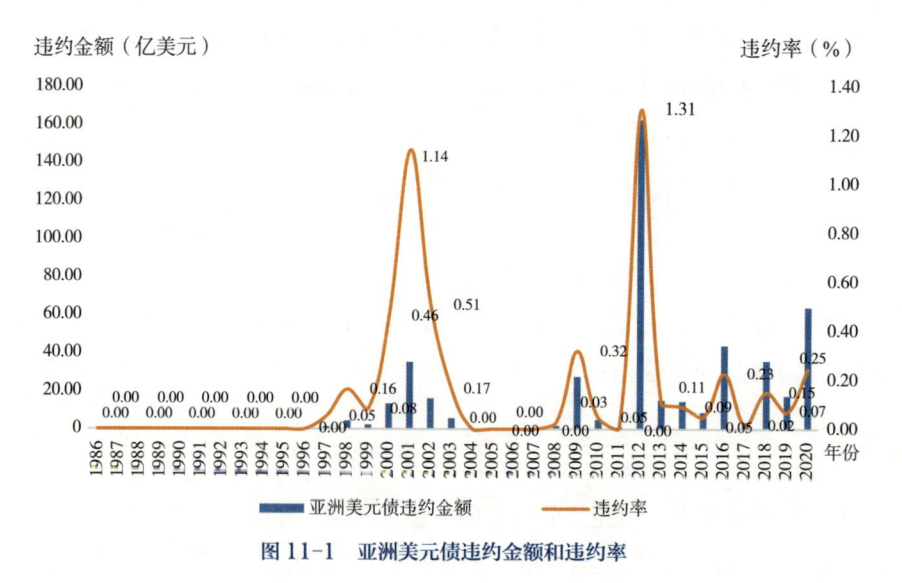

图11-1　亚洲美元债违约金额和违约率

资料来源：彭博，2020年10月。

截至2020年10月，中资美元债合计违约存续金额约为120亿美元，亚洲美元债违约存续金额为481亿美元,中资美元债违约金额占亚洲违约总金额比例为25%。但从各国违约率来看(见图11-2),中资美元债存量总违约率1.2%,低于亚洲美元债的存量总违约率1.9%,也低于国际平均违约率(约1.7%)。

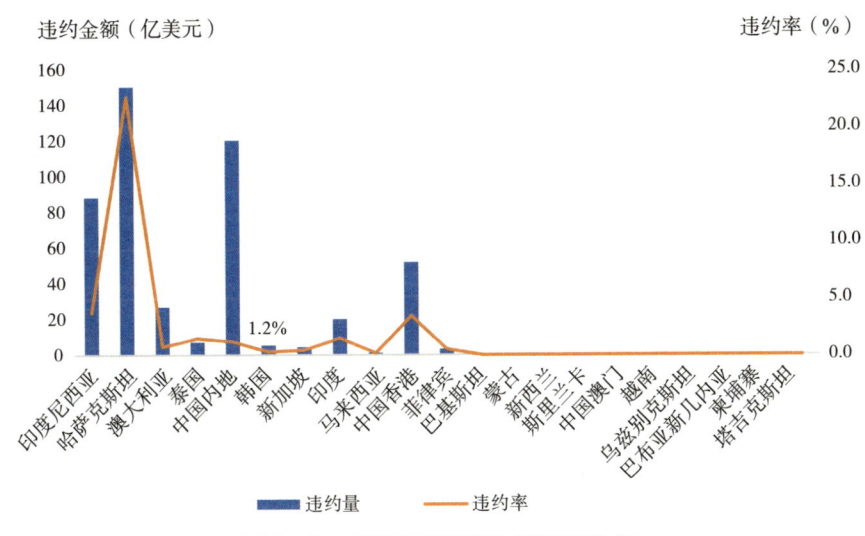

图 11-2 亚洲不同国家违约金额和违约率

资料来源:彭博,2020年10月。

2015—2016年,中国央企开始降息降准,使得中国境内的无风险利率和风险利差大幅走缩。很多企业由于对未来融资环境过于乐观,因此采用短期融资方式进行融资;一些企业采用3+2年期限(企业发行5年期限债券,到第3年投资者可以回售该债券)的融资结构,这些债务在2018年集中到期。

2017年,中国开始进入货币紧缩周期,政策层面开始降低宏观杠杆率。降低企业和居民的杠杆率以及推进银行理财新规,使得很多信托、非标融资通道被堵,银行表外融资大量回表,直接融资渠道(包括债券市场和股票市场)收紧,导致2018年企业融资压力加大。在债务大量到期以及融资压力加大的双向压力下,企业债务违约率大幅攀升。

按违约时间来看,2016—2020年,境内人民币债券的违约金额(只数)分别为390亿美元(54只)、312亿美元(34只)、1 208亿美元(125只)、1 499亿美元（185只）和1 707亿美元（151只）。2018年境外中资美元债违约金额超20亿美元。2018年是中资债券违约率骤然攀升的一年，无论境外还是境内，均于当年出现违约高峰。

截至2020年10月，中国境内人民币债券违约达到3 093亿美元，存量总违约率攀升到1.41%；境外中资美元债总违约金额上升到约120亿美元，总违约率攀升至1.2%。中资美元债违约率和境内人民币债券违约金额从2018年开始基本同步上升，都是在2017年中国经济宏观去杠杆的过程中发生违约的。

从历史违约来看，2018—2020年（2020年1~10月）的违约金额分为27.93亿美元、10亿美元和60.49亿美元，合计占中资美元债违约金额的73.95%（见图11-3）。中资美元债的违约高峰年份是2018年和2020年，其原因是：境内供给侧改革导致2018—2020年信用风险爆发违约。2018年，境内人民币债券违约率更高，2019年上半年违约暂缓，同年6~7月，受到结构化爆仓的影响，违约继续升温。中资美元债受到境内人民币资产刚兑打破和违约率上升的影响，2019—2020年的违约率进一步上升。中资美元债的历史违约债券列表如表11-1所示。

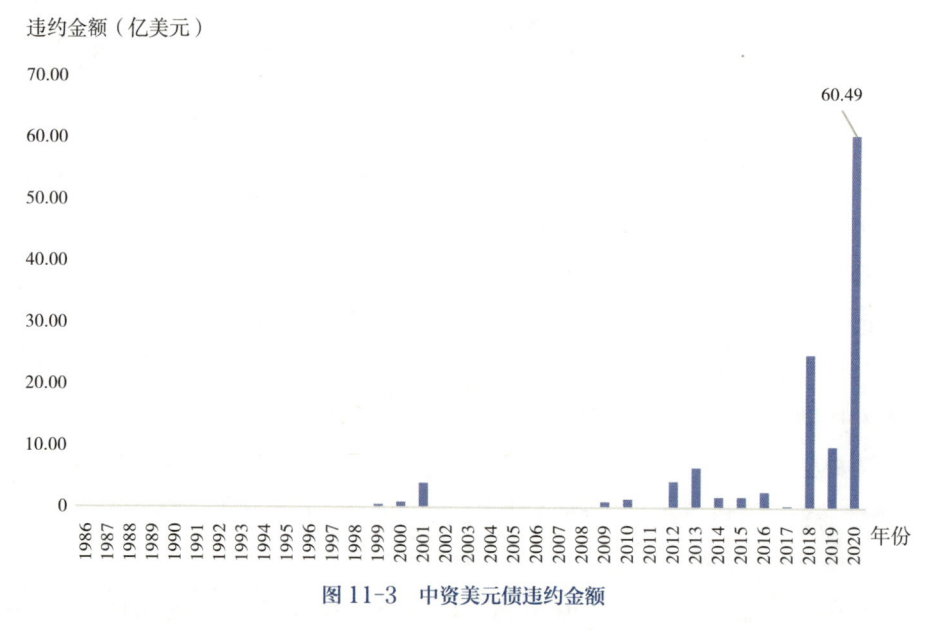

图11-3 中资美元债违约金额

资料来源：彭博，2020年10月。

表 11-1 中资美元债历史违约债券列表

发行人	证券代码	存续金额（亿美元）	违约年份
广东国际信托投资公司	GITIC 8 3/4 10/24/16	0.00	1998
广东国际信托投资公司	GITIC 0 05/19/99	0.50	1999
北京第一高速公路有限公司	GBFEL 9 1/2 06/15/07	0.58	2000
北京第一高速公路有限公司	GBFEL 9 1/4 06/15/04	0.31	2000
金光集团中国	PAP 14 03/15/10	4.03	2001
金光集团中国	PAP 14 03/15/10	0.00	2001
中科智担保有限公司	CHINAO 10 1/2 11/29/11	1.00	2009
嵘燊集团	CMILK 0 01/05/12	1.46	2010
盛大科技公司	SDTH 6 06/01/18	0.00	2011
盛大科技公司	SDTH 6 1/2 12/15/15	0.00	2011
中国天然气公司	CHNG 5 01/29/14	0.33	2012
中国医疗技术公司	CMED 4 08/15/13	2.48	2012
中国医疗技术公司	CMED 6 1/4 12/15/16	1.50	2012
尚德电力	STP 3 03/15/13	5.41	2013
中国森林	CHTREE 10 1/4 11/17/15	1.80	2014
恒鼎实业	HIDILI 8 5/8 11/04/15	1.83	2015
永晖焦煤	WINSWY 8 1/2 04/08/16	0.00	2015
赛维 LDK	LDKSY 5.535 12/31/18	2.64	2016
上海华信	CEFCIG 5.95 11/25/18	2.50	2018
中国国储能源化工集团	CERCG 5 1/4 05/11/18	3.50	2018
中国国储能源化工集团	CERCG 5.55 04/14/21	4.00	2018
中国国储能源化工集团	CERCG 6 1/4 11/25/19	2.65	2018
中国国储能源化工集团	CERCG 6 1/4 12/21/18	1.31	2018
中国国储能源化工集团	CERCG 6 1/8 01/15/19	4.00	2018
兴业太阳能	CSSXF 6 3/4 10/17/18	0.00	2018
刚泰集团有限公司	GTGCL 9 3/4 09/23/19	1.00	2018
洛娃集团	RWINTL 7 1/4 01/25/20	2.00	2018
五洲国际	WUINTL 13 3/4 09/26/18	3.00	2018
中民投	CHMINV 3 1/4 07/23/20	0.00	2019
兴业太阳能	CSSXF 7.95 02/15/19	0.00	2019
华晨电力股份公司	HCELEC 6 5/8 05/18/20	5.00	2019

续表

发行人	证券代码	存续金额（亿美元）	违约年份
康得新	KANGDE 6 03/16/20	3.00	2019
海口美兰国际机场	MEILAN 5 1/4 09/06/19	2.00	2019
汇源果汁	CHIHUI 6 1/2 08/16/20	2.00	2020
东旭集团	DONGXU 7 06/12/20	3.42	2020
北大方正	FOUIHK 6 1/4 10/17/20	4.90	2020
北大方正	FOUIHK 8.45 07/14/20	3.50	2020
北大方正	FOUIHK Float 05/21/21	3.10	2020
海隆控股	HILOHO 7 1/4 06/22/20	1.65	2020
北大方正	HKJHCC 4.575 04/20/20	3.00	2020
北大方正	HKJHCC 4.7 01/24/21	2.00	2020
北大方正	HKJHCC 5.35 01/24/23	4.00	2020
北大方正	HKJHCC 7 1/2 01/28/22	3.50	2020
北大方正	HKJHCC 7 7/8 06/24/21	2.50	2020
北大方正	HKJHCC 7.45 10/16/22	3.00	2020
MI能源控股有限公司	MIEHOL 13 3/4 04/12/22	2.48	2020
青海省投资集团有限公司	QHINVG 6.4 07/10/21	0.92	2020
青海省投资集团有限公司	QHINVG 7 1/4 02/22/20	1.32	2020
青海省投资集团有限公司	QHINVG 7 7/8 03/22/21	1.67	2020
天津物产集团	TEWOOG 4 5/8 04/06/20	0.48	2020
泰禾集团全球有限公司	THHTGP 11 1/4 09/11/20	2.00	2020
泰禾集团全球有限公司	THHTGP 15 07/10/22	4.00	2020
泰禾集团全球有限公司	THHTGP 7 7/8 01/17/21	5.30	2020
泰禾集团全球有限公司	THHTGP 8 1/8 01/17/23	2.25	2020
天津房地产集团有限公司	TJREDM 4 1/2 09/29/20	1.00	2020
亿达中国	YIDCHL 6.95 04/19/20	0.00	2020
宜华集团	YIHUGR 8 1/2 10/23/20	2.50	2020

从违约行业来看，违约率较高的是硬件（19%）、勘探及生产（16%）和房地产（14%）等（见图11-4）。从违约企业性质来看，以民营非房地产类违约为主（见图11-5）。

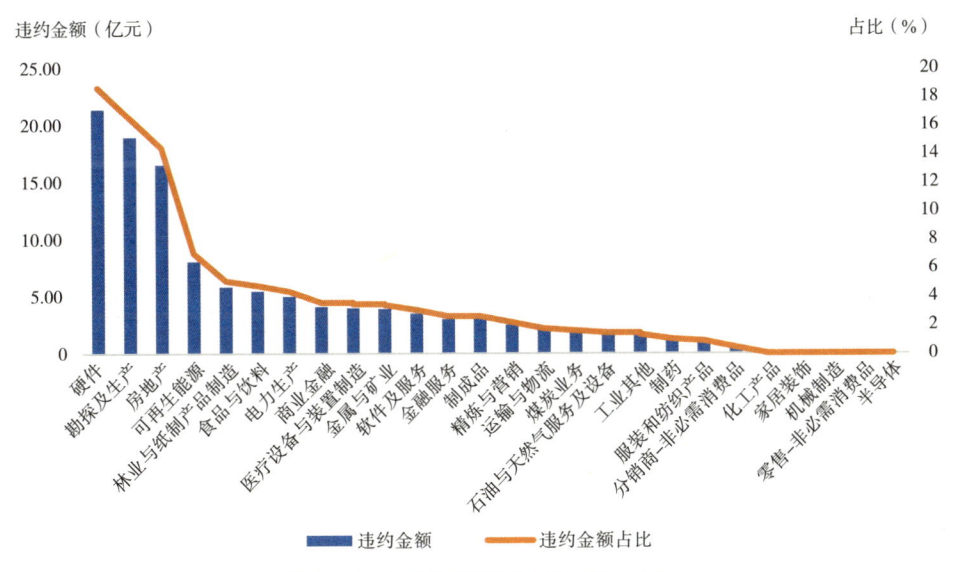

图 11-4　中资美元债违约金额及行业占比

资料来源：彭博，2020 年 10 月。

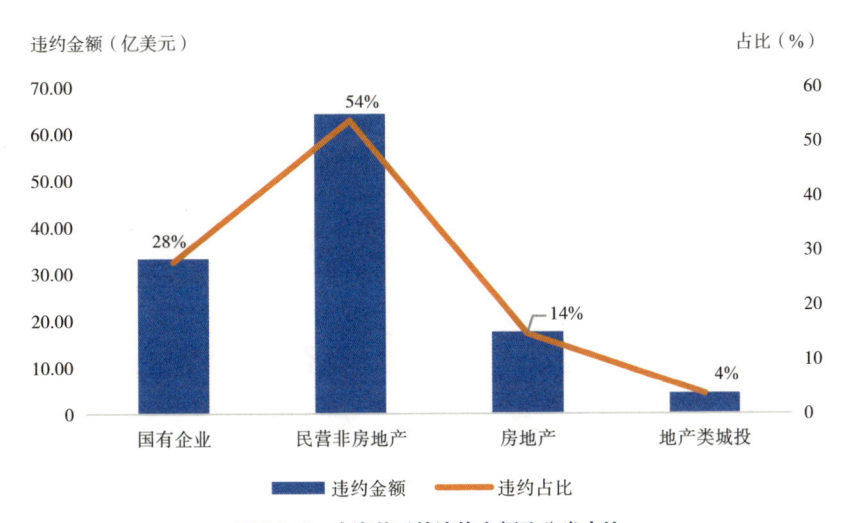

图 11-5　中资美元债违约金额及分类占比

注：分类是按照市场惯例进行划分的。
资料来源：彭博，2020 年 10 月。

截至 2020 年 10 月，中资美元债在境外已经有一些违约处理方案，包括要约收购，例如天津物产和青海投资违约之后都给出要约收购协议供投资者选择。青海投资在二级市场以二级市场交易价格[①]（30～40）进行回购，天津物产在二级市场以 30～60 的价格进行回购，其中短期美元债回购价格较高，长期美元债回购价格较低。天津物产除回购以外，还给出了展期方案。另外，处理方案还包括北大方正国企的破产重组案例。后文会详细论述市场上普遍存在的重要债务违约处置方案。

一般中资美元债违约前都会出现很多负面消息，也会有一些共同特征。常见违约原因和先兆如表 11-2 所示。

表 11-2　常见违约原因及违约先兆

常见违约原因	违约先兆
1. 财务报表原因	信托产品违约、非标产品违约
现金短债比覆盖率低	公司被迫大幅裁员
公司扩张太快，资本开支大	核心高管主动离职
财务造假（资产估值造假、存贷双高、毛利及产品定价高于同行业）	拖欠员工工资
大股东质押率高，资本玩家（通过质押、可交换债等多种手段融资，但这往往代表了公司本身的流动性可能较为紧张）	债务发行价格明显与市场利率脱钩
上市公司资金被大股东占用	银行抽贷企业大量关联方交易，关联方占用资金
应收账款占比，关联方占用资金（20%以上）	集团流动性紧张传导到子公司
表外负债过高，表内负债低	净利润大幅下行
经营性现金流持续为负	信息披露问题，被监管机构点名批评
主营业务亏损，毛利和净利润低	被恶意做空
2. 非报表因素	公司大势加杠杆收购，商誉过高，减值计提不足
董事长或者管理层被抓	
互保风险	
故意违约（偿债意愿弱）	
政策补贴变化（新能源）	
领导出去钓鱼了	
公司内部权力斗争	

---

① 本章所述交易价格同第 5 章的债券价格、收盘价，没有严格意义上的单位。

11.2 破产重组案例：北大方正违约全复盘

11.2.1 北大方正背景介绍

北大方正集团有限公司（以下简称"北大方正"）为教育部下属校办企业，第一大股东为北大资产经营有限公司。北大方正是具有投资性质的集团公司，业务横跨信息技术、医疗医药、金融证券、大宗商品贸易、产业地产和钢铁等多个领域，下属有方正证券、北大医药、方正科技、中国高科、方正控股、北大资源多家上市公司。2020年北大方正境内债务违约，触发境外美元债交叉违约，成为"国企信仰"被打破的先例，影响波及层面巨大。

在北大方正首只债券违约时，境内外均有多笔债券存续，并触发交叉违约。其中违约前公司境内存续债券24只，金额合计365.4亿元。境外有11只债券在存续期，其中10只美元债券余额合计31.5亿美元，1只欧元债券余额0.8亿欧元，境外债券余额折合人民币约227亿元（其中有4只债券包含交叉违约条款，余额合计91.6亿元）。

11.2.2 违约先兆及原因

具体来看，北大方正违约原因主要涉及以下四个方面。

（1）公司拓展多元化业务，但整体经营业绩很差

2003年北大方正的改革正式拉开帷幕，开始进行混改并引入社会资本。公司继而调整发展战略，由IT领域向多元化发展。通过收购兼并的方式，公司业务范围快速扩张，拓展到医疗医药、金融、大宗商品贸易等领域，并于2018年将北大资源集团有限公司纳入合并范围，扩大产业地产业务规模。但在多元化发展下，公司业务较为分散，整体业绩也欠佳，公司盈利对投资收益和公允价值变动损益依赖程度较大。

2019年前三季度，母公司大幅亏损31.93亿元，归母净利润持续为负的主要原因为：发行人母公司作为投资控股平台，将实体经营下放至下属产业集团，在营业收入较少的同时承担了部分财务费用；并且发行人对下属上市公司持股比例不高，造成母公司净利润贡献有限（见表11-3）。

表 11-3　北大方正经营性指标

财务指标	2016 年	2017 年	2018 年	2019 年 1~9 月
净利润（亿元）	29.26	1.69	14.94	-24.69
母公司净利润（亿元）	3.77	-5.45	-3.44	-31.93

资料来源：财务报表，公司公告。

（2）业务扩张推升举债规模，债务集中兑付压力加大，并面临或有负债风险

近年来，北大方正资产体量不断膨胀。2018 年通过收购北大资源集团有限公司扩大产业地产业务规模后，公司资产规模同比大幅增长 46.52%，主要系存货中房地产开发产品的增加。债务规模亦大幅增加，同比增幅高达 56.31%。

为快速扩张业务，北大方正加大举债规模，**2018 年资产负债率已超过 80%**。公司有息债务规模较大且持续增长，**截至 2019 年 9 月末，公司有息负债规模高达 1 733.13 亿元**。**其中短期债务占比逐年提高，2019 年 9 月末短期有息债务规模增加至 768.34 亿元**，反映出公司债务集中兑付压力加大（见表 11-4）。同时，公司还存在大量或有负债。2019 年 2 月公司债券公告称，北大方正对子公司北大资源的担保余额为 161.1 亿元，但北大资源自身债务问题较为严重，**截至 2019 年 12 月末，北大资源总负债 374.38 亿元，资产负债率高达 97.14%**。北大资源自身债务负担较重，同时也给北大方正带来较高的或有负债风险。

表 11-4　北大方正公司资产及债务结构指标

财务指标	2016 年	2017 年	2018 年	2019 年 9 月
资产（亿元）	2 392.79	2 461.21	3 606.14	3 657.12
资产负债率（%）	76.82	76.71	81.84	82.84
有息债务规模（亿元）	1 224.54	1 205.00	1 755.21	1 733.13
其中：短期有息负债（亿元）	343.44	462.63	618.06	768.34

资料来源：财务报表，公司公告。

（3）公司治理问题，涉及股权纷争和重大诉讼

北大方正存在严重的公司治理问题。近年来公司股东之间股权纷争较为激烈，对北大方正形象造成不利影响。股权争夺涉及以北大资产为代表的北大系和招润投资的股权纷争，源于北大方正 2003 年的国有企业改制，感兴趣的读者可以自行去网上查阅相关资料。股权纷争让北大方正无法真正专注业务。

（4）长短期偿债指标均下降，偿债能力弱化

从偿债能力来看，北大方正已获利息倍数波动下降，非受限货币资金不足以支撑公司短期债务规模，在公司债务规模持续上升、融资受限的情况下，公司偿债能力弱化。

11.2.3 违约路径复盘

北大方正第一只违约债券是2019年12月2日的超短融19方正SCP002。这次违约开启了北大方正境内外债券交叉违约。具体违约事件如表11-5和图11-6所示。

表11-5 北大方正违约全记录

大事件	具体情况
境内债19方正SCP002违约	2019年12月2日，境内超短融19方正SCP002到期，到期金额20亿元。公司公告称，因流动资金紧张，截至2019年12月2日，公司未能按照约定筹措足额偿付资金，19方正SCP002不能按期足额偿付本息。公司与持有人协商一致将"19方正SCP002"到期日展期至2020年2月21日
境内私募债、欧元债正常付息	北大方正12月12日有两只债券正常付息。其中8亿元人民币私募公司债17方正01面临回售，当日正常付息4960万元，投资人在利息得到保障后同意将回售日延期至2020年2月26日，而公司另一只8000万欧元债券的利息于12月12日也正常支付
境内债19方正SCP002通过延期支付议案	2019年12月23日，主承销商广发证券和平安人寿召集持有人会议，参加会议表决机构23家，对应19方正SCP002持有人所持有的表决权100%，会议出席2/3以上表决机构即表示表决有效。公司发布公告称，12月20日召开的持有人会议通过了延期支付等议案。发行人也同时公告表示，根据持有人会议内容，19方正SCP002兑付日由2019年12月1日调整为2020年2月21日，延期期间债券利率4.94%保持不变。其中同意家数23家，占表决权的100%，反对0家，期权0家
北京银行申请对方正进行重组	2020年2月18日，公司发布公告称，已于2月14日收到北京第一中级人民法院送达的通知，北京银行以公司未能清偿到期债务且明显不具备清偿能力，但具有重整价值为由，申请法院对公司进行重整
清算组成立，境内评级下调	2020年2月19日，公司公告称，已于当日收到北京第一中级人民法院受理重整申请的裁定书，并指定由人民银行、教育部、相关金融监管机构和北京市有关职能部门组成的清算组担任管理人。此后，多部门联合将公司评级下调至B，展望负面

续表

大事件	具体情况
19方正SCP002付息失败	根据上清所公告，截至2020年2月21日付息兑付日，上清所未收到19方正SCP002的付息兑付资金。至此，方正进入重整程序。根据《中华人民共和国破产法》相关规定，公司进入重整程序后，相关存续债务在法院受理当日视同到期，公司未按时偿付视同违约

资料来源：根据公开资料整理。

违约演变过程

2019-12-02 "19方正SCP002"未付息

方正集团公告称未能按照约定，为其本应于今日兑付本息的20亿元的超短融"19方正SCP002"筹措足额偿付资金。

2019-12-12 境内私募债、境外欧元债正常付息

12月13日，21世纪财经报道称，北大方正12月12日有两只债券正常付息。其中8亿元人民币私募公司债17方正01面临回售，当日正常付息4 960万元，投资人在利息得到保障后同意将回售日延期至2020年2月26日，而公司另一笔8 000万欧元债券的利息于12月12日也正常支付。

2019-12-20 "19方正SCP002"展期

方正集团在北京召开"19方正SCP002"2019年第二次持有人会议，会议表决同意展期至2020年2月21日兑付本息。

2020-02-14 北京银行申请对方正集团重整

2020年2月18日，公司发布公告称，已于14日收到北京第一中级人民法院送达的通知，北京银行以公司未能清偿到期债务且明显不具备清偿能力，但具有重整价值为由，申请法院对公司进行重整。

2020-02-19 法院裁定依法进入司法重整程序

2020年2月19日，北大方正被北京第一中级人民法院裁定依法进入司法重整程序。

2020-02-21 "19方正SCP002"未付息

2月21日，根据上清所公告，截至2020年2月21日付息兑付日，上清所未收到19方正SCP002的付息兑付资金。至此，方正进入重整程序。

图11-6　违约演化路径

11.2.4 违约处置方案——破产重组

北大方正于 2020 年 2 月被法院裁定受理破产，正式进入破产重组程序。破产清偿率普遍较低且回收历时较久（见表 11-6 和图 11-7）。

表 11-6 北大方正破产重组全记录

关键事件	具体情况
法院裁定依法进入司法重组程序	2020 年 2 月 19 日，北大方正被北京第一中级人民法院裁定依法进入司法重整程序。2020 年 2 月 21 日，北京第一中级人民法院在全国企业破产重整案件信息网发布了债权申报公告，债权申报期限至 2020 年 4 月 21 日。2020 年 2 月 26 日，北京第一中级人民法院批复许可北大方正重整期间继续营业
债权申报，招募战略投资者	截至 2020 年 4 月 19 日，共有 434 家债权人向管理人申报了 438 笔债权，申报债权金额共计 1 628.26 亿元。北大方正集团有限公司管理人于 2020 年 4 月 20 日在全国企业破产重整案件信息网发布关于招募战略投资者的公告，公开招募符合条件的战略投资者
第一次持有人会议，通过财产管理方案	2020 年 4 月 30 日，方正集团召开第一次债权持有人会议，通过了北大方正财产管理方案等议案
申请部分子公司实质合并重整	2020 年 7 月 17 日，北大方正发布公告称，管理人在对发行人进行清产核资过程中发现，发行人与子公司方正产业控股、北大医疗产业集团、北大方正信息产业集团、北大资源集团存在人格高度混同、区分各公司财产的成本过高的情况。为维护全体债权人的公平清偿利益，管理人于 2020 年 7 月 17 日向北京第一中级人民法院申请将发行人与子公司方正产业控股、北大医疗产业集团、北大方正信息产业集团、北大资源集团实质合并重整
法院裁定通过部分子公司实质合并重整	2020 年 7 月 31 日，公司收到法院裁定书。裁定书裁定，对北大方正集团、方正产业控股、北大医疗产业集团、北大方正信息产业集团、北大资源集团实质合并重整，并指定北大方正集团管理人担任方正集团等五家公司实质合并重整管理人
债权人申报更新	2020 年 8 月 20 日，公司发布公告称，北京第一中级人民法院于 8 月 3 日已在全国企业破产重整案件信息网发布债权申报公告，方正产控、北大医疗、北大信产、北大资源的债权人应在 2020 年 9 月 4 日前向方正集团管理人申报债权。截至 2020 年 8 月 19 日，方正集团、方正产控、北大医疗、北大信产、北大资源的债权人共有 478 家向方正集团管理人申报 483 笔债权，申报债权金额共计 1 878.51 亿元
破产管理人宣布对维好债权不予确认	2020 年 9 月 4 日，北大方正发布公告称，北大方正集团管理人对方正集团提供维好协议及股权回购的 17 亿美元债权全额不予确认，若信托人对债权确认结果存有争议，可向法院申诉。北大方正境外债券中维好协议结构的债券共 5 只，合计 17 亿美元

违约后处置

- **2020-02-19 法院裁定依法进入司法重整程序**

  2020年2月19日，北大方正被北京第一中级人民法院裁定依法进入司法重整程序。2020年2月21日，北京第一中级人民法院在全国企业破产重整案件信息网发布了债权申报公告，债权申报期限至2020年4月21日。

- **2020-04-19 债权申报，招募战略投资者**

  截至2020年4月19日，共有434家债权人向管理人申报了438笔债权，申报债权金额共计1 628.26亿元。北大方正集团有限公司管理人于2020年4月20日在全国企业破产重整案件信息网发布关于招募战略投资者的公告，公开招募符合条件的战略投资者。

- **2020-04-30 第一次持有人会议，通过财产管理方案**

  4月30日，方正集团召开第一次债权持有人会议，通过了北大方正财产管理方案等议案。

- **2020-07-31 法院裁定通过部分子公司实质合并重整**

  7月31日，公司收到法院裁定书。裁定书裁定，对北大方正集团、方正产业控股、北大医疗产业集团、北大方正信息产业集团、北大资源集团实质合并重整，并指定北大方正集团管理人担任方正集团等五家公司实质合并重整管理人。

- **2020-08-20 债权申报更新**

  截至8月19日，方正集团、方正产控、北大医疗、北大信产、北大资源的债权人共有478家向方正集团管理人申报了483笔债权，申报债权金额共计1 878.51亿元。

- **2020-09-04 破产管理人宣布对维好债权不予确认**

  2020年9月4日，北大方正发布公告称，北大方正集团管理人对方正集团提供维好协议及股权回购的17亿美元债权全额不予确认，若信托人对债权确认结果存有争议，可向法院申诉。北大方正境外债券中维好协议结构的债券共5笔，合计17亿美元。

图 11-7　北大方正破产重组处置流程

11.2.5　违约前后美元债市场价格

从北大方正违约破产重组案例来看，以北大方正维好协议的一只境外美元债（FOUIHK 6.25 10/17/20）价格变化为例，市场价格经历过以下几个阶段。

- 第一阶段（2019.6—2019.11）：投资者担心债务偿付风险，价格阴跌。2019年6~11月，北大方正价格处于阴跌阶段，从100下跌至85左右。因为市场担心北大方正集中到期压力太大，且其当前债券收益率高达两位数，无法进行再融资偿付债务，短期负债压力也大，2019年年底前到期压力非常大，因此价格从100附近阴跌到85~90。但市场仍然有国企信仰，因为此前并未出现过国企违约先例，且北大方正本身还有北京大学校企光环支撑。

- 第二阶段（2019.11—2019.12）：债务压力提现到债务偿付和正常回售压力上，有实质违约风险，价格开始暴跌。17方正01的发行结构是2+1，2019年12月，在本期债券存续期第2个计息年度末，在发行人可选择是否调整本期债券票面利率及调整幅度的公告后，投资者有权选择在投资者回售登记期内进行登记，将持有的本期债券品种按面值全部或部分回售给发行人。但北大方正通过投行进行转售该债券，这也说明北大方正本身资金面非常紧张。北大方正美元债从85附近下跌至60~65，已经开始预期境内外债券发生违约，但实质上还并未违约。

- 第三阶段（2019.12）：债务到期被迫展期，进入实质性违约风险阶段。2019年12月，北大方正超短融19北大方正SCP002到期未能兑付，投资者同意展期。债务进入实质性违约风险阶段，美元债价格从60左右再次暴跌至20~30。

- 第四阶段（2019.12—2020.2）：公司偿债意愿很强，筹集资金并正常付息，利好消息提振价格。2019年12月13日，21世纪财经报道称，北大方正12月12日有两只债券正常付息。其中8亿元人民币私募公司债17方正01面临回售，当日正常付息4 960万元，投资人在利息得到保障后同意将回售日延期至2020年2月26日；而公司另一只8 000万欧元债券的利息于12月12日也正常支付。这使得北大方正美元债投资者对未来北大方正能有战略投资者缓和违约风险增加信心。美元债价格从20附近恢复到50~60。

- 第五阶段（2020.2—2020.4）：经过挣扎，北大方正仍未成功兑付，价格再次暴跌，从50下跌至20~30附近。北大方正超短融19SCP002展期未能顺利兑付，同时北京银行申请对方正进行重组。这基本暗示了北大方正要进入违约重组，债权人寻求资产抵押保护。

- 第六阶段（2020.4—2020.9）：债务重组阶段，价格基本维持在 20～30，债务委员会成立，债权人申报债权，确认方案。
- 第七阶段（2020.9 至今）：维好协议美元债价格进一步暴跌至个位数，最低市场买价为 2。2020 年 9 月 4 日，破产管理人宣布对维好协议债券不予确认，维好协议美元债价格跌至个位数。之后，随着中国华信维好协议被香港和内地法院认定为华信债务，北大方正维好协议美元债价格反弹至 10 附近。

图 11-8 所示为北大方正违约前后美元债的表现概况。

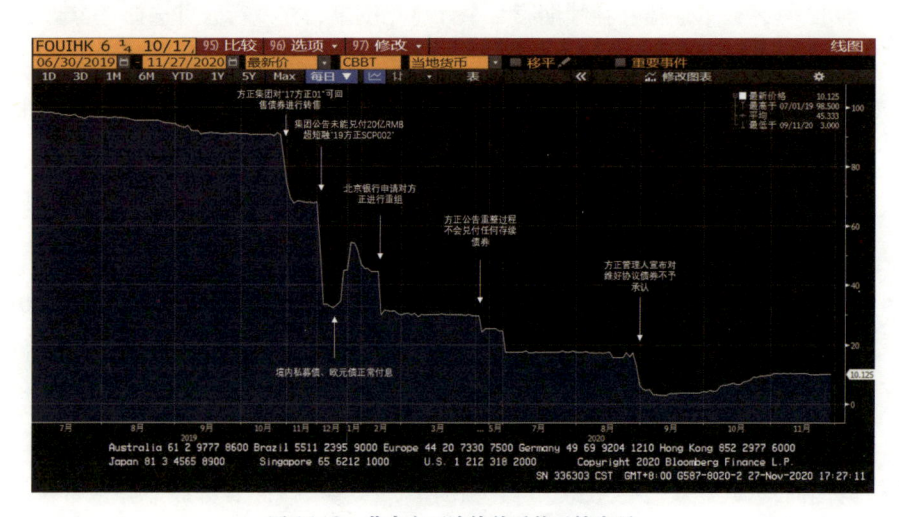

图 11-8　北大方正违约前后美元债表现

资料来源：彭博。

11.3　要约收购案例：青海省投违约全复盘

11.3.1　青海省投背景介绍

青海省投资集团有限公司（以下简称"青海省投"）是 1993 年经青海省人民政府批准成立的国有独资公司，2006 年 5 月经商务部批准变更为中外合资企业，注册资本变更为 34 亿元，其中青海省政府国有资产监督管理委员会占比 40%，爱克奥尼斯集团有限公司占比 30%，皮尔布莱特投资控股有限公司占比 30%。2008

年12月青海省投进行减资，返还外资出资部分，注册资本变更为13.59亿元。2012—2014年，根据青海省政府国有资产监督管理委员会的相关批复，青海省投先后引入青海省国有资产投资管理有限公司、西宁经济技术开发区投资控股集团有限公司、西部矿业股份有限公司作为股东。

青海省投的注册资本为63.89亿元，其中青海省政府国有资产监督管理委员会占比58.40%，西部矿业股份有限公司占比20.36%，西宁经济技术开发区管理委员会占比13.41%，青海省国有资产投资管理有限公司占比7.83%（见图11-9）。

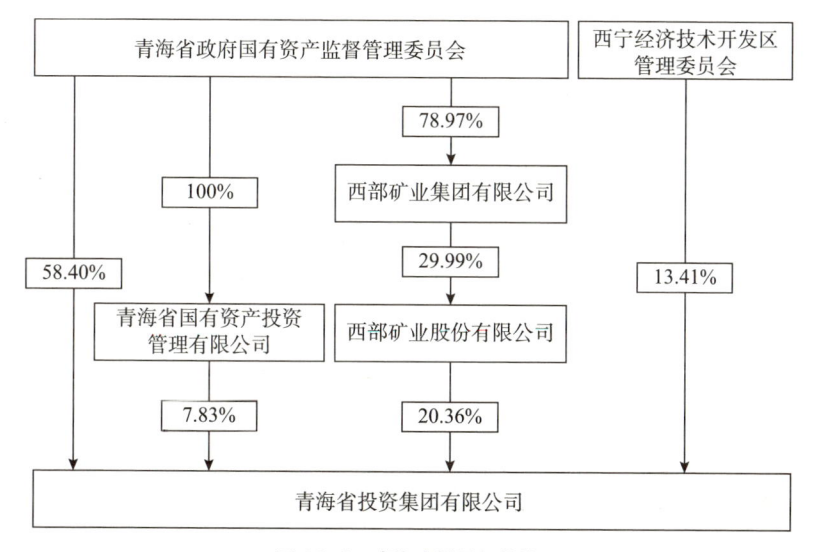

图11-9 青海省投股权结构

资料来源：青海省投债券半年度报告，青海省国有资产投资管理有限公司2019年第三季度财务报表。

最新报表显示，截至2019年6月底，公司资产总额751.11亿元，负债总额622.72亿元，所有者权益128.39亿元，资产负债率82.91%。公司主营业务为电解铝及铝材加工、电力销售、煤炭销售、担保和化工产品销售，2018年度销售收入占比分别为80.94%、3.85%、2.22%、1.57%、0.65%。公司曾发行5只美元债，发行金额总计14.5亿美元。青海省投存续的美元债详情如表11-7所示。

表 11-7 青海省投存续的美元债详情

票息（%）	发行金额（亿美元）	起息日	到期日
7.875	2.5	2018-3-22	2021-3-22
6.4	3	2017-7-10	2021-7-10
7.25	3	2017-2-22	2020-2-22
6.3	3	2017-9-28	2018-9-26

11.3.2 违约先兆及原因

（1）经营持续亏损：自2015年以来公司营业利润持续亏损，历史现金流存在缺口

公司主要从事电解铝和铝材的加工销售业务，但青海不属于氧化铝产能大省，公司自身也没有自备电厂。尽管公司从2013年整合西部矿业相关资产到2016年参与黄河水电再生铝业有限公司资产和债务重组，试图打造煤电铝产业链，但整合效果不及预期。加之受环保趋严影响，公司采购的氧化铝和煤炭价格有所增长，使得公司综合毛利率仅维持在个位数，2018年和2019年综合毛利率水平进一步降至5.3%和3.6%。2015—2019年，公司不含投资收益和补贴的营业利润持续亏损，其中2018年、2019年营业利润分别亏损10.75亿元和12.03亿元，净利润分别亏损10.05亿元和11.53亿元。从现金流来看，自2015年以来，税息折旧及摊销前利润与现金流的比例大多不足45%，同时投资现金流也持续净流出，自由现金流存在较大缺口，资金期限错配明显。

（2）财务粉饰嫌疑：存在在建工程不转固定资产粉饰财务报表嫌疑

在建工程不转固定资产一方面可以继续资本化利息，另一方面可以不提折旧，从而达到降低成本、增加资产、提升赢利能力与降低负债率的效果。再生资源公司设备安装的某项目工程投入占预算比率最高达到9 879.68%，远超预算100倍，且不少项目工程完成进度都在90%以上。通过公开渠道查询信息可知，该在建项目已经投入使用，公司依旧将其列入在建工程。例如，中证鹏源资信股份有限公司出具的《2012年青海省投资集团有限公司公司债券2019年跟踪信用评级报告》显示，黄丰水电站早在2014年10月便已投产，而青海省投财务报表在建工程明

细中显示黄丰水电站 2016 年工程进度 90%、2018 年度 95%，该类问题还出现在电解一期等项目中。

（3）高负债率，低流动性：债券违约前公司部分债务已出现逾期，公司货币资金多数受限，子公司股权基本被冻结，且部分对外担保债务也逾期

青海省投负债率 2007—2018 年一直处于高位，最低值为 2007 年的 75.23%，最高值为 2011 年的 84.99%。截至 2018 年年底，公司有息债务 459 亿元，资产负债率高达 82.67%，流动比率仅为 0.35，其中逾期债务本息 28.1 亿元。截至 2019 年 3 月底，公司需在 2019 年内偿还的有息债务 196 亿元，逾期债务本金上升至 68 亿元，包括信托贷款 17.62 亿元、银行贷款 13.91 亿元、明股实债 15 亿元和贸易融资 11.97 亿元。截至 2018 年年底，公司账面货币资金 45.92 亿元，但其中 41.27 亿元受限，可自由使用的货币资金仅 4.65 亿元。公司持有的子公司股权也多被司法冻结。此外，截至 2018 年年底公司对外担保金额 21.31 亿元；截至 2019 年 3 月末，公司为民企提供担保的 2.25 亿元贷款全部逾期。因公司资金短缺、债务逾期、存在较多未决诉讼等，武汉公信会计公司对青海省投出具了无法表示意见的审计报告。虽然政府已做一定债务化解协调工作，但化解进展缓慢，青海省投最后仍以违约告终。

（4）评级下调：境外评级机构持续下调评级

2017 年 2 月，标普首次给予青海省投长期主体评级 B+，展望稳定。2019 年 2 月，因青海省投流动性削弱，标普将公司主体评级由 B+ 下调至 CCC+ 并列入负面信用观察名单。2019 年 8 月，因利息延期支付，标普下调青海省投评级至 CCC−，展望负面。2020 年 1 月，因公司未按期支付美元债利息，标普下调青海省投评级至 D。

11.3.3 违约路径复盘

2018 年 9 月 18 日，青海省国有资产投资管理有限公司（以下简称"青海国投"）发布澄清公告。当时网络媒体报道称："中国青海省政府正在计划通过青海国投来救助陷入债务困境的青海省投，救助方式可能是将两家公司合并，或者通

过青海国投对青海省投进行托管或者接管，该计划尚存变数。"对此，**青海国投做出澄清说明，青海国投无托管、接管及合并青海省投的计划。**

2018 年 12 月 9 日，评级报告披露，青海省政府成立了"调整支持青海省投改革脱困工作领导小组"，青海省常委、常务副省长王予波任组长。当月，青海省政府国资委、中国铝业和青海省投签署了合作协议。2019 年 1 月，国家电投与青海省政府签署了战略合作协议。截至 2019 年 5 月，中国铝业已托管青海省投子公司桥头铝电和西部水电，国家电投已托管其子公司百河铝业。

青海省投 2020 年 2 月到期的 3 亿美元债券应于 2019 年 2 月 22 日付息，公司未按期付息，而债券募集书中未明示宽限期，因此未能按期付息被市场认为已构成技术性违约。不过标普表示，未设定宽限期条款的债券仍拥有 5 天宽限期。2019 年 3 月 5 日，公司公告称，已在 5 个工作日内偿付了该只债券的逾期利息，不过此次事件仍触发了青海省投 2021 年到期的两只美元债交叉违约条款。因利息延迟支付及青海省投流动性显著恶化，2019 年 2 月 26 日，标普将公司主体评级由 B+ 下调至 CCC+ 并列入负面评级观察名单。

2019 年 2 月 28 日，青海省投与国开行就公司债务化解问题进行了座谈，并达成了国开行作为债委会牵头行的共识，**同时部分有息债务获得银行和融资租赁公司等金融机构的展期。**

2019 年 8 月 22 日，青海省投未能按时支付 2020 年 2 月 22 日到期的一只美元债共计 1 090 万美元的利息。8 月 29 日，在延期 5 个工作日内，公司完成了该只债券利息的支付。**根据境外债条款，本次延期支付构成了该只美元债的违约事件及另两只美元债的交叉违约**，不过公司尚未收到来自这两只美元债的受托人或持有人的加速偿还通知。8 月 30 日，在公司再度发生利息延迟支付情况后，标普也再度将公司主体评级下调至 CCC−，展望维持负面，并认为由于青海省投到期债务规模庞大且在此期间流动性异常紧张，未来 6 个月发生债务违约或折价置换概率较高。

2019 年 12 月 23 日，中泰信托公告称，青海省投作为融资方的 4.8 亿元信托计划的还款诉讼将于 2020 年 1 月在西宁中院开庭审理。因**公司发行的私募债及海外美元债存在逾期支付情况，触发了约定的违约事件**，中泰信托要求青海省投提前履行还款义务，但公司未按要求还款，案件移至西宁中院。

2020年1月10日，青海省投未能按期支付2021年7月10日到期的一只美元债的应付利息。标普预计公司在5个工作日的推定宽限期内也无法全额支付利息，同时认为青海省政府无法为青海省投提供及时支持帮助其还债，因此标普将青海省投评级下调至D。

2020年2月5日，青海省发展投资有限公司（以下简称"青海发投"）宣布针对青海省投发行的三只存量美元债开始**现金回购要约**，收购价大幅低于本金额。

11.3.4 违约处置方案——要约收购

2020年2月5日，青海发投宣布针对青海省投发行的三只存量美元债开始现金回购要约。对于2020年2月22日到期、2021年3月到期和2021年7月到期的三只债券，按本金额每1 000美元计，要约购买价分别为411.9美元、367.5美元和367.5美元，即购买价为本金额的41.19%、36.75%和36.75%（见表11-8）。投资者可选择提交其持有的部分或全部债券，要约人将以现金购买，持有人也可以选择不参与要约。回购要约不设上限，要约人将接纳所有有效提交，同时也不设下限。三只要约相互独立不互为条件。

表11-8 现金收购要约方案及结果

发行人	到期日	票面利率	回购要约方	要约购买价	参与度
青海省投	2020/2/22	7.250%	青海发投	41.19%	56.10%
青海省投	2021/3/22	7.875%	青海发投	36.75%	33.30%
青海省投	2021/7/10	6.400%	青海发投	36.75%	69.30%

2020年2月18日，青海发投公布了对青海省投美元债的要约结果，合计约4.59亿美元债券有效提交并获接纳，占本金总额（8.5亿美元）的54.05%。具体而言，2020年2月到期债券获得本金额56.1%的持有人接纳，2021年3月到期债券获得本金额33.3%持有人接纳，2021年7月到期债券获得本金额69.3%持有人接纳。

2020年2月21日，青海省投发布公告表示，对于2020年2月22日到期的美元债，公司将无法按期还本付息，并将触发青海省投其他存量美元债的交叉违约。2020年4月16日，发行人公告表示未能于2020年3月22日支付2.5亿美元债券 QHINVG（到期日 2021 年 3 月 22 日，票面利率 7.875%）的应付利息，构成实质违约事件。

2020 年 6 月 18 日，青海省投发布公告称，若干债权人已向西宁市中级人民法院提交针对青海省投及其 16 家子公司的重整申请，理由为发行人无法偿还到期债务、发行人缺乏偿还该债务的能力。

2020 年 6 月 22 日，青海省投发布公告称，债权人对公司及其 16 家子公司的重整申请已获得法院裁定受理。青海省投及其子公司进入破产重整程序。

11.3.5 违约前后美元债市场价格

青海省投的实质性违约发生在 2019 年 2 月，未能偿付 3 亿美元债利息。实际上，2018 年青海省投的两只到期美元债［分别是 QHINVG 6.3（到期日 2018 年 9 月 26 日）和 QHINVG 6（到期日 2018 年 12 月 11 日）］出现较大的偿付压力，接近违约，但后来经过青海省政府的协调，最终能够还上两只美元债。综合来看，青海省投美元债在违约前后市场价格经历以下几个阶段。

- 第一阶段（2018.1—2018.5）：美元债投资者信心变差，债券价格阴跌。市场开始担忧青海省投的债务偿还能力，加上中国国储 5 月份违约，更加重了投资者对短期债务到期压力较大企业偿付能力的担忧。因此在该阶段，投资者信心出现动摇，债券价格开始阴跌，尤其是长端美元债价格下跌更加明显，短期债券相对稳健。
- 第二阶段（2018.5—2018.6）：青海省投传出被银行抽贷，债券投资者信心崩塌，但此阶段并未出现实质违约，短期债券被抛售下跌到 80~85 附近，长短债券下跌至 50~70 附近。
- 第三阶段（2018.6—2018.9）：青海省政府协调银行资源和青海国投进行救助青海省投债务风险，最终在省政府的协调下，青海省投成功偿付了 2018 年 9 月到期美元债 QHINVG 6.3，增强了市场信心。2018 年 12 月到期美元债价格大幅反弹，长期限美元债价格也出现较大反弹。
- 第四阶段（2018.9—2019.3）：随着 2018 年 12 月到期美元债的成功偿付，市场投资者对于青海省政府协调资源能力的信心大增，长期美元债价格也出现较大反弹，其中青海省投 2021 年到期美元债价格从最低 50～60 反弹到 90 上方。

- 第五阶段（2019.3—2019.8）：青海省投的 3 亿美元债偿付利息失败，美元债价格大幅下跌，2021 年到期美元债 QHINVG 6.4（到期日 2019 年 7 月 10 日）价格从 90 以上再次暴跌至 80 附近，之后缓慢阴跌至 70～80 附近。
- 第六阶段（2019.8—2020.2）：随着青海省投实质性违约，青海省投交叉违约，债券价格再次暴跌至 50～60。
- 第七阶段（2020.2 至今）：青海发投发出要约收购，收购价格 35～42，这使得青海省投美元债再度遭遇暴击，下跌暴跌至 30～40。

青海省投美元债价格走势如图 11-10 所示。

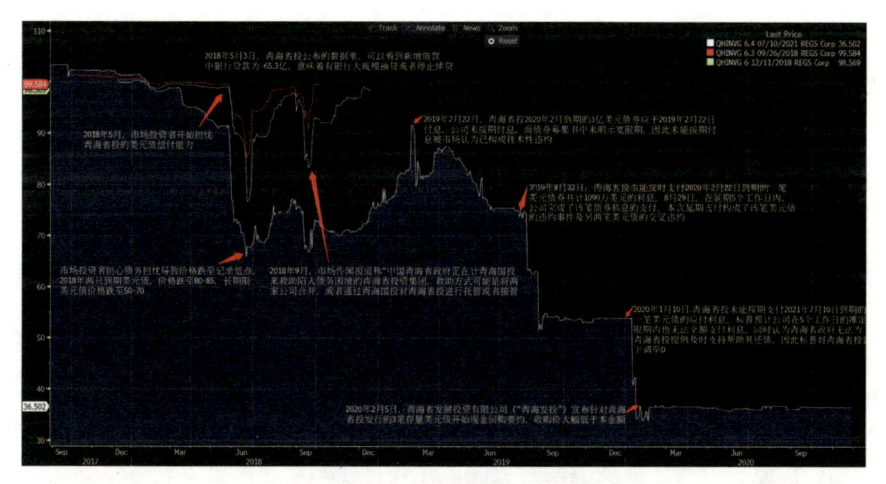

图 11-10　青海省投美元债价格

资料来源：彭博。

11.4　债务重组案例：佳兆业违约全复盘

11.4.1　佳兆业背景介绍

佳兆业集团控股有限公司（以下简称"佳兆业"）是 1999 年在深圳成立的民

营房地产开发商，2009年于港交所上市。公司主要从事住宅物业及综合商用物业的运营，涉及综合开发、城市更新、商业运营、酒店管理和物业管理等地产业务，产品覆盖住宅、别墅、写字楼、大型城市综合体等。公司开发项目多分布于深圳、广州、东莞、惠州及珠海等地。

截至2019年年底，公司位于大湾区的土地储备近1 360万平方米，占整体土地储备的51%。目前公司拥有147个城市更新项目储备，占地面积4 000万平方米。在行业地位方面，中指销售榜单显示，2019年佳兆业销售额排名为31位。2015年佳兆业美元债出现违约，成为第一家在境外违约的中资房企，当年违约债券发行金额增至近20亿美元，违约前余额约15亿美元。

11.4.2 违约路径复盘

2014年12月4日，佳兆业公告称无法为其深圳的三个房地产项目向深圳市国土资源局进行预售合同登记备案。公司旗下多个楼盘被深圳房管局锁定，并且暂停项目申请。

2014年12月4日，公司公告称，公司主要股东大正（实际控制人为郭氏三兄弟）将向另一主要股东生命人寿的全资附属富德资源投资转让集团5.755亿股股份，相当于已发行股本的约11.21%，代价为16.68亿港元。股份转让完成后，生命人寿在佳兆业的股权将增至约29.96%，郭氏家族在佳兆业的股权也将由61.2%相应下降。

2014年12月11日，公司公告称公司执行董事、董事会主席辞任，生命人寿派驻人员进入董事会。由于高层管理人员变动和公司无法完成预售合同登记备案的问题，穆迪将公司评级展望调为负面，标普将佳兆业列入负面观察名单。

2014年12月21日，公司发布公告表示：（1）公司无法获得深圳市国土资源局预售合同备案的项目数量从三个增至四个；（2）三个项目中完工未售物业的备案、转让和抵押以及深圳三个项目的出租和自用物业遭限制；（3）八个项目的执照、许可证、批文、登记及备案申请不被接纳，导致建设停滞；（4）深圳两个项目的土地使用权被限制转让或抵押；（5）位于深圳市龙岗区的城市再发展项目计划遭暂停；（6）佳兆业深圳的国家一级资质证书的重续被暂停处理。

2014年12月28日，公司公告称，执行董事兼董事会副主席、首席财务官分别辞任，自 2014 年 12 月 29 日起生效。

2014 年 12 月 31 日，公司公告称，全资附属公司上海青湾投资与上海万科订立协议，上海万科将接手佳兆业上海青湾 100% 股权及股东贷款，总代价为 12 亿元。

2015 年 1 月 1 日，公司公告称，佳兆业与汇丰的 4 亿港元贷款因董事会主席辞任触发强制性提前偿还，应于 2014 年 12 月 31 日偿还本息，但截至公告日公司未能偿还。

2015 年 1 月 12 日，公司公告最新进展，包括：（1）公司 2015 年 1 月 8 日应付的 2 300 万美元利息尚未支付，这是其 2020 年到期的 5 亿美元利率为 10.25% 的高级票据的利息，公司表示并无对该只债券利息订有支付时间表，后续将根据公司财务状况就利息付款做进一步公告（该只债券拥有 30 天补救期）；（2）公司约 4.47 亿元人民币和 2.66 亿元人民币银行结余已被几家银行冻结和扣划；（3）公司收到中国法院对其人民币 6.51 亿元资产保全的民事裁定书；（4）公司终止向万科企业股份有限公司出售上海项目的计划；（5）公司接获汇丰的豁免通知，以豁免就郭英成先生辞任公司主席而违反汇丰融资协议的违约事项。穆迪和标普在 1 月下调公司评级分别至 Ca 和 SD。

2015 年 2 月 6 日，融创中国和佳兆业联合公布，融创有条件同意向大股东郭英成先生及其家族成员收购佳兆业 49.25% 已发行股份。收购计划取决于境内外债务重组计划实行及资产解冻情况。

2015 年 2 月 9 日，公司公告称，应于 2015 年 1 月 8 日支付的美元债利息已于 2015 年 2 月 7 日之前支付。由于该只债券包含 30 天的补救期，因此在 30 天内支付利息不会触发违约事件。

2015 年 4 月 20 日，佳兆业宣布未能在 30 天宽限期内支付 2017 年和 2018 年到期的高级票据票息分别为 12.875% 和 8.875% 的利息。至此，公司境外债券发生实质性违约。

2015 年 5 月 28 日，佳兆业和融创宣布，融创对佳兆业的股份收购计划终止，佳兆业的要约期完结。

11.4.3 违约先兆及原因

人事变动触发提前还款，项目锁定致流动性危局，公司于 2014 年 12 月 10 日发布公告称，董事会主席辞任，并将于 12 月 31 日生效。2015 年 1 月 1 日的公告称，上述辞任触发一项与汇丰签订的融资协议中的强制性提前还款条款，共涉及贷款本金 4 亿港元及应计利息，但公司未能如约偿还，已构成违约。公告还称，违约可能会触发相关贷款、债券、股本证券的交叉违约，从而对公司财务状况造成重大不利影响。

自 2014 年 12 月以来，佳兆业接连发生人事变动，同时公司旗下多处物业项目遭规划和国土资源部门"锁定"。12 月 10 日，董事会主席郭英成、执行董事郭英智辞职；12 月 28 日，执行董事谭礼宁、首席财务官张鸿光辞职。与此同时，自 2014 年 11 月底以来，公司深圳多处预售、在售及待开发物业项目遭深圳市规划和国土资源部门"锁定"。自 2014 年 11 月 28 日佳兆业首次披露公司项目被"锁定"以来，其股价已从 11 月 28 日开盘时的每股 3.02 港元跌至 12 月 24 日收盘时的每股 1.59 港元，跌幅达 47.35%。

公司 2014 年中报显示，账上流动资产约 937 亿港元，其中现金及现金等价物约 94 亿港元，而存货约 643 亿港元，占流动资产比重高达 68.6%，项目遭锁定导致资金周转承压，从而使公司陷入流动性危机。

11.4.4 违约处置方案——债务重组

2015 年 3 月 8 日，佳兆业发布公告首次提出对境外债务重组的建议。重组方案为：将现有票据交换为新票据（到期年限延长，利息削减），在新票据发行两年内公司可选择按相同条款发行额外票据以"实物"偿还票息。具体而言，对于 5 只境外高息美元债和 1 只可转换债券，公司承诺不削减本金，但票息率由原来的 6.875%～12.875% 大幅下降为 2.7%～6.9%，其中 2016—2020 年到期票据现有票息率分别为 6.875%、12.875%、8.875%、9.000% 和 10.250%，票息平均削减幅度约 50%，置换新票据的票息率分别削减至 3.1%、4.7%、5.2%、6.4%、6.9% 和 2.7%，到期年限也平均延长 5 年（见表 11-9）。同时公告中提到，重组计划原则上不削减任何债权人的本金，并将随时向所有债权人悉数偿还；债务重组需初期的现金免息期，帮助企业恢复正常状况。如果超过 50% 的现有高息票据及超过

66%的现有可转债持有人签署重组支持协议,那么所有的重组债券持有人将额外获得 50 个基点。根据此次债务重组计划,穆迪发布报告称如果该计划得到实施,将构成**低价债务交易**。

表 11-9 佳兆业境外美元的首次重组方案

现有票据	现有到期日	新到期日	现有票息率	新票息率	实物支付条款
2016 年票据	2016/04/22	2021/04/22	6.875%	3.10%	实物支付至 2017 年止
2017 年票据	2017/09/18	2022/09/18	12.875%	4.70%	实物支付至 2017 年止
2018 年票据	2018/03/19	2023/03/19	8.875%	5.20%	实物支付至 2017 年止
2019 年票据	2019/06/06	2024/06/06	9.000%	6.40%	实物支付至 2017 年止
2020 年票据	2020/01/08	2025/01/08	10.250%	6.90%	实物支付至 2017 年止
可换股债券	2015/12/20	2020/12/20	8.000%	2.70%	实物支付至 2017 年止

通过比对境内和境外债务重组方案,境外债务重组方案在利息削减幅度和延长期限上整体高于境内,重组条款弱于境内。境外债权人尤其债券持有人并无相关抵押和担保,破产清算下的回收率也大概率低于境内。因此,第一次境外债务方案遭到 50%以上境外债权人反对,2015 年 3 月提出的重组方案宣告失败。

2015 年 11 月 6 日,**佳兆业提出境外债务重组新方案**,新方案为债券置换和或然价值权(CVRs)。公司公告称,本次境外债务重组方案为:现有票据持有人可获得与本金额相当的新票据及名义价值等于新票据本金总额 7%的价值权。在期限方面,新票据分为 A、B、C、D 和 E 五个系列,到期日分别为参考日期后四年、四年半、五年、五年半和六年,参考日期为转换日期及 2016 年 1 月 1 日(以较早者为准),其中 E 系列票据本金额为转换日期本金额减转换日发行的 A、B、C 和 D 系列票据本金总额。在票息支付方面,第一年全部为实物支付,第二年开始进行部分现金支付,第四年及以后开始全部现金支付。在或然价值权方面,价值权总名义价值在最理想情况下等于新票据本金总额 7%。

2015 年 12 月 24 日,佳兆业正式发布公告称,境外债权人可选择三个方案之一。

- 按 1∶1 置换为新到期票据及或然价值权。
- 按 1∶1 置换为重组后可换股债券。
- 按 1∶1 比例置换为按比例获分配各系列的新到期票据、或然价值权及重组后可换股债券。

2016年3月17日，佳兆业发布公告表示，公司与多数初步同意债权人就重组条款做出若干修订，最终重组方案为下列三种置换方案之一。

（1）**置换新债券＋或然价值权**：债权人可按1∶1的比例置换新的债券，同时获得或然价值权。或然价值权名义价值等于新票据本金总额7%。或然价值权取决于触发事件的发生，即当股份的市值超出一定水平时，或然价值权持有人将有权就其所持各或然价值权收取14美元的现金付款。例如市值超过100.75亿港币，持有人每1 000美元本金可获得14美元，市值超过125.94亿港元可再获得14美元，分为五档依次类推；当市值超过最高档205.42亿港元时，投资者可获得最高70美元的补偿（见表11-10）。如果佳兆业新债券最小面额为1 000美元，那么在理想情况下，持有人可获得相当于新票据本金总额7%的补偿（公司于2015年3月停牌，停牌前市值为80亿港元）。

表11-10 或然价值权的五档价值

档次	股票市值超过（港币）	或然价值权的价值（基础按照1 000美元）
当前市值	约80亿	0
第1档	10 075 000 000	14美元
第2档	12 594 000 000	28美元
第3档	15 742 000 000	42美元
第4档	19 678 000 000	56美元
第5档	20 542 000 000	70美元

资料来源：佳兆业港交所公告。

（2）**只置换为新债券**：债权人可按照1∶1.025 98的比例置换新的债券。该方案置换新债票面多一些，但需要放弃或然价值权。

（3）**置换为强制性可交换债券**：债权人可以按照1∶1的比例置换新可交债，换股价格为每股2.34港元，低于原可转债每股2.64港元的换股价。需要注意的是，新债券的票息设置采取后续年份以实物支付及现金支付方式。在此方式下，根据公司债务重组方案，2016年公司票息全部为实物支付，现金支出为0，2017年现金票息支出也仅为1%，2018年为2%，2018年以后票息的现金部分才开始出现明显提升（见表 11-11）。

表 11-11　佳兆业境外债务重组票息支付

发行	2016年 实物支付	2017年 现金	2017年 实物支付票据 实物支付	2017年 实物支付票据 现金支付	2018年1月6日 现金	2018年1月6日 实物支付票据 实物支付	2018年1月6日 实物支付票据 现金支付	2018年6月12日 现金	2018年6月12日 实物支付票据 实物支付	2018年6月12日 实物支付票据 现金支付	2019年 现金	2019年 实物支付
A 系列票据	6.56%	1.00%	6.56%	4.61%	2.00%	4.66%	3.71%	4.10%	2.56%	2.61%	6.10%	0.56%
B 系列票据	6.56%	1.00%	6.56%	4.61%	2.00%	6.16%	5.21%	5.60%	2.56%	2.61%	7.60%	0.56%
C 系列票据	6.56%	1.00%	6.56%	4.61%	2.00%	7.16%	6.21%	6.60%	2.56%	2.61%	8.60%	0.56%
D 系列票据	6.56%	1.00%	6.56%	4.61%	2.00%	7.96%	7.01%	7.40%	2.56%	2.61%	9.40%	0.56%
E 系列票据	6.56%	1.00%	6.56%	4.61%	2.00%	8.46%	7.51%	7.90%	2.56%	2.61%	9.90%	0.56%
强制性可交换债券及交换可换股债券	5.56%	1.00%	5.56%	3.61%	2.00%	4.56%	3.61%	4.00%	2.56%	2.61%	6.00%	0.56%

注：（1）任何逾期本金及利息将按此处表示的票息高 2% 的利率计算。
（2）强制性可交换债券及交换可转股债券可由公司决定选择 10% 的年度现金票息延长一年。
资料来源：佳兆业港交所公告。

2016 年 7 月 22 日，佳兆业发布公告宣布，境外债务重组及转换已于 2016 年 7 月 21 日生效，协议安排代价（新票据、价值权和可交换债券）已完成发行，标志着公司境外债务重组完成。

11.4.5　违约前后美元债市场价格

佳兆业违约债务重组主要缘于关键人风险导致企业经营风险上升，好在 2015—2016 年深圳房地产价格大幅飙升，且佳兆业双赢的重组方案能够顺利实施，使得其资产负债表得到修复。佳兆业最终通过债务重组计划起死回生。在佳兆业这个典型的债务重组方案中，很多投资者通过抄底也获利不菲。佳兆业从刚开始发生违约风险到债务重组的市场价格经历了以下几个阶段的发展：

- 第一阶段（2014 年 12 月之前）：市场有佳兆业相关传闻，但消息并未散开，市场价格并未出现大幅下跌。

- 第二阶段（2014年12月~2015年1月）：董事局主席辞职、佳兆业多处项目被暂停销售，使得投资者开始担心佳兆业无法通过销售房地产项目来回流现金，违约风险一触而发，佳兆业美元债价格从100附近暴跌至历史低点20~30，下跌过程几乎毫无抵抗。
- 第三阶段（2015年1月~2015年2月）：市场传闻融创可能收购佳兆业地产公司，叠加佳兆业债务重组进程，佳兆业美元债价格也从20~30大幅反弹至8~90，但融创收购依赖于境内外债务重组的完成，具有不确定性，市场再度一波三折，价格跌至50附近。
- 第四阶段（2015年3月~2015年9月）：佳兆业首次公告提出债务重组，债务重组代表发行人和投资者可能寻求一种中间债务过渡方案。投资者重拾对佳兆业的信心，债券价格反弹。但首轮境外债务重组方案因遭到50%以上的境外债权人的反对而宣告失败，融创能否完成收购不确定性加大，因此债券价格再度下跌。
- 第五阶段（2015年9月~2015年11月）：佳兆业通过反复与投资者磋商，重组方案接近达成，债券价格开始逐步反弹，从50附近反弹至70附近。
- 第六阶段（2015年11月~2016年7月）：佳兆业正式提出境外债务重组方案，债权人愿意放弃2016—2018年的现金票息，但是收获了或然价值权和强制性可交换债券，即如果佳兆业能够上岸，那么投资者将会获得更多的回报。很显然，重组方案有利于佳兆业缓解短期偿付压力，债券价格继续反弹，但该方案需要和投资者进行进一步磋商。
- 第七阶段（2016年7月）：在对重组方案进行调整后，佳兆业发布公告表示，公司与多数初步同意债权人就重组条款做出若干修订，并于2016年7月正式发布公告称重组完成，债券价格进一步大幅反弹。至此，佳兆业违约完成重组。

佳兆业违约前后的价格行情如图11-11所示。

由于篇幅有限，这里选择了最具有代表性的三种违约后处置方案，分别是违约债务重组（佳兆业）、违约要约收购（青海省投）和违约破产重组（北大方正）。同时，北大方正除违约破产重组外，还涉及了本书提及的维好协议的法律效应认定，因此更加复杂，也成为当前市场关注焦点。

图 11-11 佳兆业违约前后的价格行情

资料来源：彭博。

通过上述三个代表性的违约处置方案，我们总结出以下一些规律：

- 企业违约前都会有一些违约先兆，比如公司业务多元化、连续多年亏损、债务结构恶化、短期负债率很高，再比如银行贷款抽贷、信托贷款停止付息或者违约。这些都是强烈的违约先兆信号。这个时候，投资人需要格外关注公司账目上的现金流，现金是否受限甚至是否真实都是重要的考量因素。
- 在实质违约前，根据企业的偿债意愿来分，如果偿债意愿较强，那么企业短期债务有可能通过多方资源协调还上，例如青海省投；如果偿债意愿较弱，那么企业可能违约。
- 违约后处置方案可分为违约债务重组、破产重组和要约收购等，或者是以上方案的组合。这些方案往往会经历较长过程，且涉及投资者、发行人和承销商的多方博弈，因此过程一波三折，对市场影响也较大。一般来说，地产类公司由于其库存多为价值较为确定的土地和在建项目，即使破产清算，理论上的残值也相对较高（相当于制造业）。然而，随着地产公司表外负债的扩张，这些土地和项目的抵押情况并不透明，投资人需格外留意。
- 从上述总结的市场价格走势来看，当美元债投资人对债券投资信心有所动摇时，债券价格可能跌至 80~90；当债券出现技术性违约或者其他非标违约时，债券价格可能跌至 50~60；当债券出现实质违约时，债券价格可能跌至 20~30。当然，上述价格区域并非适用于每个发行人，只是作为一种大致参考。当市场情绪过于悲观或者乐观时，它们往往可用作一些交易性投资的参考。

下篇

宏观政策篇

第 12 章 美联储货币政策

在美元债（包括中资美元债）的投资过程中，对美国宏观经济及美国国债利率走势的研究至关重要。例如，2018 年美国加息 4 次，美国国债收益率一年内上升近 100bp，这导致全球债券市场拥抱大熊市，中资高收益美元债指数全年下跌 4.2%，中资投资级美元债全年上涨也仅有 0.5%。美国宏观经济变化，会导致政策预期变化，从而传导利率变化，并通过资金成本等途径对信用债造成压力。研究美国国债收益率走势最重要的两个方向是美国货币政策研究和美国财政政策研究。本章主要研究货币政策。

美国货币政策主要是调整短期隔夜利率，并通过金融市场传导到长端无风险利率，再通过信用风险定价传导到信用市场和美元债市场。

本章分三个方面研究美联储货币政策：（1）美国货币政策的发展历史；（2）影响货币政策的宏观经济数据，美联储货币政策的主要驱动因子（包括美国关键的宏观经济变量、通胀和就业）；（3）美联储运行机制和货币政策委员会的决策流程。上述三个方面的研究有助于读者把握美联储货币政策研究的脉络。

12.1 百年美联储的货币政策史

1913 年 12 月 23 日，美国联邦储备系统（以下简称"美联储"）根据《联邦储备法》成立。回溯美联储成立至今的百年货币政策的发展进程，我们发现，不同历史时期的美联储具有不同货币政策目标和对应的货币政策工具。

全球央行的货币政策目标包含就业充分、物价稳定、经济增长和国际收支平衡四项，当前美联储的货币政策目标主要是前两项：就业和物价。横向对比来看，不同央行的货币政策目标也不同，比如欧洲央行的首要目标是稳定物价，其次是就业充分。美联储货币政策的目标并非一成不变，而是随着历史演变动态发展的——从刚开始的维护金融市场稳定转向维持物价稳定，到2008年金融危机后又再次偏向金融稳定（见表12-1）。

表12-1 美联储货币政策阶段

阶段	货币政策目标
20世纪20~30年代	金融稳定
20世纪30~70年代	财政支配时期，货币政策主要服务于财政政策（军费开支）
1979—2007年	物价稳定
2008年以后	物价稳定，就业稳定，金融稳定

美联储的货币政策工具也经历如表12-2所示的几个阶段。

表12-2 美联储货币政策工具的发展及特点

时间阶段	货币政策工具	特点
1920年之前	贴现利率是美联储成立时最主要的货币政策工具	收入少
1920—1935年	1935年《银行法》通过美联储的公开市场操作政策	—
1935—1960年	美联储并不独立于财政部，为配合财政部筹集军费开支，采取钉住美国国债收益率的货币政策，最后因为恶性通胀而终结	货币政策缺乏独立性，容易受到政府影响，而不是服务于实体经济，导致恶性通胀等
20世纪70年代以后	货币总量为调控目标	货币总量和宏观经济活动的相关性下降，以货币总量为目标的调控变得困难
大缓和时代（1990—2007年）	泰勒规则：确定了基于联邦基准利率的宏观调控政策	该阶段物价稳定，就业充分。缺点是：放松金融市场监管，导致不稳定性上升，最终导致金融危机

续表

时间阶段	货币政策工具	特点
金融危机后 （2008年之后）	■ 数量工具：非常规流动性便利工具（如 TAF、AMLF 等）。 ■ 价格工具：基于隔夜超额准备金利率和隔夜逆回购利率为利率下限和贴现利率为上限的利率走廊货币政策工具	见表 12-3

（1）1920 年之前，贴现利率是美联储成立初期最主要的货币政策工具。在该阶段，美联储主要履行最后贷款人角色。当金融机构出现流动性危机时，美联储通过贴现方式提供流动性支持。但美联储对于商业银行的抵押品有严格的要求，即银行必须提供真实有效的商业票据，以避免货币超发。美联储早期的货币政策工具单一，第一次世界大战期间（1914—1918 年），美国政府大量发行国债融资；战后，美联储货币供应大幅上升，通胀从战前 2% 大幅飙升到 20.7%。从这一点来看，该阶段美联储的货币政策工具显然不够。

（2）从 19 世纪 20 年代开始，美联储偶然发现公开市场操作工具的便利性和对市场的有效影响，因此公开市场操作成为美联储货币政策操作的常规性工具。

（3）在大萧条（1929—1933 年）之后，罗斯福上台打破金本位。1935 年《银行法》赋予了美联储可以调节法定准备金率的权力，还对会员银行的存款利率实行上限管理，完善了美联储的货币政策利率调节工具。

（4）20 世纪 50 年代之前，虽然美联储的货币政策工具逐步完善，但美联储的非独立性却未有实质性改变。尤其是第二次世界大战期间（1939—1945 年），美联储成为财政部的货币发行机构，维持超低利率发行国债筹集军费开支，而宽松的货币政策导致超低利率和恶性通胀（当时通胀高达 15% 以上）。1951 年，第三任美联储主席马丁上台之后，让美联储货币政策从财政部中独立出来。

（5）1979 年，沃尔克出任美联储主席并坚决捍卫美联储货币政策的独立性，美联储的独立性得到了提高。沃尔克大幅提升利率遏制石油通胀。20 世纪 70 ~ 90 年代，美联储建立了以货币总量为目标的数量型工具。

（6）数量型工具调控的有效性依赖于货币乘数（货币传导的有效性），因此随着货币总量和宏观经济活动相关性的下降，以货币总量为目标的调控变得更加困难。随着美国金融市场的逐步发展，美联储的货币政策逐步从数量型调控转向了价格型调控，即通过对短期无风险利率的调节和金融市场传导来影响长期无风险利率和风险资产价格。大缓和时代（20世纪90年代至2007年），美联储基本确定了调节联邦基准利率的货币政策工具。这段时间，泰勒规则被奉为美联储的货币政策利率的调控法典。

（7）2008年金融危机后，美联储快速把联邦基准利率降到0，但联邦基准利率的下限为0，而美国经济仍然需要进一步刺激。因此，美联储除使用利率调节工具（价格工具）外，还开启量化宽松（数量工具）。金融危机后，美联储进入了以价格型调控为主、数量型调控为辅的货币政策阶段。

数量工具包括非常规便利工具（TAF、AMLF等），主要向金融和实体机构补充流动性。非常规便利工具基本在2009年退出历史舞台，而资产购买计划仍然保持当初较大规模，美联储资产负债表从2009年的9 000亿美元扩张到2018年的4.5万亿美元（见图12-1）。价格工具方面：美联储构建了基于隔夜超额准备金利率和隔夜逆回购利率为利率下限和贴现利率为上限的利率走廊货币政策工具，这也是当前美联储议息会议的主要决策利率。

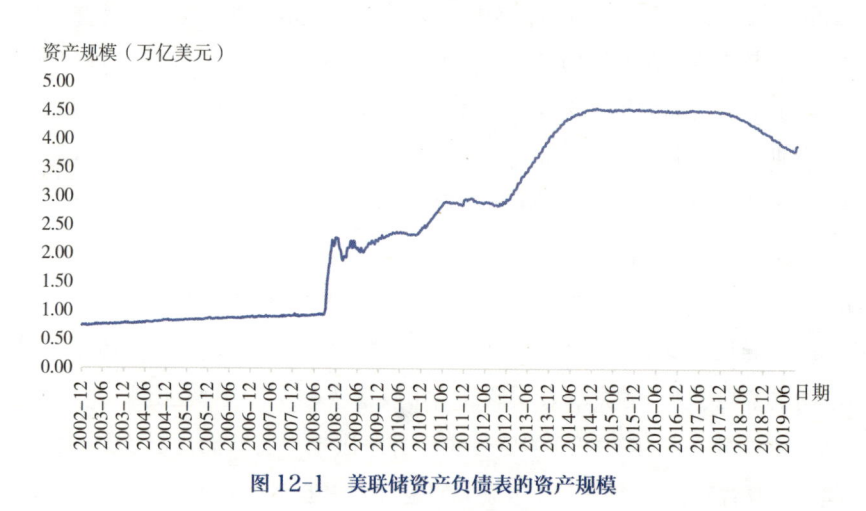

图12-1　美联储资产负债表的资产规模

资料来源：美联储官网。

美联储经历百年当中几次经济周期和发展进化，当前的货币政策变得更具有前瞻性，能够有效提前降低金融危机带来的负面冲击（包括金融市场恶化和失业等），也延长了货币政策周期。同时，美联储货币政策也存在一些缺点（见表12-3），例如2008年金融危机时期，美联储量化宽松后不主动缩表（卖出债券等资产），使得其资产负债表非常臃肿，也使得其调整隔夜利率以调节市场利率的操作变得更加迟钝。

表12-3 当前美联储货币政策的优缺点

优点	缺点
更加聪明，更具有前瞻性，有效烫平经济周期大幅波动的阵痛	央行资产负债表臃肿，后期缩表困难
货币设置了零利率的下限，即不允许美联储隔夜利率降到零以下，防止负利率导致资产估值失灵	零利率的下限，可能导致在经济崩盘或者衰退时，无法强有力地刺激经济，拉长经济衰退周期
当前的美联储货币政策仍然有量化宽松的影子。美联储可以通过量化宽松来购买对应久期的资产（无风险资产或者风险资产MBS等），一方面可精准调控利率曲线结构，另一方面能弥补短端利率水平向长端传导效果的不足	基准利率下限可能导致企业和个人在零利率附近持币观望，产生流动性陷阱等危机
前瞻性的货币政策可有效降低通缩风险	如果美联储长期保持低利率，容易导致资产泡沫，比如股市和房地产估值风险较大

在美联储货币政策历史中，值得特别研究的阶段是美国大缓和时代。在这个阶段，经济平稳运行，通胀和失业率成为美联储货币政策实施锚，泰勒规则被奉为利率货币调整的法典，但2008年金融危机打破了泰勒规则。2008年之后，泰勒规则预测的美联储货币政策利率与实际的货币政策利率出现较大分歧（见图12-2）。泰勒规则失灵的主要原因是：

- 美联储不允许出现负利率，受制于此，美联储祭出量化宽松。但泰勒规则允许出现负利率。
- 量化宽松使得美联储资产负债表过于臃肿，市场上热钱较多，金融市场风险定价部分失灵。这也是导致美联储货币政策无法有效传导到长端利率和实体经济的原因。
- 美联储的货币政策纪要显示，2008年金融危机之后，美联储更加关注金融市场稳定性。在一个消费性大国，金融市场（尤其是股票市场）的不稳定不利于经济稳定和繁荣。因此，货币政策的施政因子中要包括金融稳定（包括境内和境外金融市场）。

图 12-2 泰勒规则下的货币政策利率和预测利率

资料来源：彭博，2019 年 7 月。

研究美国货币政策历史也有助于我们从国际视野来对比分析和研究中国货币政策的优缺点。中国货币政策是宏观审慎管理框架下的多目标施政政策。最近几年，我国的货币供应量与通胀率之间的相关性也确实大幅下降。与货币供应量创造渠道较为局限于银行信贷渠道不同，利率变动的影响是覆盖所有信用与投资活动的，债市、股市等直接融资市场以及外汇市场，都会受到利率变动的直接影响。参考美国货币政策的历史进程，我国存在从数量型的货币政策框架逐步向价格型框架转型的必要性。

12.2 美联储货币政策目标：就业及通胀

从 GDP 支出分类来看，中美经济结构差异还较大。在美国的 GDP 构成中，最大板块是消费，2018 年美国实际 GDP 增长率为 2.93%，其中个人消费支出占 GDP 比重为 70%（见图 12-3）。而在中国的 GDP 中，投资等占比较大。正是因为中美经济结构的不同，所以中美宏观经济指标不同，央行货币政策的目标也不同。

这些差异对投资中资美元债市场而言至关重要。

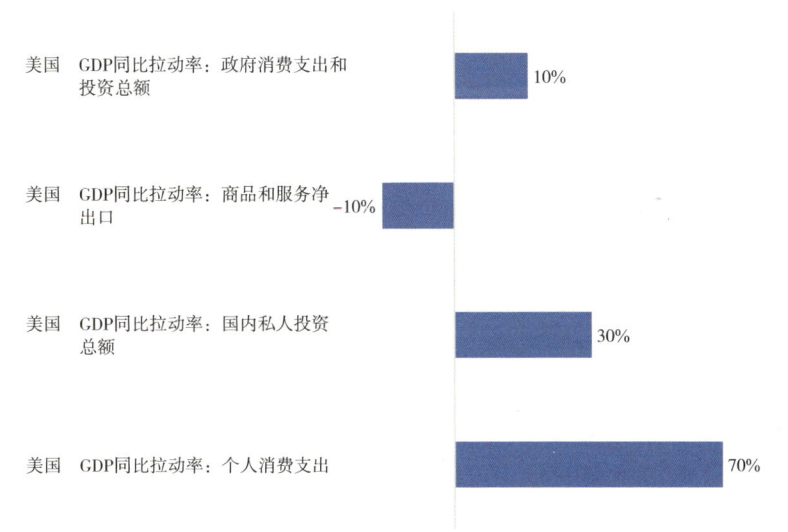

美国 GDP同比拉动率：政府消费支出和投资总额	10%
美国 GDP同比拉动率：商品和服务净出口	-10%
美国 GDP同比拉动率：国内私人投资总额	30%
美国 GDP同比拉动率：个人消费支出	70%

图 12-3　2018 年美国 GDP 增长率的分项贡献

资料来源：彭博。

如表 12-4 所示，中国更加注重投资相关的社会融资、进出口贸易和投资增速等几个维度的指标，而美国更加注重消费类指标，例如个人耐用品订单支出、医疗支出和非农就业（非农就业直接影响居民储蓄及消费）。

表 12-4　中美经济重要指标的对比分析

国家	经济指数	含义
中国	社会融资	有效衡量中国实体经济融资的能力，一般有助于预测 2、3 季度后的 GDP 增长
	进出口	中国是贸易大国，进出口指标有助于分析中国经济增长情况
	生产物价指数	对宏观经济有预测效应的指标，受政策和其他国家影响
	基本建设投资	基本建设和制造业：基本建设大量增加；经济增长的调节器
美国	个人耐用品支出	消费者增加个人耐用品支出
	医药健康相关支出	支出占比较大，有助于分析经济潜在产出
	耐用品订单增量	工业领先指标
	非农就业	就业指标，美联储货币政策的目标

资料来源：根据公开资料整理。

中资美元债投资需要关注中美宏观经济指标。关于中国宏观经济指标，市场上已经有很多书籍或者文章介绍，这里不再赘述，而主要对如何跟踪美国宏观经济指标进行讲解。美联储的货币政策主要围绕一些关键经济指标制定，例如就业（自然失业率）、通胀（2%）和金融市场稳定性（主要是股市）、经济增长等。而美联储的货币政策主要依赖的是美国经济数据（见表12-5）。

表12-5 美国宏观经济数据汇总及解读

经济数据	数据分类	数据含义	频率	同步性
就业数据	失业率	反映当前美国的就业状况	月	滞后
	非农就业数据	反映美国新增就业数据	月	滞后
	小非农数据	反映非政府部门的新增就业	月	滞后
	劳动参与率	劳动力人数占工作年龄（16~60岁）人口的比率	月	滞后
	初次申请失业救济金人数	这个数据被视作失业率的领先指标	周	领先
	平均时薪增速	雇佣成本指数，同时也是消费指标	月	滞后
通胀数据	CPI、核心CPI	不同消费品的物价指数，包括剔除食品和能源的核心CPI指数	月	同步
	PCE、核心PCE	不同消费支出指数，包括剔除食品和能源的核心PCE指数	月	同步
	PPI指数	上游产品资料数据	月	同步
经济增长数据	耐用品订单指数	耐用品订单主要包括一些大型商品订单，其指数反映美国产品的需求度	月	领先
	ISM（美国供应链管理协会）制造业PMI	制造业PMI反映美国制造业企业家们对于未来经济的景气程度预判	月	领先
	ISM服务业PMI	服务业PMI更能反映美国经济	月	领先
	新宅开工指数	房地产也是美国重要的经济支撑	月	领先
	密歇根消费信心指数	消费占据美国GDP构成绝大部分	月	领先
	零售总额变化	反映美国个人消费开支情况	月	同步
	贸易余额	贸易余额反映国际收支影响	月	同步
	实际GDP	以2012年的美元价值计算，剔除名义价格变动的影响，是真实的经济数据活动	季	同步

从当前美国最受关注的就业数据、通胀数据、经济增长数据等几个维度，把数据指标分为领先、同步和滞后几个维度。这些指标从三个方面刻画了美国宏观

经济走势及美联储货币政策的重要依据，可分为先行、同步或者滞后指标。先行指标，例如初次申请失业救济金人数对预测接下来的美国劳动力市场具有前瞻指引作用；同步指标，例如消费零售、CPI或者核心PCE、GDP等指标折射美国当下的经济状况。美联储可能会对美国经济数据进行实时跟踪，并且根据这些数据监测结果来决定未来货币政策方向。

下面会就当前全球投资者最关注的美国核心指标进行详细解读。

12.2.1 非农就业数据月度报告

美联储的货币政策目标之一就是充分就业，因此就业数据跟踪对美联储的货币政策取向至关重要。过高的失业率会导致社会的不稳定，而由社会就业岗位的结构性摩擦导致的失业率不可能为零，这种结构性摩擦导致的不可避免的失业率（充分就业下的失业率）称为自然失业率。

每月第一周周五劳工部会发布一份非农就业数据报告，这个报告会汇报上个月相关就业数据，由两个独立的调查结果得到。

- **企业调查**：主要由劳工统计局（BLS）和州政府的就业安全机构合作汇编，统计样本包含38万个非农就业机构，采用单位的平均小时和总工作小时指数，形成非农就业数据情况调查和薪资调查报告。
- **家庭调查**：先由美国普查局根据当期人口调查抽取其中6万户家庭作为调查对象，然后由劳工统计局统计出家庭就业、劳动失业率等。

就业数据报告，既能反映经济健康情况，也可能是美联储货币政策的重要决策（比如加息等）的依据。就业数据受到市场交易员们的广泛关注，每次公布必会对市场尤其是对外汇市场造成巨大影响。从表12-6可知，美国首次失业人数以周为单位更新，其他的数据则按月进行公布。

非农就业数据是每个月第一个周五公布的。就业市场的紧俏程度充分影响薪资增长，并且其影响会通过消费传导到消费市场。非农就业数据除了影响中长期的宏观经济数据，还影响每个月美联储的货币政策取向，也是美联储的联邦公开市场委员会会议纪要的重要依据。

表 12-6　美国就业数据类型汇总

分类	数据公布时间和频率
劳动失业率	美国统计局，每个月第一个周五公布
非农就业数据	美国统计局，每个月第一个周五公布
小非农数据	比非农数据提前 2 天公布
劳动参与率	和失业率一起公布，劳动力队伍占工作年龄（16～60岁）人口的比例
平均时薪同比	和失业率一起公布
首次失业人数	周，领先型指标

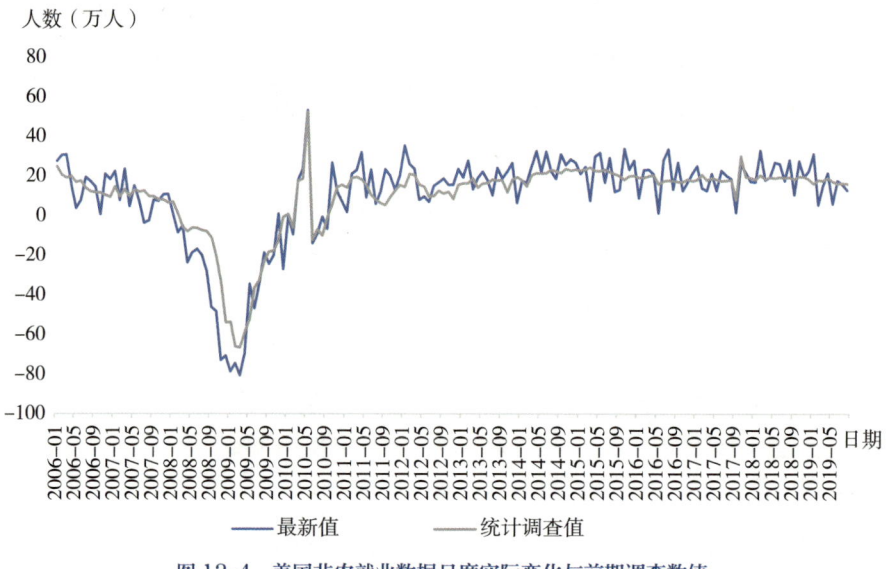

图 12-4　美国非农就业数据月度实际变化与前期调查数值

资料来源：彭博，2019 年 8 月。

失业率作为美国经济另外一种非常重要的就业数据，对美国经济的指导意义也十分重要。同时，失业率作为美联储货币政策的指引目标之一，发挥着举足轻重的作用。2008 年金融危机期间，美国失业率最高达到 9.8%，之后随着美国货币政策宽松，金融危机消退，美国失业率一直稳定下滑；2015 年之后，美国失业率下滑至自然失业率之下；2019 年 6 月美国失业率低至 3.6%，处于历史相对低位（见图 12-5）。

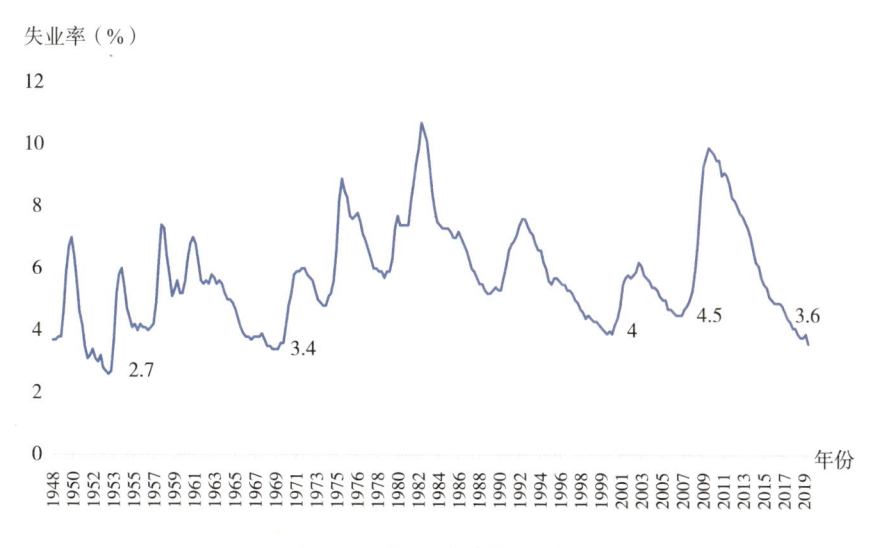

图 12-5 美国失业率的长期走势

资料来源：彭博，2019 年 7 月。

12.2.2 通胀特征：PCE 与 CPI

美国的通胀数据有 CPI 和 PCE，两者在指数成分和重要性方面差异巨大。

首先，从美国 CPI 指数的构成分项来看，能源和食品占比为 21%，非能源和食品占比为 79%（见表 12-7）。从细分分项来看，占比较大的是房屋居住、食品、医疗健康和能源，分别为 23.6%、13.3%、8.7% 和 7.7%。由于能源和食品价格波动较为剧烈，也不能反映长期通胀情况，因此美国当局也会公布剔除食品和能源的核心 CPI。

表 12-7 美国消费者物价指数权重

项目	权重
食品及能源	21.0%
食品	13.3%
能源	7.7%
剔除食品和能源的核心 CPI	79.0%
新汽车	3.8%
二手汽车	2.4%

续表

项目	权重
机票费用	0.7%
公寓酒店费用	0.9%
服饰	3.1%
租金	7.8%
房屋居住	23.6%
教育	3.0%
交通	3.6%
医疗健康	8.7%
娱乐	5.7%
家具	4.3%
其他服务	3.2%
汽车保险	2.4%
其他	5.8%

资料来源：彭博。

2000 年，美国的国会金融政策报告声称不再预测 CPI，这意味着对于美国政府和美联储来讲，PCE 的重要性大于 CPI。

从定义上看，CPI 反映城市居民购买产品及劳务的价格水平，PCE 则反映与个人消费支出有关的产品及劳务的物价变动。

CPI 和 PCE 的差异主要有几个方面（见表12-8）：权重，CPI 更加偏重于房屋，而 PCE 更加侧重于社会医疗成本等（见图12-6）；权重更新频率，PCE 更新频率更快；统计对象。

表 12-8　CPI 与 PCE 的差异分析

分类	CPI	PCE	主要差别
统计对象	城市居民购买商品和服务的物价水平	政府、企业机构、家庭	范围上 PCE 比 CPI 更加广泛，也更加具有代表意义
行业权重	偏向于房屋住所，占比达到 30% 以上	政府等机构单位的医疗保障支出较大。房屋价格指数上涨并不会立即体现为房屋居住成本的上升，房地产在居民消费比重中反应较为缓慢	PCE 更加贴合美国全社会的消费结构，能合理反映医疗支出水平，并剔除房地产价格指数对物价的滞后反应
数据公布频率	按月	按月	—
权重更新频率	每年	每月	PCE 权重更新频率较快

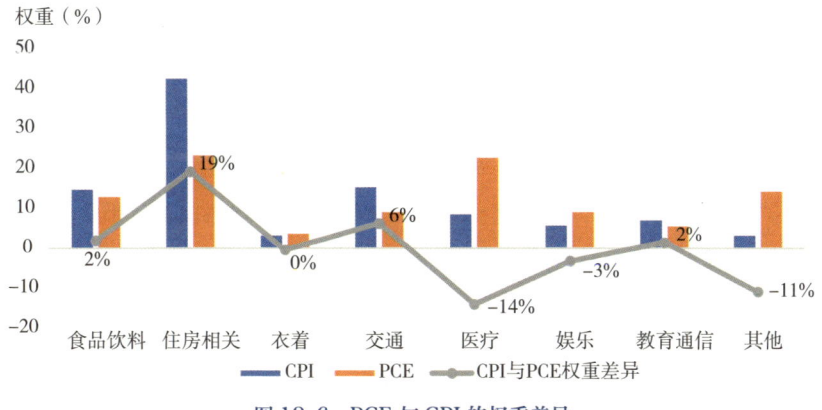

图 12-6 PCE 与 CPI 的权重差异

资料来源：美国经济分析局（BEA）、美国劳工统计局，2019 年 7 月。

从近几年的走势图（见图 12-7）来看，CPI 和 PCE 有两个特征：（1）CPI 和 PCE 自从被美联储列为长期货币政策目标，其走势长期呈现下降趋势，当前美国核心 PCE 的政策目标为 2%；（2）一般 CPI 要高于 PCE，1959 年—2019 年，CPI 平均高出 PCE 0.44%，这主要是因为 PCE 每月更新一次权重，而 CPI 则是一年更新一次权重。由于消费者更加趋向于选择相对便宜的替代商品，且 PCE 权重及时反映社会消费结构，故 PCE 一般都低于 CPI 指数，这正是"替代效应"。

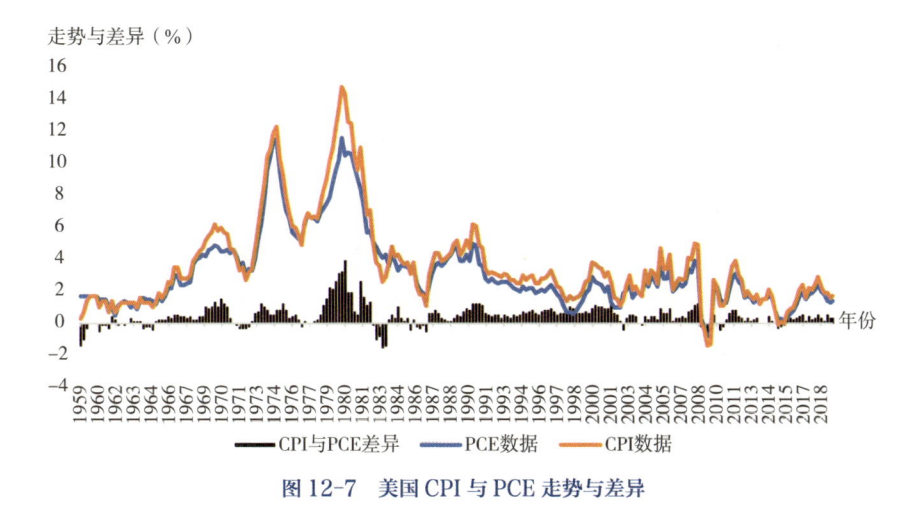

图 12-7 美国 CPI 与 PCE 走势与差异

资料来源：彭博，2019 年 7 月。

第 12 章 美联储货币政策

12.3 美联储的独立运转机制

美联储是独立于政府之外的货币政策制定者和执行者。美联储系统主要由以下三个部分组成（见图12-8和图12-9），即美联储执委会（理事会）、美联储各地分行（12家联储银行）和公开市场委员会，这三大机构决定了美联储的货币政策。虽然美联储的运行独立于政府，但是国会可以监督美联储及相关主体是否正确履行其职能。

美国国会 — 监督联邦储备体系

公开市场委员会：由理事会成员和储备银行行长组成。董事会主席是公开市场委员会主席

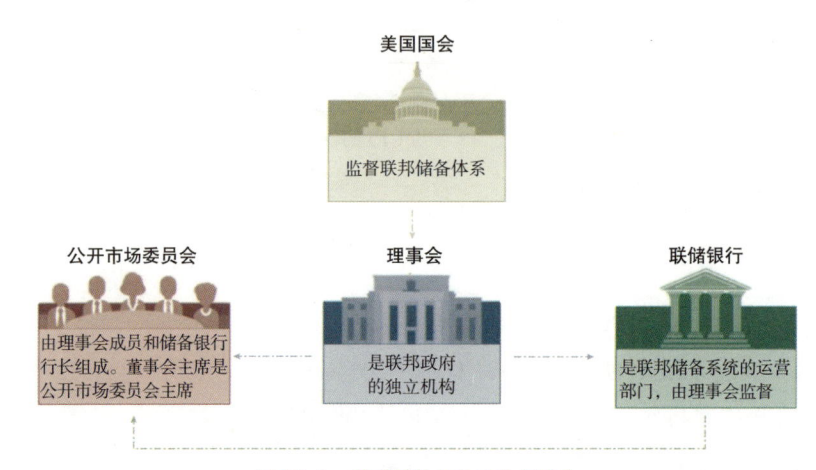

理事会：是联邦政府的独立机构

联储银行：是联邦储备系统的运营部门，由理事会监督

图 12-8　美联储独立性及监督机构

资料来源：美联储官网。

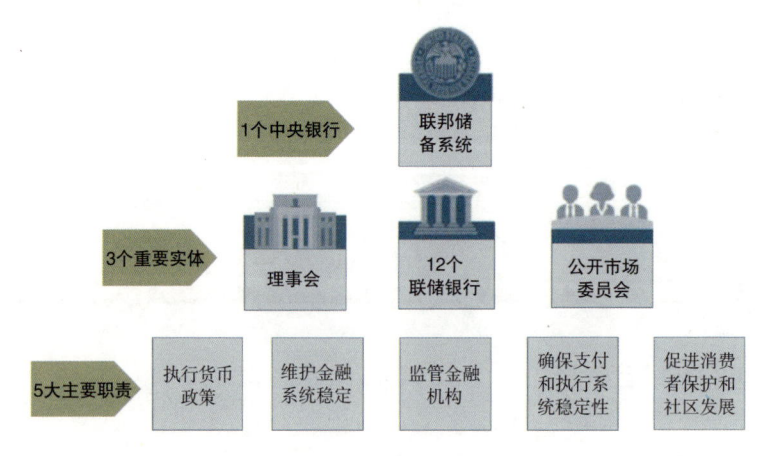

- 1个中央银行：联邦储备系统
- 3个重要实体：理事会、12个联储银行、公开市场委员会
- 5大主要职责：执行货币政策、维护金融系统稳定、监管金融机构、确保支付和执行系统稳定性、促进消费者保护和社区发展

图 12-9　美联储构成及主要职责

资料来源：美联储官网。

按照1913年国会通过的《联邦储备法》，美联储由华盛顿的联邦储备局和分布在美国各地区的12个联邦储备银行组成。12个联邦储备银行的总部分别位于波士顿、纽约、费城、克利夫兰、里士满、亚特兰大、芝加哥、圣路易斯、明尼阿波利斯、堪萨斯城、达拉斯和旧金山，每个联邦储备银行各自负责一个大区（见图12-10）。

图12-10 美联储12家联邦储备银行组成及区域分布

资料来源：美联储官网。

美联储货币政策委员有12名，其中包括7位华盛顿联邦储备局的执行委员和5位联邦储备银行主席。7位华盛顿联邦储备局的执行委员有永久投票权，1位纽约联邦储备银行行长也有永久投票权，剩余4位联邦储备银行主席不具备永久投票权，而是从剩余的11家联邦储备分行选拔轮流做主席。从货币政策委员所在分行区域分布来看，多数联邦储备银行分布在美国的东北部地区，这主要是由于美国的经济重心在东北部。

由于纽约联邦储备银行有永久投票权，所以其在美国经济中占据着重要地位。克利夫兰和芝加哥联邦储备银行主席每两年就可以担任公开市场委员会投票委员，而其他联邦储备银行主席则需要三年，这是因为克利夫兰和芝加哥是全美制造业中心，故在货币政策委员会中的地位更加重要。为使各联邦储备银行能够相互制衡，东、西海岸和中部地区需要在公开市场委员会中具有相对平等的决策权，分组轮流，减少投票数目，以提高决策效率。

之所以介绍美联储构成及货币政策委员名单构成机制（见表12-9），主要是让读者明白，美联储的货币政策除了代表全美诉求，还代表每个州背后的经济诉求。正因为美国不同州的经济体制和所处的经济周期不同，它们对于货币政策的诉求也会有所不同。因此，研究货币政策委员会的构成有利于了解不同委员在货币政策决议中投票背后的真实原因，也有利于分析货币政策的未来趋势和发展。

表12-9 美联储货币政策委员名单

序号	执行委员	职位/所属行	投票权
1	杰罗姆·鲍威尔	联邦储备银行主席	永久
2	米歇尔·鲍曼	联邦储备局	永久
3	莱尔·布雷纳德	联邦储备局	永久
4	理查德·克拉里达	联邦储备局	永久
5	兰德尔·夸尔斯	联邦储备局	永久
6	约翰·威廉姆斯	纽约联邦储备银行副主席	永久
7	詹姆斯·布拉德	圣路易斯联邦储备银行	轮流
8	查尔斯·埃文斯	芝加哥联邦储备银行	轮流
9	埃德·乔治	堪萨斯城联邦储备银行	轮流
10	埃里克·罗森格伦	波士顿联邦储备银行	轮流
替补委员			
11	帕特里克·哈克	费城联邦储备银行	轮流
12	罗伯特·卡普兰	达拉斯联邦储备银行	轮流
13	尼尔·卡什卡里	明尼阿波利斯联邦储备银行	轮流
14	洛蕾塔·梅斯特	克利夫兰联邦储备银行	轮流
15	迈克尔·斯特林	纽约联邦储备银行第一副主席	轮流

资料来源：美联储官网。

12.4 货币政策会议及点阵图

每年美联储一般会召开8次货币政策会议，例如2018年召开的8次货币政策会议的时间如表12-10所示。一般美联储一个季度召开两次会议，以季度末的会议最为重要，且一般货币政策利率调整也会放在季度末的会议当中。

表 12-10 2018 年美联储召开的 8 次货币政策会议

次数	时间
第一次	2018 年 1 月 30~31 日
第二次	2018 年 3 月 20~21 日
第三次	2018 年 5 月 1~2 日
第四次	2018 年 6 月 12~3 日
第五次	2018 年 7 月 31 日~8 月 1 日
第六次	2018 年 9 月 25~26 日
第七次	2018 年 11 月 7~8 日
第八次	2018 年 12 月 18~9 日

每次货币政策会议，美联储各位官员都会对美国经济数据进行分析和讨论，并且基于讨论结果对美联储联邦基金利率（隔夜无风险利率）的上限和下限进行投票表决——是加息、减息还是保持不变。其中还会涉及美联储资产负债表的操作和处理，包括缩表或者扩表、资产购买及购买规模等。

联邦基金利率的下限和上限分别对应超额准备金利率和隔夜逆回购利率。其中超额准备金利率是美国货币经纪商向美联储存款的利率水平，如果市场上的利率水平低于超额准备金利率，那么货币经纪商会选择把多余的流动性金钱存入美联储。逆回购率是美联储可向市场供应货币量的利率，当市场利率高于逆回购率时，货币经纪商可以选择向美联储拆借资金。

一般，美联储联邦基准利率具有期货品种，投资者可根据未来远期利率预期进行交易，从而形成远期的隔夜利率曲线。

美联储联邦基准利率期货能折射远期隔夜利率的远期交易水平，这个交易数据是市场投资者对于远期利率水平较为一致的共同预期。基于联邦基准利率期货，可形成美联储的加息和降息预测概率图，该概率图可以较为有效地预测未来一段时间内美联储的加息和降息概率。

图 12-11 所示为基于 2019 年 8 月 7 日计算的 2019 年 12 月之前美联储的加息和降息概率图。当前联邦基准利率为 2.00~2.25。2019 年年底，各个利率对应的概率和降息次数（假设每次降息幅度为 25bp）如表 12-11 所示。

从联邦基准利率来看，2019 年年底前平均降息次数为 2.62 次，大概率降息 2~3 次。降息概率为 100%，降息 2 次及以上的概率为 91.4%，降息 3 次及以上的概率为 55.8%，降息 4 次的概率为 14.4%。

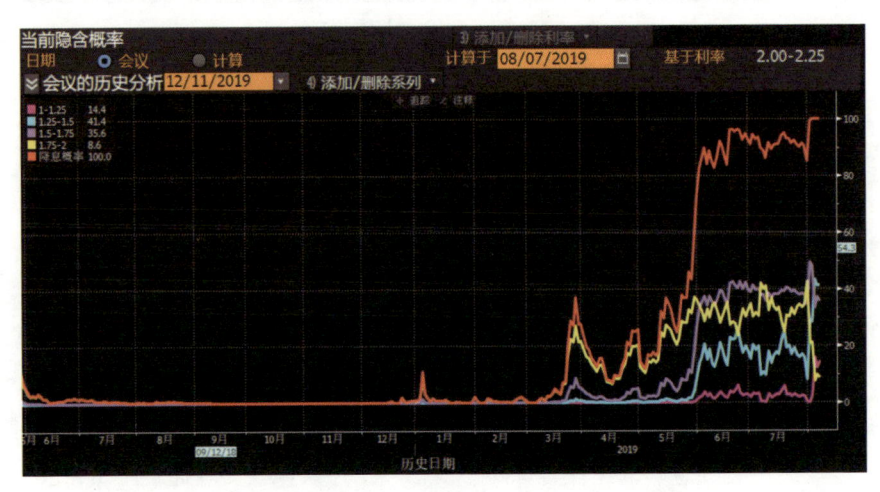

图 12-11　2019 年 12 月的利率期货矩阵隐含降息概率图

资料来源：彭博，2019 年 7 月。

表 12-11　联邦基准降息和加息概率

利率区间	概率	降息次数
1～1.25	14.4%	4
1.25～1.5	41.4%	3
1.5～1.75	35.6%	2
1.75～2	8.6%	1
合计/平均	100%	2.62

下一次的联邦基准利率变化存在概率指引，未来 2～3 年的远期联邦基准利率也存在一个预测方法，就是美联储的利率点阵图。

一般，在每个季度末的美联储货币政策会议上，货币政策委员会成员会根据自己的未来经济展望给出不同远期的利率指引，构成美联邦基准利率点阵图（Dot Plot）。该点阵图的中位数构成了未来货币政策的远期曲线，可以对未来利率形成指引（见图 12-12）。从点阵图来看，绿色的线是 2019 年 6 月美联储货币政策委员对于中长期的利率期望，灰色的线是 2018 年 12 月美联储货币政策委员对于中长期的利率期望。从这两条线来看,2019年6月期望的未来利率水平大幅低于2018年12月。

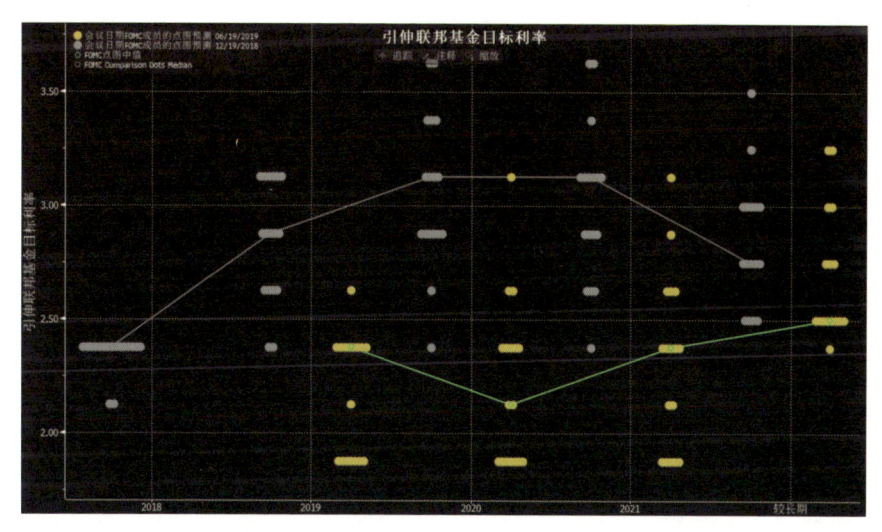

图 12-12　美联储的点阵图(2018年12月与2019年6月的对比)

资料来源:彭博,2019年7月。

美联储货币政策的短期利率调整,将传导至长端无风险利率(美国国债收益率),进而传导至风险资产的利率(美元债的信用利差和综合收益率等)。一般,快速上涨的美国国债利率会导致美元债市场的回调,利率下行有利于美元债市场的走势。

第 13 章　美国财政政策

　　财政政策一般是政府积极调节经济周期的重要手段，可用于调剂社会总需求，防止经济过热或者陷入经济危机。合理有效的财政刺激能够有效保证需求，恢复经济活力。不同国家财政政策决策机制也不相同，中国地方政府债务是一大特色。近些年地方债的重启，以及对地方政府的预算硬约束，都使得我国财政政策与国际经验不大相同。

　　美国国债利率对于中资美元债的走势至关重要，例如 2018 年美国国债利率大幅上升 100bp，中资美元债遭遇大熊市。美国财政政策对于美国国债利率有直接的影响。积极的财政政策往往导致美国国债利率上行，而紧缩的财政政策则导致美国国债利率下行。

　　财政政策分为财政收入和财政支出两个方向。其中，财政收入包括税收收入、财政基金收入等；财政支出包括教育、医疗、公共设施建设等支出。财政支出大于财政收入，便会产生财政赤字。政府通过发行国债来填补财政赤字缺口。积极的财政政策往往导致美国政府国债供给上升，筹集的资金用于财政支出，反之则会导致国债供给减少。

　　本章主要从三个部分介绍美国财政政策：第一部分介绍美国财政审批机制（包括美国三权分立下的财政纪律机制），以及美国的财政赤字现状和历史；第二部分介绍当前美国国债市场的现状、常见发行品种、发行规律和市场购买行为，这对预测美国国债利率走势十分重要；第三部分介绍美国国债利率曲线倒挂对投资的重大影响，这一部分内容属于对无风险利率的进一步研究，有助于在利率曲线倒挂的极端情况下做出合适的投资决策。

13.1 美国财政政策历史全回顾

美国政府虽然有一套分权的财政预算制度，但仍然避免不了财政赤字出现。积极有效的财政政策有利于烫平经济周期，但过激的财政政策可能导致政府负债较高，有损政府的信用分数及货币的国际地位。1970—2019 年，美国财政赤字经历了以下几个阶段。

第一阶段：1970 年之前，美国财政赤字处于规模小、期限短的状态，除一战和二战期间，其余时间财政赤字都不超过 GDP 的 1%。

第二阶段：1970—1992 年，美国财政赤字呈现连年增长的趋势（见图 13-1）。20 世纪 70 年代后期财政赤字占 GDP 的比重平均为 2.9%，80 年代财政总赤字上升至 40%，90 年代中期财政赤字率达到 5%。其间，美国财政赤字增长背后的原因主要有：

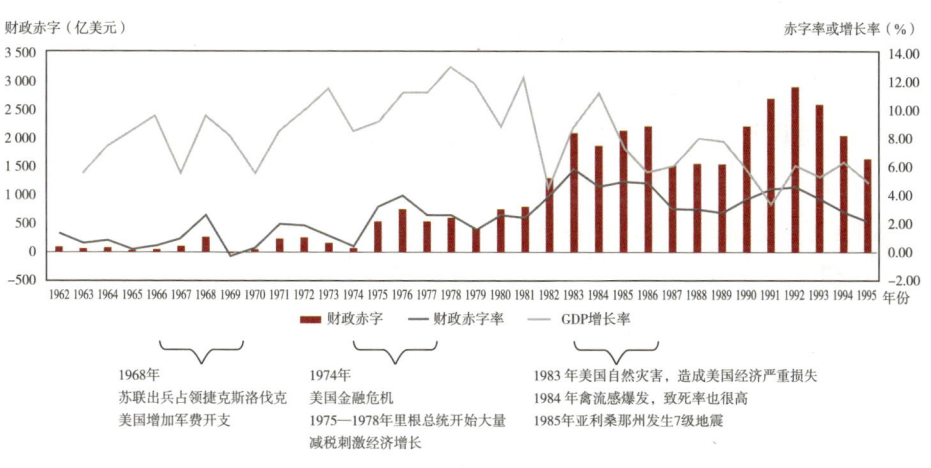

图 13-1 美国财政周期（1962—1995 年）

- 1970 年之后，美国经济增长缓慢，导致财政收入增长势头下降，而社会失业率上升导致社会福利性开支加大，通胀高企也加重了政府的财政支出压力。
- 里根总统上台后，强调扩大美国的国防能力，并启动财政刺激计划来刺激经济增长，这造成财政赤字大幅上升。

第三阶段：1992—2000 年，自克林顿执政以来，美国财政赤字递增的趋势得到扭转，1992 年达到了高峰 2 900 亿美元，1993 年开始回落。财政赤字回落主要得益于：

- 克林顿执政后，签署了《总体预算调和法案》，该法案提出 5 年之内削减财政赤字 4 300 多亿美元的计划，其中绝大部分依靠经济增长的税收增加来实现。之后克林顿政府实施了小规模减税、缩减政府福利性开支、压缩国防费用和政府行政费用等一系列措施。
- 在克林顿出台的一系列政策的影响下，美国通胀得到有效遏制，经济恢复快速增长，政府税收也不断增加。当时，美国各州也出台削减政府福利政策，以减轻联邦政府的财政支出压力。

第四阶段：2001—2019 年，小布什总统执政之后，美国财政状况不断恶化，2002 年美国结束了连续 4 年的财政盈余。小布什当政期间阿富汗和伊拉克战争爆发，导致美国国防支出大幅攀升，财政赤字不断攀升（见图 13-2）。2007 年之后，美国金融危机萌芽，美国政府的税收收入大幅削减导致财政赤字大幅攀升；2008 年美国爆发全面金融危机，当年财政赤字超过 1 万亿美元；2009 年美国财政赤字达到 1.4 万亿美元，这也是自 1945 年以来的最高纪录。

美国财政赤字自 2007 年金融危机以来占 GDP 比例从 35.2% 逐步上升到约 80%，上浮幅度大且速度非常迅速。大量的财政赤字也会产生一系列负面影响。

- 增加政府的财政压力。巨额财政赤字会提高美国的借贷成本，进一步增加财政压力，提高通胀预期，从而对美国经济形成压力。
- 巨额财政赤字可能影响美元信誉，造成美元贬值，并对美国主权信用产生负面影响。

- 美国政府的财政预算需要国会审批，这会对美国政府的相关财政政策形成较大的制约，例如政府期待的基建政策和减税政策都将受到制约。

图 13-2　美国财政周期（1990—2019 年）

13.2　美国财政政策审批流程及多党博弈

13.2.1　美国财政政策的流程制度

（1）美国政府预算职能机构的基本框架

美国联邦政府行使财政职能的法律依据是美国宪法，它赋予了联邦政府在筹集财政收入和安排财政支出方面的权力，但并未直接对州和地方政府的财政职能做出规定。美国宪法在赋予了州政府充分权力的基础上，为了国家的整体利益，仍然在某些方面对州政府的权力进行了一定限制，例如州政府不能征收关税。各州也通过州宪法自行对州政府的财政职能和权力进行限制，但由于各州情况不同，**各州之间有关宪法条文相差较大，因而各州政府财政收支的权限规定也就有所不同。**

美国是行政部门、立法部门和司法部门三权分立的国家。行政部门和立法部门各有一套参与预算编制和审核的系统，二者各有侧重，互相制约、共同配合，履行政府预算的职能。其中，行政部门参与预算编制的主要角色有总统、经济三角（由美国财政部、国民经济委员会、经济建议委员会组成）、总统预算管理办公室。行政部门的不同角色在财政预算中承担的职责如下：

总统：决定预算实施政策，向国会提交预算报告；随时向国会提交追加预算的请求和预算修正案；签署或否决收入、授权和其他与预算相关的法律；向国会通报取消或延期支出的项目；如必要，签署取消某项预算收入的征收等。

经济三角：由国民经济委员会、经济建议委员会和美国财政部共同负责经济预测并制定主要的经济政策。

- **国民经济委员会**的主要职责是为总统提供国民经济政策（各内阁部门都有人员参加），制定经济政策和预测报告。
- **经济建议委员会**主要是向总统建议税收政策和需要财政投入的重点领域。
- **美国财政部**建立于1789年，当时其职能是管理国内收入、组织预算执行和进行一些其他财政金融活动。其后，财政部的职能和规模不断扩大，目前其基本职能主要是拟定和建议经济、金融及财政政策，办理国库业务，执行有关预算法令，印铸货币，管理公债，管理国家政策性银行和国家金银。美国财政部由税务局、烟酒火器局、公共债务局、通货检查局、美国储蓄债券局、美国造币局、美国海关总署、金融管理局、国库局、节俭检查办公室等组成。美国财政部负责根据历年的收入情况和经济发展预测，编制收入预算（支出预算由总统预算管理办公室编制），供总统预算管理办公室参考，然后根据国会批准的预算，组织资金供应。财政部约有员工2 200人。

总统预算管理办公室：分为预算部门和管理部门两部分。美国的总统预算管理办公室是独立于财政部，直接向总统负责的机构，其职责主要是编制支出预算，即根据各部门、机构提出的预算方案，经核查后统一汇编成联邦预算，交总统审核，然后由总统提交给国会。经国会批准后，总统预算管理办公室按项目分配资金并监督行政部门的预算执行，保证其达到预算目标，促进政府内部机构之间的合作与协调。此外，总统预算管理办公室还负责制定政府采购的政策、规章和程序、定员定额管理、常规预算的审查等。

（2）预算编制程序

一般来说，在一个财政年度内，政府要在执行本财政年度预算的同时，审核上一财政年度的预算，编制下一财政年度的预算。**美国的预算编制程序复杂、耗时，从各部门编制各自的预算开始，到联邦预算执行后的审计，历时33个月。** 联邦预算的编制程序如下：

①预算编制（9个月）。该阶段，准备预算框架大概需要3个月；美国各部门编制预算需要3个月；总统预算管理办公室审定部门预算，形成总预算需要3个月。合计9个月后，财政预算草案成形，按照法律规定，总统要在2月向国会提交联邦预算草案。

②国会审批预算（9个月）。每年2月，总统向国会提交联邦预算草案。国会的立法者们将花费数月之久起草12个拨款法案（12个拨款小组委员会），目前的12个拨款小组委员会包括农业农村发展食品与药物管理、商业公平与科学、国防、能源和水利、金融服务与一般政府、国土安全、内政与环境、劳工卫生及公共服务和教育、立法支、军事建设与退伍军人事务、国务与外交事务、交通住房与城市发展。当12个拨款法案在众议院与参议院获得通过并经总统签署同意后，联邦预算才能变成法律。

一般国会编制和审核预算草案分为以下五个主要步骤：

- 第1步，总统向国会提交预算请求（预算案）。
- 第2步，国会众议院与参议院投票通过预算决议案。
- 第3步，国会众议院与参议院小组委员会审定拨款法案。
- 第4步，国会众议院与参议院就每个拨款法案进行投票，并弥合分歧。
- 第5步，总统签署拨款法案，预算成为法律。

在总统提交了预算请求，并经国会的立法者们充分审议后，众议院预算委员会与参议院预算委员会将分别提出一个预算决议案。当然，众议院将在参议院之前提出自己的预算决议。与税收法案一样，预算决议不仅仅是一份有法律约束力的文件，事实上它更像一幅蓝图，或者说是一个总计划。预算决议设定了联邦政府各部门的年度支出限额，但并不会规定每个项目的具体支出数额。当众议院与参议院都通过了自己的预算决议后，两院将举行一个联合大会，以消除两个预算决议之间的差异。然后，两院分别对调和一致后的预算决议案进行投票。举行联合大会的目的，是让众议院与参议院的所有成员都坐到一起，调和参众两院分别提出的关于同一事项的两个法案之间的差异。这个过程共需9个月。

在国会对预算进行立法的阶段，总统也修正他的预算建议。国会听取国会预算委员会的建议后通过总统预算提案，经总统签署后开始生效；**如果总统否决国会的预算方案，而国会仍坚持其方案，则国会又要经过类似的程序对预算进行重新审议。**

一般在新的财政年度开始之前（在10月1日到来之前），12个拨款法案就已经全部获得国会通过并经总统签署成为法律的概率极小。因此，如果10月1日之前预算过程还没有完结，国会就会通过一个持续决议案，以保证各联邦政府机构在预算正式编制完成之前，能够继续获得维持运行所需的资金。持续决议案要求在新的拨款法案成为法律之前，目前的支出一直延期。

③预算执行年度（12个月）。预算由国会通过并经总统签署后就成为预算拨款的基础，并且以法律的形式固定下来。总统预算管理办公室负责预算管理和分配资金，它按进度分季拨款和按项目类别进行分配。在执行过程中需要追加支出，必须经过国会立法修正案。行政部门在执行预算过程中，在某些特殊的情况下可以推迟或取消某些项目的支出。这些措施也必须向国会报告，国会可以同意也可以否决这些措施。按照法律规定，经费超支或该花的钱没花同样是违法的。国会会计总监局负责审查联邦预算的执行结果与国会通过的法案是否相符，对部门和项目的预算支出效益进行评估。

预算执行中的资金调拨事宜具体由财政部负责。财政部在各银行均有两个账户，即收入户（存款户）和支出户，纳税人纳税时在自己的开户行就可将税金直接划入财政存款户。由于银行间已实行了联网，财政部和联邦储备银行随时都可以了解到财政收入的情况。财政部根据总统预算管理办公室的预算安排，将资金由存款户划入支出户，办理预算拨付。美国联邦财政支出的40%，是通过政府采购方式（国防支出占的比重最大），由财政部直接支付给商品和劳务的供应者。利用计算机网络，财政部可以按天编制资金平衡表。当预算资金出现收不抵支时，财政部可以根据国会核定的债务额度，按资金缺口的时限和当时的银行利率，灵活地确定债务种类、期限和利率。

④决算的汇总和审计过程（3个月）。预算年度结束后，由财政部与总统预算管理办公室共同编制反映预算年度内的预算收支执行情况的决算报告，经审计机构审核和国会批准后即成为正式决算。国会会计总监局在每个政府机构内部都设有一个总检察官，他们与政府机构相对独立，负责审计年度决算执行情况。如果存在商业性开支，国会会计总监局也会请民间的会计公司参与审查。

13.2.2 两党、白宫在财政政策中的角色和博弈

在12个拨款小组委员会提出了拨款法案后，全体众议院及全体参议院将展开辩论，然后进行投票。在国会众议院与参议院分别通过各自的拨款法案之后，一个由国会众参两院议员参加的联席委员会将举行会议调和众参两院分别通过的拨款法案之间的分歧，并就最终的拨款法案达成一致。在联席委员会提出一个调和一致的拨款法案之后，众议院与参议院再次进行投票，但是两院在这次投票中所针对的法案将是同一个。法案得到众议院与参议院的通过之后，才能被提交给总统。

众议院规则委员会完全处在多数党的掌控之下，而这个委员会可以决定众议院将审议哪些法案、不审议哪些法案，这也就意味着多数党不仅可以影响联邦支出的优先排序，而且可以控制众议院所有的立法活动。目前，众议院多数党领袖为现年80岁的民主党人南希·佩洛西，她的态度对于两党关于财政政策的调和至关重要。另外值得注意的是，现在的参议院多数党领袖米奇·麦康奈尔，曾经在2010年奥巴马的第一个任期中，成功阻挠了民主党的关键议案；拜登上台之后，再次面临参众两院被两党分别占据的局面，他极有可能再次针对民主党采取类似的阻挠行动。

可见，不同党派在国会两院的席位及其多数党领袖对于财政预算法案的立法活动会产生重大的影响。统一的国会（例如民主党或者共和党中一党控制两院时）会使得法案通过概率较大，分裂的国会（两院的多数党掌握在不同的党派手中）会使得法案通过阻力增大。

例如2020年3月末，美国国会的《冠状病毒援助、救济和经济安全法案》中失业救济计划已于7月31日到期，其他计划也将陆续到期。自2020年7月以来，

美国两党就进行了多轮谈判,双方持续数月仍未就新一轮财政刺激计划达成一致,陷入僵局。

表 13-1 2020 年新冠肺炎疫情暴发以来,美国国会提出的主要财政刺激法案对比

分项	CARES 法案 国会通过 2020-03	HEROS 法案 民主党 2020-05	HEROS 法案 民主党 2020-10	HEALS 法案 共和党 2020-07	HEALS 法案 共和党 2020-10
总规模	3.2 万亿美元	3.4 万亿美元	2.4 万亿美元	1.1 万亿美元	5 000 亿美元
小企业补助	10 100 亿美元	0 亿美元	0 亿美元	2 000 亿美元	1 100 亿美元
企业税减免	3 460 亿美元	360 亿美元	480 亿美元	2 030 亿美元	—
纾困支票	2 930 亿美元	4 360 亿美元	1 330 亿美元	3 000 亿美元	—
医疗、卫生	2 770 亿美元	3 820 亿美元	2 630 亿美元	1 110 亿美元	500 亿美元
失业救助	2 740 亿美元	4 370 亿美元	3 900 亿美元	1 100 亿美元	1 750 亿美元
州和地方政府补贴	2 560 亿美元	1 1180 亿美元	7 170 亿美元	1 050 亿美元	1 000 亿美元
社会安全、个人税收	830 亿美元	7360 亿美元	3460 亿美元	180 亿美元	—
减免	0	0	0	0	0
其他	6270 亿美元	3 020 亿美元	4 300 亿美元	810 亿美元	650 亿美元

资料来源:美国国会官网。

僵持的原因主要是民主党和共和党在新一轮财政刺激计划和资金使用上存在巨大分歧。民主党方面建议提高财政刺激计划的规模,进一步加强对个人和州政府的援助;共和党方面倾向于降低刺激计划的规模,削减对个人的援助。主要区别表现在如下方面:

- 财政刺激计划的规模。民主党方面最初希望规模超过 3 万亿美元,随后有所让步,表示求助计划不能低于 2 万亿美元;共和党方面希望将规模控制在 1 万亿美元。两党在刺激计划规模方面的分歧较大。
- 对州政府的救助。在新冠肺炎疫情的冲击下,美国各州财政面临较大压力。民主党提出联邦政府对州政府实施援助,规模为 1 万亿美元,以补充财政收入;共和党面向州政府的财政刺激措施,仅有 1 050 亿美元的教育基金计划。
- 对企业的救助。共和党方面提出 2 000 亿美元的小企业救助方案和 2 030 亿美元的企业税减免方案,民主党方面仅有 360 亿美元的减免企业税方案。两党

均表示对大型企业暂时不必提供援助，这是两党在财政刺激计划谈判中唯一的共识。
- 对个人的救助。对个人的救助是民主、共和两党的最大分歧点。民主党希望将目前的每周 600 美元的失业救济全额延长，并进行新一轮的现金派发，总规模达 9 000 亿美元；共和党提出将失业救济下调至每周 200 美元，救助规模仅为 4 100 美元。

综上所述，两党在两院中的席位实力较量下，通过对美国财政预算法案投票来进行博弈。而白宫亦可否决国会的预算法案，也就是拒绝签字。从这个角度来看，两党（国会）与白宫会在共同的博弈下达成统一的财政政策法案。

13.3 美国国债之常见品种及供需规律

13.3.1 几种常见的发行品种

美国财政赤字主要由美国政府发行国债来弥补，即美国政府通过发行国债筹集资金用于政府开支，包括军费开支、社会公共预算开支等。

美国国债市场存量与美国财政赤字具有强烈的正相关性。从美国国债存量增长速度来看，2001 年小布什上台之后，美国国债存量增长速度开始大幅攀升；2007 年美国金融危机之后，美国财政收入开始大幅放缓，为刺激经济增长，美国开始增加财政开支；2008 年美国国债同比增长速度达到 28%，创历史增速新高；随后 2009 年、2010 年也保持着 26% 和 22% 的高速增长（见图 13-3）。

从发行期限结构来看，美国国债分为短期国债（1 年以内）、中期国债（2~10 年）和长期国债（10 年以上）（见表 13-2）。中期国债、长期国债、短期国债、通胀保值债、浮息债券的存量占比分别为 60%、14%、14%、9% 和 3%。从存量占比来看，2~10 年期的中期国债占比最大，其也是最受投资者欢迎的品种（见图 13-4）。

图 13-3 美国公众持有的国债存量历年变化

资料来源：美国财政部。

表 13-2 美国国债的种类

种类	说明
短期国债	短期国债主要品种为 1 个月、3 个月、6 个月、12 个月，以及现金管理国债。短期国债采用贴现方式发行
中期国债	中期国债主要期限为 2 年、3 年、5 年和 10 年
长期国债	长期国债的期限为 10 年以上，主要期限为 20 年和 30 年。2001 年以后，美国暂停了 30 年期国债
通胀保值债	通胀保护债券。通常每半年付息一次，期限为 5 年、10 年和 30 年
浮息债券（FRNs）	票息跟随拆借利率定期调整的债券

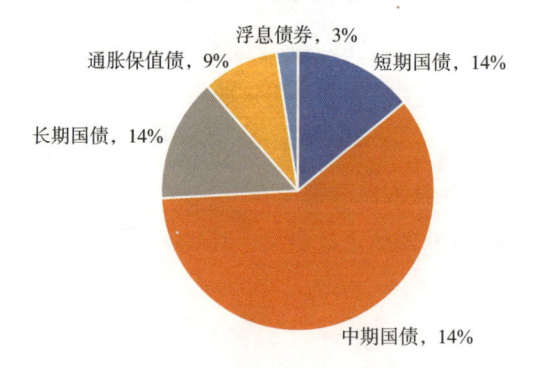

图 13-4 美国各种类型国债占比

资料来源：美国财政部。

截至 2018 年年底，2 年期、3 年期、5 年期、7 年期、10 年期美国中期国债及浮息债券和通胀保值债的占比分别为 19.2%、16.6%、21.2%、17.4%、12.1%、8.6% 和 5.0%（见图 13-5）。从占比来看，有以下几个特征：

- 浮息债券自 2013 年以来开始出现较大幅度增长，主要是因为 2013 年美联储宣布退出量化宽松，美国利率开始缓慢抬升，增加了市场对浮息国债的需求。
- 从各期限占比来看，2～10 年期国债占比分布比较均匀，其中中短期（不超过 5 年）占比超过中长期（5～10 年）。

图 13-5 美国不同国债品种的存量占比及历年变化

资料来源：美国财政部。

从长期国债品种来看（见图 13-6），30 年国债占比最高，其次是通胀保值债。30 年国债普遍作为长线资金的配置品种，另外，由于其久期较长，也常作为市场交易品种。

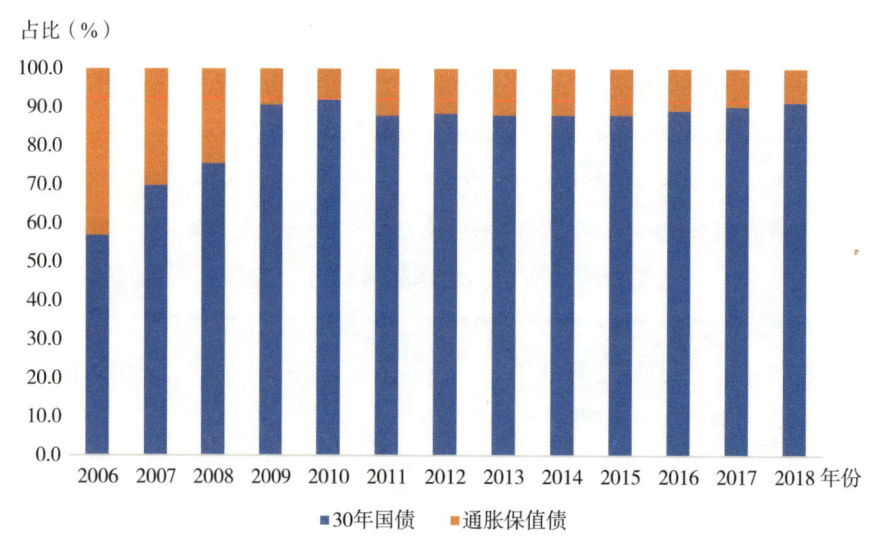

图 13-6　美国长期国债的不同品种占比及历年变化

资料来源：美国财政部。

13.3.2　国债供给规律

美国财政部报告显示，2019年年初，美国国债存量超过22万亿美元，而2009年的国债存量规模为10.6万亿美元，10年翻倍。自特朗普上任以来，国债总额以每年1万亿美元的速度加速增长，2018年美国国债的净发额度达到1.34万亿美元，同比增长243%。可见，美国国债新增供给量非常巨大，这也是2018年美国国债收益率大幅上升的主要原因之一。

从供给节奏来看，短期国债的发行频率最高，例如1~6月的短期国债平均每周发行一次，没有续发，一般每周四会簿记。2年、3年、5年和7年中期国债发行频率为每月一次，除3年期是月中簿记，其余期限都是月末簿记，没有续发。

10年期中期国债和30年期长期国债由于受到市场交易员广泛关注，每年2月、5月、8月和11月进行新发，1月、3月、4月、6月、7月、9月、10月、12月续发（见表13-3）。

表 13-3　美国各类国债招标频率和时间

国债种类	招标宣布	发行日
一、短期国债		
现金管理国债	不定	不定
1 个月	周频率，周二	周四
3 个月	周频率，周一	周四
6 个月	周频率，周一	周四
1 年	周频率，周二	周四
二、中期国债		
2 年	月频率	月末
3 年	月频率	月中
5 年	月频率	月末
7 年	月频率	月末
10 年	新发：2 月、5 月、8 月、11 月 续发：1 月、3 月、4 月、6 月、7 月、9 月、10 月、12 月	月中
三、长期国债		
20 年	1986 年之后停止招标	—
30 年	新发：2 月、5 月、8 月、11 月 续发：1 月、3 月、4 月、6 月、7 月、9 月、10 月、12 月	月中
四、通胀保值国债		
5 年	新发：4 月 续发：8 月、12 月	月末
10 年	新发：1 月、7 月 续发：3 月、5 月、9 月、11 月	月末
20 年	2009 年之后停止招标	—
30 年	新发：2 月 续发：6 月、10 月	月末

总体来看，近年来美国国债单期发行的规模基本都在 200 亿～400 亿美元，10 年期及 30 年期这两个期限较长的国债单期发行规模相对小一些，为 150 亿～250 亿美元（见表 13-4）。根据美国国债的拍卖节奏，投资者可以关注美国国债的一级市场拍卖情况（包括价格与倍数），从而判断美国的供给与需求博弈，进而判断美国国债收益率的走势。

表 13-4　美国国债单只发行常规规模

国债种类	发行期限	规模（亿美元）
短期国债	1 个月	200 ~ 400
	3 个月	200 ~ 300
	6 个月	200 ~ 300
	1 年	200 ~ 300
中期国债	2 年	300 ~ 400
	3 年	250 ~ 400
	5 年	200 ~ 400
	7 年	200 ~ 320
	10 年	150 ~ 250
长期国债	30 年	150 ~ 250

13.3.3　国债市场需求

美国国债被全球投资者购买，很大部分被非美国家的中央政府银行或者主权基金持有，外国投资者持有美国国债存量约 6.2 万亿美元，约占美国国债总存量的 29%。从国家和地区来看（见图 13-7），中国、日本和欧洲持有的美国国债存量占比最大，其中中国和日本分别持有 1.12 万亿美元、1.08 万亿美元，存量占比分别为 17.3% 和 16.7%。如果算上香港持有的 2 076 亿美元，中国合计持有美国国债 1.33 万亿美元，占比达到 20.5%。纵观全球，美国国债的认可度高，需求旺盛，成为国家主权基金的主流配置品种。

从不同机构类型这个维度来看，美国政府公共部门（政府持有）持有美国国债存量占比为 27.4%，非美国政府公共部门（公众持有）持有美国国债比例为 72.6%，其中外国投资者持有约 29%（见表 13-5）。持有美国国债的美国政府公共部门有社会保证及残疾人保险、联邦退休基金等，非美公共部门包括外国投资者、美联储、共同基金、银行和保险、企业年金等。

图 13-7 各个国家和地区持有美国国债的占比

资料来源：美国财政部。

表 13-5 美国国债的机构投资者分布

持有类型	持有人类型	持有金额（万亿美元）	占比（%）	合计
政府持有	社会保证及残疾人保险	2.80	13.1	27.4%
	联邦退休基金	1.00	4.7	
	军人退休基金	0.83	3.9	
	医疗基金	0.31	1.4	
	其他退休基金	0.29	1.3	
	现金购买	0.63	3.0	
公众持有	外国投资者	6.20	29.0	72.6%
	美联储	2.46	11.5	
	共同基金、银行、保险	2.70	12.6	
	企业年金	1.58	7.4	
	其他投资者	2.56	12.0	
	合计	21.36	100.0	100%

资料来源：彭博。

之所以分析美国国债的需求和持有者结构，主要原因是持有者的买卖行为对美国国债收益率的影响至关重要。例如，如果中国或日本减持美国国债，可能会造成美国国债收益率大幅上行。

13.4　美债收益率曲线利差及交易策略

对美元债市场影响重大的不仅仅有美国国债收益率的高低，美国国债收益率期限利差（收益率曲线结构，具有显著代表性的期限利差指标是2~10年期美国国债的收益率利差）对美元债市场的影响也至关重要。

例如美国国债收益率曲线倒挂，往往会引发市场避险情绪上升，导致资本开始投资避险品种（FTQ）。在这种情况下，投资者往往缩短美元债的投资久期，并且选择买入投资级美元债，卖出高收益美元债，信用利差走阔。

美债收益率曲线走陡往往意味着美国通胀预期升温，而因为经济未完全修复，短期流动性仍然保持宽松，收益率曲线陡峭化，例如：2016年11~12月，在特朗普上台之后，对新政府未来的财政刺激方案及预期通胀升温，导致收益率曲线大幅走陡；2021年1~3月，随着新冠疫苗逐步推出，疫情会得到控制和通胀预期逐步回升，美债收益率曲线大幅走陡。

在收益率曲线趋平和走陡的过程中，对应的美元债策略往往不同。例如，在收益率曲线走陡的过程中，由于短期利率相对不变，长期利率因为财政刺激政策和通胀预期升温而大幅上行，此时应该投资能够抵御通胀上行的高收益品种。收益率快速平坦化甚至收益率曲线倒挂，往往对应着经济衰退和风险情绪恶化，此阶段往往是投资长久期的投资级美元债更佳。但无论何时，我们都要根据实际情况以及曲线变化的背后原因、曲线形态和变化的速度，做出具体的投资策略。

2007年，美国国债收益率曲线倒挂成功预测了2008年金融危机。回归分析显示，1977—2019年，美债收益率利差对于未来经济衰退预期解释度达到90%以上。格罗斯也认为，收益率曲线过低甚至不需要倒挂便可能引发经济衰退，美债利差收窄到20~30bps可能导致经济放缓。

从2008年金融危机、2000年科网泡沫危机、1990年经济危机来看（见图13-8），2~10年美国国债的收益率利差均出现倒挂，而且曲线倒挂领先经济衰退大约6个月。一般金融危机爆发前6个月，美国国债收益率利差接近零甚至倒挂。从美国国债利差与美国供应管理协会制造业PMI指数走势来看（见图13-9），美债利差低点往往领先 PMI 指数低点，领先时间差不多半年到一年不等。美债利差可以成为预测金融危机或者经济衰退的先行指标。

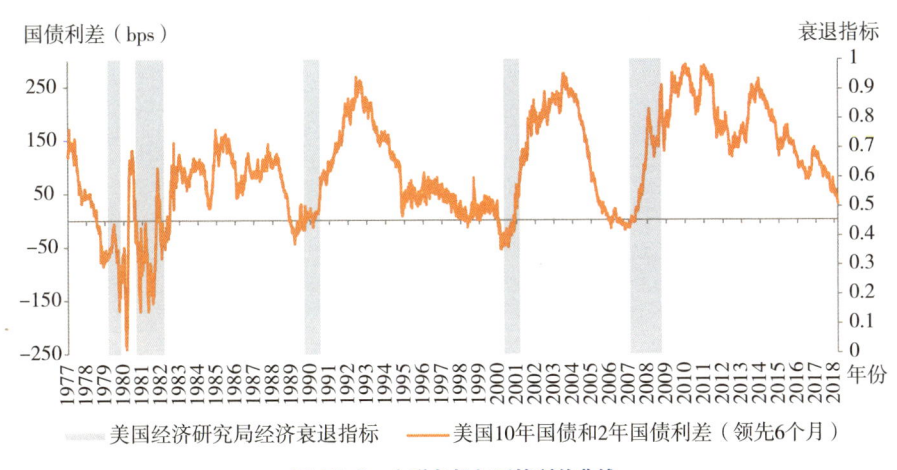

图 13-8　金融危机与国债利差曲线

资料来源：彭博。

图 13-9　美国 PMI 数据与国债利差曲线

资料来源：彭博。

国债收益率曲线平坦或者倒挂虽然并非一定带来美国经济衰退，但仍可能造成一系列经济和金融问题。究其原因：首先，过度平坦或者倒挂的利率曲线可能导致资金方不愿意出借长期资金，造成社会久期错配；其次，可能导致中介金融机构的盈利亏损；最后，可能导致社会融资环境恶化，长期资本开支下降，影响经济长效增长。

第 14 章　美元债监管政策

一般来讲，本国债券（例如人民币债券）的监管相对严格，美元债（包括中资美元债）的国际监管政策则相对宽松，例如：美国本国债券市场主要受到美国证交会颁布的一系列法规的严格监管，发行前的财务信息审计、企业股权架构，发行中的路演、资金和债券交割，发行后的信息披露和资金用途，都有严格的监管规定；中国本国债券市场也受到人民银行、证监会、发改委、交易商协会等的严格监管。

相对于本国债券，国际债券的监管具有一些不同点：监管区域更加广泛，不具有明显的属地特征，监管规则具有国际范围的统一性；监管政策一般比本国债券市场更加宽松，更加自由化。

欧洲美元债的监管分为国际监管和国内监管两重监管体制。其中，国际监管主要是适用于 144A 和 Reg S 条例，这两个条例是由美国证交会颁布的《1933 年证券法》(The Securities Act of 1933) 修改而来的。国内监管主要是根据不同国家自身监管机构评估外债等相关风险而实施的监管政策。例如，中资美元债的国内监管部门主要是国家发改委、中国外管局、人民银行等机构，其中负责中国企业美元债发行额度审批的是国家发改委。

14.1　美国证交会 1933 法案

1929 年美国股灾让市场投资者损失惨重，美国参议院对股市进行了调查，发现有严重的操纵、欺诈和虚假财务信息等。为了恢复市场信心，美国国会通过了《1933 年证券法》，该证券法对美国资本市场的发行人、参与者都进行了严格的管理，要求市场上需要融资的公司须进行严格和真实的信息披露，对投资者的风险偏好和承受能力也制定了准入规则。1934 年美国国会宣布成立美国证交会，这也促使公司进行完全的信息披露。

美国证交会从成立以来颁布《1933 年证券法》和补充法案来填补监管漏洞（见表 14-1），或者说实施更加严格的监管。例如，2010 年颁布的《多德－弗兰克法案》（Dodd-Frank Act），主要是由于 2008 年美国次贷金融危机的经验教训而颁布的补充法案。《多德－弗兰克法案》对证券投资和衍生品业务进行更加严格的监管，包括对杠杆率、生命周期总价值、资本充足率等进行严格限制，从而防止金融风险通过衍生品业务而无限放大。

表 14-1　美国证交会的《1933 年证券法》及补充法案

时间	法案
1933 年	《1993 年证券法》
1934 年	《1934 年证券法案》（The Securities Exchange Act of 1934）
1939 年	《1939 年信托契约法案》（Trust Indenture Act of 1939）
1940 年	《1940 年投资公司法案》（Investment Company Act of 1940）
1940 年	《1940 年投资顾问法案》（Investment Advisers Act of 1940）
2002 年	《萨班斯－奥克斯利法案》（Sarbanes-Oxley Act）
2010 年	《多德－弗兰克法案》
2012 年	《美国乔布斯法案》[Jumpstart Our Business Startups（JOBS）Act]

资料来源：美国证交会官网。

14.2　144A 和 Reg S 豁免条例

美国证交会《1933 年证券法》对美元债发行进行严格的监管，包括对发行人财务数据和信息披露都有严格的规定，这大大抑制了非美企业发行美元债的积极性。因为欧洲美元债的主要风险不在美国境内，所以，为推动欧洲美元债市场发展，美国证交会发布了豁免条例 144A 和 Reg S，满足这两个条例的美元债发行人无须通过美国证交会严格的注册流程。

144A 条例是根据美国证交会《1933 年证券法》的第 144 条修订而来的，主要是针对非美企业在美国境内发行美元债的监管豁免条例。Reg S 条例是从《1933 年证券法》的第五条修订而来的，主要是针对非美企业在美国境外发行美元债的监管豁免条例。满足 144A 或 Reg S 条例的企业发行美元债时可以向美国证交会申请豁免注册，一旦豁免注册，该企业就不需要满足美国证交会的监管而在市场上发行欧洲美元债。

Reg S 和 144A 最大的区别在于，前者是针对非美企业在美国境外发行欧洲美元债的条例，后者是针对非美企业在美国境内发行欧洲美元债的条例。但 144A 条例对于发行企业的要求比 Reg S 严格得多。如表 14-2 所示，两种条例在公司财务要求、信息披露、交易时间等方面都有显著差异。

表 14-2　144A 与 Reg S 的区别

分类	Reg S	144A
释义	符合美国证交会第五条例的发行方式	144A 条例是美国《1933 年证券法》的延伸，在私募市场上面向合格机构投资人的受限证券的登记要求
平均单笔发行规模	4.75 亿美元	7.7 亿美元
交易时间	5～7 周	6～10 周
适用法律	可适用于中国香港、英国或者美国法律	适用于美国法律
投资者	美国境外投资者	美国境内合格投资者（QIBs）
主要投资者	主要为亚洲市场投资者，其次为欧洲市场投资者	主要为美国境内合格投资者
发行地域	美国境外	美国境内
会计报表要求	可选择是否需要反保证的安慰函	需要反保证的安慰函
信息披露	较为容易的法律意见要求	需要法律意见，披露比 Reg S 更严格
代码	ISIN	CUSIP 和 ISIN

资料来源：根据公开材料整理。

发行人可同时申请适用 Reg S 和 144A 规则发行美元债，也可以只选择适用其中一种条例进行融资。从亚洲美元债市场经验来看，大部分发行人选择适用 Reg S

发行美元债，因为其监管要求更为宽松。

截至 2020 年，亚洲美元债（144A）存量约 6 214 亿美元，占亚洲美元债存量（含 RegS 和 144A）的 24%（见图 14-1）。历史上，亚洲美元债（144A）占总发行量不超过 50%，且近年占比呈下降趋势，主要原因是：美国境外美元市场已经成熟，非美企业到美国境内发行欧洲美元债的必要性下降；（2）144A 的发行条件远高于 Reg S，很多公司并不满足 144A 条例要求，因此选择更加宽松的 Reg S 条例发行美元债。

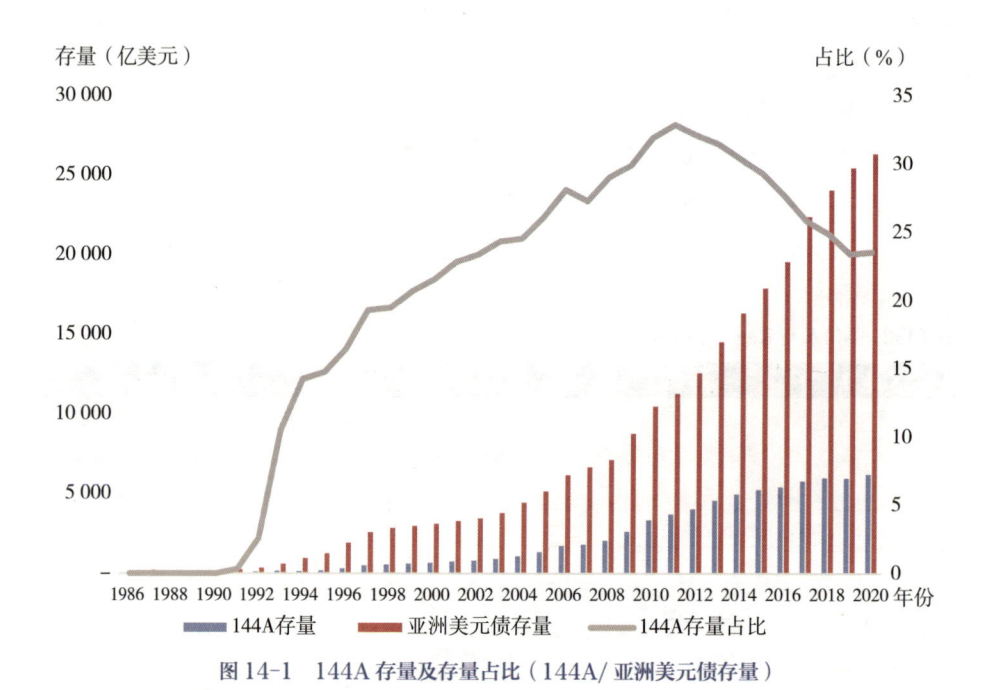

图 14-1 144A 存量及存量占比（144A/亚洲美元债存量）

注：同时适用 144A 和 Reg S 条例，则重复统计到 144A 存量和 Reg S 存量当中；如果只适用 144A 或者 Reg S 规则，则分别统计到 144A 存量或者 Reg S 存量中。
资料来源：彭博，2020 年 10 月。

从国家和地区来看（见图 14-2），中国、中国香港、韩国、印度、马来西亚趋向于适用 Reg S 条例，澳大利亚、印度尼西亚、新加坡等国则趋向于同时适用 144A 和 Reg S 条例。一般适用 144A 条例的公司多为美国上市公司，例如阿里巴巴等。在美国上市的公司普遍受到美国证券法的监管，因此能够满足更加严格的

144A 条例要求，同时更为美国投资者熟悉，在美国境内也更加容易融资。

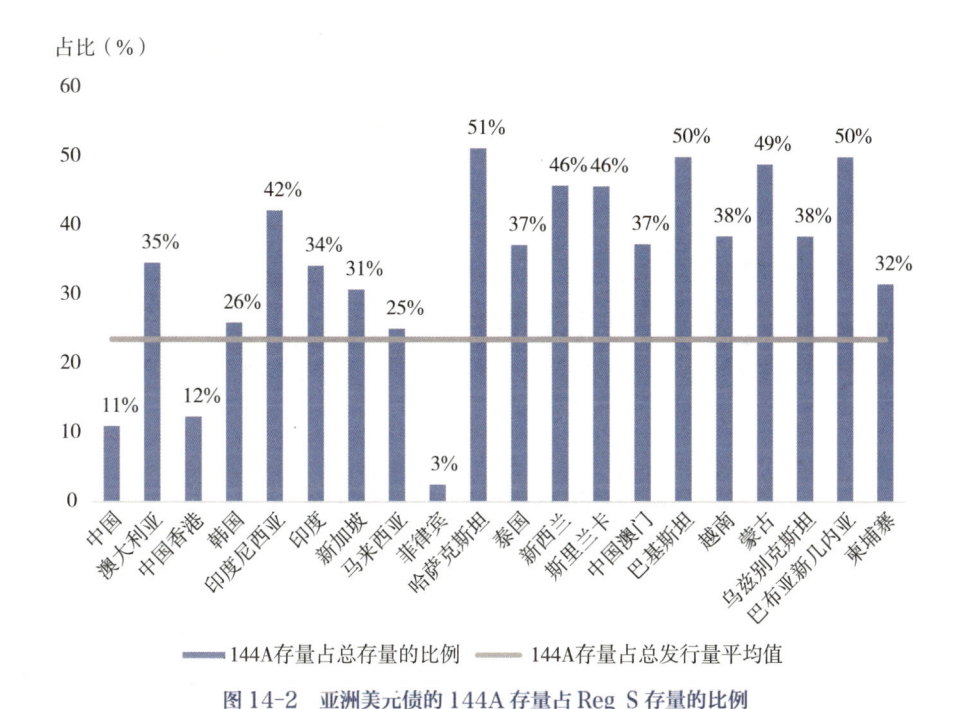

图 14-2 亚洲美元债的 144A 存量占 Reg S 存量的比例

注：企业如果同时适用 144A 和 Reg S 条例，那么发行量会重复统计到 144A 存量和 Reg S 存量当中；如果只适用 144A 或者 Reg S 规则，则单独统计到 144A 存量或者 Reg S 存量中。

资料来源：彭博，2020 年 10 月。

如图 14-3 所示，从亚洲美元债（144A）的存量分布来看，澳大利亚、印度尼西亚、中国、韩国占比较高，分别为 19.9%、17.8%、18.9% 和 8.7%。这些国家之所以占比较高，一方面是美元债存量本身较大，例如中国；另一方面是澳大利亚、印度尼西亚等国的企业，历史上更加趋向于发行 144A 规则的美元债。

亚洲美元债（144A）的投资级存量占比达到 80.81%，其中 BBB 评级占比最大为 20.69%（见图 14-4）。相对而言，亚洲美元债（Reg S）的投资级存量占比为 70.3%（见图 14-5），低于亚洲美元债（144A）的投资级存量占比。因为 144A 条例适用的财务报表要求更高，所以能够适用 144A 条例的发行人普遍具有很好的企业经营业绩和更高的信用等级。

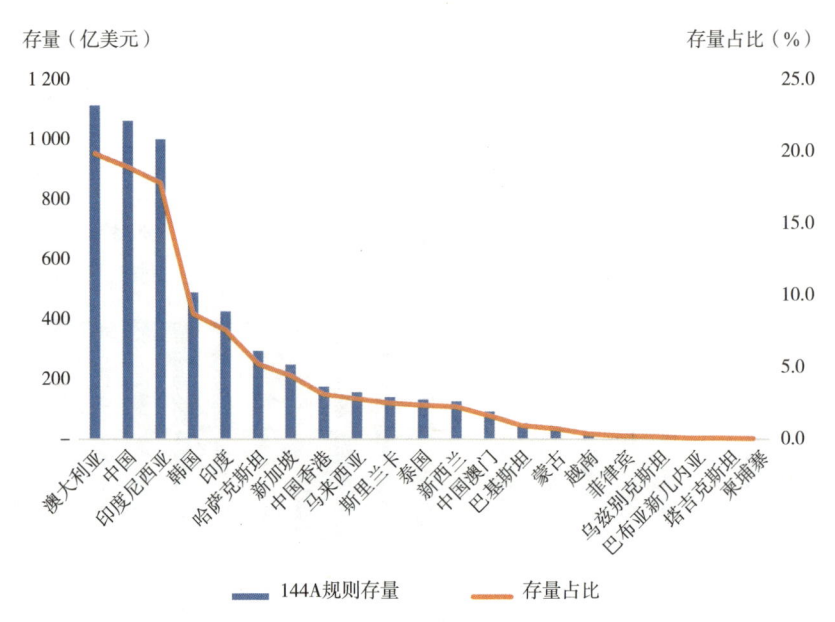

图 14-3　各个国家和地区的亚洲美元债（144A）存量及占比

注：存量占比=144A 存量/所有 144A 存量。

资料来源：彭博，2020 年 10 月。

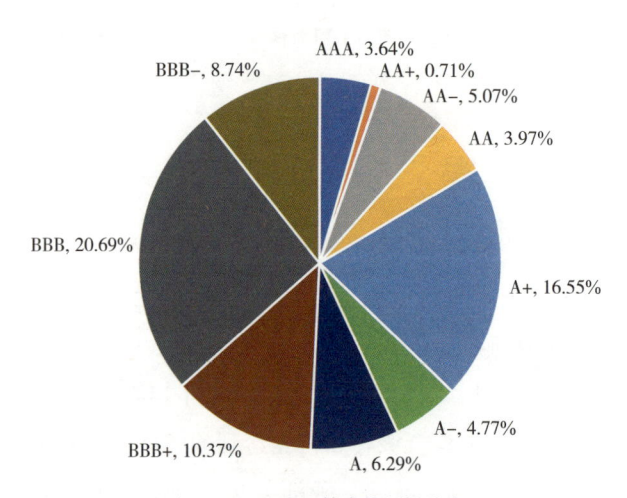

图 14-4　144A 债券的评级分布

注：本文评级与三大评级公司进行对应，三大评级公司分别为标普、穆迪和惠誉；本文的评级标准与国际三大评级机构的评级对应如表 14-3 所示。

资料来源：彭博，2020 年 10 月。

表 14-3　本书适用评级刻度与三大评级公司的对应表

本书适用评级刻度	对应标普	对应穆迪	对应惠誉
AAA	AAA	Aaa	AAA
AA+	AA+	Aa1	AA+
AA–	AA–	Aa2	AA–
AA	AA	Aa3	AA
A+	A+	A1	A+
A–	A–	A2	A–
A	A	A3	A
BBB+	BBB+	Baa1	BBB+
BBB	BBB	Baa2	BBB
BBB–	BBB–	Baa3	BBB–
BB+	BB+	Ba1	BB+
BB	BB	Ba2	BB
BB–	BB–	Ba3	BB–
B+	B+	B1	B+
B–	B–	B2	B–
B	B	B3	B
CCC+	CCC+	Caa1	CCC+
CCC	CCC	Caa2	CCC
CCC–	CCC–	Caa3	CCC–
CC	CC	Ca1	CC
C	C	C1	C
无评级	无评级	无评级	无评级

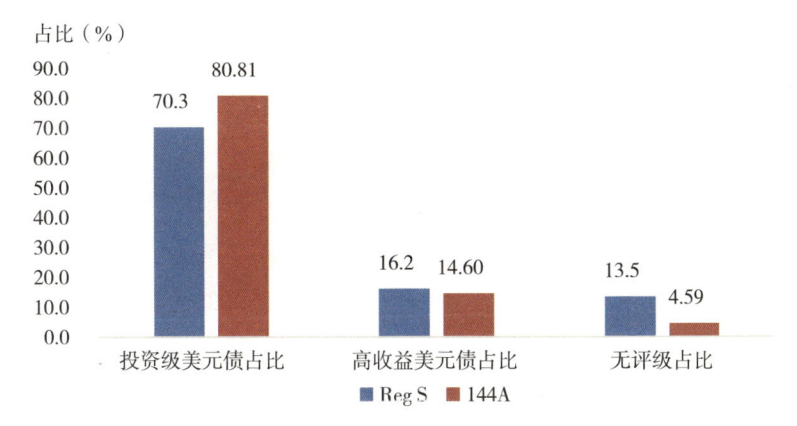

图 14-5　144A 和 Reg S 规则下的债券评级对比

	Reg S	144A
投资级美元债占比	70.3	80.81
高收益美元债占比	16.2	14.60
无评级占比	13.5	4.59

资料来源：彭博，2020 年 10 月。

14.3 中资美元债国际监管体系及发展

如上所述，美元债的监管政策包括国际监管政策和国内监管政策，其中国际监管政策主要参照 144A 和 Reg S 条例。对于国内监管政策，不同国家的监管政策不同，本书以中资美元债的国际和国内监管政策为例进行讲解。

14.3.1 国际监管政策—软约束

中资美元债的国际监管政策主要包括发行条例、发行文书、适用法律、发行流程等监管规范。国际监管规则主要是美国证交会《1933 年证券法》下的 Reg S 条例或者 144A 条例。一般来讲，只要按照 Reg S 和 144A 的相关要求准备发行流程，即可在国际市场上发行美元债，因此 Reg S 和 144A 更多的是操作指引条例，是一种"软约束"政策。

14.3.2 国内监管政策—硬约束

中资美元债的国际监管政策是一种"软约束"政策，但中资美元债的实质风险仍然需要由中国政府或者企业承担，因此中资美元债的"硬约束"政策主要源于国内监管机构。中资美元债受到的国内监管政策比国际监管政策更加严格。中资美元债境内监管机构主要是人民银行、国家发改委、外管局及其他监管机构，其中国家发改委负责中资美元债的额度审批或者注册，并受外管局的外债额度的统一管理。中资美元债的发展经历了从不成熟到逐步成熟。另外，在不同时期，为平衡国际资本账户和汇率需求，中资美元债也有不同的监管政策。

中资美元债境内监管政策也经历过较多阶段的发展，而政策的演变也在一定程度上决定了中资美元债的发展轨迹。中资美元债的境内监管主要集中在两个方面：一方面是发债额度，另一方面涉及跨境资金外汇资本流动。在"2044 号文"之前，中资美元债采用严格的审批流程，并对资金是否能够回流做出很多限制，例如跨境担保发行海外美元债的资金不能回流。但随着中国资本市场的逐步开放，并且从 2015 年"811 汇改"开始，海外发行美元债的监管政策逐步放松。从 2000 年到 2019 年，中资美元债的境内监管政策经历了五个阶段的变化。

第一阶段：1993—2000 年，严管阶段，中资美元债的监管政策尚未成熟

这个阶段，因为中资美元债方兴未艾，且中国的资本市场仍然处于建设过程中，中国企业并未大范围地跨境融资。只有中国银行、中国石油公司等开展境外业务的企业开始在国际市场上进行美元融资。同时，中国政府对于国际市场仍然持谨慎态度，且当时较早一批出海发行美元债的企业最后破产清算的失败案例以及 1997 年亚洲金融危机，也导致中资美元债的境外发债受到了严控。因此，该期间的中资美元债的监管政策尚未成熟，监管政策文件尚未成形。中国政府对于中资企业跨境发行美元债持相对保守态度。

第二阶段：2000—2013 年，注册审批制度阶段，中资美元债的监管政策严管阶段

随着中资美元债在境外发行的逐步展开，以及 1997 年亚洲金融危机暴露的一些外债风险，中国政府开始对中资美元债的发行实行严格而正式的监管。

2000 年，国办发〔2000〕23 号文件《国务院办公厅转发国家计委、人民银行关于进一步加强对外发债管理的意见的通知》开启了中资美元债境外发债需要进行审批的新阶段。中资机构（财政部除外）在境外发行美元债，需经国家计委（后改名为发改委）审核并会签国家外汇管理局后报国务院审批，以及按照外管局的规定办理外债登记。该阶段，中资美元债监管政策趋严，发展十分缓慢。

第三阶段：2013—2015 年，中资美元债监管政策逐步放松

2013 年，国家外管局简化了外债登记管理环节，取消部分外债管理审批事项，实际放松了发债要求。从 2013 年开始，中资美元债存量规模开始缓慢增长。

第四阶段：2015—2017 年，中资美元债备案制度，监管政策实质放松

2015 年 9 月，中资美元债的监管政策转折性文件《国家发展改革委关于推进企业发行外债备案登记制管理改革的通知》（以下简称"2044 号文"）规定：

- 取消企业发行外债的额度审批；
- 实行备案登记制管理，即事前向发改委申请办理备案登记手续，事后信息报送；
- 每年年底前向国家发改委报送外债使用基本情况；
- 本通知所称外债是指一年期以上债务工具。

"2044号文"成为中资美元债市场最重要的转折性监管政策文件，把原来中资美元债的注册发行制度变更为备案登记制度，大幅放松了中资美元债的境外监管。由此，中资美元债迎来了发展的春天，中资美元债占亚洲美元债市场存量从2015年的31.7%提高到2020年的45.4%。

在2016年银发〔2016〕132号文中，中国人民银行、国家外汇管理局不再实行外债事前审批，企业改为事前签约备案，金融机构改为事后备案。中国人民银行实现本外币一体化管理，将全口径跨境融资宏观审慎管理政策推广至全国范围。由此，国内企业（不包括政府融资平台和房地产企业）和金融机构都可以通过"全口径"模式到境外融资，这实质上进一步放松了境外发债。

2016年6月，国家发改委选择21家试点企业，试点企业在年度外债规模内，可自主选择发行窗口，分期分批发行，不再进行事前登记，待发行完成后及时报送发行信息。这进一步放松企业发债监管政策。

2017年1月，银发〔2017〕9号文规定，对企业和银行跨境融资政策进一步放松：

- 境内企业跨境融资额度上限从1倍净资产扩大为2倍净资产；
- 非银行法人金融机构为1倍净资产；
- 银行类法人金融机构和外国银行境内分行为0.8倍净资产。

2017年1月，汇发〔2017〕3号文允许内保外贷项下资金调回境内使用，进一步鼓励和便利企业跨境投融资。2017年，中资美元债是历史上供给最高峰，全年供给首次超2 000亿美元。

第五阶段：2017—2019年，监管政策逐步风险提示和逐步收紧阶段

2017年6月，发改委重新提示需要按照2044号文规定进行事前备案登记和事后信息报送，未执行的企业将被纳入国家信用信息平台不良信用记录和联合惩戒信息平台。中国水务集团有限公司、华南城控股有限公司、明发集团（国际）有限公司、安全人寿不动产有限公司、中国蒙牛乳业有限公司等有关企业发行外债均因未履行事前备案登记被点名。

2018年5月，伴随政府开始整顿地方隐性债务风险，中资美元债监管政策也同步收紧。发改委和财政部的相关监管条例规定：

- 拟举借中长期外债企业要规范信息披露，切实做到"谁用谁借、谁借谁还、审慎决策、风险自担"；
- 严禁与政府信用挂钩的误导性宣传，并在相关文件中明确。

2019年6月，发改办外资〔2019〕666号文规范和收紧城投平台的美元融资：

- 要求所有企业（含地方国有企业）及其控制的境外企业或分支机构发行外债，需由境内企业向国家发展改革委申请备案登记；
- 地方国有企业作为独立法人承担外债偿还责任，地方政府及其部门不得直接或者承诺以财政资金偿还地方国有企业外债，不得为地方国有企业发行外债提供担保；
- 承担地方政府融资职能的地方国有企业发行外债，仅限用于偿还未来一年内到期的中长期外债。

2019年7月，发改办外资〔2019〕778号文规范和收紧地产公司的美元融资：

- 房地产企业发行外债，只能用于置换未来一年内到期的中长期境外债务。
- 房地产企业发行外债要加强信息披露，在募集说明书等文件中需明确资金用途等情况。

上述的发展历程总结如表14-4所示。

表 14-4 中资美元债的境内监管政策演变

时间	政策文件	简称	发布机构	影响
2000.2.23	《国务院办公厅转发国家计委、人民银行关于进一步加强对外发债管理的意见的通知》	国办发〔2000〕23号	国家计委和人民银行，国务院转发	确定审批制度
2013.5.13	《外债登记管理办法》	汇发〔2013〕19号	国家外汇管理局	取消部分审批 **放松**发债
2015.9.14	《国家发展改革委关于推进企业发行外债备案登记制管理改革的通知》	发改外资〔2015〕2044号	国家发改委	备案制度 **放松**发债
2016.5.3	《中国人民银行关于在全国范围内实施全口径跨境融资宏观审慎管理的通知》	银发〔2016〕132号	中国人民银行	完善备案制度
2016.6.7	《发展改革委部署2016年度企业外债规模管理改革试点工作》	—	国家发改委	完善备案制度
2017.1.12	《中国人民银行关于全口径跨境融资宏观审慎管理有关事宜的通知》	银发〔2017〕9号	中国人民银行	**放松**发债
2017.1.26	《国家外汇管理局关于进一步推进外汇管理改革完善真实合规性审核的通知》	汇发〔2017〕3号	国家外汇管理局	**放松**发债
2017.6.12	《企业境外发行债券风险提示》	—	国家发改委	警示风险
2018.5.11	《国家发展改革委、财政部关于完善市场约束机制严格防范外债风险和地方债务风险的通知》	发改外资〔2018〕706号	国家发改委、财政部	警示风险
2019.6.6	《国家发展改革委办公厅关于对地方国有企业发行外债申请备案登记有关要求的通知》	发改办外资〔2019〕666号	国家发改委	**收紧**发债
2019.7.9	《国家发展改革委办公厅关于对房地产企业发行外债申请备案登记有关要求的通知》	发改办外资〔2019〕778号	国家发改委	**收紧**发债

资料来源：国家发改委、外管局和人民银行官网。

综上所述，中资美元债的监管政策有以下几个发展历程。

- 1993—2000 年，中资美元债监管政策尚未成熟，这个阶段中资美元债发展非常缓慢。
- 2000 年，国务院办公室确立了中资美元债的注册审批机制，开始正式规范中资美元债的监管政策；2000—2013 年，中资美元债监管政策一直延续注册审批制，监管政策较为严格，因此其市场存量增长非常缓慢。
- 2013—2015 年，中资美元债的发债政策开始逐步放松，中资美元债的存量开始缓慢增长。
- 2015 年，发改委 2044 号文开始将注册审批制转为备案制度，中资企业开始大量到境外发债；2015—2017 年，中资美元债存量规模开始爆发式增长。
- 2018—2020 年，监管层开始控制外债风险，中资美元债的融资政策开始逐步收紧。

如上分析，中资美元债的监管机构主要集中在发债额度管理及跨境外汇资金流向问题上，涉及的监管部门主要有国家发改委、外管局和人民银行。三个监管机构的监管范围有所重叠，但监管职能又有所区别，同时三个监管机构的发展相互交织和互补。

14.4 国家发改委从审批到备案

早期中资企业跨境发行美元债的资金用途多数只聚集于海外项目，即通过美元债融资来解决项目资金来源。从当前中资美元债的监管现状来看，中资美元债额度管理的监管部门是国家发改委，其主要负责外债额度备案登记。

14.4.1 "23 号文"规定，中资美元债的审批权在国务院

2000 年以前，国家对于企业海外发债可谓监管空白期。2000 年，国家计委（现国家发改委）和人民银行根据国务院精神，提出《关于进一步加强对外发债管理的意见》（以下简称"23 号文"），这是中资美元债较为规范的监管政策文件。

"23 号文"规定：对外发债实行资格审核批准制；境内机构（财政部除外）对外发债资格，由国家计委会同人民银行和有关主管部门，借鉴国际惯例进行评

审后报国务院批准；发债资格每两年评审一次。可见，"23号文"规定的最后审批权在国务院，且根据历史经验来看，"23号文"规定的中资美元债海外发债审批难度大，获批的前提条件或者资质要求高。

"23号文"还规定：境内机构为其海外分支机构境外发债进行融资担保，发债所筹资金不调入境内使用的，由国家外汇管理局按现行有关规定审批；若发债资金调入境内使用，按境内机构对外发债的审批程序办理。可见，对于资金是否回流的发债审批流程机制并不一样：若资金不回流，则按照外管局的相关规定审批；若资金回流，则按照境内发债审批机制进行办理。

事实上，正是因为"23号文"严格规定跨境担保融资的发债资金不得调回境内使用，某些中资企业才采用维好协议进行发债，并且把发债资金调回境内使用，这其实是一种变相绕开监管机构规定的发债结构。所谓的维好协议发债，是境外子公司发行美元债，境内母公司对该笔债务进行维好。维好协议不承担强担保的法律责任，只是当境外子公司出现现金流困难时，母公司会提供支持。从法律层面来看，维好协议不具备强制担保属性。这也是维好协议可以绕开监管机构的资金回流限制的根本原因。

14.4.2 "2044号文"规定中资美元债额度审批制度转变为备案制度

2015年，国家发展改革委发布的"2044号文"是中资企业境外发债的重大转折监管文件，在很大程度放松了中资企业境外融资。

"2044号文"规定：取消企业发行外债的额度审批，改革创新外债管理方式，实行备案登记制管理。这是中资美元债监管政策的重大转变，实质上放松了监管审批环节。

"2044号文"明确定义了外债为一年以上的债务：外债是指境内企业及其控制的境外企业或分支机构向境外举借的、以本币或外币计价、按约定还本付息的一年期以上债务工具。企业发行外债，须事前向国家发改委申请办理备案登记手续，并在每期发行结束后10个工作日内，向国家发改委报送发行信息。这里需要注意的是，发改委的外债定义（或者说需要按照"2044号文"规定进行备案的外债）是指期限在一年期以上的债务工具，至于期限在一年期以内的外币债务，则不属于国家发改委的额度管理范畴。本书后面会介绍到，一年期以内的外币债券归口于人民银行宏观审慎框架管理体系。

"2044号文"规定：国家发改委在收到备案登记申请后5个工作日决定是否予以受理，自受理之日起7个工作日内，在外债总规模限额内出具企业发行外债备案登记证明（见图14-6）。

企业发行外债备案登记证明

外债登〔20××〕第 号

（备案登记申请单位）：

报来《关于×××申请备案登记的请示》（文号）收悉。经审核，同意_（外债申请）予以备案登记。发行人凭本备案登记证明按规定办理外债外汇、回流结汇等相关手续。本备案登记证明有效期1年。

国家发展改革委办公厅

20 年 月 日

图14-6 《企业发行外债备案登记证明》示例

"2044号文"大幅简化了发债流程和审批机制，也基本确定了国家发改委对中资企业发行外债的"相对"主导权。但当外债总规模超出限额时，国家发改委将向社会公告，同时不再受理备案登记申请。

值得注意的是，"2044号文"明确规定了一年期以上的外债才需要进行备案或者登记，这也给非银企业开了一个无须备案就可以发债的"友好窗口"。例如，青海投资在流动性紧张时刻，采取了发行"364天"的美元债以调节短期流动性，后续也有更多香港上市的内资地产公司采用发行"364天"的短期美元债。对于364天美元债是否需要纳入国家发改委的监管范围，市场一直存在争议，因此这种364天美元债并未纳入监管政策范围。364天美元债因为无须获得国家发改委的额度备案登记，未来偿债基本上只能依靠再融资来进行偿还，且其后监管机构对于地产和城投明确规定境外发债只能用于偿还长期债务的快要到期债务，这事实上对于364天美元债的偿债资金来源造成压力。

"2044号文"是中资美元债的标志性监管文件,其后随着海外美元债规模上升,中国监管机构认为需要从总量上控制外债额度,因此国家发改委在2017年之后出台其他收紧相关行业发债的限制性文件,相关政策要点如表14-5所示。

表14-5 国家发改委关于中资美元债的政策列表及要点

政策时间	文件名称	文件简称	政策要点
2000.2.23	《国务院办公厅国家计委、人民银行关于进一步加强对外发债管理的意见的通知》	国办发〔2000〕23号	■ 对外发债实行资格审核批准制 ■ 境外机构(财政部除外)对外发债,经国家计委审核并会签国家外汇管理局后报国务院审批 ■ 境内机构发债按照外管局的规定办理外债登记
2015.9.14	《国家发展改革委关于推进企业发行外债备案登记制管理改革的通知》	发改外资〔2015〕2044号	■ 取消企业发行外债的额度审批 ■ 实行备案登记制管理;事前向发改委申请办理备案登记手续,事后信息报送 ■ 每年年底前向国家发改委报送外债使用基本情况 ■ 本通知所称外债是指一年期以上债务工具
2016.6.7	《发展改革委部署2016年度企业外债规模管理改革试点工作》	—	■ 发改委选择21家试点企业。试点企业在年度外债规模内,可自主选择发行窗口,分期分批发行,不再进行事前登记,待发行完成后及时报送发行信息 ■ 鼓励试点企业境内母公司直接发行外债,适当控制海外分支机构和子公司发行外债 ■ 鼓励外债资金回流结汇,由企业根据需要在境内外自主调配使用,主要用于"一带一路"
2017.6.12	《企业境外发行债券风险提示》	发改外资〔2015〕2044号	未按规定进行事前备案登记和事后信息报送的企业将被纳入国家信用信息平台不良信用记录和联合惩戒信息平台
2018.5.11	《国家发展改革委、财政部关于完善市场约束机制严格防范外债风险和地方债务风险的通知》	—	■ 拟举借中长期外债企业要规范信息披露,切实做到"谁用谁借、谁借谁还、审慎决策、风险自担" ■ 严禁与政府信用挂钩的误导性宣传,并在相关文件中明确

续表

政策时间	文件名称	文件简称	政策要点
2019.6.6	《国家发展改革委办公厅关于对地方国有企业发行外债申请备案登记有关要求的通知》	发改办外资〔2019〕666号	■ 要求所有企业（含地方国有企业）及其控制的境外企业或分支机构发行外债，需由境内企业向国家发展改革委申请备案登记 ■ 地方国有企业作为独立法人承担外债偿还责任，地方政府及其部门不得直接或者承诺以财政资金偿还地方国有企业外债，不得为地方国有企业发行外债提供担保 ■ 承担地方政府融资职能的地方国有企业发行外债仅限于偿还未来一年内到期的中长期外债
2019.7.9	《国家发展改革委办公厅关于对房地产企业发行外债申请备案登记有关要求的通知》	发改办外资〔2019〕778号	对房地产海外债发行做出限制 ■ 房地产企业发行外债只能用于置换未来一年内到期的中长期境外债务 ■ 房地产企业发行外债要加强信息披露，在募集说明书等文件中需明确资金用途等情况

14.5 外管局的外债额度登记制度

如上所说，中资美元债的监管政策着重于额度监管和跨境外汇资金流动问题，外管局主要负责跨境资金流动备案登记。

2008年，《中华人民共和国外汇管理条例》（国务院令第532号）第十八条规定："国家对外债实行规模管理。借用外债应当按照国家有关规定办理，并到外汇管理机关办理外债登记。""532号文"实际上加强了对外债登记管理的必要性。

2013年，《外债登记管理办法》（"19号文"）明确：外债登记是指债务人按规定借用外债后，应按照规定方式在所在地外汇局登记或报送外债的签约、提款、偿还和结售汇等信息。

"19号文"规定：（1）债务人为财政部门的，应在每月初10个工作日内逐笔向所在地外汇局报送外债的签约、提款、结汇、购汇、偿还和账户变动等信息；（2）债务人为境内银行的，应通过外汇局相关系统逐笔报送其借用外债信息；（3）债务人为财政部门、银行以外的其他境内债务人（以下简称"非银行债务人")的，应当在外债合同签约后 15 个工作日内，到所在地外汇局办理外债签约登记手续。办理外债签约登记后，外汇局应发给债务人加盖资本项目业务印章的"境内机构外债签约情况表"。

"19 号文"实际上取消了"532 号文"的部分外债管理审批事项，简化了外债登记管理环节，并对外债登记条件、时间和流程进一步做了清晰的规定。

2014 年，《国家外汇管理局关于发布＜跨境担保外汇管理规定＞的通知》（"29 号文"）补充了关于跨境担保外汇管理政策，但仍然未放松跨境担保发债资金不可回流的限制。

"29 号文"首先明确了跨境担保的定义为：内保外贷是指担保人注册地在境内、债务人和债权人注册地均在境外的跨境担保；外保内贷是指担保人注册地在境外、债务人和债权人注册地均在境内的跨境担保。

"29 号文"还规定外汇局对内保外贷和外保内贷实行登记管理。担保人签订内保外贷合同后，应办理内保外贷登记。担保人为非银行金融机构或企业，应在签订担保合同后 15 个工作日内到所在地外汇局办理内保外贷签约登记手续。

"29 号文"关于跨境担保的资金回流规定：未经外汇局批准，债务人不得通过向境内进行借贷、股权投资或证券投资等方式将担保项下资金直接或间接调回境内使用。

2017 年，《国家外汇管理局关于进一步推进外汇管理改革完善真实合规性审核的通知》（"3 号文"），允许内保外贷项下资金调回境内使用。债务人可通过向境内进行放贷、股权投资等方式将担保项下资金直接或间接调回境内使用。银行发生内保外贷担保履约的，相关结售汇纳入银行自身结售汇管理。

"3 号文"进一步简政放权，支持实体经济发展，放松了跨境担保发债资金可以回流境内的限制，这进一步刺激了境内企业到境外进行担保融资的需求。但"16 号文"规定，境内机构的资本项目外汇收入及其结汇所得人民币资金的使用，应当遵守以下规定。

- 不得直接或间接用于企业经营范围之外或国家法律法规禁止的支出。
- 除另有明确规定外，不得直接或间接用于证券投资或除银行保本型产品之外的其他投资理财。

- 不得用于向非关联企业发放贷款，经营范围明确许可的情形除外。
- 不得用于建设、购买非自用房地产（房地产企业除外）。

在实际操作中，企业在与发改委沟通备案外债额度时，也会同时与外管局进行提前沟通，包括资金是否回流国家及资金用途，之后等外币债务合约生效之后，按照规定到外管局做好外债登记。

14.6 中国人民银行的宏观审慎框架

2016年，《关于在全国范围内实施全口径跨境融资宏观审慎管理的通知》（"132号文"）规定：中国人民银行根据宏观经济热度、国际收支状况和宏观金融调控需要对跨境融资杠杆率、风险转换因子、宏观审慎调节参数等进行调整。

"132号文"规定：中国人民银行对27家银行类金融机构跨境融资进行宏观审慎管理。国家外汇管理局对企业和除27家银行类金融机构以外的其他金融机构跨境融资进行管理，并对企业和金融机构进行全口径跨境融资统计监测。从这个规定来看，中国人民银行侧重于27家银行类金融机构，外管局侧重于其他，中国人民银行、外管局之间建立信息共享机制。

"132号文"规定：企业和金融机构开展跨境融资按风险加权计算余额，风险加权余额不得超过上限，即跨境融资风险加权余额小于或等于跨境融资风险加权余额上限（见表14-6、表14-7）。

表14-6　跨境融资风险加权余额的计算方法

分项因子	计算方法
跨境融资风险加权余额	跨境融资风险加权余额 =Σ 本外币跨境融资余额 × 期限风险转换因子 × 类别风险转换因子 +Σ 外币跨境融资余额 × 汇率风险折算因子
期限风险转换因子	还款期限在1年（不含）以上的中长期跨境融资的期限风险转换因子为1，还款期限在1年（含）以下的短期跨境融资的期限风险转换因子为1.5
类别风险转换因子	表内融资的类别风险转换因子设定为1，表外融资（或有负债）的类别风险转换因子暂定为1
汇率风险折算因子	汇率风险折算因子：0.5

表14-7　跨境融资风险加权余额上限的计算方法

分项因子	计算方法
跨境融资风险加权余额上限	跨境融资风险加权余额上限＝资本或净资产 × 跨境融资杠杆率 × 宏观审慎调节参数
资本或净资产	企业按净资产计，银行类金融机构（包括政策性银行、商业银行、农村合作银行、城市信用合作社、农村信用合作社、外资银行）按一级资本计，非银行金融机构按资本（实收资本或股本＋资本公积）计，以最近一期经审计的财务报告为准
跨境融资杠杆率	企业和非银行金融机构为1，银行类金融机构为0.8
宏观审慎调节参数	宏观审慎调节参数：1

中国人民银行建立跨境融资宏观风险监测指标体系，在跨境融资宏观风险指标触及预警值时，采取逆周期调控措施，以控制系统性金融风险。逆周期调控可以采用单一措施或组合措施的方式进行，也可针对单一、多个或全部企业和金融机构进行。根据宏观审慎评估（MPA）的结果，中国人民银行对金融机构跨境融资的总量和结构进行调控，必要时还可根据维护国家金融稳定的需要，采取征收风险准备金等其他逆周期调控措施，防范系统性金融风险。

企业和金融机构因风险转换因子、跨境融资杠杆率和宏观审慎调节参数调整导致跨境融资风险加权余额超出上限的，原有跨境融资合约可持有到期；在跨境融资风险加权余额调整到上限内之前，企业和金融机构不得办理包括跨境融资展期在内的新的跨境融资业务。

2017年，《中国人民银行关于全口径跨境融资宏观审慎管理有关事宜的通知》（"9号文"）废除"132号文"的相关规定，并进一步放松企业和银行跨境融资政策。

- 境内企业跨境融资额度上限从1倍净资产扩大为2倍净资产。
- 非银法人金融机构为1倍净资产。
- 银行类法人和外国银行境内分行为0.8倍净资产。

"9号文"是一个宏观审慎监管框架，和国家发改委的"2044号文"以及外管局的"29号文""3号文"都是要同时遵守的。总体来看，中国人民银行宏观审慎框架属于总额度控制，国家发改委在满足总额度的要求下负责发债备案登记，外管局负责国际收支下的外债资金回流和跨境融资备案工作。

14.7 中资美元债的监管案例

14.7.1 国际监管案例

国际监管政策主要体现在债券发行公告和债券发行说明书中。

如果发行人同时适用 Reg S 和 144A 发行美元债，那么债券发行公告会记录该只美元债的发行适用两种规则。例如在图 14-7 中，发行规则规定了该只美元债发行同时适用于 Reg S 和 144A 条例，也就是说，该只美元债可同时在美国境内和美国境外（例如欧洲、亚洲等）进行发行。

借款人.................×××
发行人.................×××
期望的国际评级　Ba3（穆迪）/BB-（惠誉）
发行类型.............贷款类票据
发行等级.............高级无担保
发行规则.............Reg S/144A
到期日.................2024年9月19日（5年）
发行规模.............3亿美元
初始指导价..........4.75% ~ 5.00%
交割日.................2019年9月10日
票息.....................固定，半年一付，30/360
资金用途.............再融资
最小交易量.........20万美元起，1 000美元新增单位

图14-7　中资美元债对市场宣布发行的中文翻译版（同时适用 Reg S 和 144A）

值得注意的是，美元债（包括中资美元债）的所有文书都是基于英文语境，上述的美元债发行条款对应的英文原版如图 14-8 所示。

```
Borrower......................×××
Issuer............................×××
Expected Issue Ratings...Ba3 (Moody's) / BB- (Fitch)
Issue Type......................Loan Participation Notes
Issue Rank.....................Senior Unsecured
Format..........................Reg S/144A
Maturity........................[19] September 2024 (5 years)
Issue Size......................US$300mm (WNG)
IPTs..............................4.75%-5.00%
Settlement....................[10] September 2019
Coupon.........................Fixed, semi-annual, 30/360
Use of Proceeds.............Refinancing
Denoms.........................US$200k x US$1k
```

图 14-8　中资美元债对市场宣布发行的英文原版（同时适用 Reg S 和 144A）

如果中资美元债的发行只适用 Reg S 条例，那么该只美元债对外宣布的发行条款中的发行规则就只显示 Reg S 条例，如图 14-9 所示。

发行人：×××有限公司
发行类型：巴塞尔协议3，1级附属资本，本发行在6亿美元中期票据额度之下
发行规则：Reg S（Category 2）
发行评级：A3（穆迪）/ A-（标普）
期望评级：Ba2（穆迪）/ BB（标普）
发行期限：永续（5年后可以赎回）
发行量：标准量（美元）
最终指导价：5.8% ~ 5.9%（将会在这个区间发行）
交割日：2019年9月10日
首次赎回日：2024年9月10日
发行时间：今天

图 14-9　中资美元债对市场宣布发行的中文翻译版（只适用 Reg S）

同样，上述美元债的发行条例对应的英文原版如图14-10所示。

ISSUER：XXXX，Limited（the"Issuer"）
INSTRUMENT TYPE：Basel-III Compliant Non-Cumulative Subordinated Additional Tier 1 Undated Capital Securities issued under the Issuer's US$6,000,000,000 Medium Term Note Programme
FORMAT：Reg S（Category 2），Registered Form
ISSUER RATINGS A3 Stable by Moody's / A- Stable by S&P
EXPECTED ISSUE RATINGS：Ba2 by Moody's / BB by S&P
TENOR：Perpetual NC5 Years
SIZE：US$ Benchmark
FINAL PRICE GUIDANCE：5.8%-5.9%（will price in range）
SETTLEMENT DATE：10 September 2019
FIRST CALL DATE：10 September 2024
TIMING：As early as today's business

图14-10　中资美元债对市场宣布发行的英文原版（只适用 Reg S）

如果中资美元债的发行只适用144A条例，那么该只美元债对外宣布的发行条款中的发行规则就只显示144A条例，如图14-11所示。

发行人:×××有限公司
发行类型：巴塞尔协议3，1级附属资本，本发行在6亿美元中期票据额度之下
发行规则：144A
发行评级：A3（穆迪）/ A-（标普）
期望评级：Ba2（穆迪）/ BB（标普）
发行期限：永续（5年后可以赎回）
发行量:标准量（美元）
最终指导价：5.8%~5.9%（将会在这个区间发行）
交割日：2019年9月10日
首次赎回日：2024年9月10日
发行时间：今天

图14-11　中资美元债对市场宣布发行的中文翻译版（只适用144A）

同样，上述美元债的发行条例对应的英文原版如图14-12所示。

ISSUER：XXXX，Limited（the"Issuer"）
INSTRUMENT TYPE：Basel-III Compliant Non-Cumulative Subordinated Additional Tier 1 Undated Capital Securities issued under the Issuer's US$6,000,000,000 Medium Term Note Programme
FORMAT：144A
ISSUER RATINGS A3 Stable by Moody's / A- Stable by S&P
EXPECTED ISSUE RATINGS：Ba2 by Moody's / BB by S&P
TENOR：Perpetual NC5 Years
SIZE：US$ Benchmark
FINAL PRICE GUIDANCE：5.8%-5.9%（will price in range）
SETTLEMENT DATE：10 September 2019
FIRST CALL DATE：10 September 2024
TIMING：As early as today's business

图14-12 中资美元债对市场宣布发行的英文原版本（只适用144A）

在中资美元债的发行说明书中，对144A或者Reg S的适用情况有明确的规定，例如只适用Reg S条例的某中资美元债的发行说明书内容描述如下："该债券发行适用于证券法案的Reg S条款，投资者必须为非美投资者。"该内容描述的英文原版发行说明书描述如下：

Confirmation of your representation：In order to be eligible to view this offering memorandum or make an investment decision with respect to the securities，investors must be non-U.S. persons（as defined under Regulation S under the Securities Act）outside the United States.

14.7.2 国内监管案例

国内监管政策主要是由国家发改委、外管局、中国人民银行等监管机构出台的，其中，国家发改委负责中资美元债的发行额度备案登记。拟发行美元债的中资企业在投行的帮助下准备好发行美元债相关的文件，到国家发改委进行备案登记，登记成功后会获得国家发改委的相关备案登记证明（见图14-13）。一般国家发改委官网会定期公布企业备案登记美元债额度的列表。

发改办外资备████号

企业借用外债备案登记证明

████有限公司：

报来《关于申请境外债备案登记的请示》（████号）收悉。你公司拟境外发行不超过3亿美元债券。募集资金用于项目建设和业务发展。外债本息由发行人负责偿还。对此，予以备案登记。

外债规模和登记证明自登记之日起有效期1年，过期自动失效。发行人凭本证明按规定办理外债外汇和回流结汇等相关手续。债券发行工作结束后10个工作日内请向我委报送发行信息。

本备案登记证明仅对企业申报外债规模予以确认，不对企业信用、资质、偿还能力等相关情况进行认定，企业不可将其用作他途。借用外债属于企业商业行为，由企业自主决策、自担风险。企业要拓展债务偿还渠道，强化风险管理措施，制订风险应急预案，规范信息披露，切实防范外债风险。

图 14-13　国家发改委的外债额度登记备案证明文件示例

附 录

附件1：关于进一步加强对外发债管理的意见

关于进一步加强对外发债管理的意见
　　国家计委　中国人民银行
　　（二〇〇〇年二月二十三日）

　　为了规范我国境内机构境外发债行为，提高发债筹集资金的使用效益，防范国家外债风险，根据国务院领导同志指示精神，现就进一步加强对外发债管理问题，提出以下意见：
　　一、对外发债的定义
　　对外发债是指我国境内机构，包括国家机关、金融机构及境内其他企事业单位和外商投资企业，在境外金融市场上发行的，以外币表示的，构成债权债务关系的有价证券。
　　境内机构发行境外外币可转换债券、大额可转让存单、商业票据，视同对外发债进行管理。可转换债券是指根据债权人的要求，按照发行时所定条件，可转换为公司股票或其他债券的有价证券。大额可转让存单是指银行发行具有一定期限的、可以在金融市场上转让流通的银行存款凭证。商业票据是指境内机构为满足流动资金需求，发行期限为2至270天、可流通转让的债务凭证。

二、对外发债的审批管理

（一）发债资格的认定。

对外发债实行资格审核批准制。境内机构（财政部除外）对外发债资格，由国家计委会同人民银行和有关主管部门，借鉴国际惯例进行评审后报国务院批准。发债资格每两年评审一次。具体管理办法另行制定。

（二）对外发债的审批。

1. 境内机构（财政部除外）对外发债，经国家计委审核并会签国家外汇管理局后报国务院审批。国务院批准后，市场选择、入市时机等由国家外汇管理局审批。地方政府不得对外举债。

2. 境内机构发行商业票据由国家外汇管理局审批，并占用国家外汇管理局核定该机构的短期对外借款余额指标；发行前设定滚动连续发行的，由国家外汇管理局会签国家计委后审批。

3. 境内机构为其海外分支机构境外发债进行融资担保，发债所筹资金不调入境内使用的，由国家外汇管理局按现行有关规定审批；若发债资金调入境内使用，按境内机构对外发债的审批程序办理。

4. 已上市外资股公司对外发行可转换债券，不实行资格审核批准制。国家计委会同中国证监会根据外资股公司境外融资需求及市场条件，确定境外可转换债券年度发行规模，并纳入当年利用外资计划。在年度规模内，按境内机构对外发债的审批程序办理，发债说明书报中国证监会备案。

5. 境内机构对外发债后，要按照国家外汇管理局的规定办理外债登记。

（三）申请对外发债需报送的材料。

境内机构申请对外发债应向主管机关报送以下资料：

1. 最近3年的经营业绩、财务状况及相关财务报表；

2. 发债所筹资金的投向、用途；

3. 国家有关部门批复的项目可行性研究报告或利用外资方案，以及纳入国家利用外资计划的证明文件；

4. 主管部门要求的其他文件。

三、进一步加强对外发债的监督管理

为了把握境外筹资的有利时机，对外发债经国家批准后，境内机构在一定期限内自主确定承销商和发行成本等。有关发行条件和境外评级状况，由对外发债机构报国家计委及国家外汇管理局备案。

对外发债机构要严格自律，发债资金要按照国家批准的用途专款专用，其中商业票据只能用于贸易性周转，不得短贷长用。同时，要落实偿债措施，防范外债风险，保证按期对外支付，维护对外信誉。

本意见自国务院批准之日起实行。以前有关对外发债的规定与本意见不一致的，以本意见为准。

附件2：国家发展改革委关于推进企业发行外债备案登记制管理改革的通知

国家发展改革委关于推进企业发行外债备案登记制管理改革的通知

发改外资〔2015〕2044号

各省、自治区、直辖市及计划单列市、新疆生产建设兵团发展改革委，各中央管理企业和金融机构：

为统筹用好国内外两个市场、两种资源，进一步发挥国际资本市场低成本资金在促投资、稳增长方面的积极作用，有序推进企业发行外债管理改革，创新外债管理方式，促进跨境融资便利化，支持实体经济发展，现就有关事项通知如下：

一、稳步推进企业发行外债备案登记制管理改革

（一）本通知所称外债，是指境内企业及其控制的境外企业或分支机构向境外举借的、以本币或外币计价、按约定还本付息的1年期以上债务工具，包括境外发行债券、中长期国际商业贷款等。

（二）取消企业发行外债的额度审批，改革创新外债管理方式，实行备案登记制管理。通过企业发行外债的备案登记和信息报送，在宏观上实现对借用外债规模的监督管理。

（三）企业发行外债，须事前向国家发展改革委（以下简称国家发改委）申请办理备案登记手续，并在每期发行结束后10个工作日内，向国家发改委报送发行信息（企业发行外债信息报送表，附件1）。

（四）在总结经验的基础上，选择若干综合经济实力较强、风险防控机制完善的省份和大型银行，扩大外债规模切块管理改革试点。根据地方和企业实际需要，

国家发改委按年度一次性核定外债规模，企业可视国内外资本市场状况和项目建设需要分期分批完成发行。

二、扩大企业外债规模，支持重点领域和产业转型升级

（五）根据国际资本市场动态和我国经济社会发展需要及外债承受能力，按照"控制总量、优化结构、服务实体"的原则，国家发改委对企业发行外债实行规模控制，合理确定总量和结构调控目标，引导资金投向国家鼓励的重点行业、重点领域、重大项目，有效支持实体经济发展。

（六）为应对经济下行压力，有效利用境外低成本资金，鼓励资信状况好、偿债能力强的企业发行外债，募集资金根据实际需要自主在境内外使用，优先用于支持"一带一路"、京津冀协同发展、长江经济带与国际产能和装备制造合作等重大工程建设和重点领域投资。

三、简化企业发行外债备案登记

（七）企业发行外债应符合以下基本条件：信用记录良好，已发行债券或其他债务未处于违约状态。具有良好的公司治理和外债风险防控机制。资信情况良好，具有较强的偿债能力。

（八）企业发行外债提交的备案登记材料包括：发行外债的申请报告与发行方案，包括外债币种、规模、利率、期限、募集资金用途及资金回流情况等。申请人应对申请材料及信息的真实性、合法性和完整性负责。

（九）对于实施外债规模切块管理改革试点的省市，企业和金融机构向试点省市发展改革委提出备案登记申请。中央管理企业和金融机构，以及试点省市以外的地方企业和金融机构直接向国家发改委提出备案登记申请。

（十）国家发改委在收到备案登记申请后5个工作日决定是否予以受理，自受理之日起7个工作日内，在外债总规模限额内出具《企业发行外债备案登记证明》（附件2）。外债发行人凭备案登记证明按规定办理外债资金流出流入等有关手续。当外债总规模超出限额时，国家发改委将向社会公告，同时不再受理备案登记申请。

（十一）企业发行外债实际情况与备案登记情况差异较大时，应在信息报送时予以说明。对于恶意虚报外债备案登记规模的企业，国家发改委将其不良信用记录纳入国家信用信息平台。

四、加强事中事后监管，切实防范风险

（十二）为做好相关服务，国家发改委将尽快开发网上备案登记系统，方便企业办理备案登记手续。同时，会同有关部门加强对全口径外债的宏观监测和管理，及时汇总分析企业发行外债备案登记和信息报送情况，关注跨境资本流动中出现的苗头性、倾向性、潜在性问题，加强事中事后监管，确保负债率、债务率、偿债率等主要外债指标控制在安全线以内，切实有效防范外债风险。

（十三）外债规模切块管理改革试点的地方发展改革部门要简化程序、推进改革，防止以备案登记名义进行变相审批。同时，要密切关注本地区企业发行外债情况，及时了解有关动态，会同有关部门建立本地区外债风险监测指标体系，并于每年年底前向国家发改委报送外债使用基本情况（包括企业发行外债规模、结构、投向及外债偿还和余额等）。

（十四）本通知自发布之日起施行。

附件 2-1　企业发行外债信息报送表

发行主体				
企业注册所在地		组织机构代码		
主营业务		行业类别		
企业主要经济指标	注册资本		上年末总资产		上年末净资产	
	上年末资产负债率		上年度净利润		上年末外债余额	
企业发行外债基本情况	发行时间		外债类型		币种规模	
	期限		发行地区		利率	
资金回流及使用情况				
备注				

附件 2-2　企业发行外债备案登记证明

外债登〔20××〕第　号

（备案登记申请单位）：

　　报来《关于×××申请备案登记的请示》（文号）收悉。经审核，同意 _____（外债申请）予以备案登记。发行人凭本备案登记证明按规定办理外债外汇、回流结汇等相关手续。本备案登记证明有效期 1 年。

国家发展改革委办公厅
20　年　月　日
国家发展改革委
2015 年 9 月 14 日

附件 3：跨境担保外汇管理规定

跨境担保外汇管理规定
　　国家外汇管理局
（汇发〔2014〕29 号）

第一章　总则

　　第一条　为完善跨境担保外汇管理，规范跨境担保项下收支行为，促进跨境担保业务健康有序发展，根据《中华人民共和国物权法》、《中华人民共和国担保法》及《中华人民共和国外汇管理条例》等法律法规，特制定本规定。

　　第二条　本规定所称的跨境担保是指担保人向债权人书面作出的、具有法律约束力、承诺按照担保合同约定履行相关付款义务并可能产生资金跨境收付或资产所有权跨境转移等国际收支交易的担保行为。

　　第三条　按照担保当事各方的注册地，跨境担保分为内保外贷、外保内贷和其他形式跨境担保。

　　内保外贷是指担保人注册地在境内、债务人和债权人注册地均在境外的跨境担保。

　　外保内贷是指担保人注册地在境外、债务人和债权人注册地均在境内的跨境担保。

　　其他形式跨境担保是指除前述内保外贷和外保内贷以外的其他跨境担保情形。

　　第四条　国家外汇管理局及其分支局（以下简称外汇局）负责规范跨境担保产生的各类国际收支交易。

　　第五条　境内机构提供或接受跨境担保，应当遵守国家法律法规和行业主管部门的规定，并按本规定办理相关外汇管理手续。

担保当事各方从事跨境担保业务，应当恪守商业道德，诚实守信。

第六条　外汇局对内保外贷和外保内贷实行登记管理。

境内机构办理内保外贷业务，应按本规定要求办理内保外贷登记；经外汇局登记的内保外贷，发生担保履约的，担保人可自行办理；担保履约后应按本规定要求办理对外债权登记。

境内机构办理外保内贷业务，应符合本规定明确的相关条件；经外汇局登记的外保内贷，债权人可自行办理与担保履约相关的收款；担保履约后境内债务人应按本规定要求办理外债登记手续。

第七条　境内机构提供或接受其他形式跨境担保，应符合相关外汇管理规定。

第二章　内保外贷

第八条　担保人办理内保外贷业务，在遵守国家法律法规、行业主管部门规定及外汇管理规定的前提下，可自行签订内保外贷合同。

第九条　担保人签订内保外贷合同后，应按以下规定办理内保外贷登记。

担保人为银行的，由担保人通过数据接口程序或其他方式向外汇局报送内保外贷业务相关数据。

担保人为非银行金融机构或企业（以下简称非银行机构）的，应在签订担保合同后15个工作日内到所在地外汇局办理内保外贷签约登记手续。担保合同主要条款发生变更的，应当办理内保外贷签约变更登记手续。

外汇局按照真实、合规原则对非银行机构担保人的登记申请进行程序性审核并办理登记手续。

第十条　银行、非银行金融机构作为担保人提供内保外贷，按照行业主管部门规定，应具有相应担保业务经营资格。

第十一条　内保外贷项下资金用途应当符合以下规定：

（一）内保外贷项下资金仅用于债务人正常经营范围内的相关支出，不得用于支持债务人从事正常业务范围以外的相关交易，不得虚构贸易背景进行套利，或进行其他形式的投机性交易。

（二）未经外汇局批准，债务人不得通过向境内进行借贷、股权投资或证券投资等方式将担保项下资金直接或间接调回境内使用。

第十二条 担保人办理内保外贷业务时，应对债务人主体资格、担保项下资金用途、预计的还款资金来源、担保履约的可能性及相关交易背景进行审核，对是否符合境内外相关法律法规进行尽职调查，并以适当方式监督债务人按照其申明的用途使用担保项下资金。

第十三条 内保外贷项下担保人付款责任到期、债务人清偿担保项下债务或发生担保履约后，担保人应办理内保外贷登记注销手续。

第十四条 如发生内保外贷履约，担保人为银行的，可自行办理担保履约项下对外支付。

担保人为非银行机构的，可凭担保登记文件直接到银行办理担保履约项下购汇及对外支付。在境外债务人偿清因担保人履约而对境内担保人承担的债务之前，未经外汇局批准，担保人须暂停签订新的内保外贷合同。

第十五条 内保外贷业务发生担保履约的，成为对外债权人的境内担保人或反担保人应当按规定办理对外债权登记手续。

第十六条 境内个人可作为担保人并参照非银行机构办理内保外贷业务。

第三章 外保内贷

第十七条 境内非金融机构从境内金融机构借用贷款或获得授信额度，在同时满足以下条件的前提下，可以接受境外机构或个人提供的担保，并自行签订外保内贷合同：

（一）债务人为在境内注册经营的非金融机构；

（二）债权人为在境内注册经营的金融机构；

（三）担保标的为金融机构提供的本外币贷款（不包括委托贷款）或有约束力的授信额度；

（四）担保形式符合境内、外法律法规。

未经批准，境内机构不得超出上述范围办理外保内贷业务。

第十八条 境内债务人从事外保内贷业务，由发放贷款或提供授信额度的境内金融机构向外汇局集中报送外保内贷业务相关数据。

第十九条 外保内贷业务发生担保履约的，在境内债务人偿清其对境外担保人的债务之前,未经外汇局批准,境内债务人应暂停签订新的外保内贷合同;已经签订外保内贷合同但尚未提款或尚未全部提款的,未经所在地外汇局批准,境内债务人应暂停办理新的提款。

境内债务人因外保内贷项下担保履约形成的对外负债,其未偿本金余额不得超过其上年度末经审计的净资产数额。

境内债务人向债权人申请办理外保内贷业务时,应真实、完整地向债权人提供其已办理外保内贷业务的债务违约、外债登记及债务清偿情况。

第二十条 外保内贷业务发生境外担保履约的,境内债务人应到所在地外汇局办理短期外债签约登记及相关信息备案手续。外汇局在外债签约登记环节对债务人外保内贷业务的合规性进行事后核查。

第四章 物权担保的外汇管理

第二十一条 外汇局不对担保当事各方设定担保物权的合法性进行审查。担保当事各方应自行确认担保合同内容符合境内外相关法律法规和行业主管部门的规定。

第二十二条 担保人与债权人之间因提供抵押、质押等物权担保而产生的跨境收支和交易事项,已存在限制或程序性外汇管理规定的,应当符合规定。

第二十三条 当担保人与债权人分属境内、境外,或担保物权登记地(或财产所在地、收益来源地)与担保人、债权人的任意一方分属境内、境外时,境内担保人或境内债权人应按下列规定办理相关外汇管理手续:

(一)当担保人、债权人注册地或担保物权登记地(或财产所在地、收益来源地)至少有两项分属境内外时,担保人实现担保物权的方式应当符合相关法律规定。

(二)除另有明确规定外,担保人或债权人申请汇出或收取担保财产处置收益时,可直接向境内银行提出申请;在银行审核担保履约真实性、合规性并留存必要材料后,担保人或债权人可以办理相关购汇、结汇和跨境收支。

(三)相关担保财产所有权在担保人、债权人之间发生转让,按规定需要办理跨境投资外汇登记的,当事人应办理相关登记或变更手续。

第二十四条 担保人为第三方债务人向债权人提供物权担保,构成内保外贷或外保内贷的,应当按照内保外贷或外保内贷相关规定办理担保登记手续,并遵守相关规定。

经外汇局登记的物权担保因任何原因而未合法设立，担保人应到外汇局注销相关登记。

第五章 附则

第二十五条 境内机构提供或接受除内保外贷和外保内贷以外的其他形式跨境担保，在符合境内外法律法规和本规定的前提下，可自行签订跨境担保合同。除外汇局另有明确规定外，担保人、债务人不需要就其他形式跨境担保到外汇局办理登记或备案。

境内机构办理其他形式跨境担保，可自行办理担保履约。担保项下对外债权债务需要事前审批或核准，或因担保履约发生对外债权债务变动的，应按规定办理相关审批或登记手续。

第二十六条 境内债务人对外支付担保费，可按照服务贸易外汇管理有关规定直接向银行申请办理。

第二十七条 担保人、债务人不得在明知或者应知担保履约义务确定发生的情况下签订跨境担保合同。

第二十八条 担保人、债务人、债权人向境内银行申请办理与跨境担保相关的购付汇或收结汇业务时，境内银行应当对跨境担保交易的背景进行尽职审查，以确定该担保合同符合中国法律法规和本规定。

第二十九条 外汇局对跨境担保合同的核准、登记或备案情况以及本规定明确的其他管理事项与管理要求，不构成跨境担保合同的生效要件。

第三十条 外汇局定期分析内保外贷和外保内贷整体情况，密切关注跨境担保对国际收支的影响。

第三十一条 外汇局对境内机构跨境担保业务进行核查和检查，担保当事各方、境内银行应按照外汇局要求提供相关资料。对未按本规定及相关规定办理跨境担保业务的，外汇局根据《中华人民共和国外汇管理条例》进行处罚。

第三十二条 国家外汇管理局可出于保障国际收支平衡的目的，对跨境担保管理方式适时进行调整。

第三十三条 本规定由国家外汇管理局负责解释。

附件 4：中国人民银行关于全口径跨境融资宏观审慎管理有关事宜的通知

中国人民银行关于全口径跨境融资宏观审慎管理有关事宜的通知

（银发〔2017〕9号）

中国人民银行上海总部，各分行、营业管理部，各省会（首府）城市中心支行、深圳市中心支行；国家外汇管理局各省、自治区、直辖市分局、外汇管理部，深圳、大连、青岛、厦门、宁波市分局；国家开发银行，各政策性银行、国有商业银行、股份制商业银行，中国邮政储蓄银行：

为进一步扩大企业和金融机构跨境融资空间，便利境内机构充分利用境外低成本资金，降低实体经济融资成本，中国人民银行在对全口径跨境融资宏观审慎管理政策实施情况进行全面评估的基础上，对政策框架进行了进一步完善。现将有关事宜通知如下：

一、本通知所称跨境融资，是指境内机构从非居民融入本、外币资金的行为。本通知适用依法在中国境内成立的法人企业（以下简称企业）和法人金融机构。本通知适用的企业仅限非金融企业，且不包括政府融资平台和房地产企业；本通知适用的金融机构指经中国人民银行、中国银行业监督管理委员会、中国证券监督管理委员会和中国保险监督管理委员会批准设立的各类法人金融机构。此外，将外国银行（港、澳、台地区银行比照适用，下同）境内分行纳入本通知适用范围，除特殊说明外，相关政策安排比照境内法人外资银行办理。

二、中国人民银行根据宏观经济热度、国际收支状况和宏观金融调控需要对跨境融资杠杆率、风险转换因子、宏观审慎调节参数等进行调整，并对27家银行类金融机构跨境融资进行宏观审慎管理。国家外汇管理局对企业和除 27 家银行类金融机构以外的其他金融机构跨境融资进行管理，并对企业和金融机构进行全口径跨境融资统计监测。中国人民银行、国家外汇管理局之间建立信息共享机制。

三、建立宏观审慎规则下基于微观主体资本或净资产的跨境融资约束机制，企业和金融机构均可按规定自主开展本外币跨境融资。

企业和金融机构开展跨境融资按风险加权计算余额（指已提用未偿余额，下同），风险加权余额不得超过上限，即：跨境融资风险加权余额≤跨境融资风险加权余额上限。

跨境融资风险加权余额＝∑本外币跨境融资余额 × 期限风险转换因子 × 类别风险转换因子＋∑外币跨境融资余额 × 汇率风险折算因子。

期限风险转换因子：还款期限在 1 年（不含）以上的中长期跨境融资的期限风险转换因子为 1，还款期限在 1 年（含）以下的短期跨境融资的期限风险转换因子为 1.5。

类别风险转换因子：表内融资的类别风险转换因子设定为 1，表外融资（或有负债）的类别风险转换因子暂定为 1。

汇率风险折算因子：0.5。

四、跨境融资风险加权余额计算中的本外币跨境融资包括企业和金融机构（不含境外分支机构）以本币和外币形式从非居民融入的资金，涵盖表内融资和表外融资。以下业务类型不纳入跨境融资风险加权余额计算：

（一）被动负债：企业和金融机构因境外机构投资境内债券市场产生的本外币被动负债；境外主体存放在金融机构的本外币存款；合格境外机构投资者（QFII）或人民币合格境外机构投资者（RQFII）存放在金融机构的 QFII、RQFII 托管资金；境外机构存放在金融机构托管账户的境内发行人民币债券所募集的资金。

（二）贸易信贷、贸易融资：企业涉及真实跨境贸易产生的贸易信贷（包括应付和预收）和从境外金融机构获取的贸易融资；金融机构因办理基于真实跨境贸易结算产生的各类贸易融资。

（三）集团内部资金往来：企业主办的经备案的集团内跨境资金集中管理业务项下产生的对外负债。

（四）境外同业存放、拆借、联行及附属机构往来：金融机构因境外同业存放、拆借、联行及附属机构往来产生的对外负债。

（五）自用熊猫债：企业的境外母公司在中国境内发行人民币债券并以放款形式用于境内子公司的。

（六）转让与减免：企业和金融机构跨境融资转增资本或已获得债务减免等情况下，相应金额不计入。

中国人民银行可根据宏观金融调控需要和业务开展情况，对不纳入跨境融资风险加权余额计算的业务类型进行调整，必要时可允许企业和金融机构某些特定跨境融资业务不纳入跨境融资风险加权余额计算。

五、纳入本外币跨境融资的各类型融资在跨境融资风险加权余额中按以下方法计算：

（一）表外融资（或有负债）：金融机构向客户提供的内保外贷按20%纳入跨境融资风险加权余额计算；金融机构因客户基于真实跨境交易和资产负债币种及期限风险对冲管理服务需要的衍生产品而形成的对外或有负债，及因自身币种及期限风险对冲管理需要，参与国际金融市场交易而产生的或有负债，按公允价值纳入跨境融资风险加权余额计算。金融机构在报送数据时需同时报送本机构或有负债的名义本金及公允价值的计算方法。

（二）其他：其余各类跨境融资均按实际情况纳入跨境融资风险加权余额计算。

中国人民银行可根据宏观金融调控需要和业务开展情况，对跨境融资风险加权余额中各类型融资的计算方法进行调整。

六、跨境融资风险加权余额上限的计算：跨境融资风险加权余额上限＝资本或净资产 × 跨境融资杠杆率 × 宏观审慎调节参数。

资本或净资产：企业按净资产计，银行类法人金融机构（包括政策性银行、商业银行、农村合作银行、城市信用合作社、农村信用合作社、外资银行）按一级资本计，非银行法人金融机构按资本（实收资本或股本＋资本公积）计，外国银行境内分行按运营资本计，以最近一期经审计的财务报告为准。

跨境融资杠杆率：企业为2，非银行法人金融机构为1，银行类法人金融机构和外国银行境内分行为0.8。

宏观审慎调节参数：1。

七、企业和金融机构的跨境融资签约币种、提款币种和偿还币种须保持一致。

八、跨境融资风险加权余额及上限的计算均以人民币为单位，外币跨境融资以提款日的汇率水平按以下方式折算计入：已在中国外汇交易中心挂牌（含区域挂牌）交易的外币，适用人民币汇率中间价或区域交易参考价；未在中国外汇交易中心挂牌交易的货币，适用中国外汇交易中心公布的人民币参考汇率。

九、中国人民银行建立跨境融资宏观风险监测指标体系，在跨境融资宏观风险指标触及预警值时，采取逆周期调控措施，以控制系统性金融风险。

逆周期调控措施可以采用单一措施或组合措施的方式进行，也可针对单一、多个或全部企业和金融机构进行。总量调控措施包括调整跨境融资杠杆率和宏观审慎调节参数，结构调控措施包括调整各类风险转换因子。根据宏观审慎评估（MPA）的结果对金融机构跨境融资的总量和结构进行调控，必要时还可根据维护国家金融稳定的需要，采取征收风险准备金等其他逆周期调控措施，防范系统性金融风险。

企业和金融机构因风险转换因子、跨境融资杠杆率和宏观审慎调节参数调整导致跨境融资风险加权余额超出上限的，原有跨境融资合约可持有到期；在跨境融资风险加权余额调整到上限内之前，不得办理包括跨境融资展期在内的新的跨境融资业务。

十、企业跨境融资业务

（一）企业应当在跨境融资合同签约后但不晚于提款前3个工作日，向国家外汇管理局的资本项目信息系统办理跨境融资情况签约备案。为企业办理跨境融资业务的结算银行应向中国人民银行人民币跨境收付信息管理系统报送企业的融资信息、账户信息、人民币跨境收支信息等。所有跨境融资业务材料留存结算银行备查，保留期限为该笔跨境融资业务结束之日起5年。

（二）企业办理跨境融资签约备案后以及金融机构自行办理跨境融资信息报送后，可以根据提款、还款安排为借款主体办理相关的资金结算，并将相关结算信息按规定报送至中国人民银行、国家外汇管理局的相关系统，完成跨境融资信息的更新。

企业应每年及时更新跨境融资以及权益相关的信息（包括境外债权人、借款期限、金额、利率和自身净资产等）。如经审计的净资产，融资合同中涉及的境外债权人、借款期限、金额、利率等发生变化的，企业应及时办理备案变更。

（三）开展跨境融资涉及的资金往来，企业可采用一般本外币账户办理，也可采用自由贸易账户办理。

（四）企业融入外汇资金可意愿结汇。企业融入资金的使用应符合国家相关规定，用于自身的生产经营活动，并符合国家和自贸试验区的产业宏观调控方向。

十一、金融机构跨境融资业务：中国人民银行总行对 27 家银行类金融机构跨境融资业务实行统一管理，27 家银行类金融机构以法人为单位集中向中国人民银行总行报送相关材料。国家外汇管理局对除 27 家银行类金融机构以外的其他金融机构跨境融资业务进行管理。金融机构开展跨境融资业务前，应根据本通知要求，结合自身情况制定本外币跨境融资业务的操作规程和内控制度，报中国人民银行、国家外汇管理局备案后实施。

（一）金融机构首次办理跨境融资业务前，应按照本通知的跨境融资杠杆率和宏观审慎调节参数，以及本机构最近一期经审计的资本数据，计算本机构跨境融资风险加权余额和跨境融资风险加权余额上限，并将计算的详细过程情况报送中国人民银行、国家外汇管理局。

金融机构办理跨境融资业务，应在本机构跨境融资风险加权余额处于上限以内的情况下进行。如跨境融资风险加权余额低于上限额，则金融机构可自行与境外机构签订融资合同。

（二）金融机构可根据《人民币银行结算账户管理办法》（中国人民银行令〔2003〕第 5 号发布）等管理制度开立本外币账户，办理跨境融资涉及的资金收付。

（三）金融机构应在跨境融资合同签约后执行前，向中国人民银行、国家外汇管理局报送资本金额、跨境融资合同信息，并在提款后按规定报送本外币跨境收入信息，支付利息和偿还本金后报送本外币跨境支出信息。如经审计的资本，融资合同中涉及的境外债权人、借款期限、金额、利率等发生变化的，金融机构应在系统中及时更新相关信息。

金融机构应于每月初 5 个工作日内将上月本机构本外币跨境融资发生情况、余额变动等统计信息报告中国人民银行、国家外汇管理局，所有跨境融资业务材料留存备查，保留期限为该笔跨境融资业务结束之日起 5 年。

（四）金融机构融入资金可用于补充资本金，服务实体经济发展，并符合国家产业宏观调控方向。经国家外汇管理局批准，金融机构融入外汇资金可结汇使用。

十二、中国人民银行、国家外汇管理局按照分工，定期或不定期对金融机构和企业开展跨境融资情况进行非现场核查和现场检查，金融机构和企业应配合。

发现未及时报送和变更跨境融资信息的，中国人民银行、国家外汇管理局将在查实后对涉及的金融机构或企业通报批评，限期整改并根据《中华人民共和国中国人民银行法》和《中华人民共和国外汇管理条例》等法律法规进行查处。

发现超上限开展跨境融资的，或融入资金使用与国家、自贸试验区的产业宏观调控方向不符的，中国人民银行、国家外汇管理局可责令其立即纠正，并可根据实际情况依据《中华人民共和国中国人民银行法》和《中华人民共和国外汇管理条例》等有关规定对借款主体进行处罚；情节严重的，可暂停其跨境融资业务。中国人民银行将金融机构的跨境融资行为纳入宏观审慎评估体系考核，对情节严重的，中国人民银行还可视情况向其征收定向风险准备金。

对于办理超上限跨境融资结算的金融机构，中国人民银行、国家外汇管理局将责令整改；对于多次发生办理超上限跨境融资结算的金融机构，中国人民银行、国家外汇管理局将暂停其跨境融资结算业务。

十三、对企业和金融机构，中国人民银行、国家外汇管理局不实行外债事前审批，企业改为事前签约备案，金融机构改为事后备案，原有管理模式下的跨境融资未到期余额纳入本通知管理。中国人民银行、国家外汇管理局实行的本外币境外融资等区域性跨境融资创新试点，自2017年5月4日起统一按本通知模式管理。

自本通知发布之日起，为外商投资企业、外资金融机构设置一年过渡期，过渡期内外商投资企业、外资金融机构可在现行跨境融资管理模式和本通知模式下任选一种模式适用。

过渡期结束后，外资金融机构自动适用本通知模式。外商投资企业跨境融资管理模式由中国人民银行、国家外汇管理局根据本通知总体实施情况评估后确定。

十四、本通知自发布之日起施行，自施行之日起，《中国人民银行关于扩大全口径跨境融资宏观审慎管理试点的通知》（银发〔2016〕18号）和《中国人民银行关于在全国范围内实施全口径跨境融资宏观审慎管理的通知》（银发〔2016〕132号文）同时废止。中国人民银行、国家外汇管理局此前有关规定与本通知不一致的，以本通知为准。

后　记　投资的百年孤独

我喜欢一个人坐在窗边，把一盏茶，静静思考，并且用文字记录下跳动的思维。本书从开始构思到写作再到截稿，耗费了数年时间。平时在工作或业余时间，我会按照小专题的方式记录下灵感，无论是在办公室还是在飞机上，并通过公开期刊发表来与读者交流。几年积累下来，也有数十万字。

我的第一本书《美元债投资实战》是我在香港的一家茶馆驻扎了数月撰写而成的，每天日出而作，日落而归，与店老板都混成了朋友。看着街边人来人往，我思绪万千，虽处于闹市，但悠然自得。

第二本书的大部分创作时间都是在周末，我利用闲暇时光泡在这个茶馆，整理和完成本书的创作。第二本书融入了我更多的实战思考，框架和内容都进行了全面重构和梳理。我很期待与各位有灵感的读者一起，举杯饮茶，探讨美元债市场发展与投资机会。

投资是孤独的。在投资过程中，我们应尽量发挥优势，避免自身的缺点在投资中无限放大，从而不断修炼自身的投资素养和心理素质，建立起适合自己的投资交易系统。

> 以往的一切春天都无法复原，即使最狂热最坚贞的爱情，归根结底都是过眼烟云，唯有孤独永恒。
>
> ——加西亚·马尔克斯《百年孤独》

这段话看起来有些悲观和消极，但悲观消极之后似乎酝酿着无穷的力量。我想把这一句话稍做修改："春夏秋冬，周而复始，即使是最狂热和最美丽的泡沫狂欢，即使是最沉闷的压抑行情，归根结底都是过眼烟云，唯有人性的孤独才能永恒。"

投资和研究方法千千万万，有周期法、供需法、技术法、统计法等，还有各类市场大佬的独门投资框架和体系。从事投资数年，我见证过一个市场兴起，也见证过一个市场从衰落到最后的消亡。江湖不在，人还在，不谈江湖，只谈人性。

孤独并不是悲观和消极，孤独是一种人性的自我独白。

跟随自己内心，走上投资道路。投资这条道路注定是孤独的，而且需要对追求事物规律有源源不断的研究兴趣。

一盏灯、一杯茶，一个人静静地思考和研究。

纸上得来终觉浅，绝知此事要躬行。只有经过无数次孤独思考，才能逐步建立起思考和研究框架。随着实践次数增加，行文和落笔速度会越来越快，思路也越来越清晰。预测有对有错，但有所思，就有所得。

于研究而言，周期力量显得那么强大，诸如人口的长周期、技术的中周期、库存的短周期。虽然历史周期变迁，但市场趋势的推演最后表达的载体还是主观的人。人类语言的传播、生物物种的进化、科学技术的进步、市场趋势的形成都离不开人的意识形态，无论是个体的人，还是社会的人。

仁者见仁，智者见智。外在事物的呈现都是虚无的，只有回归自我、认清自我，才能认清这个世界。因此，我们首先需要的不是研究事物规律本身，而是要研究自我的人性。

不仅要研究个体的人性，还要研究社会的人性——既可以自底向上，也可以自顶向下。我比较喜欢的是自顶向下的研究方式。站在一个"一览众山小"的角度去看待你需要研究的对象，就好比你不仅仅研究单个个体，还研究个体与个体之间的联系及影响，从而做到全面而不片面。站在一个更高更全面的高度俯瞰你研究的对象（包括你自己），会让你的研究更加立体、更加透彻。全球金融市场既相互割裂，也相互联系，不同的地域文化、政治生态、意识形态和制度设施，都会形成不同的市场结构和特征。只有全面了解这些背后的实质和相关性，才能使得研究逻辑、框架的因变量具有充分的解释性。

《笑傲江湖》中的令狐冲说："我要退出江湖，从此不问江湖事。"任我行道："你怎么退，这个世界有人的地方就有江湖。"市场亦是如此，有人的地方便有市场。

天若有情天亦老，人间正道是沧桑。市场趋势和波动具有一定客观规律，往往也代表了人性的思辨过程。波动不一定代表价值回归，短期可能因主流偏向或者人性的偏执而持续放大。人在江湖，身不由己，要能搅动山河，也要能急流勇退。

投资不仅是技术活，更多的是人性的自我修炼。有人说投资是一个反人性的过程，也不无道理。

投资较难做到的是"知行合一"。如果研究是"知"，是外在的，那么投资就是"行"，是内在的。"知"到"行"的传导形成了震荡的趋势，"行"到"知"的改变，形成了短暂的稳定预期，这便是"知行合一，臻于至善"。投资是一项人性的修炼，应扬长避短，避免性格的缺陷在投资中放大，否则可能会带来毁灭性的灾难。

投资忌讳人性的"贪婪"，也忌讳"恐惧"，我们需要做到的是"在别人恐惧时我贪婪，在别人贪婪时我恐惧"。投资忌讳"贪婪"和"恐惧"，只有克服人性的弱点，我们才能抓住市场的拐点，走在曲线的前面。

投资忌讳人性的"一叶障目"，也忌讳"犹豫不决"。投资派别千万，有趋势派、价值派、技术派、反身派等。"手中无剑，心中有剑"，这或许才是投资的最高境界。不同时候的主要矛盾不同，逻辑亦不同。

趋势不一定是合理估值的回归，趋势有时是人性的反映。有时候书本告诉我们，资产价格是围绕内在价值而上下波动的，但内在价值的变化往往可能随着资产价格的变化而变化。既然内在价值会发生变化，那么何来标准？这种反问能解释为什么大部分人喜欢买涨不买跌，因为随着资产价格上涨，其在人们心中的内在价值也发生了变化。市场有时候形成的趋势，往往是社会人性的不断放大和自我加强。

投资是人性的历练，修炼好自己的内心，即使孤独，你也会无比强大。